KB169188

아이스테시스

ais thē sis

Thinking
with
Walter
Benjamin's
Aesthetics

aisthēsis
Denken mit Walter Benjamins Ästhetik

아이스테시스

발터 벤야민과 사유하는 미학

강수미 지음

글항아리

아버지와 어머니께

미는 그 역사적 현존에 따라 볼 때 이전에 감탄했던 사람들에 가담하라는 호소다.
미에 감동한다는 것은, 로마인들이 죽음을 그렇게 일컬었듯이,
'많은 사람들이 있는 곳으로(ad plures ire)' 향한다는 뜻이다.
– Walter Benjamin, Über einige Motive bei Baudelaire

모더니티의 파국적 결과들은 그 꿈이 표상하고자 했던 민주적 희망,
유토피아적 희망의 이름으로 비판될 필요가 있다.
– Susan Buck-Morss, Dreamworld and Catastrophe

차례

Thinking with Walter Benjamin's Aesthetics

1. 본서의 연구는 독일 주어캄프 출판사에서 발간한 발터 벤야민 전집을 전거로 하며, 인용에 관한 표기는 아래 예시와 같이 합니다.
Walter Benjamin, *Walter Benjamin Gesammelte Schriften Band I - VII*. Unter Mitwirkung von Theodor W. Adorno und Gershom Scholem hrsg. von Rolf Tiedemann und Hermann Schweppenhäuser, Suhrkamp Verlag: Frankfurt a. M. 1972-1989.
예) 전집 1-1권, 214쪽: (I /1, 214)

2. 벤야민의 대표적 저작은 다음과 같으며, 본문에서는 필요한 경우 약어로 표기합니다.(괄호 안은 주어캄프 출판사의 벤야민 전집 권수, 저작 집필 또는 발표 시기임.)
『일방통행로*Einbahnstra βe*』(IV/1, 1928)
『비극서』:『독일 비애극의 원천*Ursprung des deutschen Trauerspiels*』(I /1, 1928)
『파사젠베르크*Das Passagen-Werk*』(V/1, 2, 1927-1940)
「보들레르론」:「보들레르의 몇 가지 모티브에 관하여Über einige Motive bei Baudelaire」(I /2, 1939)
「중앙공원Zentralpark」(I /2, 1939)
「기술복제」:「기술복제시대의 예술작품Das Kunstwerk im Zeitalter seiner technischen Reproduzierbarkeit」(I /2, pp. 431-469, 1935; VII, pp. 350-384, 1936; I /2, pp. 471-508, 1936-1939)
「초현실주의Der Sürrealismus」(II/1, 1929)
「역사철학」:「역사의 개념에 대하여Über den Begriff der Geschichte」(I /2, 1940)
「베를린의 유년시절」:「1900년경 베를린의 유년시절Berliner Kindheit um Neunzehnhundert」(IV/1, VII/1(Fassung letzter Hand), 1933)
「사진의 작은 역사Kleine Geschichte der Photographie」(II/1, 1931)
「유사성론Die Lehre vom Ähnlichen」(II/1, 1933)
「미메시스론」:「미메시스 능력에 관하여Über das mimetische Vermögen」(II/1, 1933)
「경험과 빈곤Erfahrung und Armut」(II/1, 1933)
「미래철학」:「미래 철학의 프로그램에 관하여Über das Programm der kommenden Philosophie」(II/1, 1918)
「번역자의 과제Die Aufgabe des Übersetzers」(VI/1, 1921-1922)
「언어론」:「언어 일반과 인간의 언어에 대하여Über Sprache überhaupt und über die Sprache des Menschen」(II/1, 1916)
「신학적 정치적 단편Theologisch-politisches Fragment」(II/1, 1920-21)

3. 벤야민의 저작 중 국내에 번역 출판된 글이 있을 경우 이를 참고하였고, 판본을 참고문헌에 밝혔습니다.

서문
벤야민과 사유하는 미학

1.

　"좋은 작가는 항상 아름답고, 난해하고, 기억에 남을 만한 문장들만 쓰지는 않아. 하지만 자네의 산문을 보면, 모든 문장들이 난해하고 인상적이야. 기억해야 할 문장들이 너무 많아." 1928년 출판된 벤야민의 『일방통행로』를 읽고, 오스트리아 출신 극작가이자 연극비평가였던 베른하르트 라이히는 저자에게 이렇게 논평했다. 그의 지적처럼, 벤야민의 문장들은 읽는 이가 뇌리에 새길 만한 사유의 이미지로 가득하다. 또 그의 대부분의 글들이 아름답고 독특한 서술로 짜여 있다. 그러나 동시에 그 유려하고 형상적인 텍스트의 바탕에는 의미의 난해함과 해석의 불확실함이 깔려 있어, 마치 가시덤불 속에서 잠자는 공주처럼 '정신의 깨움'이라는 독자의 적극적인 사고를 기다리고 있기 때문에 읽기가 결코 녹록지 않다. 그렇다고 해서 라이히의 판단이 전적으로 타당한 것은 아니다. 그는 벤야민의 철학적·미학적 사유와 그 산출물인 글쓰기의 전체 구조 및 방법론을 충분히 고려하지 않았기 때문이다. 혹은 그런 특수한 차원들에 대한 숙고 없이, 일반적으로 문학 저술이나 철학 논술에 덧씌워지는 통념에 기대 불충실하게 비판했기 때문이다. 벤야민의 글은 단순히 언어 감각이 뛰어난 이의 과시적 표현도 아니고, 얕은 논리의 지반 위에 다채롭고 생경한 말의 파편들을 허장성세하게 덧대는 지적 유희도 아니다. 기존 형이상학의 인식을 비판하는 철학 논고에서부터 당대의 문화적 현상을 글쓰기에 접목시킨 실험적 아포리즘에 이르기까지, 그의 저작들 대부분은 벤야민 자신이 상정한 이념의 원리에 따라 새로운 구성과 서술의 기술로 쌓아올린 사유의 건축물과도 같다. 벤야민은 때로 그것을 하늘의 별자리(星座)로 은유하기도 하고, 때로는 모자이크 전체와 그 유리 파편들이 맺는 관계에 견주기도 하는데, 그 어느 쪽이든 저자 벤야민이 특별히 지향했고 성취한 언어의 체제가 있었음을 부정하기 어렵다. 이런 경우 우리, 즉 벤야민의 독자에게 부여되는 과제이자 특권은 이제까지 익숙해 있던 독서/학습 경험 바깥의 공간을 탐색하는 일이다.

내가 이 책을 지탱하는 커다란 축이자 목적 중의 하나로 '벤야민의 전체 사유 구조와 방법론에 대한 지도 그리기'를 상정한 이유가 여기 있다. 그렇게 함으로써, 그의 글이 문학적으로는 뛰어나지만 내용상 비의적이라거나 파편적이라는 세간의 판단을 누그러뜨리고, 그것에 정당한 이론적 평가와 고찰의 값어치를 찾아주려는 것이다.

벤야민의 글이 아름다운 것은 사실이다. 유물론적 예술이론을 개진한 논문이든 유년기 경험을 회고적으로 서술한 단상이든, 그의 저작들은 마치 페르시아 카펫이 그런 것처럼, 언어를 씨실과 날실 삼아 깊고 풍부한 사유를 유려하게 직조한 문장의 피륙 같다. 많은 독자들이 우선 그 같은 점 때문에 벤야민과 그의 저작들에 이끌리고, 예찬한다. 그의 문장들은 사물의 정체를 섬세하게 정의하는 명사, 존재의 상태를 풍요롭게 서술하는 형용사, 주어의 자리를 온전하게 지탱하는 동사와 그 동사를 다각적으로 지지하는 부사가 긴밀한 관계 속에서 펼쳐지는 언어의 공간이다. 그 공간은 때로 우리가 경험할 길 없는 과거 19세기 유럽의 부르주아지 문화 및 교양이 켜켜이 쌓인 도서관으로도 보이고, 때로는 세속의 덧없는 현상들과 위대한 사유가 차별 없이 서로에게 이웃하고 있는 독특한 지성의 별자리처럼도 보인다. 또한 벤야민의 어떤 저작들에서, 그 언어의 공간은 충돌하는 여러 이미지들이 몽타주된 아방가르드 미술작품이나 실험영화처럼도 비쳐질 것이다. 거기서는 완만하면서도 화려한, 내밀하면서도 다층적인 사유의 무늬가 복합적으로 드러나는데, 독자는 그 결을 느긋이 따라가는 것만으로도 존재가 충만해지고 사고가 다채로워지는 경험을 한다. 하지만 동시에 벤야민의 문장들은 독자를 안타깝게 만들고, 불안정하게 하며, 심지어 갑갑함을 느끼게 할 정도로까지 밀어붙이는 경향이 있다. 그런 감정은 꽤 잘 읽히는 그의 글들에서, 정작 의미가 손가락 사이로 모래 빠져나가듯이 잡을 수 없고, 겹쳐 쓴 양피지 위의 언어들처럼 명료하게 떠오르지 않기 때문에 일어난다. 또 수사(修辭)가 멋스럽게 휘감긴 문장과 문장을 읽어나가면 나갈수록, 처음의 편안했던 즐김의 독서는 점차 어려워지고, 기억해야 할 말들과 더 깊은 생각을 요하는 주장들 사이로 생각이 빨려 들어가기 때문이다. 요컨대 벤야민의 글은 독자들에게 일견 아름다운 수사의 표면을 노니는 것 같은 독서 경험을 제공하지만, 그 실체는 한 발짝을 뗄 때마다 의식적인 긴장과 감각적인 예민함을 요구하는 의미의 미궁과 같다.

아름다운 수사와 의미의 미궁. 물론 이 말은, 결코 벤야민의 저작이 단지 미적인 것에 치중해 논리의 개연성이나 사변의 합리성을 놓쳤음을 뜻하지 않는다. 다만 내 의도는 그의 저작, 그의 사유와 글쓰기가 복합적인 구조와 방법론으로 행해졌으며, 바로 그 때문에 우리 독자가 그에 접근하는 경로도 간단치 않음을 강조하는 데 있다.

나는 그런 접근하기 어려운 경로를 조금이나마 수월하게 만들고자 하는 바람에서 이 책을 썼다. 달리 말해서, 이 책이 벤야민의 예비 독자들에게 그의 철학과 미학이라는 건축물에 진입하는 데 일종의 이론적 횡단의 다리가 되기를 기대하는 것이다.

　더불어 이 책은 미학의 영역에서 특수한 논제도 품고 있다. 그것은 20세기 모더니티와 산업의 시대에 예술의 문제를 근대 인간의 현존 조건과 현실 사회 속에서의 구체적 지각 경험에 바탕을 두고 통합적으로 논한 벤야민의 후기 예술이론, 즉 그에 따르면 "유물론적 예술이론"을 해설하고, 그의 전체 사유에 맞게 재구성하는 것이다. 사실 이 점이 책의 또 다른 핵심 목적으로서 책의 2부와 3부를 지지하고 있다. 그렇다고 해서 이 부분들이 앞선 1부와 단절되는 것은 아니다. 벤야민 사유의 구조와 방법론을 전체적으로 조망하고 지도 그린 이 책의 1부가, 독자들에게는 2부와 3부의 논의와 고찰을 위한 딱딱하지만 유용한 예비 단계로 여겨지길 바란다.

2.

　벤야민의 사유, 철학과 미학, 저술과 관련해서 우리에게 왜 이런 논의가 필요한 것일까? 이 질문은 결국 이 책의 목적과 연구의 특수성이 무엇이냐는 물음과 연결된다. 그에 대한 답변을 현재까지 이루어진 벤야민 이론에 대한 수용과 연구 양상을 개관하면서 찾아보는 것도 한 방법이 될 것이다.

　생전에 벤야민은 대학의 학문세계에서 제대로 이해받지 못했으며, 여러 매체에 쓴 단편적인 예술비평이나 에세이를 통해 "에세이스트이자 문학비평가" 정도로 평가됐다. 반면 사후에는 "확실히 (…) 가장 탁월한 독일 미학자"로 평가되고 있으며, 그의 저작들은 "20세기의 고전"으로 추대되는 상황이다.[1] 독일 주어캄프 출판사에서 1974년부터 1989년까지 출간한 『발터 벤야민 전집』 전7권이 이러한 현재적 평가의 초석이 되었다. 그러나 벤야민 이론에 대한 수용은, 후대 각 시기의 사회문화적 조건과 학문적 경향에 영향받으며 조금씩 달라진 것으로 보인다.

먼저 마르크스주의에 입각한 벤야민 수용을 들 수 있다. 1960년대 중반 독일에서는 '벤야민 르네상스'라 부를 만한 벤야민 이론의 수용기가 있었다. 이 시기는 통독 전 서독이 양차 세계대전을 경험한 기성세대와 이 기성세대의 '권위'에 저항하는 젊은 세대의 갈등으로 격변하던 때이고, 벤야민의 저작은 일부만 알려져 있었다. 이러한 상황에서 젊은 세대는 벤야민의 「역사의 개념에 대하여」(이하 「역사철학」)를 중심으로 그의 역사철학을 새롭게 받아들임으로써 기성 이데올로기를 비판했다. 이러한 수용은 벤야민의 이론을 현실 비판의 맥락에서 전유한 것이다.[2] 그러나 벤야민의 사유 전반에 대한 검토가 결여되었던 탓에, 이들은 마르크스주의 이론을 비판적으로 수용하면서 동시에 예술을 중심으로 자신만의 변증법적 유물론을 구축하고자 했던 벤야민을 마르크스주의 이론가로 편향시킨 한계가 있다.

다음은 벤야민의 이론에 내재적으로 접근하여, 그 사유와 이론을 철학이나 미학의 체계와 개념으로 해명한 연구들이다. 이러한 연구 경향은 첫 단계, 즉 벤야민의 이론이 이데올로기적으로 수용된 데 대한 반성과 반작용의 성격을 갖는다. 즉 그의 철학과 미학을 내재적으로 해명하는 것이 중요한 연구 방향인 것이다. 연구 성과의 대표적인 예로 수잔 벅-모스가 벤야민의 『파사젠베르크』("아케이드 프로젝트")를 중심으로 그의 철학을 재구성한 연구와 빈프리트 메닝하우스가 벤야민 사유의 뿌리인 언어이론을 초기 저작부터 후기 저작까지 망라하여 분석한 결과를 들 수 있다.[3] 벤야민 이론에 대한 이런 내재적 연구는 기계적으로 그 이론의 핵심 주제와 개념을 독해하고 해설하는 경향과는 다르다. 이 연구들은 벤야민의 전체 사유 중, 예를 들어 '대중문화에 대한 벤야민 시각의 변증법'이나 '벤야민 언어철학에서 언어마법의 문제' 같은 특정한 주제를 심도 있게 다룬다. 또는 그의 저작에서 '철학적인 서술'이나 '구제(救濟) 비평적 해석학' 같이 메타 이론적 차원의 논제를 뽑아내 벤야민의 개별 텍스트를 학문의 구조적인 관점에서 논한다. 이와 더불어 최근에는 벤야

민의 전기적 사실을 배경으로 그의 이론 중 특정 개념이 형성된 과정을 재구
성함으로써, 독자들이 입체적으로 이해할 계기를 마련하는 추세도 강해졌다.

마지막으로, 유물론적 모더니즘 미학과 철학적 시각에서 한정적으로 해
석된 벤야민 이론을 여타 영역으로 확장하는 연구들이 있다. 그의 언어이론,
번역이론, 미메시스론, 예술이론을 후기구조주의 · 포스트모더니즘의 해체
론, 매체미학, 시각이미지 문화 연구, 정신분석학, 페미니즘 연구, 사회학과
도시계획, 건축 분야 등에서 수용하여 재해석하고 새로운 논제로 분석하는
연구들이 그것이다.[4] 벤야민의 전집 중 5권인『파사젠베르크』가 출간된 1982
년 이후 서구에서는 본격적으로 이러한 방향의 연구가 행해졌다. 그 미완의
주저에는 벤야민 고유의 연구 방법과 서술 기술이 풍부하게 담겨 있다. 이 점
이 여러 분야의 연구자들에게는 그의 저작을 능동적으로 재구성하고, 연구자
당대의 논쟁적인 주제들과 벤야민의 명제들을 접목할 가능성으로 여겨졌다.
그러나 이러한 연구 경향은 벤야민 이론의 일부만을 자의적인 이론 틀에 전
유하거나, 그의 특정 개념 혹은 텍스트에만 중점을 두고 해석함으로써 벤야
민 이론의 토대와 원리를 이해하는 데 난점을 빚기도 한 것이 사실이다.

한국에서의 벤야민 수용은 2000년대 들어 매우 활발해졌다. 1980년대까
지만 해도 벤야민은 리얼리즘 논쟁에서 게오르크 루카치와 함께 고찰되는 정
도였다. 그러나 1990년대 말부터 벤야민의 이론은 미학을 비롯해 독문학, 철
학, 신학뿐만 아니라 예술비평, 문화이론, 디자인, 건축과 도시연구 등 매우
다양한 영역에서 관심의 대상이 되고 있다. 벤야민 저작의 국내 번역 작업이
이 추세에 크게 기여하고 있음은 물론이다. 하지만 이렇게 국내에서 이 저자
에 대한 관심이 높아졌음에도 불구하고, 현재까지 벤야민 수용의 학문적 성
과는 더디다.[5] 또한 벤야민의 이론을 생산적으로 받아들여 우리 시대의 문화
적 지형을 해명하고, 매체와 예술, 사회 현실과 문화정치의 향방을 제시하는
연구는 아직 시론에 머물거나, 부분적인 인용 혹은 참조에 그치고 있는 것으

로 보인다.

이제까지 간략하게 살펴본 선행 연구는 분명 벤야민 수용의 이론적 성과
이다. 하지만 그 연구들이 일정한 한계를 노정하고 있음 또한 사실이다. 특히
근래 벤야민의 이론을 연구하면서 가장 두드러진 성과를 낸 연구 분야 중 하
나인 매체이론 또는 매체미학 연구는, 벤야민의 저작을 매체와 테크놀로지의
문제에만 한정하여 조명한 측면이 있다.[6] 하지만 벤야민의 철학과 미학의 사
유, 특히 유물론적 예술이론은 '매체의 혁명적인 가능성'을 당대 현실 사회
속에서 현재화하는 데 역점을 둔 것임을 고려할 때, 그의 이론은 역사철학과
인간학적 유물론의 문맥 속에서 통합적으로 이해될 필요가 있다. 이런 맥락
에서 이 책은, 벤야민 연구자들의 선행 연구를 참고하는 동시에 이 책의 연구
목적과 방법론에 따라 벤야민 사유의 지평이 '인간학적 유물론'이며, 그 미학
적 지향은 '지각이론의 미학'임을 밝히는 데 큰 비중을 두었다. 그리고 그에
입각하여 벤야민 이론에서 테크놀로지와 매체, 그리고 예술의 정체성과 기능
을 설명하고자 했다.

이 책은 이러한 목적과 방법에 따라 본문을 총 4부 9장으로 구성하고, 거
기에 속한 주제들을 일종의 '구심적 구조'로 설정했다. 즉 가장 포괄적인 주
제인 벤야민 철학과 미학의 체계와 방법론에 대한 해명으로부터 논의의 가장
중심 주제인 테크놀로지 시대 예술의 문제로 나아간 것이다. 나는 벤야민 사
유의 성좌를 재구성하면서, 연대기적 집필 순서를 따르지 않았다. 그와는 달
리, 그가 자신의 사유에 부여한 이론 영역에—이를테면 언어이론, 경험이론,
유물론적 예술이론—따라 텍스트들을 교차시키고 내재적으로 분석하고자 했
다. 이는 벤야민의 저작들을 이 책이 상정한 범위 내에서 중요 인식론, 방법
론, 개념, 연구 주제에 따라 재편성한 것이기도 하다.

그럼에도 불구하고 이 책은 벤야민의 철학과 미학 내에 갇힌 채 논의를 끝
내지는 않으려 했다. 마지막 4부에서는 벤야민 이론의 미학적 성과와 한계를

짚으면서, 동시대의 철학과 예술이론, 사회과학, 매체미학, 시각문화 연구들을 참조하여 그의 이론을 오늘날 생산적으로 수용할 가능성을 열어뒀다.

3.

벤야민은 1925년 대학교수자격 취득을 위해 프랑크푸르트 대학에 제출한, 그러나 끝내 스스로 취득 신청을 철회하고 만 예술철학 논문 『독일 비애극의 원천』(이하 『비극서』)의 모토로 애초 "모든 장애물을 넘어가되, 너의 다리를 부러뜨리진 마라"라는 경구를 쓰려 했다. 출간된 저서에는 괴테의 '예술의 전체성에 대한 주장'으로 대체되어 있지만, 벤야민은 원래 모토로 삼으려 했던 그 문구를 통해 자신의 논문을 읽는 독자에게 일종의 경고를 하려 했던 것 같다. 즉 자신의 논고에는 여러 이론적 난관이 가설돼 있으며, 그것을 넘기가 그리 수월치 않을 것이라는 것. 그렇다 하더라도 지적인 시도를 멈추지 말라는 것. 물론 그와 동시에 잔인한 일이지만, 타인의 지적 산물에 대한 완전한 이해 혹은 인식적인 소유는 가능하지 않다는 뜻을 그 쓰지 않은 모토를 통해 벤야민은 은연중 피력하려 했을 것이다.

나는 이 책이 벤야민의 그러한 경고 아래 쓰였음을 고백한다. 즉 이 책은 벤야민의 철학과 미학 전체를 결코 완전하게 해설할 수 없으며, 나아가 독자들이 그 어려운 이론 세계에 가볍게 산책하듯이 드나들 수 있도록 장애물을 효과적으로 제거하지도 못했다는 말이다. 다만 아래와 같이 논의의 소주제를 잡아, '벤야민의 사유'라는 연구 대상에 좀더 타당하고 효율적으로 접근하는 이해의 통로를 마련하려 했다는 점만은 강조하고 싶다.

이 책은 제1부 '이념, 극단, 진리, 서술'에서 한편으로 벤야민 전체 사유를 이론적으로 재구성하여 그 사유의 체계를 '성좌'로서 제시한다. 이를 논리적으로 해명하기 위해 먼저 벤야민 철학과 미학의 핵심 개념들, 즉 '극단들', '성좌로서의 이념', '이념 서술', '정지상태의 변증법', '변증법적 이미지'를 설명할 것이다. 그리고 이러한 개념들이 어떻게 벤야민의 언어이론·미메시스론·경험이론·역사철학·예술이론의 내용을 이루는지, 또 어떻게 이 이론들이 성좌적 구조로서 유물론적 미학을 이루게 되었는지 분석한다.

다른 한편 1부에서 나는 위와 같은 체계를 가진 벤야민의 사유가 방법론으로는, 사유를 이미지화하고 이미지를 사유화하는 '지각의 변증법'으로 이해될 수 있음을 밝힐 것이다. 벤야민에서 이러한 사유는 그가 미메시스론과 경험이론에서 주장했듯이, 세계를 인식으로 소유하는 것이 아니라 세계의 현상들에서 가장 극단에 이르는 지점까지 모방(Mimesis)하여 지각한 바를 언어화하는 것이다. 이러한 벤야민 고유의 지각의 방법론은 그의 기술(Technik) 개념, 알레고리와 수집, 모더니티에 대한 변증법으로서 꿈과 각성, 몽타주를 논제로 해서 설명될 것이다. 미리 말해두자면 벤야민은 이러한 사유의 방법론을 통해, 과거와 현재의 공시적 장(場)인 모더니티 현실의 지각과 경험 현상을 분석하고, 한 시대 속 여러 경향의 종합적인 표현으로서 예술작품의 이념을 서술할 수 있었다.

제2부 '모더니티, 파사젠베르크'는 벤야민의 '역사철학과 모더니티 이론'을 다룬다. 이는 이 책의 핵심 주제인 모더니티의 예술과 테크놀로지를 논하기 위해서 먼저 이해할 필요가 있는 '벤야민의 역사적이고 사회적인 관점'에 대한 고찰이다. 여기서 나는 '모더니티의 테크놀로지·예술·역사'의 문제를 상관관계로 다루는데, 이는 벤야민의 유물론적 예술이론이 그것을 연관해서 고찰한 지적 산물이기 때문이다. 그는 예술의 역사적 의미가 기술 생산의 조건에 따라 변화한다고 전제했고, 그 때문에 유물론적 역사철학의 관점에서 모더니티의 생산력(하부구조)과 문화(상부구조)를 '표현의 관계'로 다루었다. 그것은 모더니티의 합리성이 사회 전 영역에 관철돼 외화된 양상을 전

체 사회적 이해관계 속에서 비판적으로 독해하는 것이다. 또한 근대사회의 예술을 관념론 미학의 내부에서가 아니라 시대적 지각의 조직 및 집단의 경험 변화와 '영향관계'로 파악하는 것이다.

제3부 '테크놀로지, 예술, 지각, 미학'은 1부와 2부의 논의를 바탕으로 벤야민 미학의 특수한 내용과 미학적인 위치를 조명한다. 그 이론적인 조명 작업은 벤야민의 후기 유물론적 예술이론을 분석하는 방식으로 이루어질 것이다. 그렇게 하는 이유는, 그가 후기 유물론적 예술이론의 저작에서 근대적 지각의 변화와 예술의 정치학을 비판적으로 분석했고, 나아가 예술과 테크놀로지의 새로운 정체성과 기능을 제시했기 때문이다. 구체적으로 이 논의에서 나는 당대 테크놀로지와 예술의 정치적 양상, 그리고 그 사회적 효과, 근대 집단의 지각 조직을 벤야민의 경험과 기억의 지각이론, 사진과 영화예술에 대한 이론과 교차시키며 분석한다.

벤야민은 근대사회를, 모든 사회적 심급이 산업기술을 이용해 보다 강력하고 은밀하게 작동하면서 다양한 방식으로 인간 지각을 재편하고 예술 생산과 수용의 방식을 변형시키고 있다는 상황 인식에서 들여다봤다. 때문에 그에게는 무엇보다 테크놀로지라는 새로운 형식의 본질과 그것의 궁극적인 목적에 대한 역사철학적이고 미학적인 비판이 관건이었다. 그의 철학과 미학이 정의하는바, 테크놀로지는 근대의 '역사적인 사실'이고, 인간을 자연의 예속과 사회의 억압으로부터 해방시키는 동시에 자연과 인간의 조화로운 관계를 촉진시키는 '방법'이다. 따라서 근대사회를 새로운 신화 상태로 몰고 간 산업과 자본주의 체제를 비판하면서 새 테크놀로지를 포기하는 것은 옳은 길이 아니다. 오히려 사회적인 의식과 예술 영역의 차원에서 테크놀로지의 변혁적인 잠재력을 가동시킬 것이 요구된다. 그리고 "역사의 주체"인 프롤레타리아 집단 자신이 테크놀로지를 통한 새로운 자연을 조직해나가야 한다. 이를 위해서 예술은 일종의 사회적인 매체로 '기능전환' 할 필요가 있다. 즉 예술은 테크놀로지와 상호 침투관계를 맺고, 사회 속에서 억압받아왔던 다수 집단이 테크놀로지의 해방적인 역능을 이용해 역사 변혁의 주체로서 '지배와 착취 없는 사회'를 현실화하도록 매개적인 역할을 해야 하는 것이다. 이것이 벤야민 후기 예술이론의 핵심 명제이다.

우리는 이 책의 마지막 제4부 '인간학적 유물론, 미학의 현재 과제'에서 두 논점을 해결해야 한다. 벤야민의 철학과 미학을 '인간학적 유물론'이라는 지평으로 해명하는 일이 그 하나이고, 최종 단계로서 벤야민 철학과 미학의 성과와 한계를 논하는 일이 다른 하나이다. 물론 이는 동시대 미학에서 그의 이론을 생산적으로 현재화할 가능성을 모색해보는 일로 이어질 것이다. 벤야민 철학과 미학의 '인간학적 유물론'이라는 지평을 논하기 위해서는, 그의 예술비평 텍스트를 중점적으로 분석할 필요가 있다. 그중에서도 특히 벤야민의 「초현실주의」 예술비평을 통해, 근대의 예술 생산과 수용·비평의 문제를 재고할 수 있으며, 공동체 현존의 물질적인 조건과 역사의 인식론적 구조에 대한 철학적이고 미학적인 숙고의 필요성을 새삼 인식할 수 있다. 벤야민은 당면한 사회 조건 속에서 예술에 '사회적 기능'이라는 새로운 기능을 요구했던 것처럼, 미학에 사회정치적 현실에서의 특정 역할을 부여했다. 당대 상황에 비춰보면, 그 미학의 기능은 예술이 파시즘에 전용되는 정치사회적 상황을 타파할 '예술정책과 예술이론의 명제를 제시'하는 일이다. 그러나 보다 큰 차원에서 이는 다음과 같은 질문에 답하는 일이다. 즉 사회적 의식 수준에서 어떻게 테크놀로지를 합당하게 수용할 것인가? 그렇게 수용된 테크놀로지가 인간과 인간, 인간과 자연이 서로 조화를 이루는 새로운 공동체적 자연(Physis)을 조직할 수 있는가? 그 일이 가능하다면 그 과정에서 예술의 정체와 기능은 무엇인가? 이 질문과 답에 대해 이 책은 벤야민 후기 사유의 지평을 이루는 '인간학적 유물론'을 중심으로 살핀다.

나는 이상과 같은 주제 하에서 벤야민의 철학과 미학에 대해 내재적인 해석을 시도하고, 논의의 마무리 단계로 그의 이론적인 성과와 한계를 짚을 것이다. 그리고 현재 여러 학문 및 이론들과의 교차 논의를 통해 동시대 미학에서 벤야민 이론을 생산적으로 확장할 수 있는 지점을 제안하며 책을 마칠 것이다.

| 제1부 |

이념, 극단, 진리, 서술

서론

"산만하고 이질적으로 보이는 것들이 종합의 요소들로서 적절한 개념들 속에 결합되어 있다는 점이 발견될 것이다." 이 짧은 인용구가 철학자, 미학자, 그리고 예술비평가였던 벤야민의 전체 사유 구조와 방법론에 대한 지도를 그리려는 우리에게는 핵심 키잡이다. 이 문장 속에 그가 철학 저술, 미학 논고, 예술비평 작업을 하면서 글로 실행한 지적 과정이 압축되어 있기 때문이다. 그 과정이란, 언뜻 보면 상관성이 별로 없고 중요해 보이지도 않는 대상들을 하나도 빠짐없이 관찰하고, 숙고하며, 개념들을 통해 대상에 꼭 들어맞는 해석을 내놓음으로써 종합적인 진리에 가까워지는 사유의 서술을 의미한다.

예를 들어 벤야민은 『비극서』에서 17세기 독일 바로크 시대의 비극예술, 고유어로는 '비애극(Trauerspiel)'[1]을 그 시대의 삶과 문화예술의 원천에서부터 철저히 재탐사한다. 첫머리의 인용은 이 책에서 따온 것인데, 그 말은 벤야민의 예술철학적 선언으로 읽어도 좋을 것이다. 즉 벤야민 자신은 해당 작품이 많지도 않고, 기성 문학사(史)가 비중 있게 다루지도 않았으며, 다뤘다 하더라도 몇몇 개별 작품이나 전집 혹은 특정 유파만을 중심으로 빈약하게 논한 '비애극'이라는 과거의 쇠락한 예술을 하찮은 파편 한 조각까지 놓치지 않고 다루겠다는 선언인 것이다. 동시에 그 말은 철학 저술과 관련해 그가 제시하는 이론적 입장이다. 그의 지론에 따르면, 과거 실패한 예술의 현상들은 역사에 산만하게 널린 이질적인 부스러기들로 취급될 것이 아니라, 특정 시대의 이념이라는 철학적인 맥락에서 다뤄져야 한다.

위의 '산만하고 이질적인 것들' 또는 '비애극'은 벤야민의 철학에서는 "극단들(die Extreme)"이라 불린다. 그는 철학에서 사유의 독자적인 구성 원리와 방법론을 피력하는데, 무엇보다 그에게 사유는 구성이다. 사유에는 사유의 대상이 있고, 그 대상을 사유하기 위한 기본적인 전제들과 사유가 도달하려는 궁극적인 목표가 있다. 사유가 구성이라 할 때 관건은 그것이 얼마나 진리에 근접하느냐에 있다. 벤야민은 먼저 일반적인 것이 아니라 가장 예외적이거나 소외된 현상들, 그의 표현에 따르면 "극단들"을 고찰의 주요 대상으로 삼는다. 그리고 그 극단으로서의 현상들을 개념으로 매개해 관계들의 연합체, 즉 개별적인 것들이 각자의 독자성을 잃지 않으면서도 서로 특정 관계 속에서 배열되는 구조인 '성좌'로 구성한다. "성좌로서의 이념(Idee als Konfiguration)"이라는 말에서 알 수 있듯이, 이 개념의 매개를 거친 현상들의 성좌 구조가 벤야민이 말하는 "이념"인데, 그에 따르면 철학은 이러한 이념을 사유의 지향점으로 삼아, 그로부터 출현하는 진리를 '서술(Darstellung)'하는 일에 다름 아니다.

1부는 이러한 벤야민의 사유를 '극단들의 변증법적 성좌'라는 이름으로 해석할 것이다. 해석을 위해서 우리는 벤야민의 세 '방법론적 서론', 즉 『비극서』의 「인식비판서론」과 『파사젠베르크』의 〈N 인식이론, 진보 이론〉, 그리고 「역사철학」을 중점적으로 검토한다.[2] 「인식비판서론」을 통해서 '이념', '진리', '극단' 같은 벤야민 철학의 핵심 개념을 파악하고, 〈N 인식이론, 진보 이론〉을 통해서는 서구 19세기와 20세기 모더니티에 대한 벤야민의 문화사적 비판과 구제의 방법론을, 「역사철학」을 통해서는 '정지상태의 변증법'이라는 그의 역사철학에 입각한 변증법을 이해할 수 있기 때문이다. 다음으로 벤야민의 언어이론 · 미메시스론 · 경험이론을 살펴볼 것인데, 이는 그 이론들이 그의 전체 사유와 지적 구조 안에서 공속적인 관계를 이루고 있음을 보이기 위함이다. 동시에 이는 벤야민의 초기 사유와 후기 사유의 관계 및 변화의 양상을 전체적으로 훑어보는 일이다. 1부의 마지막 장은 벤야민의 이론이 어떠한 "작가적 기술"을 실행했는지 고찰한다. 즉 그 사유와 이론의 방법론을 이해해보자는 것이다.

여기 1부의 1장부터 3장은 낯선 철학 개념이 연속적으로 출몰하고, 논의가 다소 추상적이기 때문에 읽기에 고단할 것이다. 하지만 독자가 문장의 피류에서 진정한 의미와 진리의 계기를 깨우치고 자기 것으로 섭취하길 고대한 지적 거인, 벤야민의 통합적인 사유를 생각하건대 우리가 이 첫 관문을 우회하기는 어렵다.

1장 "성좌로서의 이념": 벤야민 사유의 지도

1. 이념, 개념, 극단들

시간은 흐르고, 시대는 마디로 나뉘며, 역사는 변전(變轉)한다. 그러니 지식, 이론, 철학이 결코 변하지 않는다고 확언할 근거가 어디 있겠는가? 1920년대 중반 벤야민의 사유는 신학적 형이상학적 사유에서 마르크스적·유물론적 사유로 이행해갔다. 『일방통행로』는 그런 사상사적인 변화를 압축해 보여주는데, 책이 출간됐을 당시 철학자 에른스트 블로흐는 서평에서 "이곳에 철학이 개점했다. 쇼윈도에는 형이상학의 봄 신상품이 진열된다"고 썼다. 철학은 이제 제철의 패션처럼 시의성을 띠게 됐음을 은유하는 말이다. 동시에 그만큼 벤야민의 책이 당대 철학을 실험한다는 뜻을 담고 있다. 사실 블로흐의 이런 판단은 정확하다. 벤야민이 삶을 구성하는 힘을 '사실(Fakten)'로부터 찾는 현실의 철학을 위해 전위적인 글쓰기를 감행한 저작이 바로 『일방통행로』이기 때문이다. 그러나 우리는 사태의 한쪽만을 보아서는 안 된다. 벤야민은 '지금 여기'라는 구체적인 현실과 조응하는 철학을 모색하는 것만큼이나, 철학이란 절대적이고 객관적인 진리의 추구라는 오랜 신념을 깊이 견지했다는 점에서 그렇다. 그러니 우리는 현실의 객관적이고 물리적인 조건을 탐색하는 방향으로 변화한 벤야민의 후기 사유를 보다 정확히 이해하기 위해

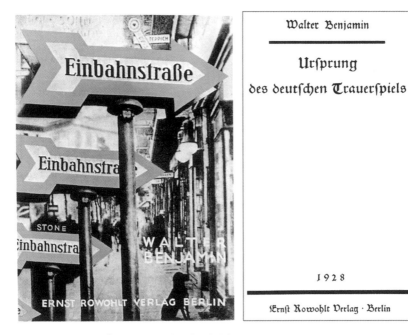

1 사샤 스톤이 디자인한 『일방통행로』 표지, 로볼트 출판사, 1928.
2 『일방통행로』와 같은 해에 출간된 『독일 비애극의 원천』

서라도, 먼저 그의 절대적이고 객관적인 진리를 추구하는 초기 철학부터 살펴볼 필요가 있다.

벤야민에게 철학은 진리의 서술이다. 그는 진리란 인식으로 소유할 수 있는 것이 아니라, "스스로 서술되는 어떤 것"으로서 철학의 논자에게는 추구의 대상으로서만 주어진다고 정의한다. 또한 철학에서 진리는 "이념들에서 형성된 무의도적인 존재"(Ⅰ/1, 207-216)로 제시된다고 전제한다. 이를테면 진리는 인간의 의도에 따라 완벽하게 인식되는 범위의 것이 아니다. 오히려 진리는 인간의 의도 너머, 인식 능력을 벗어난 차원의 것으로서 그 존재 자체로 인식에 주어지고, 인식은 다만 그것을 추구할 수 있을 뿐이다. 따라서 진리를 서술하는 철학의 방법론은, '서술' '제시' '재현'의 뜻을 함께 가진 독일어 'Darstellung'이 함축하듯이, 진리와 함께 주어진 형식을 따른다. 벤야민 사유의 주요 개념인 '극단들' '성좌로서의 이념' '정지상태의 변증법'은 이와 같은 철학적 입장에서 도출되었다.

'극단들'과 '성좌로서의 이념'은 벤야민 자신이 "예술철학 논문"(I/1, 218)이라 규정한 『비극서』에서 처음 인식 비판적으로 제기한 개념들이다. 그는 이 개념들을 책의 도입부인 「인식비판서론」에서 논거를 들어 정교하게 정의함으로써, 한편으로 기존 실증주의의 인식론을 비판하는 동시에 다른 한편으로 자기 철학의 방법론을 제시하고자 했다. 구체적으로 「인식비판서론」에서 벤야민은 서구 19세기를 주도했던 자연과학과 실증주의적 학문 체계에 입각한 인식론을 비판하고, 분과학문들 사이의 경직된 벽을 가로지르는 학문의 통합 과정을 예술작품에 대한 분석을 통해 수행해야 한다고 주장한다. 그는 예술작품을 "한 시대의 종교적·형이상학적·정치적·경제적 경향들의 종합적인 표현"(VI, 219)으로 상정하고, 그것이 곧 이념으로서 철학적인 서술의 대상임을 명확히 한 것이다. 벤야민은 각 시대가 서로 다르듯 그 시대의 종합적인 표현으로서 예술작품이라는 이념은, 역사 또는 예술사가 기술하듯이 연대기적으로 이어지는 것이 아니라, 각각의 별들이 모여 성좌를 이루는 것처럼 불연속성의 관계로 서술되어야 한다고 본다. 그것이 곧 통합성과 불연속성이라는 특성을 동시에 지닌 예술의 이념을 드러내는 일이기 때문이다. 성좌는 "일회적이고 극단적인 것"으로 구성되고, "이념은 일회적이고 극단적인 것이 그와 똑같은 것과 함께 맺고 있는 연관관계를 형상화하는 일"(I/1, 215)이라는 그의 주장이 이를 뒷받침한다.

그렇다면 벤야민의 '이념'이란 무엇인가? 우리는 먼저 르네상스 시대 미술사가인 바사리의 "Idea" 개념을 전거로 벤야민의 '이념' 개념을 이해할 수 있다. 바사리에 따르면 이념은 "자연에 예속적이지 않은 이미지형상

(Bildgestalt)의 표상"을 뜻하며, "정신 속에서 구상되는 것, 외적 재현에 선행하며, 우리가 때로 '주제'나 '대상'이라는 말로 가리키는 것"이다.[3] 벤야민은 『비극서』에서 비애극을 프랑스와 30년 전쟁을 치르며 이후 황폐해진 17세기 독일인들의 정신적인 경향이 형상화된 것, 그 종합적인 경향을 비애극이라는 문학 형식으로 표상한 이념으로서 다룬다. 이 점에 비춰볼 때, 바사리가 정의한 이념과 마찬가지로 벤야민의 이념은 형상적이며, 그의 이념론은 예술작품을 중심으로 한 예술이론의 성격을 갖는다고 볼 수 있다.

다른 한편 벤야민은 이념을 사유가 '산출해내는' 무엇이 아니라 사유에 '주어져 있는' 무엇으로 전제하면서 플라톤의 철학을 수용했다. 벤야민 자신은 이를 다음과 같이 분명히 한다.

"(…) 이념들은 고찰에 주어져 있다. 이념들은 앞서 주어져 있는 것이다. 그리하여 인식의 연관관계로부터 진리를 분리하는 일이 이념을 존재로서 정의한다. 그것이 이데아론이 진리 개념에 대해 갖고 있는 영향의 범위이다. 진리와 이념은 존재로서 플라톤의 체계가 그것들에 각별하게 부여하고 있는 지고의 형이상학적 의미를 얻는다." (I /1, 210)

여기서 벤야민은 이념을 플라톤의 이데아론과 상관하는 개념, 그렇게 해서 "지고의 형이상학적인 의미"를 가진 개념으로 상정하고 있다. 물론 플라톤에게 이데아는 미리부터 존재하면서 관조되는 것이며, 참된 인식의 영원히 변치 않는 대상으로서 순수한 사고에 나타나는 실재이다. 그리고 벤야민에게도 이념은 선험적이고, 고찰에 주어져 있다. 또 플라톤의 이데아론과 마찬가지로 벤야민에게서 이념은 현상들 그 자체도 아니고 현상을 포함하고 있지도 않다. 하지만 벤야민은 이념이 현상을 통해서 서술되고, 현상은 이념을 통해서 구제된다고 주장했다. 즉 그의 이념은 현상과 완전히 분리된, 표상 불가능한 상위의 절대적 차원이 아니라, 간접적인 방식으로 현상과 관계하는 존재인 것이다. 이때 '간접적인 방식'이란 현상으로 존재하는 이질적인 것들이 개념의 매개를 거쳐서 이념으로 구성된다는 의미에서다. 이러한 벤야민의 이념론은 철학에서 경험의 실재성을 중요한 요소로 본다.

「인식비판서론」중 소제목 '철학적 미'에서 벤야민은 한편으로 플라톤의 이데아론, 라이프니츠의 단자론, 헤겔의 변증법이 "세계를 서술하는 구상들로서 그 타당성"을 갖는 형이상학적인 체계임을 인정한다. 하지만 동시에 자신의 연구는 그러한 체계 속에서 "경험세계 그 자체가 녹아 스며드는 식"의 서술을 지향하는 예술철학이라면서, 앞선 관념론 및 형이상학의 대가들과 거리를 둔다. 그것은 구체적으로 말해서, 독일 비애극을 예술철학의 한 이념으로 서술함으로써 형이상학에서 경험적인 영역을 포기하지 않겠다는 뜻을 담고 있다. 벤야민 전집 편집자인 롤프 티데만이 당시 벤야민은 "예지계(die intelligible Welt)에 대한 반관념론적 구성"[4]을 자기 철학의 프로그램으로 상정했다고 해설한 것은 이러한 맥락에서다. 다시 말해, 벤야민은 서구 관념론에서 오성을 통해서만 인식 가능하다고 상정된 진리의 세계(예지계)를, 17세기 독일 '비애극'이라는 구체적인 경험세계의 예술 형식을 분석함으로써 드러내고자 했던 것이다.

그러나 이념으로서 비애극에 대한 서술은, 그때까지 독일 문학사가 비극(Tragödie) 일반의 관점에서 비애극을 단지 아류의 예술로 다뤄왔던 관행과는 완전히 다른 것이다. 벤야민의 "예술철학적 논술의 의미에서", 비애극은 바로크 시대의 정신적인 본질을 종합적으로 표현하고 있는 이념으로, 또한 그 이념 안에 특정 역사의 경험세계가 녹아 있는 대상으로서 다뤄진다. 이렇게 플라톤의 '이데아론'과는 달리 벤야민은 이념을 재해석하여 "역사"를 채택한다.[5] 그에게 이념은 초월적·초역사적 형이상학의 진리가 아니라 역사철학적 진리 추구의 대상이며, 그런 한 사유자의 인식은 역사를 중심으로 "역사 서술적(historiographisch)"으로 전개되기 때문이다. 그러나 벤야민은 역사의 시간은 기계적인 시간과는 다른데, 전자에는 기계적인 시간 이상의, 어떤 경험적인 사건으로도 완전히 파악될 수 없고 어떤 경험적인 사건으로 집약될 수도 없는 "역사적인 시간 형식의 규정적 힘"이 있다고 보았다. 그리고 "역사의 의미에서 완전무결하다고 할 수 있는 사건은 경험적으로 규정되지 않는 어떤 것, 소위 이념일 것"(II/1, 134)이라고 했다. 요컨대 벤야민의 사유에서 이념은 그의 역사 인식과 결부된 개념이되, 이때의 이념이란 개별 경험적인 사건의 합이나 계측 가능한 시간의 총량으로는 파악할 수 없는, 한 시대의 정신이 언어로서 종합적으로 표현된 역사 시간의 이념인 것이다. 여기서 우리는 그가 비애극을 이념으로 다루는 것은, 문학사나 문헌학의 분과 영역에서가 아니라, "역사적 시간에 대한 서로 상이한 입장에서" 17세기 독일 바로크 시대의 정신적인 본질을 비애극의 언어 표현을 통해 다루는 것임을 새겨둘 필요가 있다. 이 같은 맥락에 대한 이해가 깔려 있어야만 벤야민의 후기 유물론적 사유에 이르기까지 유지된 예술이론의 다음과 같은 고유한 문맥을 포착할 수 있기 때문이다.

말하자면 벤야민은 한 시대의 예술을 이념으로 간주하고, 그 예술이 처한 시대마다의 특수하고 현실적인 조건에 대해 통찰한다. 또한 그러한 통찰을 사유자의 현재에 대한 역사철학적 각성으로 변증법화한다. 그런 점에서 예술 형식의 이념에 대한 고찰과 서술은 사유자가 인식하는 '지금 순간'에만 읽어 낼 수 있는 섬광 같은 진리를 포착하는 일, 현재의 원사(原史, Urgeschichte)에 대한 역사철학적 해명이다.

이념이 정신적인 본질로서 "앞서 주어진 무엇"이라는 벤야민의 이념론은 그러한 이념을 서술하는 철학의 체계로 이어진다. 그의 글들은 체계적인 형식을 요구하는 관례화된 철학을 충족시키기보다는, "산문적 형식"을 통해 이념의 서술을 수행한다. 그렇다고 그가 철학의 체계성 자체를 부정한 것은 아

니다. 오히려 그에 따르면 이러한 '서술' 자체가 철학의 체계였다. 「인식비판
서론」에서 벤야민이 서술로서의 체계가 철학적인 저술에 본질적인 것이라고
하면서, 19세기 실증주의 철학의 체계 개념을 비판한 것은 이러한 철학적인
입장에 근거한 것이다. 벤야민에게 체계는 외부로부터 설정되는 것이 아니
라, "그 토대가 이념세계의 상태 자체에서 착상을 얻는 곳"(I/1, 213), 즉 현
상들의 객관적인 해석이자 사물적 요소들의 질서인 "성좌로서의 이념"에서만
타당하게 주어진다. 따라서 이념을 서술하는 사유는 다음의 네 가지 방법론
적 양식을 지켜야 한다. 첫째 연역의 연쇄를 따르는 것이 아니라 사유의 주관
적인 진행을 부단히 중단함으로써 철학적 고찰이 더욱 객관적인 질서를 따르
도록 한다. 둘째, 사태 자체에서 매번 새롭게 사유를 시작함으로써 논의를 지
구력 있게 끌고 간다. 셋째, 인과관계에 따른 피상적인 보편주의를 피하고 극
단의 모티브들을 취하여 논의를 반복함으로써 대상 자체의 개별성과 객관성
을 엄밀히 추적한다. 마지막으로 이분법의 도식에 따라 부정과 배제의 논쟁
을 펼치는 것이 아니라, 그러한 이분법에 새로운 관점을 도입함으로써 논의
가 치밀한 긍정성으로 풍부해지도록 한다.(I/1, 212)**6**

　이념을 서술하기 위해서 이러한 사유의 방법론을 지켜야 하는 것은, 성좌
로서의 이념이 진리의 계시이기 때문이다. 여기서 진리는 칸트적인 의미의
인식과 구분된다. 벤야민은 '인식'으로서의 경험이라는 칸트의 개념, 즉 과학
적 인식 방법을 자신이 '철학적 경험'이라 명명한 진리의 계시와 구분한다.
칸트적 의미의 인식 주체가 세계를 개념 구조 자체에 따라 구성한다면, 철학
적 경험의 주체는 세계를 '이념 구조'를 따라서 구성한다. 이 이념의 구조는
현상들의 객관적이고 잠재적인 배열이며 현상들에 대한 객관적인 해석이지,
현상의 단순한 집합이 전혀 아니다. 또 현상은 이념 속에 동화되어 있지도 않
다. 오히려 이념은 현상들 간의 공속성(公屬性)을 규정한다. 그것은 이념이
"언어의 가장 보편적인 지시들"이기 때문인데, 여기서 '보편적인 지시'가 정

신적인 본질을 의미하는 한에서, 이념은 현상들이 공유하는 가장 내밀한 본질적인 속성을 뜻한다고 이해할 수 있다. 따라서 이념과 현상은 전자가 후자를 내포하는 종차(種差)의 관계가 아니라, 불연속하는 개별체들과 그 불연속성을 연관시키는 질서라는 점에서 서로 다른 존재라는 이해가 가능하다. 서로 존재가 다르고 직접적인 관계를 맺을 수 없는 이념과 현상이 하나의 구조를 이루기 위해 개념이 역할을 한다. 이때 '개념'은 정신적인 소유가 목적인 인식의 입장에서 대상을 정의하지 않는다. 그와는 달리 개념은 경험세계의 가상이 섞여 있는 현상들을 해체하여 이념에 참여시키는 '매개적인 역할'을 한다. 이렇게 개념들로 매개된 현상들의 "객관적이고 잠재적인 배열이자 현상들의 객관적인 해석"이 바로 성좌로서의 이념이다.(I /1, 213-214)

그렇다면 이러한 이념들의 서술은 어떻게 이루어지는가? 벤야민은 "경험을 수단으로" 이루어진다고 답한다. 성좌 구조로서의 이념은, 그 자체로 이질적인 현상들이 동일성의 원리에 종속되지 않은 채, 요소로서 질서를 이루며 배치되어 있는 형상적인 상태를 의미한다. 이념은 사물의 개념이나 법칙이 아니기 때문에 현상을 종(種)의 관계로 포섭하지 않는다. 그와는 달리 이념은 개념의 매개를 통해서 현상과 관계한다. 즉 가상이 포함된 경험적인 존재 상태의 현상들은 개념의 매개를 거쳐 경험적인 것과 이념적인 것으로 분할되고, 그렇게 이념적인 요소로 구제된 현상이 이념들의 영역에 들어가는 것이다. 이처럼 이념과 현상의 관계에서 개념의 매개는 필수적이고, 일군의 개념들이 "이념의 서술에 사용되는"(I /1, 213-218) 것이다. 구체적으로 개념은 이념의 서술이 현상들의 극단에 이르기까지 미쳐 "보편적인 것"이 되도록 현상을 '극단적인 것'으로 분할하고, 이념에 참여시키는 역할에 머문다.

벤야민은 이념의 진리내용(Wahrheitsgehalt)이란, 그에 대해 서술하는 자가 사실내용(Sachgehalt)의 세목들에 가장 엄밀히 침잠할 때 비로소 파악될 수 있다고 강조한다. 여기서 사실내용은 인식 체계의 연역과 귀납에 따라 취사선택된 사실들의 인과론적 집합이 아니다. 그와는 달리, 진리내용에 비춰 각각의 개별성을 보존한 채 잠재적인 배열관계에 놓여 있는 극단들이다. 『비극서』의 서론에서 벤야민은 "사유의 파편들"을 "개별적이고 동떨어진 것으로부터 모인 모자이크"에 비유하면서, 사유 파편들과 사유의 근본 구상 간의 관계가 "측정될 수 없으면 없을수록 〔진리 서술에〕 더 결정적"(I/1, 208)이라고 단언한 적이 있다. 이러한 문맥에서, 그가 말하는 극단들, 즉 사실내용의 세목들은 철학적인 고찰 능력이 그것을 디딤돌 삼아 '도약'하면서 진리에 보다 더 근접하게 되는 사유의 파편이다. 이것이 이념을 보편적인 것으로 만든다. 달리 말해서, 극단들이야말로 이념의 보편성을 보증하는 요소이다.

하지만 왜 벤야민은 보편적인 것의 요소로 극단들을 주장하는가? 이는 첫째, 벤야민이 사실들을 단순히 집적시키는 소위 '과학주의적인 방법론'을 연구자의 주관성이나 동시대에 통용되는 의식, 가치 기준, 인정 체계 따위에 기댄 채 상이한 것을 동일한 것으로 마름질해버리는 비(非)객관적인 해석 방식으로 보기 때문이다. 그에 의거하면, 객관성은 '앞서 주어진 이념'이기 때문에 과학이 자체적으로 조건화하고 승인한 객관성, 즉 과학 내부의 규칙과 명제에 따라 평균적인 것으로부터 추출한 객관성은 사실 비객관적인 것이다. 반면 개념으로 현상의 극단들까지를 통합적으로 분석("분할")하고, 이념의 지평에 고루 적용("분산")하는 것이야말로 현상에 대한 객관적인 해석이다. 왜냐하면 개념이 가장 이질적인 현상이나 소외된 것까지 철저히 해명한다는 것 자체가, 논자의 주관성이 비집고 들어올 틈을 근절하고 보편성과 객관성을 확보하는 것이기 때문이다.

극단들은 둘째, 과거 평가절하됐거나 소외된 예술작품 또는 예술 경향을 이념으로 구제하고자 하는 벤야민의 비평관과 관련이 있다. 비평가로서 벤야민은 논평(Kommentar)과 비평(Kritik)을 구분한다. 그리고 전자가 사실내용을 최종 목적으로 하는 것과는 달리 비평은 진리내용과 관계하며, 이때의 진

3 벤야민, 프리츠 운루의 『니케의 날개(Flügel der Nike)』에 대한 비평 원고(1926, Ⅲ, 23-25 수록), 벤야민 아카이브 Ms 834.

리내용이란 비평이 사실내용의 세목에 천착할 때에만 드러나는 것이라 설명한다. 그는 논평과 비평을 다음과 같은 비유를 통해 구분하기도 했다.

"성장해가는 작품을 타오르는 장작더미에 비유한다면, 그 앞에 논평가는 마치 화학자처럼 있고, 비평가는 연금술사처럼 있다. 전자에게는 나무와 재만이 분석의 대상이 되는 반면, 후자에게는 불꽃만이 수수께끼, 즉 살아 있는 것에 관한 수수께끼를 갖고 있다. 따라서 비평가는 작품의 진리를 묻는데, 진리의 살아 있는 불꽃은 지나간 것의 무거운 장작더미와 체험된 것의 가벼운 재를 넘어 계속해서 번뜩이고 있다."(I/1, 126)

논평이 작품 속에 재현된 현실과 그 직접적인 형식 및 내용에 매달린다면, 비평은 작품 속의 원초적이고 다루기 힘든 "사실내용의 세부로 빈틈없이 침잠함으로써"(I/1, 208) 진리내용을 읽어낸다. 여기서 사실내용의 세부로 침잠한다는 말의 의미는 "작품의 운명, 동시대인들에 의한 수용, 번역, 명성 등"을 종합적이고 정교하게 고찰한다는 뜻이며, 그로부터 빈틈없이 읽어내는 진리내용이 곧 예술작품의 본질이라는 의미다. "한 작품의 진리내용은 그것이 의미심장한 것일수록 그 작품의 사실내용에 그만큼 더 눈에 띄지 않게, 그리고 더 내밀하게 결합되어"(I/1, 125) 있다. 때문에 비평은 그 사실들의 짜임관계를 정밀하게 읽어내야 한다.

그런데 여기서 특히 주목해야 할 점은, 벤야민의 비평관이 철학적인 입장을 바탕으로 한다는 점이다. 즉 우리는 그의 사유에서 '비평'을 벤야민 자신이 철학적 연구의 대상이라 일컫은 이념 서술과 같은 맥락에서 이해할 필요가 있다. 그의 비평적 입장은 예술작품의 진리내용을 드러내기 위해, 사실내용의 짜임관계를 읽어낼 것을 요구한다. 이는 앞서 성좌로서의 이념과 그에 대한 서술을 주장하는 벤야민의 철학적인 입장과 상통한다. 요컨대 벤야민의 관점에서, 철학의 이념 서술과 예술작품의 비평은 다르지 않은 것이다. 오히려 양자는 공통되게 현상과 사실내용의 극단들이 긴장관계로 발현하는 정신적인 본질 또는 진리를 그 속에서, "작품들[또는 현상의 극단들]과 함께 고투"하며 글 쓰는 일이다. 그럴 때 작품들 또는 극단들은 단순한 파편이나 조각이 아니라, "그 내부에서 하나의 소우주(Mikrokosmos)"(III, 290)로 구제되기 때문이다.

다른 한편 벤야민은 이념을 총체성과 단자(Monade)로 정의한다. 그는 이

념 속에서 역사의 본질적인 존재가 포착된다는 점에서 이념을 총체성이라 한
다. 하지만 이러한 총체성으로서의 이념을 서술하기 위해서는 극단들의 영역
을 섭렵해야 한다. 이념은 그러한 것으로부터 드러나기 때문인데, 총체성이
라는 구조에서 '극단들'은 이념의 내적인 질(質)이자 차이와 다양성을 산출하
는 변화 조건을 의미한다. 극단들은 "현상들의 지극히 독특하고 별스러운 것"
으로서, 예술로 따지면 초기의 "지극히 무력하고 서툰 시도들뿐만 아니라 후
기의 난숙한 현상들"까지 포괄한다. 이것들은 이념 속에 참여함으로써 개별
적인 것에서 "총체성"으로 "구제"된다.(Ⅰ/1, 227) 물론 여기서 극단들은 종합
되는 것이 아니라 "대립들의 어떤 유의미한 공존 가능성"으로 있다. 이런 의
미에서 "이념의 구조는 (…) 단자적이다."(Ⅰ/1, 227-228) 벤야민이 이념과 사
물들의 관계를 성좌의 구조에 비유해 설명하는 것도 이 때문이다. 성좌가 별
들의 공존 양태인 것과 마찬가지로 이념은 사물들이 '개별적인 실체' 상태로
있는 공존이다. 그가 후기 「유사성론」에서 정의한 바에 따르면, "성좌는 하나
의 특성을 지닌 통일체를 나타내며, 개개의 행성들은 이 성좌에서의 작용 양
태에서 그 성격이 인식된다."(Ⅱ/1, 206) 이를 성좌로서의 이념에 대입해보면,
이념은 하나의 총체성이자 통일체이긴 하되, 개개의 극단들이 위계적인 관계
속에서 종합되는 것이 아니라 개별 특성을 지닌 채 공존하는 통일체이다. 그
리고 개별적인 것들의 실체는 이념에서의 작용 양태에서 인식되는 것이다.
이렇게 이념에 참여하는 존재들이 전사(前史)와 후사(後史)를 가지고 이념세
계의 축소된 형상을 보여준다는 점에서, "이념은 단자이다."(Ⅰ/1, 228)

　　여기서 벤야민의 '단자로서의 이념' 개념이 라이프니츠의 『단자론
Monadologie』을 참조한 것임을 염두에 두자. 벤야민이 "이념은 단자"라고 정
의할 때, 이는 라이프니츠가 단자를 정의하기 위해 들었던 특성들을 이념에
적용한 것이다. 즉 라이프니츠의 단자가 그런 것처럼, 벤야민에게서 이념은
개체이며 완전한 실체이고, 내적인 지각과 욕구에 따라 내부적으로 변화하지

만 그것은 외부세계와 상응관계에 있다는 것이다. 그 자체로만 봤을 때 이념은 그것이 요소로 포함하고 있는 개별적인 현상들의 작용 양태 또는 재현이다. 그런 점에서 이념은 내적인 질로 변화하는 단자이다. 그러나 벤야민은 이런 단자로서의 이념이 절대적인 하나가 아니라 유한한 다수로 존재하며, 그러한 단자 이념들은 독립적인 가운데 상응관계에 있다고 본다.

앞서 비애극이 하나의 이념이라 했던 벤야민의 주장은, 이렇게 이념을 단자로 정의할 때보다 명확해진다. '비극'이라는 예술 형식은 그리스 비극을 필두로 문화사에서 여러 형식과 내용으로 존재한다. 벤야민의 이념론에 입각하면, 그 각각이 단자로서 이념이다. 그러므로 그리스 비극만을 전형으로 보고, 다른 비극 형식, 예컨대 독일 바로크 비애극을 그에 비해 낮게 평가하거나 단순한 아류로 보는 것은 옳지 않다. 비애극은 바로크 시대라는 그 특정 역사적 '시대의 표현'으로서 내적인 질을 가진 고유한 실체이며, 그렇기 때문에 예술철학 논고든 예술비평이든 이 예술을 하나의 이념으로서 논해야 하는 것이다.

마지막으로 우리는 앞선 논의와는 다른 방향에서 '극단'을 고려해봐야 하는데, 이는 벤야민의 전체 사유와 관련된 맥락에서이다. 여기서 우리는 크게 봐서 두 가지 방향으로 그 사유의 특성을 생각해볼 수 있다. 먼저 벤야민의 저작들 곳곳에서 발견되는 하나의 사유 대상에 대한, 모순이라고밖에는 표현할 수 없는 '의미의 반립' 또는 '양가적 독해'가 그것이다. 예컨대 그는 바로크 비애극이 죽음과 몰락의 알레고리인 동시에 부활의 알레고리라고 한다. 또 역사는 미래를 향해 나아가는 것만이 아니라 과거로 결을 거슬러가는 것이라 한다. 이는 앞으로 살펴보겠지만, 벤야민의 알레고리적 사유방법론에 기인한다. 즉 그는 상이한 성질의 극단들이 서로를 밀쳐내면서 일어나는 자기장(磁氣場)과도 같은 것을 사유에서 기대했고, 그렇기 때문에 한 대상에서 일견 모순되거나 정반대되는 의미들을 읽어냈던 것이다.

다른 한편으로, 벤야민의 전체 사유가 일반적으로 초기 신학적 형이상학적 사유와 후기 유물론적 사유로 구분된다는 점으로부터 그 사유가 극단들의 사유라는 설명이 가능해진다. 그의 전체 사유 이력은 얼핏 보면, 기존 철학이 범주화한 경험 범위 바깥까지를 사유하고자 한 신학적이고 형이상학적인 단계에서, 구체적인 경험 현실을 역사철학적 유물론에 입각해 고찰하는 유물론적 단계로 급격히 변화한 것처럼 보인다. 그러나 본서의 다른 부분에서 다루겠지만, 벤야민은 후기 사유로 가면서 신학적 형이상학적 사유와 유물론적 사유라는 두 극단을 융화하고자 했다. 이런 면에서, 벤야민의 사유를 극단들을 실험하는 사유라 명명해도 과언은 아닌 것이다.

2. 정지상태의 변증법

국도를 직접 걸어가는 것과 비행기를 타고 날아가는 것. '진보'라는 기차에 브레이크를 거는 일과 가속페달을 밟는 일. 역사의 파국 앞에 애써 머무르기와 미래 쪽을 향해서 부는 진보의 폭풍. 벤야민의 저작들 곳곳에서 우리는 이처럼 정반대의 운동을 묘사하는 표현들을 만난다. 그러나 그 표현은 물리적인 시간이나 속도, 산업의 다이너미즘에 대한 단순한 표상이 아니며, 그에 대한 저자의 찬미는 더더욱 아니다. 그보다는 벤야민이 주장하고자 한 삶의 경험과 사유의 방법론, 모더니티에 대한 성찰과 비판, 그리고 역사철학을 심층에 깔고 있는 무거운 말들이며, 정(正)과 반(反)이 부딪치면서 의미를 발생시키는 변증법적 사유의 표상들이다. 이 대목에서 특히 흥미로운 점은, 벤야민이 사유 자체를 신체적인 운동감각, 시간성, 운동성(mobility)/비운동성(immobility)을 통해 설명하고자 했다는 사실이다. 그 점을 벤야민의 '정지상태의 변증법' 개념이 압축하고 있다.

'정지상태의 변증법'은 벤야민의 사유가 극단들의 변증법적 성좌임을 밝히는 데에 있어 핵심이 되는 개념이다. 아도르노는 벤야민이 초기 "한때는 본질들을 직접 불러내고자" 했지만, "점점 더 단호하게 변증법을 지향"하게 되었다고 썼다.[7] 물론 그는 벤야민 생전에 「기술복제시대의 예술작품」(이하 「기술복제」)과 『파사젠베르크』의 1935년 엑스포제(Exposés)[8]를 두고 "비변증법적"이라고 비판하기도 했다. 하지만 벤야민의 전체 사유를 조망하는 글을 통해서, 아도르노는 벤야민의 변증법이 독특한 형성 배경과 특성을 가지고 있음을 인정한다. 그것이 바로 '정지상태의 변증법'이다. 이 개념은 명시적으로는 벤야민의 후기 저작들에 나타난다. 하지만 그가 초기 논문에서부터 이미 사유에서 "연역의 연쇄가 아니라 중단"을 철학적 양식의 고유한 요청으로 제기했고, 이념을 불연속하는 관계들의 배열인 '성좌'라는 형상으로 설명한 점을 떠올리자. 그 경우 앞으로 보겠지만, 사유의 정지와 단자적 결정화를 긍정하는 이 특이한 변증법 개념이 벤야민의 초기 사유와 근본적으로 연결되어 있음을 파악하는 데 도움이 될 것이다. 그렇다면 정지상태의 변증법이라는 개념은 벤야민 사유의 변화 속에서 어떻게 형성되었는가?

초기 벤야민은 독일 바로크 비애극을 이념으로 서술하려는 자신의 입장을, 다음과 같은 철학자의 과제와 그 특수한 위치를 들어 설명했다.

> "경험적인 세계가 스스로 이념세계에 들어가서 그 속에서 용해되는 식으로 기술하는 구상을 훈련하는 일이 철학자의 과제라면, 그 철학자는 연구자와 예술가 사이에서 고양된 중간 지점을 획득하게 된다."(I/1, 212)

여기서 우리는 경험의 세계를 이념의 본질적인 요소로 용해시켜 서술하는 일에 자기 철학의 지향점을 상정한 벤야민의 모습을 본다. 그가 철학자를 연구자와 예술가 사이의 중간 지점에 둔 것은 바로 그 '이념 속에 경험의 녹아듦'이 관건이기 때문이다. 철학자는 예술가가 경험 현실 속에서 하나의 예술작품으로 궁극적인 이미지를 만드는 것처럼, 또한 연구자가 개념으로 세계를 분석함으로써 이념의 영역을 드러내는 것처럼 철학적인 훈련을 한다. 앞서 다뤘듯, 벤야민은 이념이란 "절대적인 질서의 세계"이고 경험세계와 동일한 것이 아님을 분명히 했다. 그러나 또한 개념에 의해 경험적인 차원의 가상성을 떨쳐버린 현상들이 이념에 참여한다고 주장함으로써, 이념세계를 인간의 인식이 가 닿지 못하는 완전히 절대적인 영역으로 닫아놓지도 않는다. 그는 이념의 서술에는 경험이 수단이 된다고 주장했다. 이는 자신이 상정한 이념이, 완전히 현상계와 유리된 관념도 아니고, 실증적인 체계로 닫힌 학문 내재적 논리도 아닌, 구체적인 경험 현실과 상관하는 것임을 분명히 한 논변이다.

일찍이 벤야민은 학문에서 전체성을 기대한다면 그 학문을 예술로 사유해야 한다는 괴테의 말을 「인식비판서론」의 모토로 인용함으로써, 괴테의 생각에 동의를 표했다.(I/1, 207) 그리고 그 모토는 벤야민이 이념세계와 경험세계를 변증법적으로 서술하고자 하면서, 독일 비애극을 예술철학 논문의 연구 대상으로 삼았을 때 이미 실행에 옮겨졌다. 그러나 1920년대 후반 유물론의 영향과 정치적인 급진화를 거치면서 벤야민의 이념세계와 경험세계는 현실 사회적 삶의 맥락으로 확장된다. 이에 따라 대상이 되는 예술 또한 당대의 현실 조건과 상관관계를 이루며 폭넓게, 그러나 선택적으로 논의된다. 이러한 경향은 『일방통행로』에서부터 본격적으로 감지되며, 후기 사유를 관통하고 있다. 즉 이때부터 벤야민은 신학적 형이상학적 세계 및 지난 시대의 소외된 예술작품이라는 틀을 벗어나, 과거로부터 지금의 역사적 현실로 표류해온 경험의 파편들과 당대의 일회적이고 직접적인 현상들을 유물론의 시각에서 고찰하기 시작했다. 요컨대 '사유 속에서의 극단들의 구성'이 아니라, '물질적인 실체와 사유의 구성'으로의 이행이다. 이는 넓게 보면, 예술에 대한 철학적인 해석에 현실적이고 정치적인 계기가 마련된 것이기도 하다. 하지만

『일방통행로』가 1924년경 『비극서』의 초고를 완성한 직후 구상하기 시작해, 이후 『비극서』와 같은 해에 출판됐다는 사실은 우리에게 또 다른 해석의 가능성을 던진다. 저술 기간이 일정 정도 겹치는 점, 비슷한 시기에 출판됐다는 점은, 벤야민이 자신의 사유 지평에서 양자의 어느 쪽도 부정할 생각이 없었음을 보여주기 때문이다. 실제로 벤야민의 전체 저술을 보면, 사유의 대상 영역은 확장되었다 하더라도, 극단들로 구성된 성좌로서의 이념을 서술한다는 철학적인 입장은 유지되었다. 그 논거로 다음의 글을 보자.

> "유물론적 역사 서술은 어떤 구성적인 원리에 근거를 둔다. 사유에는 사유의 운동만이 아니라 사유를 멈춰 세우는 것도 포함된다. 사유가 긴장으로 포화된 성좌 속에서 갑자기 멈추는 바로 그 순간에 거기서 사유는 그러한 성좌에 충격을 가하게 되고, 사유는 그러한 충격을 통하여 단자로서 결정화된다." (I /2, 702-703)

벤야민은 그의 사유 이력 중 거의 최후에 속하는 저작인 「역사철학」에서 위와 같이 유물론적 역사 서술자의 사유를 "정지상태의 변증법"으로 규정하고 있다. 여기서 그는 앞서 『비극서』 서론의 철학자 상과는 다른 역사서술자의 상을 암시하지만, 그럼에도 불구하고 우리는 그의 사고 구조가 성좌로서의 이념 서술을 논할 때와 크게 다르지 않음을 보게 된다.

벤야민에게서 정지상태의 변증법은 역사의 매순간이 '위기의 순간'이라는 관점에 따라, 역사의 전 과정을 총체성으로서의 이념으로, 동시에 개별 역사적 시대를 단자로서의 이념으로 보는 사유방법론이다. 정지상태의 변증법에서 가장 중요한 점은 극단들이 반립하는 가운데 빚어내는 '긴장의 순간'[9]이고, 그 긴장의 순간을 사유가 붙잡고 의식적으로 파고드는 것이다.

정지상태의 변증법은 '사유의 정지'라는 점에서 일견 운동하는 것이 아니라 정태적인 것으로 보인다. 또 이 변증법은 충격을 통한 사유의 단자화라는 점에서, 헤겔의 변증법에서 핵심인 '지양'과 '종합'의 매개 과정을 결여하고 있다. 그런데 이는 '객관성'이라는 문제로 다시 생각할 논제다. 대상에 대한 객관적인 해석을 위해서, 첫째로 벤야민은 '극단들'이라는 구체적이고 개별적인 사태 하나하나를 개념의 매개를 통해 사유할 것을 주장한다. 둘째, 그는 대상에 내재되어 있는 양면성을 섣부른 조화로 봉합하는 것이 아니라, 양극 사이에서 벌어지는 팽팽한 의미의 긴장에 집중함으로써 사태의 객관성을 확보하고자 한다. 예컨대 바로크 비애극은 주인공인 왕을 순교자이자 폭군으로 그리며, 죽음과 부활의 현상들이 극단에서 공존하는 세계이다. 서구 유럽의 근대는 '유토피아적 잠재력'과 '파국의 현재'를 동시에 내포하고 있으며, 진정한 '진보'는 '파국'에 대한 역사철학적인 통찰 속에서 기초를 다시 세워야만 가능하다. 뒤에서 보겠지만, 이러한 양극의 독법은 벤야민의 예술비평론에도 그대로 적용된다. 이때 핵심은 이렇게 극단들 내부에 대립되는 성질 또는 논쟁의 잠재성이 있기 때문에, 또 사태에 대한 진정한 서술은 대상의 객관성으로부터 가능하기 때문에, 사유의 정지상태가 진리 추구의 방법이 된다는 점이다. 셋째로 이념을 성좌 구조로 설명하는 데서 알 수 있듯이, 벤야민은 모든 본질이 독립된 독자성과 불가침성 속에 존재한다고 전제하고, 그 본질들 사이의 "지양할 수 없는 거리"를 사유가 철저히 짚어야 한다고 요구했다. 진리는 이 독자성과 불가침성에 기반을 두고 있는 불연속적인 "본질들의 울림 관계"이기 때문에, 사유는 변증법적 운동이 아니라 '변증법적 정지' 혹은 '충돌하는 양자의 반립(反立)'을 감행해야 하는 것이다.

불연속성의 본질들을 불연속성 그 자체로 사유하는 것. 그것이 정지상태의 변증법이다. 벤야민이 말하고 있듯이, 본질의 규모와 자리는 한정되어 있다. 그러므로 사유는 그것을 주관적인 의견으로 지양 및 종합할 수 없으며, 오히려 그렇게 주어진 본질들 그 자체와 서로 간의 거리에 정향하는 정지상태의 변증법을 수행해야만 한다. 그럴 때만 사유의 객관성이 확보되기 때문이다. 그렇다 하더라도, 어떤 지적 배경에서 벤야민은 이렇게 정태적이고 지양과 종합이 없는 변증법을 제기했는가? 이에 대해서는 아도르노가 잘 설명해주고 있다.

> "헤겔이나 마르크스의 경우에 총체성을 만들어내는 보편적 매개의 사상을 그[벤야민]의 미시론적이고 단편적인 방법이 모두 흡수하지는 않았다. (⋯) 그의 경우 현상을 유물론적으로 해석한다는 것은 그것을 사회 전체에 근거해 설명하는 것이라기보다는 직접 그 개별 상태로 물질적 경향들과 사회적 투쟁에 관련짓는 것이었다. 이로써 그는 체계로서의 자본주의에 대한 고찰이 자본주의와 동화될 위험을 야기하는 소외 및 대상화를 피하고자 했다." [10]

벤야민은 헤겔의 역사철학과 마르크스의 유물론에 영향을 받았음에도 불구하고 자신만의 변증법을 고수했다. 이는 그가 세계의 가장 미시적인 것조차에도 세계 전체의 이미지가 표현되어 있다고 보았기 때문이다. 이런 관점에서는 사유가 부분을 전체의 구도 아래서 정립, 반립, 최종적으로 종합하는 변증법적 운동이란 '소외 및 대상화'의 위험을 내포하고 있기 때문에, 오히려 사유는 부분들의 개별 상태에 천착(정지)하는 것이 옳다. 달리 말해, 정지상태의 변증법은 벤야민이 비객관적이고 자의적이라고 거부했던 실증주의적인 학문 체계, 나아가 대상에 대한 물신화 또는 소외를 조장하는 자본주의 체계에 사유가 동화되는 것을 막는 데 필요불가결한 방법론이었다.

한편 정지상태의 변증법은 앞서 언급했듯이 극단들의 사유가 벤야민의 역사 인식에 적용되었기 때문에 도출될 수 있었다. 그 역사 인식의 출발점을 『비극서』에서 '원천'을 정의한 대목을 통해 보자.

"원천은 비록 역사적 범주이기는 해도 발생과는 아무런 공통점이 없다. 원천 속에는 생겨난 것의 변화 과정이 아니라 오히려 생성과 소멸에서 산출된 것이 의미되고 있다. (…) 원천의 리듬은 오로지 이중적인 통찰에 열려 있는데, 우리는 이 리듬을 한편으로 복원과 복구로서, 다른 한편 바로 이 복원과 복구 안에서 미완성적인 것, 완결되지 않은 것으로 인식해야 할 것이다."(1/1, 226)

위에서 벤야민은 원천을 역사적인 범주로 규정하고, 이를 생성과 소멸이라는 양가적인 운동으로 정의한다. 그런데 원천이 역사의 기원이 아니라 그 범주 가운데 하나에 속하고, 생성과 소멸의 리듬운동 같은 것이라면, 역사의 단선적인 발전은 의문에 부쳐지고, 그것은 오히려 미완성이자 완결되지 않은 것으로 사유될 수밖에 없다. 아닌 게 아니라, 벤야민은 1920년에서 21년 사이에 쓴 「신학적 정치적 단편」에서 이미, 역사는 자체 내에 어떠한 목적도 가지고 있지 않으며, 어떤 하나의 구원을 향한 발전으로 이해돼서도 안 된다고 언명했다.(II/1, 203-204) 벤야민이 역사를 이렇게 전제하는 한, 그에게 지양과 종합의 운동 과정을 통해 진보하고 발전의 완성에 이르는 역사의 연속성은 의심스러운 것이다. 오히려 그의 사유는 생성과 소멸의 극단들이 고도로 긴장된 구조를 이루는 '역사의 순간'을 상정할 수밖에 없다. 이것이 정지상태의 변증법적 논리이다. 사유는 역사의 연속성을 가정하고 나아가는 것이 아니라, 선형적인 시간의 연속성을 파괴하고 과거의 개별적이고 미시적인 현상의 극단들로 조직된 의미의 짜임, 즉 이념을 사유의 정지상태 속에서 읽어낸다. 이렇게 했을 때 역사는 소멸로부터 복구로 흐름을 바꾼다. 이것이 벤야민의 '정지상태의 변증법'이 형성된 인식의 배경이자 그 사유의 운동 원리이다.

벤야민은 "이념은 단자"라는 자신의 주장이 "요컨대 모든 이념은 세계의 이미지를 담고 있다는 뜻"이며, 이념을 서술하는 과제는 "이 세계의 이미지를 축소판으로 그려내는 일"이라 했다.(I /1, 228) 또 다른 곳에서는 갈릴레이의 "자연의 책(Buch der Natur)"이라는 표현을 "현실을 텍스트처럼 읽을 수 있다"(V/1, 580)는 말로 해석하면서, 19세기 과거에 일어난 일들에 대한 현재의 독해 가능성을 개진했다. 그의 이러한 주장에 입각해 봤을 때, 이념을 서술할 과제를 수행하는 이는 구체적인 경험 현실인 세계의 극단들에서 출발해 세계의 객관적인 상태가 현실 속에서 일깨워질 수 있도록 정지상태의 사유를 수행할 필요가 있다.

2장 "사물의 이름" : 진리의 서술, 시대의 이념

1. 언어, 미메시스, 경험

벤야민의 저작은 그의 초기 신학적 형이상학적 사유를 집약하고 있는 『비극서』부터, 후기 유물론적 역사철학이 실험적으로 구상된 『파사젠베르크』에 이르기까지 넓은 스펙트럼을 보인다. 사실 "극단에서 다른 극단으로"(IV /2, 1001) 도약하는 그 사유에서 어떤 종합의 가능성을 찾거나 전체를 엮는 구조를 파악하기란 쉽지 않다. 하지만 벤야민 저작의 넓은 스펙트럼과 지적인 비약, 그리고 단편성은 '진리'를 추구한 그의 사유 안에서 고유한 배경과 기능을 가진 것이다.

벤야민이 과학의 합리성이나 주관적으로 구성한 총체성을 거부하는 배경에는, 그의 신학적이자 형이상학적인 '진리' 개념이 있다. 그는 초기 언어철학에서부터 신의 말씀을 절대적인 진리로 전제하며, 『비극서』에서는 이념의 서술이 진리를 드러내는 철학의 과제임을 명시했다. 이러한 벤야민의 신학적이며 형이상학적인 면모는 그가 유물론에 영향을 받으면서 단절된 것이 아니라, 그 이후인 1920년대 후반부터 30년대 말까지도 꾸준히 그의 미학이론, 예술논문과 비평문, 그리고 역사철학 논문들에 보다 내재된 방식으로 이어졌다.

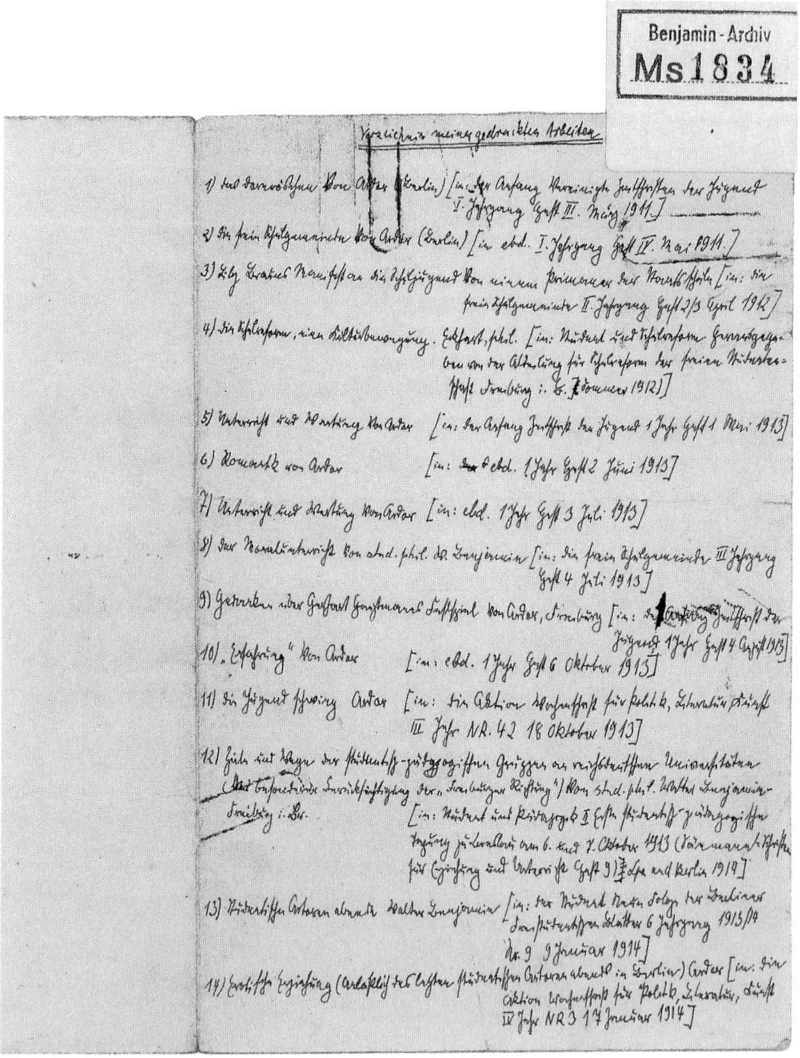

4 벤야민, 1911-1939년에 출간된 저작 목록 원고 중 일부(Ⅶ/1, 477-519), 벤야민 아카이브 Ms 1834.

벤야민의 전체 사유와 미학을 이해하고 분석하려면 우리는 그의 언어이론부터 이해할 필요가 있다. 그 이론의 바탕에 벤야민의 신학적 형이상학적 진리 개념이 깔려 있고, 그의 주장에는 명시적으로든 상징적으로든 신학과 형이상학의 매트릭스가 작용하기 때문이다. 대표적으로 '언어마법', '계시' '미메시스', '아우라', '메시아적 현재시간' 등과 같은 개념어들은 벤야민의 저작에 시간차를 두고 등장하지만 신학적인 해석 속에서 상호 연관되고, 서로가 서로의 의미에 정당성을 갖도록 논리를 지탱해주고 내용을 보충해준다. 그가 표현했듯이, 벤야민의 연구에서 문헌학과 더불어 "신학이 기초학문"의 역할을 하는 것이다. 이는 그의 이론에서 신학은 직접적으로 반영되는 것이 아니라 독자적인 해석 과정을 거친다는 뜻이다. 물론 벤야민의 사유에서 '신학'은 '카발라'나 '기독교' 같은 특정 종교의 존재 신학적 개념이 아니라 역사철학적인 개념이다. 그의 언어이론만 해도 카발라 전통에 입각한 것이라기보다는 야콥 뵈메, 독일 바로크의 언어철학, 하만과 훔볼트, 초기 낭만주의로 이어지는 신비주의 언어철학 전통을 탐구하면서 형성된 것이란 점이 연구를 통해 해명되고 있다.[11] 특히 하만의 언어관은 벤야민의 언어이론에 영향을 미친 것으로 보인다. 벤야민의 언어이론에서 언어가 의사소통의 단순한 '수단'이 아니라 '자율적인 존재'로 전제된다는 점에서 그렇다.[12]

벤야민의 언어이론은 언어를 단순한 기호 체계로 보는 도구주의적 언어관과도, 언어를 사물의 본질과 동일시하는 신비주의적 언어관과도 비판적인 거리를 둔다. 그의 언어관은 언어를 진리 인식의 토대, '전달 가능한 것'의 매체로 전제하기 때문이다. 그는 인식이 자발적으로 생겨나는 것이 아니라 신의 말씀과 사물의 언어를 미메시스적으로 수용하면서 생겨나는 것이라 한다. 또한 그렇게 수용된 인식을 바탕으로 인간이 '사물을 명명'하는 한 미메시스적 수용은 창조적이고 생산적인 자발성을 갖는다고 본다. 이제 이러한 점을 염두에 두면서 그의 초기 언어철학과 경험이론부터 검토해가기로 하자.

벤야민은 1916년 「언어 일반과 인간의 언어에 대하여」(이하 「언어론」)를 썼고, 1918년에는 「미래 철학의 프로그램에 대하여」(이하 「미래 철학」)를 썼다. 이 두 논문은 벤야민의 사상적 전기에서 초기에 속하는 것들로, 그의 철학이 형성되는 토대를 파악하는 데 가장 중요한 내용들이 담겨 있다. 물론 앞선 논문은 '언어의 본질'을 다루고, 두 번째 논문은 '형이상학의 경험이론'을 다룬다는 점에서 둘은 주제를 달리하는 듯 보인다. 하지만 우리는 벤야민이 상정한 '진리 영역'을 이해하기 위해 양자를 비교해볼 필요가 있다.

구체적으로 벤야민의 진리 영역이란, 「언어론」에서는 '존재하는 모든 것의 진리내용으로서의 언어' 또는 '신의 말씀'이다. 이것이 「미래 철학」에서는 '신에 관한 경험과 가르침'으로 제기됐다.

"언어는 창조하는 것이고 완성하는 것, 언어는 말씀이고 이름이다. (…) 이름이 인식에 대해 갖는 절대적인 관계는 오로지 신 안에서만 존재하고, 오직 신 안에서만 이름이, 가장 내밀하게 창조적인 말씀과 동일하기에, 인식의 순수한 매체인 것이다."(II/1, 148)

"미래 철학의 과제는 그러한 인식 개념〔형이상학적 인식〕의 발견 혹은 창조로 이해될 수 있는데, 동시에 경험 개념을 전적으로 초월적 의식에만 연관시킴으로써 기계적인 경험뿐 아니라 종교적인 경험마저도 논리적으로 가능케 하는 그러한 인식 개념을 말한다. 이것이 의미하는 바는, 결코 인식이 신을 가능하게 하는 것은 아니며 그보다는 우선 인식은 신에 관한 경험과 가르침을 가능하게 한다는 것이다."(II/1, 164)

먼저 위의 두 글에서 인식과 관련한 부분을 함께 읽으면, '신의 말씀은 인식을 만들어내고, 그런 인식은 신에 관한 경험과 가르침을 가능케 한다'는 내용으로 요약될 수 있다. 그리고 이를 다시 '주어진 것으로서의 이념', '이념으로부터 진리의 나타남', '이념의 서술로서 철학은 가르침' 이라는 「인식비판서론」의 논점과 연결시켜 생각해보면 우리는 다음과 같은 철학적인 입장을 파악하게 된다. 즉 벤야민에게서 진리는 신의 말씀과 같이 '절대적인 것'이다. 그것은 인식의 연관관계로부터 도출되지 않는다. 오히려 진리가 인식을 산출한다. 그 때문에 인식은 형식상 특정 체계를 먼저 설정할 수 있는 것이 아니라, 진리의 재현/서술이라는 형식 법칙을 연습하는 일에 비중을 두어야 한다. 그것이 곧 가르침으로서의 철학을 수행하는 철학자의 과제이다. 이러한 벤야민의 입장이 「미래 철학」에서는 계몽주의의 합리성에 기반을 둔 기계적 경험을 포괄하는 동시에 넘어서는 '보다 높은 경험의 형이상학에 대한 요구'로 제시된다.

그렇다면 벤야민이 말하는 '보다 높은 경험' 개념은 무엇인가? 벤야민에 따르면, 이때의 경험 개념은 "아무리 깊은 탐구에 의할지라도 결코 형이상학적인 진리로 이끌어질 수 없는 경험"을 함축한다. 철학의 과제는 이 경험과 "형이상학적인 탐구의 논리적 장을 아직도 충분하게 규정할 수 없는 인식이론 간에 가장 깊은 연관"을 맺어주는 것이다.(II/1, 161) 이는 그 자체로 청년기 벤야민의 형이상학 프로그램이었는데, 지우(知友) 게르숌 숄렘이 전하는 바에 의하면, 당시 벤야민은 경험의 범위를 다음과 같이 정의했다고 한다. "경험은 인간이 세계와 맺는 정신적이고 심리적인 결합으로서 인식에 의해 아직 침투되지 않은 영역들에서 이루어지는 결합도 여기에 속한다."[13] 요컨대 벤야민이 상정한 보다 높은 경험 개념은, 초월적인 경험과 일회적·극단적 경험까지를 인식 대상으로 포괄한다. 그리고 이렇게 기존 형이상학의 범주 바깥까지 포괄하는 경험에도, 적합한 인식의 확실성과 정당성을 확보하는 형이상학이 그가 초기 사유 단계에서 상정한 진정한 철학이다.

구체적으로 이러한 경험 개념은 어떻게 가능한가? 벤야민은 「미래 철학」

에서 언어철학을 통해 가능하다고 답한다.

> "일면적으로 수학적이고 기계적으로 정향된 인식 개념에 가해지는 커다
> 란 변형과 교정은, 칸트의 동시대에 하만에 의해 시도되었던 것처럼 오직
> 인식을 언어에 연관시킴으로써만 가능하다. (…) 인식의 언어적인 본질에
> 대한 성찰로부터 얻어진 인식 개념이, 칸트가 진정 체계적으로 분류하지
> 못했던 영역들 또한 포괄하는 데 부합하는 경험 개념을 만들어낼 것이다.
> 이들 영역 가운데 최상의 위치에 있는 것을 종교의 영역이라 부를 수 있
> 다."(II/1, 168)

「미래 철학」은 여기서 제기한 '언어와 연관된 인식 개념'에 대한 추가 논의 없이 끝을 맺는다. 하지만 그것은 분명 이 논문보다 2년 전에 쓴 「언어론」에서 벤야민이 내놓은 언어이론의 내용을 가리킨다. 그는 그 논문에서 언어를 중심에 두고, 칸트의 체계와는 다른 방식으로 종교 영역을 포괄하는 '보다 높은 경험 개념과 그에 대한 새로운 인식의 가능성'을 언급했기 때문이다.

위의 글에서 벤야민은 하만을 언급하면서 인식을 언어에 연관시킬 것을 주장하고 있다. 그렇다면 하만은 어떻게 인식을 언어에 연관시켰는가? 대체로 하만의 언어관은 '신비주의적'이라고 이해된다. 하만은 자연뿐만 아니라 역사까지도 인간에게 말을 건네는 것으로 간주하면서, 그 말 건넴의 언어, 즉 단순하고 평범한 경험적 사건들로 치부되는 다양한 역사 사건들까지 모두 신성이 인간에게 말을 거는 수단이라 주장했기 때문이다.[14] 이러한 언어관 중 일부는 벤야민이 전개한 초기 언어이론에서 성서의 창세기 해석이라는 매우 구체적인 방식으로 개진된다. 또한 앞서 논의했던바, 벤야민의 이념은 언어적인 것이며 역사서술적인 것으로 이해해야 한다는 점도 하만의 언어관을 고려하면 좀더 분명하게 파악될 수 있다. 즉 '역사'가 신성(神性)이 인간에게 건

네는 말이라면, 이 또한 언어인 것이며 이에 대한 서술은 역사 서술인 것이다. 벤야민은 이 역사의 말 건넴을 「역사철학」에서 "사건의 메시아적 정지의 표식", 그러나 바로 다시 신학적인 표현을 숨기고, "억압된 과거를 위한 투쟁 속에 있는 혁명적 기회의 신호"(I/2, 703)라며 유물론적으로 표현했다. 하만과 벤야민의 언어관에서 또 하나 비슷한 점은, 하만이 단순하고 평범한 경험적 사건들에도 신성의 언어가 임해 있다고 보았다면, 벤야민은 역사의 파편들, 즉 일회적이고 극단적인 현상들을 이념의 요소로 여겼다는 데 있다. 이러한 언어관에서 우리는 계몽주의의 합리성과 일반화의 강압으로부터 개별적이고 미시적인 것들을 구제하고자 했던 벤야민의 의도를 읽어낼 수 있다.

다만 하만과 벤야민의 언어론 및 사유의 유사성에도 불구하고, 우리가 벤야민의 사유에서 결코 혼동해서는 안 되는 점이 있다. 이것이 어쩌면 벤야민 전체 사유의 특이성이자 그의 언어이론의 핵심일 것이다. 벤야민은 신비주의자도 아니었고, 언어와 역사의 문제를 신성 혹은 신학에 기대어 해결하려 하지도 않았다. 그는 종교적인 영역이 아니라, 인간의 실천적인 현실 지평에서 사유했다. 신학을 현실에 대한 논평의 '기초(Grund-)' 학문이라고 했던 데서도 알 수 있듯이, 그의 사유에서 신학은 바탕에 있지만 전면에 드러낼 것도, 모든 사유가 수렴될 유일한 곳도 아니었다. 그는 신학에 봉사하기 위해서가 아니라, 역사와 현실에서 누락되거나 억압된 것들을 구제하고, 파국의 현재 속에서 변혁의 기회를 '제시' 하기 위해, 과거와 현재의 일회적이고 극단적인 것들이 스스로 전달하는 바를 '객관성' 과 '절대성' 에 입각해서 읽어내려 했을 뿐이다.

「언어론」은 벤야민의 언어 명제에 따라 크게 세 부분으로 나눌 수 있다. 첫 번째는 '언어' 와 '언어의 정신적인 본질' 을 정의하는 부분으로, 여기서 벤야민 언어관의 근본적인 입장을 이해할 수 있다. 언어를 의사소통의 수단이 아니라, '가장 순수한 의미에서 전달의 매체' 로 전제하고 언어의 자율적인 존재성을 인정하는 입장이 그 하나이다. 그리고 언어를 '모든 존재하는 것의 진리내용'으로 보는 언어형이상학적인 관점이 다른 하나이다. 벤야민은 「언어론」에서 언어의 존재 상태를 인간이 낙원에서 원죄를 짓고 추방되기 이전과 이후로 나눈다. 추방 이전 '낙원의 언어'는 스스로를 전달하는 순수한 전달의 매체로서의 언어, 직접적인 언어, 인간이 완전하게 인식하는 언어, '이름언어'이다. 반면 추방 이후에 언어정신은 타락하고, 바벨탑이 상징하듯이 언어 착종 상태에서 언어는 한갓 기호로 전락한다. 이러한 언어는 선악, 즉 외부로부터 판단의 인식만을 주는 언어, '말(das Wort)'이다. '이름언어'는 '이름' 속에서 그 스스로를 전달하지만, 이와 달리 '말'은 그 '말'을 통해 자기 이외의 '무엇인가'를 전달해야만 하는 언어이다. 벤야민은 근본적으로 언어의 본질은 추방 이전인 낙원의 언어에 있다고 본다.

그에 따르면 인간의 정신적인 삶이 외화된 것, 자체의 정신적인 본질을 전달하는 것이면 '모두' 언어이다. 여기서 핵심은 '모두'가 지시하듯이, 언어는 인간의 언어만을 의미하는 것이 아니라는 사실이다. 살아 있든 그렇지 않든 자연 일반과 사건·사물 또한 스스로를 전달한다는 의미에서 모두 언어다. 즉 '말'로 정신적인 본질을 전달하는 인간 언어만이 아니라, 자연과 사물 또한 '말 없는 언어'로 자체의 본질을 전달한다. 만약 그렇지 않다면 우리가 자연과 사물을 표상할 가능성은 전혀 없다. 또한 조형예술의 언어, 시문학의 언어처럼 예술 형식도 모두 언어로 파악해야 한다. 앞서 벤야민이 바로크 비애극의 이념을 "언어적인 것"이라 정의한 것도 이런 맥락에서이다. 즉 바로크 시대에 창작된 비애극들은 동시대인들의 "정신적인 삶", 즉 그들이 시대 속에서 품었던 정신적인 경향을 표현한 것이라는 점에서 "언어"다.

자체의 정신적인 본질을 전달하는 것이 모두 언어라는 벤야민 주장의 또 다른 핵심은 '언어적인 본질'과 '정신적인 본질'의 구별이다. 그가 분명하게 명시하고 있듯이, 어떤 하나의 언어는 그 언어 속에서 '전달되는 것(sich mitteilt: 스스로 전달하는 것'의 직접적인 표현이다. 이 "스스로(Sich)"가 정신적인 본질이다. 이 말 속에서 우리는 다시 한번 언어가 '직접적'인 표현이라는 점과, 그런 한에서 언어 속에서 전달되는 정신적인 본질이 언어 그 자체일 수는 없음을 이해할 수 있다. 그러나 벤야민이 말하는 이 '언어적인 본질'과 '언어 속에서 전달되는 정신적인 본질'은 대체 무엇이란 말인가? 여기서 먼저 제시하자면, 전자는 '매체/전달로서의 언어의 속성'이고, 후자는 '매체/전달의 속성을 가진 언어와 합치되는 정신적인 내용'이다.

> "언어 속에서 전달되는 정신적인 본질은 언어 자체가 아니라 그와는 다른 어떤 것이다. (⋯) 언어는 무엇을 전달하는가? 언어는 그 언어에 상응하는 정신적인 본질을 전달한다. 이 정신적인 본질이 언어 속에서(in der Sprache) 전달되는 것이지 언어를 통하여(durch die Sprache) 전달되는 것이 아니라는 것을 아는 것이 근본적이다."(II/1, 141-142)

정신적인 본질과 언어적인 본질은 다르다. 정신적인 본질이 "대상에 내재하는 정신적인 내용"이라면, 언어적인 본질은 그것의 "전달을 지향하는 원칙"이다.(II/1, 140) 정신적인 본질은 그것이 전달 '가능'한 한에서만 언어의 전달 지향의 원칙에 상응하므로 언어 '속'에서 전달된다. 요컨대 '전달 가능성'이야말로 언어의 본질이다. 전달 가능하지 않은 것은 '언어적인 것'이 아니다. 벤야민이 "언어는 가장 순수한 의미에서 전달의 매체"(II/1, 142)라 한 것도 바로 이 의미에서다. 위의 글에서 벤야민은 언어의 전달을, 언어 '속에서(in)'와 언어를 '통하여(durch)'라는 두 가지 표현으로 구분한다. 그리고 이어지는 논의에서는 후자처럼 언어를 이해하는 이론을 언어에 대한 어떤 "의견"이라며 잠재적으로 비판했다. 전자, 즉 '속에서(in)'는 언어와 정신적인 본질이 상응하기 때문에 정신적인 본질이 전달되는 특정 상태를 나타낸다. 이 경우 언어는 순수하게 '전달의 매체' 그 자체이다. 반면 후자 '통하여 (durch)'에는 한 사물의 정신적인 본질을 언어가 '수단'이 되어 전달한다는 도구적인 언어관이 깔려 있다.

벤야민은 언어가 전달의 매체로서 스스로 전달 가능한 정신적인 본질만을 전달한다고 본다. 그런데 '언어 속에서'라는 표현에는 또 다른 함의, 즉 언어적인 본질과 정신적인 본질이 언제나 일치하는 것은 아니라는 전제를 포함하고 있다. 대상 안에는 언어를 통해서 표현되지 않고 전달되지 않는 어떤 것이 있다는 말이다. 반대로 언어의 입장에서는 대상의 정신적인 본질—즉 언어에 상응하는 정신적인 본질—을 포함하고 있지 않는다는 말이다. 그때의 언어는 "순수언어"이다. 또는 "표현할 수 없는 것"의 언어다. 벤야민에 따르면, 언어적인 본질과 정신적인 본질이 등치되는 유일한 언어는 "계시"인데, 계시는 "가장 명백하게 언명된 것인 동시에 순수하게 정신적인 것이 되는" 언어이다.(II/1, 146) 이에 비해 시문학만이 아니라 모든 예술은 언어의 본질과 정신적인 본질이 등치될 수 없는 "사물적 언어정신에 바탕을 둔다." 벤야민이 예술작품을 "표현이 부재한 것(Das Ausdruckslose)"(I/1, 181)에 대한 가상적인 표현으로 한정했던 것도 이렇게 예술이 사물적 언어정신에 바탕을 두기 때문이다. 인간의 인식은 이러한 사물적 언어에서 출발하여 계시로서의 언어에 도달하고자 한다.(IV/1, 13; II/1, 147) 그가 하만의 "언어, 이성의 어머니이자 계시, 그것의 알파와 오메가"라는 말을 중시하는 이유는, 위의 논의에서처럼 언어가 "순수언어"로서 진리의 드러남이자 진리 인식의 출발점이기 때문이다.(II/1, 147)

이와 달리 인간의 인식이 언어를 수단으로('언어를 통하여') 전달된다고 보는 것은, 도구적 언어관이며 "언어에 대한 부르주아적 견해"(II/1, 143-144)이다. 부르주아적 언어관은 인간이 자신의 정신적인 본질을 이름들을 통해 전달한다고 가정한다. 때문에 이러한 견해에서는 말이 전달의 수단이고, 전달의 대상은 사태이며, 전달의 수신자는 인간으로 간주된다. 이러한 언어관에서 언어는 투명한 의사소통의 도구이자 사물 지배의 수단이 된다. 또 한편 언어의 언어적인 본질과 정신적인 본질을 동일시하는 가정 속에서는, 사물에 대한 인식이란 사물로부터의 수용 없이 언어를 이용해 인간이 표상한 인식이 되어버린다. 벤야민은 이러한 부르주아적 언어관을 비판하고, 자신은 언어를 '스스로를 전달하는 순수한 매체'로 정의한다.[15] 이렇게 전달의 순수 매체, 자율적 존재성의 언어는 전달 가능한 정신적인 본질을 수용함으로써 충만해지고, "언어의 음성이나 문자는 세계의 연관관계들이 저장된 서고"(II/1, 209)가 된다. 벤야민은 인간의 언어는 사물을 명명하는 "이름언어"이고, 인간의 정신적인 본질은 이름 속에서 그 자체를 신에게 전달한다고 했다. 여기서 우리는 벤야민 언어관의 핵심적인 성격, 즉 언어가 의미 전달의 한갓 수단이 아니라 전달의 매체라는 주장이 신학적·언어형이상학적 관점에서 도출된 것임을 알 수 있다.[16]

그렇다면 단순한 의미 전달의 수단 이상으로서의 언어, 가장 순수한 전달의 매체인 언어는 어떻게 가능한가? 그 배경은 벤야민의 객관적이고 절대적인 진리에 대한 확신에서 찾아야 한다. 이것이 사실 그의 형이상학적인 언어관과 진리 인식을 관통하는 근본이념이자 「언어론」의 두 번째 명제이다. 언어는 창조주로서의 신의 말씀을 전달하는 '직접성의 매체'이다. 이 직접성은 전달의 본질이 무엇을 통하거나 도구를 활용하지 않는다는 의미에서 '직접성'이고, 그런 한 벤야민은 이를 '마법적'인 것이라 한다. 그에 따르면 이 "언어마법"이야말로 "언어의 근원적인 문제"(II/1, 142-143)이다. 벤야민은 이 언어의 근원적인 문제를 해명하기 위해 성서의 창세기 1장을 해석한다. "언어가 그 전개 과정에서 고찰될 수 있는 마지막 실재, 설명할 수 없고 신비로운 실재로 전제된다는 점에서, 성서를 따르기 때문"에 그는 언어의 근원적인 문제를 성서를 통해 고찰하는 것이라 밝힌다. 그의 고찰에서 우리는 아담과 이브가 원죄를 짓기 이전에 순수 전달의 매체인 언어가 어떻게 가능했는지 알 수 있는데, 우선 두 가지 점을 유념해두어야 한다. 첫째, 벤야민 자신은 언어를 어떤 객관적 '실재'로 전제하고 있다는 점이다. 둘째로 그는 객관적 실재로서의 언어에 내재한 형이상학적인 의미를 밝히기 위하여 성서의 토포스들을 해석한다는 점이다.

성서의 창세기 1장은 신이 행하는 자연의 창조와 인간의 창조에 대해 기술하고 있다. 여기서 벤야민은 자연의 창조와는 달리 신이 인간을 창조할 때는 '말씀'을 쓰지 않았다는 점에 주목한다. 그리고 나아가 "인간에게 이제 언어의 능력이 부여되며, 인간은 자연 위에 세워"질 수 있었다고 해석한다.(II/1, 148; 149; 151) 인간은 신이 창조한 만물 중에서 말씀 대신 유일하게 '물질'로 신의 형상을 닮아 창조되었으며, 신으로부터 언어 능력을 부여받았다는 것이다. 이 언어 능력으로 인간은 인간 자신의 이름뿐만 아니라 신을 대신해 자연의 여타 피조물을 명명한다. 이 명명 행위의 언어가 벤야민이 말하는 인간의 "이름언어"이며, 인간이 낙원 상태에 있을 때의 언어인 "아담의 언어"이다. 명명 행위는 창조의 말씀, 즉 신의 언어적인 본질인 말씀이 인간의 이름언어 속에 "가장 깊은 모사(Abbild)"로 반영되고, 또한 자연사물의 '말없는 언어'가 가진 전달 가능성을 인간의 언어가 수용함으로써 이루어진다. 이로써 벤야민이 제시하는 언어의 전달 가능성과 신의 말씀, 인간의 이름언어, 사물의 말없는 언어 간의 관계가 설명된다. 이를 좀더 자세히 살펴보면, 먼저 신의 창조 행위에서

"언어는 창조하는 것이고 완성하는 것, 언어는 말씀이고 이름이다. 이름은 말씀이기 때문에, 신 안에서 이름은 창조적이다. 그리고 그 말씀이 이름이기 때문에 신의 말씀은 인식적이다."(II/1, 148)

그런데 신은 인간에게 자신의 창조 매체인 '언어'를 방출시켰다. 그에 따라 신의 말씀을 인식한 인간은 다른 사물을 명명할 수 있게 되었다.

> "신은 인간에게 자신의 창조적 행위를 위임하고 쉬었다. 이 창조적인 것이 신적인 현재성(Aktualität)을 탈각하고서 인식이 되었다. 인간은 신이 창조주였던 언어를 인식하는 자이다. (…) 인간의 정신적인 본질은 창조가 그 속에서 이루어진 바로 그 언어이다. (…) 모든 인간의 언어는 이름 속에서 말씀의 단지 한갓된 '반사'일 따름이다. 이름은 인식이 창조에 이르지 못하는 것처럼, 말씀에 이르지 못한다."(II/1, 149)

즉 첫 번째 인용에서 말하듯, 신의 말씀은 이름으로서 인식 가능한 것이고, 인간의 이름언어는 그 인식 능력을 신으로부터 부여받았기 때문에 당연히 이 또한 인식 능력을 갖는다. 그러나 인간의 언어는, 창조이며 절대적 진리인 신의 말씀에 대한 '인식'이기 때문에 그런 한에서 거울에 비친 상처럼 신의 말씀 또는 창조에 대한 반영일 뿐, 신의 말씀이라는 실체에는 도달하지 못한다. 또 그런 한에서 이 반영으로서의 인간언어는 신의 말씀이 갖는 절대적, 무제한적, 창조적 무한성에 비해 볼 때 제한적이고 분석적이다. 여기서 다시 한번 벤야민이 전제하는 절대적 진리와 인간의 인식 간의 차이를 발견하게 된다. 즉 절대적인 진리는 인간의 인식에 의해 소유될 수 있는 대상이 아니며, 인간의 인식을 항상 이미 넘어서 있다는 점 말이다. 그런데 신의 말씀과 인간의 언어가 이러한 관계라면, 사물의 언어는 인간의 언어, 나아가 신의 말씀과 어떻게 관계하는가? 앞서 언급했듯이 벤야민은 자신의 본질("언어적인 본질")을 전달하는 것이면 모두 언어라고 보기 때문에, 기본적으로 사물의 언어도 인정한다. 사물의 언어적인 본질이 사물의 언어인 것이다. 그러나 한편으로 사물의 언어는 완전하지 않다. 음성이 없기 때문이다.

사물의 언어는 음성이 없는 불완전한 언어다. 하지만 인간은 그러한 사물의 언어를 음성으로 명명한다. 인간의 사물에 대한 이러한 명명은 사물과의 "마법적인 언어관계" 속에서 이루어지는데, 그것은 신의 말씀에 의해 인간과 사물의 언어가 관계를 맺기 때문이다. 성서는 '사물은 신의 말씀으로 창조되었다', 그리고 '인간은 신의 숨결로 탄생했다'고 말한다. 이를 해석하면, 인간은 신의 언어를 숨결로 받았다는 뜻이 된다. 그런 한에서 신의 말씀을 통해 인간과 사물은 '마법적'으로 조응할 수 있는 것이고, 사물의 언어는 신으로부터 언어 능력을 부여받은 인간에 의해 명명되는 것이다. 결국 이렇게 '신의 말씀-인간의 이름언어-사물의 말 없는 언어'는 정신적 현존의 차이진 등급 속에서 필연적으로 관계한다.

지금까지의 논의를 통해 우리는 앞서 언급했던 벤야민의 "부르주아적 언어관" 비판에서 핵심 논점을 파악할 수 있다. 즉 그는 위와 같이 신의 말씀과 그로부터 이름언어를 부여받은 인간언어, 그리고 인간과 사물언어의 전달 가능성을 논함으로써, 부르주아적 언어관이 언어를 사물 또는 사태와 자의적이고 인습적인 관계로 정의하는 견해를 비판한다. 요컨대 언어는 스스로를 전달하는 필연적이고 객관적인 매체라는 것이다.

그런데 이러한 벤야민의 언어관은 앞서 살폈던 그의 진리와 이념, 성좌로서의 이념과 진리의 나타남, 이념 서술이라는 철학의 방법론과 맥을 같이하는 것으로 보인다. 언어에서든 진리에서든 벤야민은 절대적이고 객관적인—또는 신학적이고 형이상학적인—영역을 상정하며, 인간의 언어가 그러한 영역을 인식하는 것이라 보기 때문이다. 또한 벤야민의 이러한 언어관은 「미래철학」에서 인식이란 신을 존재케 하는 것이 아니라, 단지 신에 관한 경험과 가르침을 최초로 가능하게 하는 것이라는 주장의 근본 토대가 된다.

여기서 잠시 벤야민 언어관의 종교적이거나 신학적인 색채에 대해 언급하고 넘어가자. 위에서 보듯이 성서를 해석하고 신학을 상정하는 벤야민의 언어이론은, 그가 유대 신비주의 카발라에 영향받았기 때문이라는 해석을 낳았다. 한 벤야민 연구자가 지적했듯이 카발라로부터 창조주로서 신의 언어, 즉 신이 언어를 통해 세계를 창조했으며, 따라서 모든 존재하는 것들은 신의 창조 언어 속에서 그 궁극적인 기원과 의미를 지니게 된다는 입장이기 때문이다.[17] 특히 창세기 해석을 통해 자기 언어이론의 논지를 전개하는 벤야민의 방식은 카발라로부터 영향을 받았을 것이라는 주장을 더욱 설득력 있게 한다. 그러나 이러한 해석은 불완전해 보인다. 앞서 잠깐 언급했듯이, 벤야민의 언어이론은 카발라로부터 직접 영향을 받은 결과라기보다는, 독일 바로크에서 초기 낭만주의로 이어지는 신비주의 언어철학 전통을 비판적으로 참조하며 형성됐기 때문이다. 때문에 우리는 그의 언어이론을 형이상학적 탐구의 결과로 보는 것이 타당할 것이다. 또한 벤야민에게서 종교는 단지 신학이 아니라 최고의 질서를 나타낸다는 점이 중요하다. 그의 철학적 저작의 진리 탐구와 비평관, 나아가 유물론적 역사철학에 입각한 후기 저작은 이 절대적이고 객관적인 질서를 추구한 결과다. 물론 후기 벤야민의 유물론적 사유에서는 이 질서가 언어나 초월적 경험과 같은 형이상학적인 대상이 아니라, 현실에 드러난 극단들의 "절대적 연관관계"라는 점이 다르다.

이와 같은 이해의 바탕 위에서 새로운 질문이 제기될 수 있다. 어떻게 절대적이고 객관적인 것이 인간의 인식에 전달될 수 있는가, 또 어떻게 서술될 수 있는가? 벤야민의 대답에 따르면, 신의 창조적인 말씀 속에 "인식하는 이름의 맹아"(II/1, 151)가 있기 때문에 그 일은 가능하다. 이 맹아가 한편으로는 절대적이고 객관적인 것에 대한 인식의 계기로서 인간의 '인식하기'를 가능케 한다. 다른 한편으로는 사물들이 스스로를 전달하는 언어로서 인간의 '명명 행위' 또는 그 사물들의 서술을 가능케 한다. 인간에게 전자가 대상에 대한 수용적 인식이라면, 후자는 자발적인 명명이다. 이로써 인간이 사물세계를 인식하고 그에 대해 서술할 가능성이 설명된다. 하지만 더 구체적인 이해를 위해 벤야민의「언어론」중에서 '번역' 개념을 살펴보기로 하자.

벤야민은 인간의 언어가 사물을 명명한다는 점에서 "사물들의 이름"이라고 한다. 그런데 이때 인간이 사물에 이름을 부여할 수 있는 것은 사물이 인간에게 전달하는 바를 인간이 수용하기 때문이며, 동시에 그것을 인간이 명명 행위를 통해 외화하기 때문이다. 이 과정은 달리 말하면, 사물의 언어가 인간의 이름언어로 '번역' 되는 것이다.

> "언어 영역에서만 그 독특한 결합이 발견되는 수용이자 동시에 자발성, 언어의 이러한 특성을 지칭하는 말이 있는데, 이 말은 또한 이름 없는 것을 이름 속에 수용하는 행위에도 적용된다. 이는 사물의 언어를 인간의 언어로 번역하는 것이다. (…) 번역 개념은 (신의 말씀을 제외하고) 모든 상위의 언어가 다른 모든 언어의 번역으로 간주될 수 있다는 통찰 속에서 그 완전한 의미를 획득할 수 있다."(II/1, 150-151)

벤야민이 괄호 속에서 명시하고 있듯이, 번역에서 신의 말씀은 제외된다. 그리고 벤야민은 '상위' 라는 표현을 씀으로써 인간의 언어와 사물의 언어 사이에 위계가 있음을 명시하고, 전자가 후자를 번역하는 것임을 분명히 한다. 이때의 번역은 사물의 음성 없음을 음성으로, 이름 없음을 이름으로 번역하는 것이다. 그러므로 번역은 불완전한 언어를 더 완전한 언어로 옮기는 일이다. 신의 말씀, 인간의 언어, 사물의 언어는 위계관계에 있지만, 다른 한편으로 언어들 간의 관계는 "여러 상이한 농도를 갖는 매체들 사이의 관계일 뿐"이기 때문에 그 언어들은 상호 번역 가능하다. 물론 언어 사이의 위계를 강조하면서도, 언어가 "상호 번역 가능성"을 갖고 있어 서로 전달되고 번역될 수 있다는 벤야민의 주장은 모순처럼 들린다. 그러나 여기서 '절대적이고 객관적인 진리' 와 '그에 대한 철학의 서술' 이라는 벤야민의 인식비판론을 상기할

필요가 있다. 즉 언어의 위계관계가 진리와 그 서술 간에 절대성과 객관성의
수준이 다름을 의미한다면, 상호 전달과 번역 가능성은 그러한 진리가 철학
적 서술에 전달되고, 그 속에서 스스로를 현상할 수 있음을 뜻하는 것이다.
이렇게 벤야민은 인간의 이름언어와 사물의 이름 없는 언어가 "동일한 창조
적 말씀으로부터 근친적인 관계로 방출되었다"(II/1, 151)고 말함으로써, 인
간의 언어와 사물의 언어 속에 절대적이고 객관적인 진리가 공히 깃들어 있
음을 인정한다. 그리고 사물이 '말 없음' 속에서 자신을 전달하는 언어를 인
간이 인식하고 음성으로 명명할 수 있다고 해석함으로써, 언어의 상호 전달
가능성과 번역 가능성을 규정한다.

이로써 우리는 객관적이고 절대적인 것의 전달과 서술 가능성에 대한 답
변을 찾았다. 뿐만 아니라 저 앞에서 제기한 질문, 즉 「미래 철학」에서 "인식
의 언어적인 본질에 대한 성찰로부터 얻어진 인식 개념"에 부합하는 경험 개
념이 무엇인지 답할 수 있게 되었다. 그것은 벤야민이 인간의 이름언어가 사
물이 그 자체의 언어로 전달하는 것을 이름으로 번역한다고 주장하는 대목에
함축되어 있다. 이에 따르면 우리가 사물을 인식하는 것은 두 언어 간의 번역
가능성을 통해서, 즉 인간의 이름언어와 사물의 사물언어 간 매개를 통해서
가능하다. 그렇다면 벤야민의 경험 개념에서 '경험' 또한 인식이 주관적으로
사물세계를 파악함으로써 만들어낸 경험이 아니라, 인식이 사물의 언어를 매
개로 해서 획득한 '객관적인 경험'[18]을 뜻하는 것이다.

그러나 인간은 어떻게 다른 사물의 세계를 객관적으로 경험할 수 있는
가? 벤야민에 따르면, 인간은 고대부터 타고난 '미메시스 능력'에 힘입어—
그러나 곧 보겠지만 그 능력은 역사적 변천 과정 속에서 '언어'로 이행했는
데—사물을 객관적으로 인식하고 경험한다. 이런 그의 주장은 벤야민의 미메
시스론을 언어이론, 경험이론과 연관해서 살펴볼 필요를 제기한다.

벤야민의 후기 사유에 속하는 1933년의 「유사성론」은 그가 언어 문제에

지각의 역사적 변천 과정이라는 논점으로 접근한 단편이다. 이 글의 중심 개념은 '미메시스 능력'이다. 앞서 봤듯이 벤야민은 초기 언어이론에서 알레고리적 성서 해석을 통해 언어의 전달 가능성과 언어 속에서 가능한 인간의 사물 인식에 대해 설명했다. 그러나 후기의 언어이론에서는 가설적으로, 언어를 인간의 지각 능력, 구체적으로는 미메시스 능력이 변천해온 과정으로 논한다. 여기서 전제는 인간이 유사한 것을 생산해내는 최고의 능력을 갖춘 존재이며, 이 능력이 바로 미메시스 능력이라는 점이다. 인간의 미메시스는 대상과의 조응 속에서 이루어진다. 앞서 사물의 언어가 인간의 언어로 번역될 수 있는 것은 사물의 언어적인 본질이 인간에게 수용되고 인간이 그것을 명명하는 자발성으로 가능하다고 했는데, 그것을 다른 말로 하면 사물과 인간이 서로 조응하는 과정이다. 이렇게 "자연적으로 조응하는 것"에 의해 인간의 미메시스 능력은 자극받고 일깨워진다.

하지만 벤야민은 인간의 미메시스 능력이나 미메시스의 객체가 고정된 것이 아니라 '역사적 변천 과정'을 겪어왔다고 주장한다.

> "이전에 투시력의 토대였던 미메시스적 재능은 수천 년의 발전 과정에서 언어와 문자 속으로 매우 점차적으로 옮아갔고, 그것들 속에서 비감각적 유사성의 완전한 서고를 만들었을 것이다. 이처럼 언어는 미메시스 능력의 최고(最高) 사용일 것이다. 즉 언어는 그 안으로 이전에 유사성을 감식하는 능력이 남김없이 들어간 매체가 되었을 것이다." (II/1, 209)

고대의 점성술사가 별들의 운행에서 어떤 계시의 메시지를 읽어낼 수 있었던 것은 그가 별들과 조응하는 가운데 직접적인 모방관계로 대상의 '객체성'을 지각했기 때문이다. 물론 인간의 인지세계는 역사적으로 변화해왔기 때문에 더 이상 고대의 자연세계에서 했던 것처럼 대상을 지각할 수는 없다.

그러나 벤야민은 역사적으로 미메시스 능력이 완전히 사라진 것은 아니며 단지 다른 영역으로 이행해갔을 것이라고 본다. '비감각적 유사성의 완전한 서고', 정확히 말해 언어와 문자가 그것이다. 즉 벤야민은 인간의 미메시스 능력이 역사적 변화 속에서 퇴화하거나 이성 또는 여타의 능력으로 대체된 것이 아니라, 대상을 마법적이고 미메시스적으로 읽어내는 극히 섬세한 '언어 능력'으로 전화되었다고 가정한다. 그런 한에서, 미메시스 능력은 언어와 문자의 선조이다.(II/1, 207)

　여기서 두 가지를 짚을 수 있다. 하나는 벤야민이 언어와 문자 속으로 미메시스 능력이 완전히 이행해갔다고 보는 데서, 언어가 전달 가능한 정신적인 본질의 매체라는 초기 언어이론의 견해를 유지하고 있다는 점이다. 다른 하나는 벤야민이 세계 인식으로서의 언어를 '유사성'이나 '미메시스 능력', '비감각적 유사성' 개념으로 설명함으로써, 관념이 아니라 지각이 중심이 되는 인식론을 상정하고 있다는 점이다. 그러나 무엇보다 우리가 논해야 할 핵심은 역시, 언어가 외부의 인식을 전달하는 수단이 아니라 정신적인 본질을 '언어 속에서' 전달하는 매체라는 벤야민의 주장이 미메시스론을 통해서도 관철된다는 점이다. 그의 언어이론에 따르면, 대상의 언어 또는 대상의 이름 속에는 이미 전달하고자 하는 언어적인 본질이 들어 있어 그것이 전달되는 것이지, 인식 주체가 주관적으로 구성한 정신적인 본질을 언어를 수단으로 전달하는 것이 결코 아니다. 벤야민이 「언어론」에서 '로고스(Logos)'라는 말이 심원한 역설을 이루고 있다고 한 것도 이 때문이다.(II/1, 141-142) 로고스는 '언어'와 '이성'이라는 두 가지 의미를 가진 단어이다. 그런데 '로고스=이성'으로 간주하고 또한 언어를 단지 전달의 수단으로만 여긴다면, '로고스'의 본래적 의미에서 '언어'가 탈각된다. 즉 이 구도 하에서는 정신적인 본질은 이성이 파악하는 것이 되고, 언어는 단지 이성의 정신적인 본질을 전달하는 부차적인 수단이 되는 것이다. 이러한 관점으로 보면 언어는 결코 진리

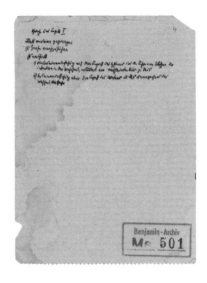

5 벤야민, "언어와 논리학 Ⅰ" 원고(1921, Ⅵ, 23), 벤야민 아카이브 Ms 501.
6 벤야민, "언어와 논리학 Ⅱ" 원고(1921, Ⅵ, 23-25), 벤야민 아카이브 Ms 502.

의 현현이 아니며, 진리는 언어 외부에 존재할 수밖에 없다. 진리는 언어 외부에 존재한다. 이러한 분리는 로고스의 어원상의 정의에 따르면, 모순이자 오류이다. 그러한 오류를 밝혀내면서 벤야민은 언어적인 본질과 정신적인 본질이 구별되어야 함을 강조한 것이고, 정신적인 본질이 미메시스적 객체성 또는 모방 가능성을 가진 한에서만 전달 가능성의 언어적인 본질과 합치한다고 본 것이다. 인간은 비감각적 유사성의 매체인 언어와 문자를 통해 세계를 인식하고, 그런 한 인간의 정신적인 본질은 언어로부터 영향을 받는다. 벤야민은 이렇게 미메시스 능력의 변천 과정 속에서 언어가 인간의 인식에 근본적인 토대로 작용하게 되었다고 주장함으로써, 의미가 언어 밖, 초감각적인 현존인 이성에 있다고 전제한 계몽주의의 모순을 극복하고자 했다.

여기까지 살펴본 바처럼 벤야민에게서 언어, 미메시스, 경험은 상관적이고 크게 봐서는 벤야민의 언어철학이라는 범주로 묶일 수 있다.[19] 그러나 달리 보면, 벤야민의 초기 신학적 형이상학적 언어이론은 역사적 유물론의 후기 사유에서 지각적 인식론, 경험이론, 그리고 역사철학과 결부되어 성좌를 이룬다. 즉 한편으로 후기 벤야민의 사유에서 중심을 차지하는 '유물론적 역사철학에 입각한 물화된 이성의 계몽에 대한 비판'은, 지금까지 살펴본 그의 초기 신학적 형이상학적 언어철학, 객관성과 절대적 진리에 대한 신념 및 추구, 그리고 경험 개념에 대한 사유를 원천으로 한다고 말할 수 있다. 다른 한편으로 이러한 언어·지각·경험의 인식론으로부터 그의 많은 후기 저작들이 가진 사유방법론과 글쓰기의 특수성이 형성될 수 있었다. 대상을 통합적으로 지각하여 진리가 드러나도록 하는 철학적인 서술, 비평 대상과 일체가 되며 그 "산문적 핵을 서술"(I/1, 109)하는 예술비평, 경험에 대한 기억 행위로서의 역사철학적 글쓰기가 일정 부분 언어이론에 원천을 두었던 것이다. 서술 속에서, '전달 가능성'이라는 언어적인 본질과 '대상에 내재하는 정신적인 내용'이 정신적인 본질로서 합치하기를 지향하며.

2. 진리의 서술, 시대의 이념

　　지금까지 벤야민의 '미메시스론'을 포함한 '언어이론'과 '경험이론'으로 벤야민 사유에서 이론들이 맺고 있는 관계의 지도를 그려보았다. 이제는 이 지도 위에 '사유의 변전이 이뤄진 시간'을 도입해보기로 하자. 즉 벤야민이 초기 신학적 형이상학적 인식론으로부터 후기 역사철학에 입각한 모더니티 현실사회에 대한 비판적인 연구로 자기 사유의 현실성과 실천성을 확보해나간 맥락을 좇아보자는 것이다.

　　벤야민은 『파사젠베르크』의 구상 노트에, 문헌학이 '텍스트에 대한 논평'의 기초학문으로서 텍스트 속으로 침투하듯이, 신학이 '현실에 대한 논평'의 기초학문으로서 역사적인 것 속으로 침투하여 그것을 해석해야 한다고 써놓았다. 또 신학과 자기 사유의 관계를 '잉크와 압지'에 비유했다.(V/1, 588) 역사적 현실에 대한 해석에서 신학이 기초학문이 된다는 것은, 기존 형이상학 또는 역사학의 목적이나 연구방법론과는 전적으로 다른 지평이다. 그것은 현실 구원을 목적으로 하고, 그 구원의 계기를 '과거와 현재가 배열된 역사적 인식 구조' 속에서 찾아 역사철학적 관점에서 객관적으로 해석하는 일이다. 다시 말해, 역사를 염주 엮듯이 단순한 사실들의 연쇄로 기술(記述)하는 것이 아니라, 서술자가 현실 구원과 변혁의 목적에 입각해 역사를 구성하는 일이 관건인 것이다. 그렇기 때문에 벤야민의 역사철학에서는 "정치가 역사에 대해 우위를 확보한다."(V/2, 1057) 이 주장은 그가 신학, 정치학, 역사, 그리고 현실의 모든 관계들을 어떻게 설정하고 있는지 보여준다. 즉 신학은 스스로를 드러내지 않는 가운데 현실을 인식하기 위한 절대적이고 객관적인 토대를 제공하며, 또한 그것은 역사적인 것 속으로 스며들어 현실에 대한 통찰력 있는 해석을 예비해야 한다. 이렇게 역사적인 것들의 해석을 통해 현실을 인식하고 변혁할 토대가 되는 신학은 그 자체로 정치학이다. 벤야민이 "현실을 구성하는 구체적인 세부, 개념적이지 않은 세부들을, 언제나 경험의 영역을 떠나지 않으면서도 초월적 의미를 해방시키는 방식으로 자세히 조사"[20] 했다는 후대의 평가는 이러한 차원에서 이해될 수 있다.

프랑크푸르트 대학에 제출할 교수자격 취득 논문으로 『비극서』를 쓰던 당시까지 벤야민의 관심은 학문 내부와 문학예술 비평 영역으로, 깊이는 있지만 한정된 범위를 고수하고 있었다. 그러나 비슷한 시기에 구상을 시작한 『일방통행로』에서부터는 현실적이고 정치적인 영역에 관심을 갖고 성찰하기 시작했으며, 그 성찰 내용을 현실의 삶에서 취한 모티브와 서술 형식을 통해 직접적으로 드러냈다. 변화의 계기로 작동한 것은 여러 가지다. 먼저 내부적으로는 벤야민 자신이 독일 바이마르공화국 시기 영락한 부르주아 지식인으로서, 경험 현실에 대한 비판적 각성을 자신의 사유 속에 반영하기 시작했던데 기인한다. 그리고 외부적으로는 벤야민이 『비극서』를 준비하던 때부터 교류했던 아샤 라시스, 베르톨트 브레히트를 통해 "급진적 공산주의의 현황에 대한 강렬한 통찰"을 얻게 되었고, 『비극서』를 전후로 이러한 통찰을 저작 속에서 가시화하기 시작했기 때문이다. 이때 벤야민은 블로흐, 루카치, 마르크스의 이론을 집중적으로 접했다. 특히 루카치의 『역사와 계급의식』은 벤야민에게 이론과 실천이 결부될 가능성을 제시했다는 점에서 큰 영향을 미쳤다. 이렇게 해서 철학적 진리와 미의 세계 내부에서 다소간 안전하게 머물던 이 지식인은 점차 현실 변증법적, 정치적 입장을 형성하게 된다. 단 그는 적극적인 정치 참여에는 거부감을 표했으며, 따라서 공산주의에 직접적으로 가담하지도 않았다. 다만 벤야민은 자신에게 전달된 "공산주의의 신호"를 자기 사유가 변전(變轉)할 계기로 수용하는 데 머물렀다.

『일방통행로』를 구상하던 시기 쓴 한 편지에서 벤야민은 그때까지 자기 사유가 "현실적이고 정치적인 계기를 숨겼다"[21]고 주장했다. 이는 은연중에 자신의 사유에서 그러한 계기가 이전까지 없었던 것이 아니라 드러내지 않았

을 뿐임을 주장하는 말이다. 사실 벤야민은 『비극서』가 외적으로는 철학 또는
예술 형식에 한정된 것처럼 보일지라도, 내적으로는 당대 현실에 연관된 저
술이라고 자신했다. 사실 그의 목적은 그리스 비극과 독일 바로크 비애극, 그
리고 18세기 극작가이자 미학자 고트홀트 레싱이 정의한 시민적 비극 간의
근본적인 차이를 밝힘으로써 이들을 혼동하고 있는 "미학 분과에 새로운 용
어를 도입"하는 것이었다. 그러므로 벤야민의 입장에서, "단순한 학술적 연구
가 아니라 현대문학이 당면한 정말로 현실적인 문제와 직접적인 관련이 있
음"(V/2, 1094)을 주장한 것은 당연하다.

　그런데 『비극서』 연구와 관련하여 우리는 벤야민의 연구방법론을 통해
그의 역사 인식의 본질적 성격을 파악할 수 있다. 방법론적으로 그는 현재를
해명하기 위해 이전 세대의 극단들, 역사적 질료를 발굴하는 방식을 견지한
다. 또 역사를 감정이입의 방식이 아니라 과거 특정한 시대와 현재의 구성으
로 이해한다. 후자는 그의 말로 하자면, "자신의 시대가 과거의 특정한 시대
와 함께 등장하는 성좌"(I/2, 704)이다. 이런 맥락에서 벤야민이 17세기 비애
극을 연구했던 것은 자신이 속한 현재, 즉 제1차 세계대전의 후유증과 경제·
정치적 혼란, 그리고 자본주의 인플레이션으로 점차 몰락해가는 바이마르공
화국의 객관적 현실을 해명하기 위해서라는 이해가 가능하다. 그는 세계에
대한 절망과 경멸을 표현했던 비애극에서 한 세계의 돌이킬 수 없는 몰락을
보았다. 동시에 그것은 17세기 과거만이 아니라, 자신이 속한 현실세계의 진
정한 양상이기도 했다.

　예술작품에 역사적 경험으로 접근하는 이러한 사유방법론은 벤야민에게
이론의 여지가 없는 본질적인 것이었다. 그럼에도 『비극서』까지는 엄밀한 의
미에서 과거와 현재의 역사적 성좌는 가시적으로 드러나지 않았다고 봐야 한
다. 또는 현재에 대한 비판적 인식이 과거 예술 형식에 대한 미학적이고 역사
철학적인 분석 속에 은닉되어 있다는 점에서 독자의 현실적인 이해와 정신적

깨달음을 어렵게 한다. 『비극서』와 『일방통행로』, 이 양자에서 현실적이고 정치적인 계기의 '숨김'과 '드러냄'의 차이는 확연하다. 또는 대조된다. 전자에서는 한 세계의 돌이킬 수 없는 절망과 몰락이 비애극의 알레고리 형식을 중심으로 다뤄진다면, 후자에서는 일상 현실의 파편화된 사물, 언어의 달라진 표상 형식과 사람들의 경험내용이 개별 모티브를 통해 직접적으로 다뤄진다. 전자는 「인식비판서론」만 봐도 플라톤을 위시해 라이프니츠, 헤겔, 칸트 등 학술 철학의 정전을 인용함으로써 독자를 추상적인 철학의 세계 속에서 숨막히게 한다. 반면 『일방통행로』는 형식에서부터 "책의 품위 있고 포괄적인 제스처"를 거부하고, "리플릿, 소책자, 신문 기사, 플래카드와 같은 (…) 즉석의 언어"(VI/1, 85)를 차용하여 독자가 삶의 다양한 현실 양상을 지각하고 책과 더불어 그 현실 속에서 숨 쉬도록 돕는다. 물론 『일방통행로』의 논점이나 논증이 구체적이지 않아 아포리즘처럼 읽히는 것이 사실이다. 하지만 이는 모티브를 삶에서 직접적으로 취하여 어떤 기성 이론의 매개 없이, 사유자가 사물에서 지각으로 읽어낸 바를 서술하는 벤야민의 사유방법론에서 기인한 특수성이다. 그리고 독자 입장에서는 인식의 섬광이 발생할 수 있는 사유의 마찰이 바로 그 지점, 즉 벤야민의 사유가 아포리즘으로 읽히는 데서 시작된다.

　물질적이고 현실적인 실체를 근간으로 사유와 인식의 섬광을 발생시키려 한다는 점에서, 벤야민의 사유는 이제 "세속적인 역동성"을 갖는다. 초기 신학적이고 형이상학적인 인식론은 내부로, 즉 세속적이고 물질적인 모티브의 이면에 자리잡게 됐으며, 유물론적이고 역사철학적인 논점이 현실 사물을 계기로 전면화되었다. 여기서 '전면화'를 말한 뜻은, 한편으로 벤야민의 초기 사유에 이미 역사철학적인 관점이 형성돼 있었기 때문이다. 즉 이미 청년 벤야민에게 역사철학적 사유의 인자가 있었다는 말이다. 그가 1914년에 쓰고 연설한 〈대학생의 삶〉이 그 전거다.

"시간의 무한성에 대한 믿음 속에서, 빠르든 늦든 진보라는 궤도 위를 굴러가는 인간과 시대의 속도만을 구분하는 역사관이 있다. (…) 다음에 이어지는 역사관은 반대로, 역사가 어떤 초점에 집중되어 정지해 있는 상태를 지향하고 있는데, 이는 오래전부터 사상가들의 유토피아적 이미지가 그랬던 것과 비슷하다. 궁극적인 상태의 요소들은, 형상 없는(gestaltlose) 진보의 경향으로서 드러나 있는 것이 아니라, 가장 위태롭고 무시당하고 조롱받는 창조물과 사유로서 매순간 현재 속에 깊이 내재되어 있다. 완전함의 내재적 상태를 그대로 절대적인 상태로 형상화하고 또 그 완전한 상태를 가시화하여 현재 속에서 지배적이 되도록 만드는 것이 역사적 과제이다."(II/1, 75)

여기서 우리는 벤야민이 후기 「역사철학」에서 제기하는 핵심 개념 및 주장이 꽤 분명한 형태로 들어 있음을 발견한다. 역사주의 역사관과 진보에 대한 맹목적인 믿음에 대한 비판, 과거의 극단들("가장 위태롭고 무시당하고 조롱받는 창조물과 사유")에 대한 현재 시간의 구제, 변증법적 이미지와 정지상태의 변증법이 그것이다. 이러한 점에서 벤야민의 신학적 형이상학적 사유가 이미 현실사회에서 확고하게 분리되어 있었던 신학, 철학, 미학, 역사학, 정치학 같은 분과학문의 경계를 횡단하고, 역사를 중심에 둔 통합적인 인식으로 거듭나는 기초였음을 알 수 있다.

「역사철학」의 제1테제에서 벤야민은 철학을 장기에 비유하면서, '역사적 유물론'이라는 장기 두는 인형 안에 '신학'이 보이지 않게 들어앉아 역사적 유물론을 작동시켜야만 승리할 수 있다고 주장했다. 이 비유처럼 후기 벤야민은 이제 자신의 신학적 형이상학적 사유와 그 안에 내재돼 있던 역사관, 그렇지만 마르크스의 유물론에 영향받아 더욱 확고해진 유물론적 역사철학을 현실적이고 사회적인 계기들 속으로 용해시킨다. 이는 신학적인 구원을 위한 신학의 세속화이며, 신학적 형이상학적 진리를 세속적인 익명 속에서 실현하기 위한 역사철학적 용해이다. 예컨대,『일방통행로』는 벤야민이 이러한 의도에서 "극도의 구체성을, 한 시대를 대상으로 획득하기"(V/2, 1091) 위해 쓴 글이다. 이후「기술복제」,「보들레르의 몇 가지 모티브에 관하여」(이하「보들레르론」),「에두아르 푹스, 수집가이자 역사가」 등에서 벤야민은 예술작품 해석과 논증에 있어 보다 유물론적 역사철학에 입각한 사유를 명확히 드러냈다. 또 대상에 대한 세속적인 독해를 통해 당대 문화와 그것의 원사에 대한 '공시적(synchronistisch)' 역사 비판을 수행하는 동시에, 그로부터의 구원을 논쟁적으로 제시했다. 그 점에서 벤야민이 생애 후반 13년을 바친『파사젠베르크』는, 그의 신학적 형이상학적 사유와 유물론적 · 마르크스주의적 사유가 종합될 가능성을 미결 상태로 남긴 저작이다. 논자들 중에는 그 사유의 종합이 문제적인 시도였다고 평가하기도 한다.[22] 하지만 이러한 시도가 또한 벤야민의 저작들에 내적으로 '극단들의 성좌' 라는 사유의 고유성을 부여했다는 사실을 간과해서는 안 된다.『파사젠베르크』등 벤야민의 후기 저작들이 미학을 포함해 학문 일반에 큰 지적 자극을 주고, 그 이론들의 체계와 방법론을 갱신하는 데 하나의 사례가 되고 있는 것도 바로 이 지점에서다. 진리를 드러내기 위한 이념 서술과 유물론적 계몽을 위한 시대적 이념의 서술. 요컨대 자석의 양극(兩極)처럼 팽팽한 긴장 속에서 공존하는 이 두 극단의 사유를 통해서 벤야민의 독자이자 연구자들이 진리 이념과 현실 이념의 공존 가능성과 불가능성, 이론과 실천의 결합 가능성과 한계, 사유방법론의 특수성에 대해 비판적으로 숙고하게 되었기 때문이다. 그것은 무엇보다도 "사람들이 알아야만 하는 〔우리 사고의〕 숨겨진 대갈못과 이음새에 약간의 기름을"(IV/1, 85) 먹이는 벤야민의 독창적인 사유방법론에서 기인하고 있다.

3장 "이미지란 정지상태의 변증법": 사유-이미지

1. 기술, 사유의 기술, 변증법적 이미지

　벤야민만의 독특한 서술이 돋보이는 문장들을 읽으며, 독자는 그가 어떻게 사유했는가를 궁금해한다. 즉 그의 사유방법론이 어떠했는가를 알고 싶어 한다. 이는 앞서의 논의를 통해 개괄한 벤야민의 이론이 근거하고 있는 인식과 지각의 지평 속에서 사유가 어떠한 메커니즘으로 이루어지는지를 밝히는 일이다. 벤야민의 '기술' 개념과 '작가적 기술'을 통해서 이에 대한 답을 찾을 수 있다.

　"산업이 역사에 고유한 시대적 성격을 부여"했던 근대, 사회 변화의 중추에 테크놀로지가 작용하고 있다고 파악한 벤야민은 역사와 동시대 사회 · 경제 · 문화 · 예술을 통합적으로 아우르는 의미의 '기술(Technik)' [23] 개념을 제시했다. 벤야민의 용례에서 '기술'은 직접적으로는 예술의 기술(기교)과 산업 및 과학의 테크놀로지를 지시한다. 동시에 "기술복제 시대" [24]라는 말에서 알 수 있듯, 기술이 전면화된 모더니티 사회의 양상을 포괄적으로 규정하는 시대적 개념이다. 사실 벤야민의 사유와 미학에서 이 용어는 초기에 속하는 『독일 낭만주의에서 예술비평의 개념』과 『비극서』에서는 예술의 '기술'로 한정되어 있다. 그러나 1925년을 기점으로 '테크놀로지'라고 부르는 것이 더 타당하게 그 의미가 예술 외부의 사회 현실 쪽으로 확장되고, 그의 연구에서 중심적인 위치를 차지하게 된다. 1940년대 아도르노와 호르크하이머는 산업의 생산 조건 아래서 문화를 생산하는 행위, 예컨대 출판업, 영화산업 등을 "문화산업"이라는 개념으로 설명했다.[25] 그리고 특히 아도르노는 문화산업 비판의 맥락에서 예술가가 의식적이고 자유롭게 재료를 다루는 '미적 기술 개념'을 강조했다. 그러나 1930년대에 벤야민은 후기 사유로 가면서 테크놀로지 생산 조건 하에서 예술적 기술을 정비하고자 했고, 그 점에서 아도르노가 이후 기술 개념으로 예술적 기술과 예술 외적 기술의 상이성을 강조했던 바와는 다른 길을 갔다.

벤야민의 기술 개념이 변화한 것은 두 가지 상관적인 요인에서 비롯한다. 하나는 벤야민의 사유와 미학이 유물론에 입각해 재조직된 데서 찾을 수 있다. 다른 하나는 유물론적으로 변화한 벤야민의 관점에서 봤을 때, 당시 학문과 예술 영역뿐만 아니라 사회 전반의 의식에서 기술이 왜곡된 채 사용되고 있었고, 벤야민은 이를 교정하고자 했다는 것이다. 이러한 맥락에서 벤야민이 당대의 심리학자이자 철학자 루드비히 클라게스와, 자신의 전쟁 경험을 작품화한 소설가 겸 문화비평가 에른스트 융어에 대해 비판한 점을 새겨볼 필요가 있다. 당시 클라게스는 이미 사회의 많은 영역이 '기술적'으로 작동하고 있으며 '기계화된' 세계의 상태를, 태고의 신화 상태에 대비시켜 몰락으로 규정했다.(II/1, 229-230) 반면 융어는 "신비주의적 전쟁이론"을 설파하여, 제국주의·민족주의적 파시즘의 전쟁에 정당성을 부여했다.(III, 238-250) 전자가 반(反)기술적이라면, 후자는 기술 물신적 입장이라는 점에서 양자는 일견 정반대로 보인다. 하지만 이들의 주장은 사회적 의식 수준이 기술을 현실성에 합당하게 수용하는 단계까지 도달하는 데 장애가 됐거나, 더욱 나쁘게는 집단의 의식을 신화적 최면 상태로 빠뜨리는 역할을 했다. 그 점에서 이들의 말은 "테크놀로지의 진정한 목적(telos)을 폭력화한, 도착적인 기술 개념"[26]

이다. 때문에 벤야민은 이를 비판하고 자신의 후기 이론에서, 테크놀로지가 제2의 자연이 된 모더니티 사회에 합당한 사회적 의식과 예술을 제안하며 통합적인 의미의 '기술' 개념을 제시했던 것이다.

벤야민의 기술 개념은 '기술' 또는 '기계장치', '매체'라는 물질적 또는 물리적 조건만이 아니라 그것을 다룰 "생산자"와 매우 밀접하게 관련된다. 즉 그 개념은 작품을 '생산'하는 예술가 내지는 지식인 저술가를 향해 있는 것이다. 브레히트에 영향을 받아 쓴 「생산자로서의 작가」에서, 벤야민은 "작가적 기술(die schriftstellerische Technik)"이라는 말로 이를 분명히 한다. 즉 여기서 "기술"은 예술가 및 지식인들이 "자신들의 일을 생산 수단과 기술과의 관계 하에서 혁명적으로 철저히 사고"함으로써, 테크놀로지 기반의 모든 생산 기구들을 사회변혁과 "계급투쟁"을 위해 "기술적으로 혁신"하고 "기능전환" 시키는 '정치적' 실천의 방법론적 개념이다.(II/2, 689; 691)

무엇보다도 우선 후기 사유의 벤야민 자신이 이러한 "작가적 기술"을 자신의 사유와 글쓰기 속에서 시도했다.

"이 연구〔Passagen arbeit〕의 방법은 문학적인 몽타주이다. 나는 아무것도 말할 게 없다. 단지 보여줄 뿐이다. 나는 귀중한 어떤 것도 사취하거나 기지에 찬 표현들을 전유하지 않을 것이다. 그러나 나는 넝마들, 폐기물들을 목록으로 작성하는 것이 아니라 유일하게 가능한 방식으로 그것들이 자체의 권리를 찾도록 할 것이다."(V/1, 574)

말하는 것이 아니라 보여주는 것. 위의 글은 벤야민이 지향한 사유방법론을 명료하게 보여준다. 요컨대 "나"는 세계의 극단들이 스스로 전달하는 사물의 언어를 지각하고, 그것을 아방가르드 예술 또는 영화의 기술인 '몽타주'(이 용어는 애초 제품 생산 분야에서 나왔다) 방법을 통해 서술할 것이라는 말이다. 여기서 벤야민이 논한 '작가적 기술'의 한 가지 방법을 파악할 수 있다. 그것은 철학적 글쓰기에 전통 철학의 논리가 아니라, 실험적인 예술의 표현 방법론, 그리고 산업기술의 원리에 따라 새롭게 조직되는 생산과 수용의 이미지 및 지각 경향을 도입하는 것이다.

벤야민은 과거를 미래에 읽을 수 있는 사진의 '음화(陰畵)'에 비유하는 생각에 공감했고, 자신의 글쓰기를 종종 '현상(Entwicklung, developing)'으로 표현했다. 이는 벤야민 사유방법론의 두 가지 측면을 함축하고 있다. 우선 벤야민은 사유와 그 서술에서 진리를 추구하며 그렇기 때문에 주체의 주관적인 의도와 자의적인 해석을 경계한다. '현상'이라는 표현은 사유가 마치 음화 상태의 필름에 담긴 이미지를 양화로 드러내듯이, 이미 대상에 주어진 것을 서술하는 일임을 암시한다. 이를테면 이 사유의 저자는, 보편적인 지식을 담지하고 있다고 가정된 '저자' 개인 주체, 그리고 글을 저자의 '창작품'으로 여기는 근대 학문과 예술에 대한 인식을 비판적으로 재고하고, 글에서 어떤 가상적인 주관성도 근절하고자 한다. 벤야민의 목적은 작품이 폐쇄적 권위를 갖는 것이 아니라, 독자의 사고와 실천을 이끌어내는 '텍스트 모델'이 되는 것, 그렇게 "작가와 독자 사이의 분리에도 수정"을 가하여 독자 대중을 지식의 생산에 능동적으로 참여시키는 데 있다.[27] 이것이 1920년대 초현실주의 예술가들이 문학에 자동기술법과 사진 기술을 실험적으로 도입한 사실을 두고, 벤야민이 '부르주아 개인 주체의 해체 시도'라고 긍정적으로 평가한 이유다. 물론 이러한 '현상'으로서의 글쓰기는 앞서 논한 벤야민의 이론적 성좌에 합당한 방법론이라는 점도 강조할 필요가 있다. 즉 진리란 절대적으로 주어진 것이고, 철학은 그러한 진리의 나타남인 이념을 객관적으로 서술하는 일이라는 그의 인식론이, 역사적 경험의 대상이 전달하는 바에 따르는 서술 또는 과거의 대상과 현재의 현상이 관계하는 사유방법론으로 연결되는 것이다. 그렇기 때문에 벤야민이 후기 사유에서 주장하는 "작가적 기술"의 사유방법

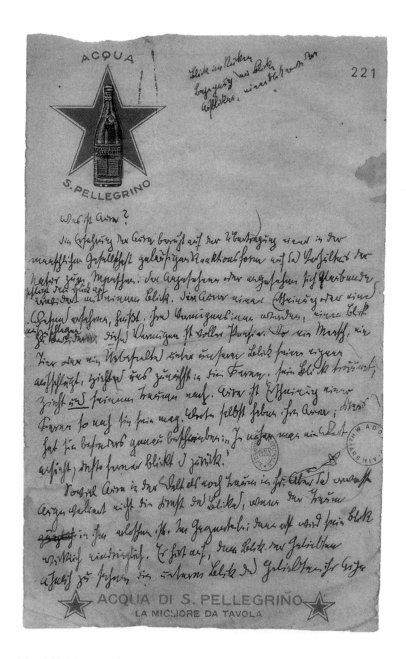

7 벤야민, "아우라란 무엇인가?" 원고.

8 "초현실주의 혁명" No.12, 1929.

론은 일정 정도 초기 신학적 형이상학적 사유에 기초해 형성된 것이라고 보는 것이 타당하다. 물론 그것은 이제 역사적 경험과 현실적 사태에 대한 객관적인 해석을 수행하는 것으로 바뀌었다. 또한 주어진 세계에 미메시스적으로 조응함으로써 통합적 인식에 이르는 일은, 테크놀로지 매체와 현실의 기술을 통해서 비판적이고 각성된 인식을 생산해내는 방법론으로 변화하였다.

특히 강조할 점은, 벤야민의 사유방법론에서는 사유와 이미지가 서로 관계하며, 이미지는 구성적인 기능을 갖는다는 사실이다. 대표적으로 벤야민의 이념에 대한 설명은 개념적인 것이 아니라 형상적이다. 그는 1915년 미학 논문을 위해 작성한 첫 기록에서부터 이미지를 상상력(Phantasie)을 위한 매개 지점으로 상정했다.[28] 이러한 맥락에서 벤야민은 실증주의 철학의 '개념을 중심으로 한 사유 방법'을 비판하면서, 의식적으로 사유에 "이미지(Bild)"[29]라는 개념을 사용한다. 요컨대 그의 방법론은 사유의 인식과 이미지의 지각, 이 양자를 어느 한쪽에 종속시키지 않고 상호관계로 두는 '사유-이미지' 방법론인 것이다. 그 점에서 벤야민의 "사유이미지"를 "독특한 이론화 양식이며 칸트에 입각한 철학적 경험 개념과, 살았던 순간의 시간적으로 불연속인 역사의 텍스추어 사이에 있는 대립을 용해시키려는 시도"라고 설명하는 것은 적절하다.[30]

사유에 이미지를 결부시키는 것은 벤야민이 사유를 지각의 문제로 보았음을 말해준다. 그러나 벤야민은 지각이 수용한 바를 단순히 재현하는 것이 아니라, 역사적 경험을 변증법적으로 "표지(Signatur)"하고 있는 이미지를 매개로 삼아, 사유의 능동적인 구성과 대상에 대한 분석 및 비판을 병행했다는 점을 놓치지 말자. 『비극서』에서 '비애극'이 그러한 방법론의 이념으로 다뤄졌다면, 후기 『파사젠베르크』에서는 19세기 자본주의의 '상품 잔고'들이 해당된다. 그렇다면 이러한 점에서 벤야민은 앞서 저자의 의도를 경계하는 글쓰기와는 모순되는 주체의 구성적 사고와 이성의 논리가 수반된 사유를 펼쳤다는 말인가? 그렇다고 볼 수 있다. 그러나 이 두 방법론은 겉보기와는 달리 모순이 아니다. 왜냐하면 저자의 의도라는 것이 이미 사태에 대한 객관적인 해석이 아니라, 주관적인 판단이나 감정이입인 한 이성에 의해 통제되어야 하는 것이고, 주체는 객관적인 해석을 위해 이성의 논리로 가상을 걷어내고 사태를 구성해야 하기 때문이다. 벤야민에게도 인과적 논리가 아닌 이미지적 논리가 객관적인 해석을 위해 필요했다. 또 그렇기 때문에 이론은 몽타주 원리에 따라 이미지로 구성되어야 했다. 즉 이 방법론은 물화된 이성을 이성으로 계몽하는 "작가적 기술"이다.

벤야민 사유의 방법론을 그의 기술 개념, 그리고 사유와 이미지의 상호관계를 중심으로 설명하면 이상과 같다. 그런데 이러한 논의 속에서 분명해지는 것은, 초기 사유 단계에서든 후기 사유 단계에서든 벤야민의 사유와 미학에서는 '역사철학적 관점'이 사유 대상에 접근하는 근본 축이라는 점이다. 이것이 이제부터 벤야민의 사유방법론을 역사철학에 입각해 고찰해야 할 이유다. 먼저 그의 역사철학적 시간관을 보자.

벤야민의 역사철학은 인과적 논리에 의한 연속성의 시간 개념이 아니라 연속성의 고리로부터 파열된 '순간', 과거와 현재에 대한 각성이 동시에 이루어지는 불연속성의 "현재시간(Jetztzeit)"이라는 시간 개념을 근간으로 한다. 그는 역사 연구에 있어 "그것이 본래 어떠했던가?" 알고자 하는 입장에서 출발하지 않는다. 이는 '역사주의'를 표방한 역사학자 레오폴트 랑케의 입장인데, 벤야민은 역사주의가 주관을 개입시켜 역사를 "동질적이고 공허한 시간"의 연속체로 서술한다는 점에서 이에 반대했다. 벤야민에게 역사의 진리는 인과의 견고한 고리에 묶여 있는 것이 아니다. 반대로 "인식 가능성의 순간에 영원히 되돌아올 수 없이 다시 사라져버리는" 섬광 같은 위기의 이미지가 바로 역사의 진리다.(I /2, 695) 앞서 여러 지점에서 살폈듯이, 벤야민 이론에서 이러한 '진리 인식의 순간'이라는 시간관과 '진리의 나타남을 이미지로 서술' 하는 방법론은 일관적이다. 예컨대 우리는 '성좌' '섬광 같은 이미지' '표현할 수 없는 것에 대한 가상적 표현' '순간' '현재시간' 같은 벤야민의 이론적인 표현에서, 그의 역사철학적 시간관을 파악할 수 있다. 그의 사유는 물리적이고 인과적으로 연속하는 시간이 아닌 우발적이고 돌출된 순간들로 구성된 시간관, 틈, 파국, 비동시적 계기들, 복수의 시간적 차원을 용인하는 '카이로스적 시간관(Chairology)'에 근거한다. 물론 벤야민이 명시적으로 '카이로스적 시간'을 자신의 역사철학에 채택한 것은 아니다. 그러나 그의 저작 곳곳에서 시간은 일직선의 연속체에서 벗어난 시간, 파국과 위기의 순간, 그러한 순간들의 역사적 의미가 응축된 시간으로 표현된다. 그는 이러한 시간을 신학적으로 "메시아적 현재시간"이라 했다. 그러나 반복하지만, 벤야민의 후기 사유에서 신학은 역사적인 것 속으로 가라앉아 현실을 해석하는 기초학문이다. 따라서 이 메시아적 현재시간관이 신학 내부가 아니라, 예술비평과 역사철학의 영역에서 어떻게 표현을 달리하며 작용하는지 분석할 필요가 있다.

예술작품과 그 비평에서, 벤야민은 문화사적 · 문학사적 · 전기적 관찰 방식을 뒤섞는 혼합주의를 비판했다. 그리고 자신의 '원천' 개념에 입각하여 작품 속에서 사실적 결과의 전사와 후사, 생성과 소멸이 정립/반정립하며 빚어내는 극단적인 긴장의 순간에 엄밀히 천착하는 사유를 견지했다. 역사를 대상으로 해서는 연대기적 시간관에 근거한 역사주의가 문제였다. 진보 이론은 그런 관념적 시간관을 바탕으로 "직선 내지 나선형을 그으면서 자동적으로 나아가는 진보"(II/1, 700-701)를 가정함으로써 역사에 태만했기 때문이다. 그는 이 실증주의적 역사주의와 관념론의 시간관에 맞서 "인식 가능성의 지금"이라는 인식론의 시간관을 개진했다. 이 인식론은 혁명적 가능성이 집약된 과거 역사의 매순간과 현재가 겹치는 '인식의 현재시간'을 통찰해야 한다고 주장한다. 이러한 인식론이 근거하는 시간이 불연속성의 시간, 과거가 현재와 중첩되는 공시적 순간, '메시아가 들어설 수 있는 조그만 문으로서의 현재시간', 요컨대 카이로스적 시간이다. 이러한 시간은 근대의 기계적이고 선형적인 시간관으로 보면 '정지'와 '중단'이고, 시대착오로 여겨진다. 그러나 벤야민은 이 시대착오를 "보다 나은 의미로" 설명함으로써, 자신이 취한 역사과정의 시간 척도가 궁극적으로 목표하는 바를 명확히 했다. 즉 "그러한 착오가 과거를 전기 도금하기보다는 보다 인간적으로 합당한 미래를 선취하기 때문"에 그는 과거의 매순간과 현재가 겹치는 순간을 지적 위기감을 안고 포착한 것이다.

그렇다면 현실 사회제도가 규정한 시간과는 다른 이러한 '현재시간'은 어떻게 가능한 것일까? 그것은 인식에서 가능한 시간이다. 벤야민이 "현재시간"을 과거의 이미지가 섬광처럼 스쳐 지나가는 위기의 순간으로 정의하고 그것을 다시 "인식 가능성의 지금"이라고 설명한 것도, 이러한 시간이 한번 놓치면 다시 붙잡을 수 없는 깨어 있는 인식의 시간이기 때문이다. 그는 『파사젠베르크』의 한 노트에 '인식 가능성의 지금'이 "나의 인식이론"이라고 밝히고 있는데, 이 단언만큼 그 사유의 방법론을 확증하는 것도 없다.(V/2, 1148)

하지만 인식은 어떻게 이 시간을 지각하는가? "변증법적 이미지"를 통해서 그렇게 한다. 벤야민은 과거와 현재가 꿈과 깨어남의 연관관계라는 의미에서 "변증법적 이미지"라는 이름을 생각해내며, 그 내용을 "정지상태의 변증법"으로 정의했다. 그러나 '변증법적 이미지'와 '정지상태의 변증법' 개념은 벤야민 사유가 전개된 시기에 따라 의미가 달라지며 용어상의 일관성을 찾기도 힘들다. 다만 이를 크게 두 가지 의미로 정리해볼 수는 있다. 『파사젠베르크』를 위해 쓴 1935년 엑스포제, 「역사철학」, 『파사젠베르크』의 〈N 인식이론, 진보 이론〉에 그 근거가 있다. 먼저 1935년 개요에서 변증법적 이미지는 집단 무의식 속의 소망과 꿈의 이미지로 한정된다.

"새로운 생산수단의 형식은 처음에는 낡은 형식의 지배를 받는데(마르크스), 집단의식 속에 있는, 새로운 것과 낡은 것이 함께 침투해 있는 이미지들이 이에 상응한다. 이러한 이미지들이 소망이미지들이고 이 속에서 집단은 사회적 생산물의 불완전함과 사회적 생산질서의 결함을 지양하려는 동시에 신성화하려 한다. (…) 이러한 경향은 새로운 것으로부터 받은 자극을 간직하고 있던 이미지판타지를 태고의 것으로 되돌려 보낸다."(V/1, 46-47)

집단의 소망이미지 속에서는 한편으로 상품물신의 새로움, 다른 한편으로는 '근원의 지나간 것', 이렇게 정반대되는 양가성이 서로 침투된 양상을 발견할 수 있다. 집단 무의식의 이미지상상력(Bildphantasie)은 새로운 테크놀로지 생산방식으로 생산된 '새로운 것'에 자극을 받아 소망이미지를 만들어내는데, 이 상상력이 참조하는 것은 옛 생산방식이 만들어낸 '태고의 것'이기 때문이다. '현대(Moderne)' 자본주의 상품경제와 문화 또한 이러한 방식으로, 생산수단의 변화라는 새로운 시대적·사회적 상황에 '원사'를 인용한다. 벤야민은 대표적으로 "물신으로서의 상품"이 현대의 새로운 것과 태고의 것이라는 양가적 의미를 지닌 변증법적 이미지라 했다. 그리고 이 양가적 의미의 공존이야말로 정지상태의 변증법이 포착해야 할 결정적인 지점이라 보았다. 이러한 통찰은 벤야민이 '상품의 시장 논리'가 아니라 '시장과 상품의 문화 논리'에 주목했기 때문에 가능했다.(V/1, 45) 즉 그는 일견 마르크스의 이론을 빌려 생산과 경제적 교환 방식에 대한 논점을 제기하는 것처럼 보인다. 하지만 사실은 하부구조로서의 생산방식 자체가 아니라 그러한 생산방식에서 촉발되는 '사회 문화적 의식의 표현'을 문제시하는 것이다. 게다가 "집단의 억압된 경제적 의식 내용으로부터 어떤 문학이나 상상력의 표상이 발원"(V/2, 669)한다는 관점에서 벤야민은 쇼윈도의 상품과 파사주를 분석했다. 그렇게 함으로써 현재가 과거 집단의 무의식과 얼마나, 어떻게 상호 침투 관계에 있는가를 밝힐 수 있기 때문이다. 말하자면 벤야민의 출발점은 집단의 역사경험에 대한 사유 인식이지 자본에 대한 경제적 분석이 아니다. 그런데 이렇게 보면 벤야민이 1935년 엑스포제에서 제시한 '물신화된 상품의 면모 그 자체'가 변증법적 이미지일 수는 없다. 그것은 사태 그 자체이지 역사적 경험 개념으로 매개된 것이 아니기 때문이다. 당시 아도르노가 타당하게 비판했듯이, "상품의 물신적 성격은 의식의 사실이 아니라, 그것이 의식을 생산해낸다는 비상한 의미에서 변증법적"(V/2, 1128)인 것이다. 이 같은 아도르노의 비판은 벤야민에게 상품이 아니라, 상품에 의해 발생하는 물신적 의식에 대해 변증법적으로 고찰해야 함을 일깨워주었다.

이후 벤야민은 「역사철학」 등을 통해 1935년 당시와는 다른 변증법적 이미지와 정지상태의 변증법에 대한 개념을 개진하게 된다. 이렇게 개정된 변증법적 이미지란 무엇보다도 "각성"이라는 의미를 내포한다. 이제 변증법적 이미지는 과거가 인식 가능성의 지금과 관계 맺는 형식이자, 점진적인 역사의 발전 과정이라는 연속성의 고리를 파괴하고 역사적 존재의 의식에 스치듯 나타나는 과거의 '진정한' 형상으로 정의되는 것이다. 그것은 "역사적 지표"를 갖고 있어, 위기의 순간에 읽히며, 과거에 대한 각성을 추동하는 이미지다. 벤야민은 〈N〉 항목에서 다음과 같이 변증법적 이미지를 정의했다. 여기서 변증법적 이미지는 과거와 현재를 변증법적으로 각성하는 "방법론적 정수"로서 새삼 의미 부여된다.

"과거에 지나간 것이 현재에 빛을 비추거나, 현재가 과거에 빛을 비추는 것이 아니라, 이미지라는 것은 그 속에서 이미 흘러간 것이 지금과 만나 섬광처럼 성좌를 이루는 무엇이다. 달리 말해 이미지란 정지상태의 변증법이다. 현재가 과거에 대해 갖는 관계는 순전히 시간적·연속적인 데 반해 과거에 있었던 것이 지금에 대해 갖는 관계는 변증법적 관계이기 때문이다. 즉 후자의 관계는 시간적인 것이 아니라 이미지적 본성을 띠는 관계이다. 변증법적 이미지들만이 진정으로 역사적인, 즉 태곳적이지 않은 이미지들이다."(V/1, 578)

관념론과 실증주의에 입각한 역사주의가 가정하는, 직선으로 연속 운동하며 진보하는 것으로서의 '산술적 시간'과는 달리, 과거와 현재가 공시적으로 결합하는 '지금 순간'에 인식은 '과거의 사물'을 변증법적 이미지로 포착해 읽어낸다. 벤야민은 현재가 과거에 대해 맺는 관계는 연속적인 시간성을 띠지만, 과거에 있었던 것과 그 과거를 지각하는 현재의 사유가 맺는 관계는 '변증법적 이미지의 관계'라고 말함으로써 인식의 방법론을 재정립하고 있다. 즉 여기서 인식은 추상적인 관념 속에서 주관적 사유의 운동을 거듭하는 것이 아니라, 과거에 존재했던 것을 주체의 어떤 개입이나 감정이입도 없이 철저히 현재의 객관적 상태에서 지각함으로써 변증법적 각성에 이르는 것이다.

벤야민이 인식의 방법론으로 사유의 정지상태 속에서 변증법적 이미지에 대한 독해를 주장하는 것은, 사유에 주관의 개입과 가상적 연속성을 중단·파괴하고 현재의 진정한 상황을 깨닫기 위해서이다. 그러한 파괴 과정을 거쳐야만 가상이 말소된 역사의 이념, 모자이크처럼 깨진 파편들로부터 구성되며 과거의 시간이 지금 현재의 순간과 만나 이루는 성좌가 가능하고, 그 역사의 이념을 독해·서술할 수 있다. 이 같은 맥락에서 벤야민은 과거 19세기 역사에 대해 현재의 자신이 수행해야 할 과업을 다음과 같이 말하고 있다.

"이제까지 오직 광기만이 번성한 영역을 개간하는 것. 원시림의 깊은 곳에서 유혹하는 공포에 먹히지 않기 위해, 우왕좌왕하지 않고 이성의 연마된 도끼로 돌진하는 것."(V/1, 570-571.)

즉 벤야민은 합리성과 실증주의로 대표되는 계몽주의의 이성을 물화된 이성, 신화화된 이성, 요컨대 "광기"로 보는 것이며, 그것을 진정한 '이성의 계몽'으로 극복해야 한다고 주장하는 것이다. 각성의 방법론으로 '변증법적 이미지'를 채택해야 하는 이유가 여기에 있다. 즉 변증법적 이미지가 감각적 현전의 직접성과 파편성을 특징으로, 신화적 이성 영역의 가상을 부수고 "역사적 그늘에 있는 심연을 입체경적이고 다차원적으로 보기"(V/1, 571), 즉 변증법적 사유를 가능케 하기 때문이다. 벤야민에게서 카이저 파노라마 속 이미지는 "당장에라도 도망칠 듯" 눈앞을 스쳐가는 위기의 것으로 지각됐고, 만화경은 지배자의 이데올로기가 "질서"(I/2, 660)라는 이미지로 반영되는 거울이었다. 그는 이 근대적 광학기기와 그 이미지를 역사의 변증법적 이미지와 결부시켜 서술한다. 즉 카이저 파노라마의 이미지처럼 변증법적 이미지는 언제나 사라질 위기의 순간에 있는 것이고, 바로 그렇기 때문에 사유자가 인식의 관성을 멈추고 정지상태 속에서 포착해야만 할 것이다. 또한 역사의 변증법적 이미지를 포착해 읽어내는 것은 지배자의 "만화경을 부숴야만 한다"는 과제를 실천하는 행위이다. 이러한 점에서 변증법적 이미지는, 물화된 이성을 표상하는 동시에, 그 물화 상태의 깊숙한 곳에 깔린 집단의 역사적 소망과 꿈을 새롭게 복구하도록 사유자를 흔들어 깨우는 변증법적 도구이다. 또한 사유자의 의식에 따라 과거와 현재가 공시적으로 깨어나는 매체이다.

이상과 같이 우리는 벤야민의 사유방법론을 그의 역사철학을 축으로 하여 다시 분석함으로써 그의 역사 인식이 근거하는 시간관과 변증법적 이미지의 정의 및 기능을 파악할 수 있었다. 여기서 중요한 논점 중 하나는, 벤야민의 사유가 이미지의 작용과 사유의 방법론을 융합하고, 그 둘을 교환과 협력의 관계로 새롭게 조직했다는 사실이다. 그렇다면 그러한 사유 기술의 의미,

또한 그로부터 우리가 얻을 수 있는 지적 자산에는 무엇이 있을까?

첫째, 벤야민의 사유에서 이미지는 인식의 대상이자 매체이다. 앞서 봤듯이, 그 사유에서 진리는 성좌적 이념의 직접성 또는 '이미지 언어(die Bildersprache)' 속에서 '순간'에 발현되는 무엇이다. 요컨대 진리는 이미지로서 순간에 현전하며, 이때 이미지는 우리가 흔히 그렇게 간주해왔듯이 특별한 지적 각성 없이 흘려볼 시각적 대상이 아니다. 이미지는 시각과 촉각을 포함한 지각의 대상이며, 세계의 이미지를 담지한 단자로서의 이념을 서술하는 데 있어 의식이 각성된 상태로 포착해 읽어야 하는 인식의 대상이다. 또한 이미지는 "변증법적 이미지"에서 분명해졌듯이, 과거와 현재의 꿈/깨어남이 변증법적 계기로 상호 침투해 있으며, 그렇게 해서 과거를 현재 속으로 매개시키는 매체이다. 이 때문에 우리는 벤야민의 사유를 "사유이미지들(Denkbilder)"을 대상으로 '이미지사유(Bilddenken)'[31]를 전개한 변증법적 지각의 인식론이라 정의할 수 있는 것이다.

둘째, 벤야민 사유방법론의 핵심은, 그것이 역사철학에 입각한 변증법적 각성의 인식이라는 점이다. 그의 '기술 개념'과 '작가적 기술', '정지상태의 변증법'과 '변증법적 이미지'는 사유자의 그러한 각성을 강조한다. 그는 역사에서 억압된 것들, 시대에 뒤진 것들, 실패한 것들, 그의 표현으로는 "극단들"을 각성된 인식으로 읽고 서술함으로써 현재를 변혁하고 구원할 계기를 찾는다. 예컨대 그의 17세기 독일 바로크 비애극에 대한 연구, 그리고 앞으로 다루겠지만 19세기 보들레르와 모더니티 사회의 경험에 대한 연구, 사진 발명의 초창기 회화와 사진의 예술 논쟁에 대한 연구, 영화의 특수한 지각경험과 집단의 수용에 대한 연구가 이 역사철학적 인식에 근거해서 성취됐다. 특히 그의 연구들이 과거의 예술들을 중심으로 이뤄졌다는 점에서 보면, "예술작품 속으로 침잠함으로써 자신의 역사적 현재를 인지하는 것이 벤야민이 수행하는 비판의 원칙"이라고 평할 수도 있다.[32] 그러나 다음과 같은 점을 놓친다면 그런 평가는 벤야민의 사유에 대한 일면적 고찰일 뿐이다. 한 연구자의 논평처럼, 벤야민은 예술작품을 포함하여 과거 모든 경험에 대한 "대가적(virtuoso) 독자도 아니고, 문화의 미시사 연구자도 아니며, 그의 대상과 미메시스적으로 상호 작용하는 장인도 아니다."[33] 그의 사유방법론에는 일견 이 모두에 해당하는 면면이 있다. 그러나 핵심 쟁점은 벤야민의 사유방법론이 대상에 대한 침잠이나 명상의 태도에 그치는 것이 아니라, 의식의 긴장된 깨어남으로 전환함으로써 대상을 구원하는 동시에 그로부터 진리를 읽어낼 것을 강조했다는 점이다.

2. 알레고리, 수집, 역사 구성

현재의 진정한 상태를 일깨우기 위해서는 기존에 전승된 것들 내부에 도사린 이데올로기의 기만적인 망을 깨뜨릴 필요가 있다. 그리고 현재의 변혁을 위해서는 파괴에서 멈추는 것이 아니라, 그 전승의 역사에서 소외되어 파편들로 흩어져버린 것들로부터 시작하는 역사 구성을 실행해야 한다. 이때의 파괴와 구성은 '알레고리'와 '수집'을 원(原)현상으로 한다.(V/1, 278) 벤야민은 한편으로는 바로크 비애극과 보들레르 시의 알레고리를 비판적으로 고찰함으로써, 그 예술작품들 속에 담긴 각 시대의 정신적인 측면을 조명하는 동시에 한계점 또한 지적했다. 다른 한편, 알레고리와 수집을 역사적 유물론의 변증법에 입각해 개념적으로 정의하고, 그렇게 개정된 의미의 알레고리와 수집을 자신의 사유방법론으로 구사했다.

벤야민은 알레고리를 행하는 자(der Allegoriker)와 수집가의 관계를, "대극"을 이루고 있음에도 불구하고 서로 공속하는 관계로 봤다. 알레고리커는 사물들에서 기성 의미의 연관관계를 떼어내는 반면, 수집가는 세계에 분산되어 있는 사물들 중 서로 공존할 수 있는 것을 하나로 결합시킨다. 또 전자가 각 사물들의 의미를 해명하는 일을 그 사물이 가진 심층적인 의미에 맡긴다면, 후자는 사물들의 친화성 또는 시간 속에서의 관계를 밝힘으로써 그렇게 한다. 거기에 더해 감각적으로 따져서, 알레고리의 기본적인 관심사가 시각적이라면, 사물을 소유하는 수집은 본능적으로 촉각적이라는 점에서 다르다. 그러나 양자의 차이에 대한 정의보다 더 중요한 것은, 벤야민이 알레고리에서 '의미의 파편적 해독', 수집에서 '사물에 현실적으로 주어진 사용가치와 교환가치의 기능을 탈각시키는 일', 이 둘을 상관적인 활동으로 파악한다는 사실이다. 그는 알레고리와 수집을 하나의 문학적인 기법이나 어떤 취미의 차원으로 다루지 않는다. 대신 한 시대가 자신의 시대를 인식하고 표현하는 기제로서, 또한 역사 구성의 방법론으로서 고찰한다. 때문에 벤야민은 알레고리와 수집, 이 양자를 의미의 파편화와 파편들로부터의 구성이라는 연관성 속에서 본다. 이 연관성을 이해하기 위해서 벤야민의 알레고리론부터 살펴보기로 하자.

벤야민의 사유 도정에서 알레고리는 크게 둘로 나뉜다. 『비극서』에서 바로크 비애극을 중심으로 신학적 구원을 논하는 알레고리가 초기에 속한다면, 근대에 대한 알레고리로서 보들레르와 그의 문학을 중점적으로 다룸으로써 자본주의 대도시 문화와 상품사회에 대한 비판을 행한 것이 나중에 속한다. 그러나 이렇게 시기별로 도식화할 경우, 과거의 예술을 연구함으로써 자신이 속한 현대를 해명하고자 한 벤야민의 가장 중요한 의도가 사장되므로 이를 동시에 볼 필요가 있다.

벤야민에서 알레고리는 본질상 파편이고, 몰락의 역사를 표상한다. 17세기 바로크 시기와 근대가 여기에 속한다. 그러나 바로크 비애극의 알레고리 연구를 통해, 벤야민은 그 자신이 속한 역사적 시대에서 과거의 "난파된 물질"을 알레고리로 구원할 수 있음을 깨달았다. 이제 그에 따르면, 알레고리커는 사물세계와 역사적 현재에 우울과 멜랑콜리의 시선을 던짐으로써, 세계를 뒤덮고 있는 가상을 파괴하고, 깨어진 세계의 파편들을 불안정한 상태로 조립하여 현재를 조명하는 이다. 그의 활동은 개인적으로 보면 과거 세계에 대한 멜랑콜리의 표현이지만, 그런 표현을 통한 알레고리는 가상과 신화로 꿈에 잠긴 근대 자본주의 세계를 깨우는 "해독제" 역할을 한다. 알레고리에 대한 이러한 의미 부여는 기존 문학이론이, 개념과 형상이 일치하는 상징에 비해 "단순한 자의적 기호"라며 알레고리를 폄하했던 경향과는 상당히 다른 것이다.[34] 벤야민 또한 『비극서』에서 상징과 알레고리를 구분했다. 그러나 그가 보기에 양자의 차이에서 중요한 것은 "시간의 결정적 범주"(I/1, 342)이다. 알레고리에서 역사는 몰락 또는 폐허 상태에 있는 자연으로 나타나며, 시간은 과거로 소급해가는 사유의 한 형식이다. 반면 상징에서 시간은 즉각적인 현재로서 참여한다. 벤야민은 알레고리가 "무정형의 파편"이고 "파괴의 잔해 속에 침잠되어 있는 것"이라면, 상징은 "미화된 자연을 제시하는 것"으로 "유기적 총체성"을 띤다고 보았다. 예컨대 바로크 시대 알레고리의 이미지가 부자유, 미완성, 아름다운 육체의 부패 또는 파괴를 특징으로 한다면, 고대 그리스부터 초기 르네상스 및 고전주의까지의 상징 작품들은 자유, 완성, 아름다운 육체의 완결된 미를 보여준다. 그런데 이는 한 시대가 어떤 문학적 기법을 취사선택했는가의 문제에 그치는 것이 아니라, 나아가 각 시대가 자기 시대를 어떻게 인식하고 표현했는가의 문제이다. 이를테면 조화로운 총체성에 대한 이상과 믿음이 가능했던 고대 그리스·초기 르네상스·고전주의 시기와는 달리, 지속된 전쟁과 비유기적이고 비인간적인 기술 문명의 전개로 세계가 폐허이자 깨진 파편들로 인식된 바로크 또는 근대에는 상징이 불가능하다.[35] 이러한 시간 영역에서 가능한 것은 알레고리다. 벤야민이 알레고리의 '파편성'과 '자의성'을 신학적인 의미에서, 또 역사철학적 의미에서 수용한 것은 이렇게 시대에 대한 역사 인식을 배경으로 해서다.

벤야민에 따르면, 알레고리의 자의성은 그 의미의 불안정성으로 오히려 기의와 기표가 자연적으로 결합해 있는 것처럼 보이는 미적 가상을 깨뜨리는 힘이다. 또한 그렇게 해서 총체성의 상징이 불가능한 시대를 '역사의 죽은 얼굴'로 드러내는 급진적 기술이다.(Ⅰ/1, 343) 여기서 우리는 벤야민이 알레고리를 미학적으로만이 아니라, 신학을 내재한 역사철학으로 정의하고 있음을 알 수 있다. 알레고리는 본래 "신이 자연 이미지로 썼다고 믿어져왔던 이집트 상형문자를 해독하려는 학자적 시도"였다. 이러한 맥락에서 "상형문자는 신적 이념들의 모사"(Ⅰ/1, 346)이므로, 그것을 해독하는 알레고리의 이미지 언어는 기호와 그 기호가 지시하는 대상이 자의적으로 연결되어 있는 것이 아니라 '신에 의해 보증된 것'이라 말할 수 있게 된다. 그러나 17세기에 이르러 자연현상이 의미의 다양성을 가득 담은 중층결정적인 것으로 여겨지게 되면서, "하나의 동일한 사물은 (…) 자의적인 또 다른 어떤 것을 의미"할 수 있는 미학적 장치가 되었다.(Ⅰ/1, 350) 이렇게 해서 알레고리에 대한 형이상학적인 진술과 미학적인 입장이 직접적으로 모순을 이루게 된다. 벤야민은 이에 대한 처방을 다음과 같이 내린다. 즉 "미학적으로만 접근하게 되면 역설이 최종적 의미"이므로, 이러한 패러독스를 해결하기 위해서는 "역사, 또는 역사신학적 의미에서 세속적인 것을 (…) 신학이라는 보다 높은 영역"(Ⅰ/1, 390)으로 이동시켜야 한다는 것이다. 이렇게 벤야민은 오히려 기호의 의미와 기호 자체가 첨예하게 대조를 이루는 것, 기의와 기표가 깨진 관계로 있는 알레고리를 역사의 진리를 드러내는 방식으로서 정의한다. 벤야민이 17세기 비애극 작가들의 알레고리, 19세기 보들레르 시의 알레고리에서 읽어낸 것은 이 같은 '시대의 진리'이다. 또 상품물신과 자본주의 신화로 위기가 잉태되어가던 19세기와 그것이 바야흐로 위세를 떨치기 시작한 20세기 초 서구 사회를 '죽은 자연' 또는 '폐허'로 보고, 그 세계를 뒤덮고 있는 가상을 깨뜨리는 사유방법론으로 '알레고리'를 수용한 것은 바로 위와 같은 정의에 입각해서이다.

"무대 위에서 비애극을 통해 제시된 자연-역사의 알레고리적 관상 (Physiognomie)은 실제로는 폐허로서 현존한다. (…) 이렇게 형상화되어 역사는 영원한 삶의 과정으로서가 아니라 오히려 멈출 수 없는 몰락의 과 정으로서 각인되어 표현되고 있다. 결국 알레고리는 아름다움을 넘어서 서 자신을 드러낸다. 사물의 영역 속에 폐허의 잔해들이 있다면 사유의 영역 속에는 알레고리가 있다."(I/1, 353-354)

벤야민에게 알레고리는 단순히 수사학적 자의성에 그쳐서는 안 된다. 그 것은 역사의 진정한 면모를 드러내기 위해, 알레고리의 정의에 들어 있는 '다 른 식으로 말하다'를 '정반대되는 의미를 말하다'로 밀어붙이는, 양가적 의 미의 변증법적 급변이어야 한다. 이 점은 『비극서』에서 벤야민이 비애극에 등 장하는 우의형상(Emblem)을 극단의 양가적 의미를 내포한 알레고리로 독해 하는 데서 잘 나타난다. 바로크 비애극 작가들은 자연을 바라보는 중심적인 시각을 반영한 방법론으로서 표제, 그림, 짧은 텍스트로 구성된 우의형상을 썼다. 그것은 말하자면 시각적 이미지와 언어적 기호의 몽타주로서, 마치 그 림 퍼즐처럼 사물이 "의미"하는 바를 보고, 그리고, 쓰고, 읽어내는 방법이다. 독일 바로크 비애극 작가들이 가장 많이 썼던 우의형상은, 해골 도상에다가 '죽음'은 물론 자연과 인간 문명의 필연적인 '몰락'에 대한 경구를 결합시킨 것이었다. 그들은 유럽의 '30년 전쟁'으로 완전히 몰락해버린 당시 독일의 상황을 이런 해골 우의형상으로 표현했다. 그런데 벤야민은 해골, 시체와 같 이 바로크 우의형상의 알레고리가 단지 인간사의 허무(vanitas vanitatum)만 을 은유하는 것이 아니라 "그 시대가 서술했던 것과 같은 역사적 삶"을 진정 한 대상으로 삼고 있다고 파악했다.(I/1, 242-243) 비애극의 알레고리가 단순 한 미학적 장치 이상으로 이해되는 것은, 바로 이러한 벤야민의 역사철학적 인식 덕분이다. 그는 일반적인 '해골 우의형상=죽음·삶의 무상함'이라는

Vivitur ingenio.

EMBLEMA XXIX

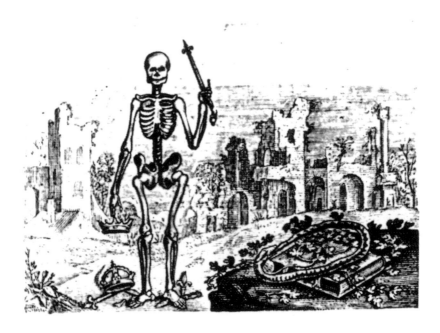

Regna cadunt , urbes pereunt, nec quæ fuit olim
Roma manet , præter nomen inane , nihil.
Sola tamen rerum , doctis quæsita libellis,
Effugiunt structos Fama decusque rogos.

9 "정신은 살리라", 플로렌티우스 스쿠노비우스의 우의형상, 1618년경.

10 브라크몽, 보들레르의 『악의 꽃』 표지(저자가 채택하지 않음), 1859-60.

11 벤야민, "우리의 조부모가 골치를 앓았던 일에 대하여", *Das Illustrierte Blatt*(1929, Nr. 28) 수록.

12 니콜라 프랑소와 르가뉴 & 쥬느비에브 르가뉴, "자연이 동물에서 산출한 주요 괴물들 컬렉션 또는 자연의 일탈들", 1775.

의미 관계를 파괴하고, 그것을 '몰락과 무상함-부활'이라는 양극단으로 해석하면서 그 의미를 당대 사람들이 죽음에서 구원을 희구한 것으로 이해한다. 이러한 이해를 통해 비로소, 바로크 알레고리는 자의적인 해석이 아니라 의미의 객관성을 담지하고, "시대의 결정적인 범주" 아래서 그 시대의 정신을 "표현"한 것으로 고양되는 차원에 이른다.

이처럼 벤야민은 근본적으로 바로크 시대 알레고리를—나아가 후기 보들레르 연구에서 다시 고찰하는 알레고리에서도—그것이 가지고 있는 긍정성을 드러내는 식으로 논했다. 하지만 동시에 그는 알레고리의 "엄청난 반(反)예술적 주관성"(Ⅰ/1, 406)도 놓치지 않았다. 그에 따르면, 비애극의 알레고리커들이 시도한 죽음에의 자의적 해석은 객관세계 전체를 환등상(Phantasmagoria)[36]으로 일소하면서, 그 스스로가 주관 자체로 남아버렸다. 근본적으로 벤야민에게 알레고리는 예술이든 삶이든 신성화해서 견딜 만한 것으로 만드는 총체성 또는 유기적 전체로서의 모든 '주어진 질서'로부터 생겨나는 가상을 추방하는 기술이다. 이것이 알레고리의 진보적 경향이다. 그러나 바로크 비애극의 알레고리는 당대의 시대를 표현하면서도 그 자체가 주관 영역에서 벗어나지 못했다는 점에서 한계를 보였다.

앞서 고찰했듯, 벤야민에게서 비애극은 예술철학의 역사적 이념이다. 그러나 그의 바로크 알레고리 연구에서, 과거 역사의 파편들이 현재의 진정한 상태를 조명하기에 충분할 정도로 변증법적 의미망을 형성했다고 보기는 어렵다. 오히려 그것은 벤야민이 서구 19세기를 중심으로 수행한 '모더니티 연구'를 통해 더 분명한 형태로 떠올랐다. 그는 이 연구를 '역사가로서 수집가'의 방법론으로 행했다. 이렇게 벤야민의 사유에서 알레고리에 이어 수집이 역사 구성의 한 방법으로 등장한다.

벤야민에게서 수집가는 단순히 개인적 호사취미로 사물을 그러모으는 자가 아니다. 역사철학적 의미에서, 수집가는 과거의 파편적 사물이 처한 비합리적인 현존을 역사적 체계 속에 배치·구성하는 사람, 일명 '역사가로서의 수집가'다. 벤야민이 말하듯, 물론 일반적으로 수집가는 사적 애호가의 가치 기준에 따라 사물을 유용성과 상관없이 소유하고 신성화하는 개인이다. 이런 수집가는 실내에 머무르며, 자신이 수집한 과거의 온갖 파편들에 둘러싸인 채 환등상에 잠긴다. 부르주아 개인의 내밀한 공간, 예술의 피신처인 실내에서 수집가는 "진정한 점유자"가 되어 "사물의 이상화라는 자신의 특기"를 실행한다.(V/1, 67) 그러나 벤야민은 자신의 이론 속에서 알레고리의 자의성을 의미 개정했던 것처럼, 수집가의 행위에 관례적으로 덧붙여진 의미를 개정했다. 이를테면 수집가란 사회가 사물에 부과한 기성의 기능과 가치를 파괴하는 이인데, 그 행위가 바로 역사 구성의 단초라는 것이다.(VI/1, 396-398) 벤야민은 그의 후기 논문 「에두아르 푹스, 수집가이자 역사가」에서 보듯이, 이론적으로 수집가를 '역사적 유물론의 한 유형'으로 규정한다. 그리고 그 논리를 적용하여 수집가의 신성화 행위를 관념미학을 뒤엎는 일, 역사철학의 과제를 수행하는 일로 개정한다.(II/2, 478-479) 역사가로서의 수집가는 사물을 과거와 현재 구성의 "변증법적 씨실"로 삼아, 관념론적 예술관을 비롯하여 과거를 둘러싸고 있는 가상을 파괴하고, 사물에 잠재된 의미를 새롭게 구성하여 진정한 현재의 양상을 깨우치는 역사 서술을 시도하기 때문이다.

사실 벤야민 자신이 이러한 정의에 합당한 수집가였다. 그가 개인 삶의 이력에서 희귀본 고서(古書)·아동서적의 장서가였으며 그림 등 예술작품을 수집했음을 말하는 것이 아니다. 그와는 달리 이론적인 차원에서, 보다 구체적으로는 역사철학의 의미에서 수집가로서의 방식을 취했다는 뜻이다. 그는 파편화된 사물이나 과거의 은폐되고 보잘것없는 현상을 기성 관념론·실증주의적 인식과 독해 연관으로부터 떼어내고, 그것을 자신의 저작으로 가져와 현재를 조명하는 각성된 역사 인식의 요소로 삼았다. 그는 자본주의 체제 하의 소비와 유행 메커니즘에서 떨어져 나온 잔해들을 그러모으고 그것들 속에서 진리를 구한다. 또한 정사(正史)가 "전승"의 "문화유산"이라 일컫는 것이 "위대한 천재들의 노고"만이 아니라 "동시대 이름 없는 부역자들의 노역"(I /2, 696)에 힘입은 결과라면서, 후자의 힘을 역사 구성의 주체적 힘으로 변화시키는 역사 서술을 행한다. 또 다른 사례도 있다. 예컨대 광고 문구나 패션 잡동사니는 소위 강단철학과 강단미학이 학문에 속하지 않는다거나 통속성이 짙다고 연구 대상에서 배제한 것들이다. 그러나 벤야민은 이렇게 철학 또는 미학적 관점에서 버려지고 평가절하되는 것들에서 한 시대의 '경험적 특수성' '의미의 변동' '정신적 경향'을 읽어낸다. 그의 목표는 권력자 중심의 실증주의, 진보주의적 역사관에 의해 희생된 역사적 사물들, 사회를 변혁할 가능성, 거기에 내재한 에너지를 파국의 역사로부터 "구원"하는 것이었기 때문이다.

> "현상들은 무엇으로부터 구원될 것인가? 현상들을 악평과 경시의 상태로부터 구원해야 하지만 그것이 전부는 아니다. 오히려 현상들의 전승 방식과 같은, 즉 유산으로 기리는 일이 아주 흔히 그러한 파국을 나타낸다.—현상은 그 안에 있는 도약의 제시를 통해 구원될 것이다."(V/1, 591)

역사를 대상으로 한 연구에서 수집의 관건은 기존에 전승된 가치관이나 개념, 평가, 그에 의해 상정된 연구 대상의 한계를 극복하는 것이다. 벤야민은 『파사젠베르크』의 항목 〈N〉에서 자신이 이 저작 속에서 수행할 학문적 방법론을 설명하는데, 그 방법론의 특징은 연구자가 "새로운 대상"에 인도되고, 그러한 대상에 입각하여 "새로운 방법을 발전"시키는 것이다.(V/1, 591) 이럴 경우 핵심은 전통이 무시하거나 배제한 대상을 새로이 주목하고, 그러한 대상에 합당한 연구 방법론을 매번 새롭게 만들고 전개시키기이다. 여기서 우리는 사적 애호가로서의 수집가, 수집 행위와는 다르게 의미 부여된 수집

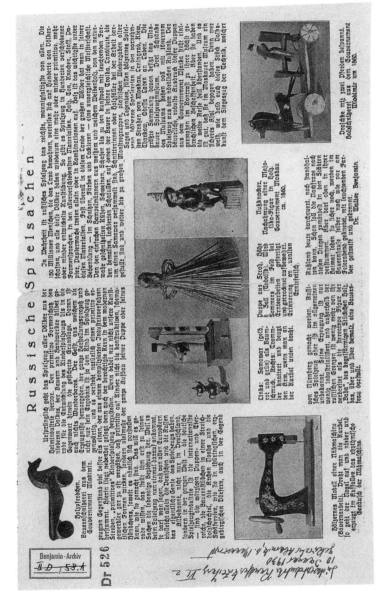

13 러시아의 장난감, 벤야민이 왼쪽 여백에 메모를 해둔 *Südwestdeutsche Rundfunk Zeitung*(1930. 1. 10) 지면, 벤야민 아카이브 Dr 526.

가와 수집에 대한 정의를 접할 수 있지 않은가. 이를 다음과 같이 해석해볼 수 있다. 한편으로 벤야민은 수집가의 사적 차원에 입각하여 수집 행위를 정의함으로써 수집가가 사물과 맺는 직접적이고 감각적인 관계에 주목한다. 다른 한편으로 그는 수집의 그 같은 사적 성격을 넘어 기성 학계의 주류 정전에 편입되지 않는 독자적이고 새로운, 나아가 개별 연구 대상과 조응할 수 있는 학문 연구의 방법론을 찾는다. 그것은 인식적인 차원에 절대적인 것에 근거한 "개념의 돛"을 세우고, 그 돛을 대상에 따라 감각적 특수성으로 상대화하는 일이다. 역사철학적으로는, 과거의 일회적이고 극단적인 파편들을 매개하고 있는 그 개념이라는 돛에 "세계사(史)의 바람"(V/1, 591)을 맞도록 하는 일이다. 이는 아도르노가 지적했듯이, "진리란 초시간적 보편인 것이 아니라 역사적인 것만이 절대자의 형태를 보여줄 수 있다는 인식"에 근거한 벤야민만의 연구 방법론이다.[37]

그렇다면 역사가로서의 수집가가 향하는 역사의 지점은 어디인가? 수집가의 수집 행위를 통해 깨어나는 것은 현재와 가까운 것으로서의 과거이다. 벤야민은 유물론적 역사철학에 입각한 역사 서술자의 감정을 "가까움의 파토스"라 명명한다. 이 말은 "인간의 시대적 삶을 추상적으로 배치하는 것에 반대"하며, 가장 가까이 있는 것에 대해 구체적이고 유물론적으로 접근할 것을 요구하는 명제다.(V/2, 1015)

"사물들을 현전시키는 진정한 방법은 사물들을 우리의 공간 속에서 (우리를 그 속에서 표상하는 것이 아니라) 표상하는 것이다. (수집가가 바로 그러하며, 일화 또한 그렇다.) 이런 식으로 표상된 사물들은 '거대한 연관들'의 매개적 구성을 용인하지 않는다. (…) 우리가 그들 속으로 옮아가는 것이 아니라 그들이 우리의 삶 속으로 들어오는 것이다."(V/1, 273)

14 사샤 스톤, 〈부르주아의 거실〉, 사진

이 방법론은 과거로의 퇴행이 결코 아니다. 사물을 우리의 삶 안으로 들어오게 한다는 것은, 과거의 사건 또는 사물들을 고정된 것, 변하지 않는 것, 따라서 망각 속에서 잊히는 것으로 두지 않는다는 뜻이다. 반대로 이러한 과거의 사건과 사물은 '역사가로서의 수집가'에게 위기의 현재시간에 진리가 섬광처럼 스치듯 나타나는 "변증법적 이미지"다. 보편사로서의 역사는 시간 속에서의 거대한 연관관계들을 다루면서 과거의 사물을 망각으로 내몬다. 반면 벤야민에게 역사는 이미 지나가버린 과거가 인식 가능성의 현재시간과 함께 놓이는 성좌인 것이며, 과거의 사물은 그 성좌에서 의식이 읽어내야 할 변증법적 이미지다. 지나가버린, 그러나 현재와 가까운 것으로서의 과거에 현존했던 사물들은 역사의 기초로 놓여 있다. 하지만 역사 속에서 완성되지 못했다. 바로 그렇기 때문에 인식의 현재시간에 포착함으로써 그 의미를 완성시켜야 할 역사적 대상이다.

벤야민은 변증법을 자신의 사유에 입각해 "과거의 갖가지 사물과 사건들을 뒤집는, 그것을 변혁시키는, 가장 위에 있는 것을 가장 아래에 있는 것으로 따져보는"(V/2, 1001) 진리의 방법론으로 정의했다. 이에 입각하여 그는 역사철학적으로 알레고리와 수집의 의미와 기능을 변환시키고, 이를 방법론 삼아 모더니티 현재의 '역사의 진리'를 구하고자 했던 것이다.

3. 꿈과 각성, 몽타주, 이미지 기술

벤야민이 정의하는바, "변증법적 사유는 역사적 깨어남의 기관(Organ)"(V/1, 59)이다. 또한 '각성'은 "하나의 시대에서 진정으로 풀려나는 것"(V/2, 1058)이다. 역사적 각성의 기관인 변증법적 사유로 벤야민이 해체하고자 한 것은, 작게는 자본주의 상품물신이다. 그러나 크게는 그러한 상품물신을 기제로 19세기, 나아가 벤야민의 시대인 20세기 사회·정치·문화·예술의 현실까지 미망의 잠에 빠뜨리고 있는 '자본주의의 신화'다. 반면에 그가 20세기 지금 여기서 일깨워 현재화하고자 하는 것은 19세기 집단 무의식 속에 저장된 원사의 기억, 즉 '지배와 착취가 없고 계급 차별이 없는 사회를 꿈꾸는 소망이미지'다. 요컨대 전자가 기만적인 꿈이라면, 반대로 후자는 유토피아적 꿈이다. 그렇기 때문에 전자에서 각성이 변증법적 사유를 통한 신화와 기만의 파괴를 의미한다면, 후자에서 각성은 변증법적 사유를 통한 과거 꿈의 기억하기이다. 이렇듯 벤야민은 꿈과 각성을 양가적으로 정의하는데, 이는 19세기가 "집단의식이 점점 더 깊은 잠에 빠져든" 시대이기 때문이다. 벤야민이 이 시공간(Zeitraum)을 "시대 꿈(Zeit-traum)"으로 조어한 이유도 여기 있다.(V/1, 491) 그는 이 시대의 집단적 꿈을 흔들어 '깨워야만' 했다. 즉 역사철학의 대상인 19세기 과거를 보존하는 가운데 그 19세기를 극복하는 것, 현재를 위해 19세기를 '구원'하는 것이다. 그러나 벤야민에게서 각성은 꿈의 외부에서 발생하는 현상이 아니라 꿈을 깨어남으로 경험하고, 깨어남을 꿈으로 완성하는 변증법적 현재화다. 이것이 그가 모더니티 계몽을 위한 "각성의 기술"을, "우리가 과거에 있었던 것이라고 명명하는 그 꿈이 진정으로 적용되는 현재를 깨어 있는 세계로 경험하는 기술"이라고 설명한 이유다.(V/1, 490; 491) 과거의 꿈은 현재에 작용하고 있으며, 그 사실을 '지금' 인식하고 현재의 미망으로부터 깨어나는 것이 각성이다. 반면 역사주의는 과거를 승리자의 편에서 감정이입하면서 전통의 연속성이라는 가상을 일반화하고, 현재의 지배관계를 고착시키며, 억압받는 집단의 어지러운 꿈을 더 깊게 한다. 그렇기 때문에 벤야민은 역사주의의 가상을 꿈과 각성의 변증법적 인식으로 깨뜨리고, 그로부터 발생하는 역사의 긴장을 현실 변혁의 동력으로 삼아야 했다.

꿈과 각성에서 보듯, 모더니티에 대한 벤야민의 변증법은 양극단의 성질을 가진 것들이 서로 정립/반정립의 연관관계로 있는 데서 의미의 급변을 모색한다. 이것의 이미지 기술이 '몽타주'이다. 벤야민은 이 이미지 기술의 이론적 입장을 "문화사적 변증법을 위한 작은 방법론적 제안"이라는 단장(短章)에 밝혀두었다.

> "문화사적 변증법을 위한 작은 방법론적 제안. 어떤 시대든 다양한 '영역'을 특정한 관점에 따라 이분법으로 나누는 것은 아주 쉽다. 예를 들어 한쪽에는 어떤 시대의 '생산적인' '미래를 내포한' '생동감 넘치는' '긍정적인' 부분이 놓이며, 다른 한쪽에는 쓸데없고, 낡은, 쇠퇴해가는 부분을 놓는 식으로 말이다. (⋯) 따라서 이처럼 일단 배제된 부정적인 부분에 다시 새롭게 구분법을 적용해서 이러한 관점(그러나 기준이 아니다!)의 전환을 통해 그러한 부분에서도 새롭게 긍정적인, 즉 이전과는 전혀 다른 의미를 가진 부분이 출현하도록 하는 것이 결정적으로 중요하다."(V/1, 573)

이 방법론은 문화적으로 관습화된 인식에 대한 '시각의 교정술' 같은 것이다. 벤야민은 이 변증법의 관점으로 17세기 바로크 비애극을 구제했고, 19세기의 서정시인 보들레르를 구제했다. 벤야민의 「중앙공원」은 시인 보들레르를 문화사적·역사철학적으로 재인식하는 단편 모음이다. 그의 관점에서, 보들레르는 자본주의가 고도화하는 19세기 서구 사회와 예술세계에 깊숙이 편입돼 있던 동시에, 그로부터 비판적 거리를 확보하여 모더니티의 속성을 작품 속에서 표현한 서정시인이다. 벤야민은 보들레르를 연구 대상으로 해서 점차 자본주의로 이행해가던 과거 한 시대의 저변에 흐른 정서와 지각 양태, 사회적 삶과 문화 예술에 작동하기 시작한 산업 자본주의 메커니즘, 그리고 그러한 시대에 다면적으로 반응했던 한 예술가에 대한 몽타주 그림을 그리고자 했다.

벤야민은 보들레르를 양가적으로 파악한다. 그는 시대의 '우울'을 자기 시문학의 "자양분"으로 삼아 자신의 재능을 꽃피웠던 근대적 예술가이다.[38] 그러나 동시에 사진술과 같은 근대사회 테크놀로지가 전통 예술에 미치는 영향에 보수적으로 반응하거나, 문학시장의 본격적인 득세에 명민하게 대응한 인물이기도 했다. 또 자기 문학의 중심 대상을 "목적의식 하에 계획을 세워서는 획득될 수 없는" 것으로 채택하고 공상에 잠긴 인물이었다.(I/2, 664: 667) 이를테면 벤야민이 새롭게 조명한 보들레르는 시대의 본질을 꿰뚫고, 그 시대가 무엇을 요구하는지 알아서, 그것을 앞질러 수행하면서도 자기만의 세계에 골몰한 멜랑콜리커였다. 이러한 인물은 역사적 사유 유형으로 봤을 때, "알레고리에 정통한 사람"이다. 이렇게 벤야민은 『비극서』에서 바로크 비애극 작가들을 대상으로 했던 것처럼, 후기 「중앙공원」과 「보들레르론」에서 보들레르를 대상으로, 한 시대가 예술이라는 종합적 표현 언어 속에서 드러나는 양상을 조명했다. 이 양상이야말로 과거를 현재시간과 절합하는(articulate) 기술이 발휘되어야 할 결절점이다.

한 대상 속에 긴장 또는 모순되게 존재하는 양가성을 변증법적으로 읽기. 또 시대의 파편들을 몽타주로 구성하기. 이 기술이 역사의 아티큘레이션이다. 벤야민에 따르면, 보들레르는 가장 현대적인 파리의 얼굴에서 폐허를 보며, 그 현대사회가 자아내는 우울의 지각을, 묘사가 아니라 "한 대상을 다른 한 대상의 형태로 불러내는 일"(I/2, 621), 즉 알레고리로 표현했다. 이렇게 벤야민은 보들레르에게서 알레고리가 '파편화된 현실경험의 표현체'로 기능하고 있음에 주목했다. 그리고 17세기와 마찬가지로 모더니티의 19세기가 "자연사(Naturgeschichte)"의 시대라고 단언했다.

'자연사'는 18세기 계몽주의가 역사를 오늘날과 같은 "논리적으로 상호 배제적인 의미 영역들을 지닌" 단수(單數)의 '역사(Geschichte)'로 결정화했을 때, 사학의 영역 밖으로 밀려났다. 18세기 말경이 되면 자연과 역사는 개

15 존 하트필드, 〈독일 자연사〉, 포토몽타주, 1934.

16 게르마이네 크룰, 〈쇼윈도 마네킹들〉, 사진, 1928년경.

넘적으로 분리되며, 역사 자체가 탈자연화되어 자연에 대해 생각하듯 생각할 수 없게 된 것이다.[39] 그러나 벤야민은 기술이 발달한 현대에도 엄밀한 의미에서 인간의 역사는 자연사의 단계에서 벗어나지 못했다고 주장하면서 자신만의 "자연사" 개념을 개진했다. 이는 "자연사가 우주진화론 또는 창조의 역사로서만 존재한다는 헤르더식 개념은 오류"라는 초기 생각을 바탕으로 하며 (VI, 93), 이후 『파사젠베르크』 등에서 벤야민이 근대사에 대한 비판적 역사 인식을 개진하게 되는 중요한 개념이다. 18세기의 철학자 요한 고트프리트 헤르더는 인간을 지구상 모든 유기체의 진화의 정점으로, 역사 과정을 나선형의 연속적 진보, 인류 발전의 과정으로 파악했다.[40] 그러나 벤야민에 따르면, 자연사는 인류가 진정한 역사에 이르지 못했으며 "역사의 죽은 얼굴" 또는 "폐허"를 드러낼 뿐인 단계로, 이성의 계몽을 부르짖었던 근대가 역설적으로 여기에 속한다.(VI, 93; I /1, 343) 근대는 여전히 자연적이기만 할 뿐 인간의 역사는 '아직 아닌' 상태인 것이다. 벤야민의 자연사 개념에 따라서 보면, 폐허화된 사물의 모습은 몰락한 역사를 가리키며, 알레고리는 이 자연사의 현재를 드러내는 장치다. 그런데 파편들의 알레고리적 관계 속에서는 유기적인 상징과는 달리, 불안정이나 자의성이 그대로 노출된 채 응결돼 있다. 응결된 불안정과 자의성의 이미지는 시각적인 형식으로 따지면 몽타주와 유비될 수 있다.

벤야민은 몽타주 개념을 대표적으로는 초현실주의, 러시아 영화와 같은 근대 아방가르드 예술이 구사한 한 가지 형식으로 이해한다. 하지만 동시에 그 개념으로 과거 19세기 현존의 불안정하고 기만적인 표현을 문제시했다. 몽타주의 양가적 사용 가능성을 지목한 것이다. 한편으로 벤야민은 몽타주 기법이 가상적 연관관계들에 "개입함으로써 맥락을 중단"시키고, "환영 (Illusion)을 저지"시킨다는 의미에서 "특별한, 심지어 완벽한 권리"를 갖춘 진보적 형식이라 평가했다. 이런 측면에서의 몽타주는 브레히트의 서사극이

17 아페르, 파리 코뮤니스트들이 성직자에게 폭력을 가하는 것처럼 위조한 사진, 포토몽타주, 1871.

그렇듯이, "실험적 배치"이며, 중단을 통해 "상황을 발견"하기 위한 방법으로서 "조직화"에 선행한다.(II/2, 697-698) 그러나 완전히 반대되는 몽타주도 있다. 기본적으로 몽타주는 상이한 시간과 공간에서 추출된 이질적인 것들을 동시효과를 위해 중첩시키는 재구성의 방식이다. 그런데 이러한 재구성이 행해지는 과정에서, 몽타주는 구성요소들을 절묘하게 뒤섞음으로써 양립 불가능과 모순의 증거, 구성 내지는 조작의 증거를 은폐하고 환영을 만들어낼 수 있다. 이런 측면의 몽타주 기법을 모더니즘 예술뿐만 아니라 광고나 정치선전이 쉽게 동원하고 이용했다. 사실 이것들은 우리 의식에서 환영의 작용을 저지시키는 것과 같은 해방적 기능이 아니라, 상품물신과 유행, 권력자 숭배와 같은 이데올로기적 환영을 조장하는 스테레오 타입으로 기능한다.[41]

몽타주가 진보적인 형식으로 쓰인 경우는 독일 아방가르드 예술가 존 하트필드의 포스터 〈독일 자연사〉를 들 수 있다. 그리고 몽타주 기술의 기만적인 적용 사례로는 19세기 부르주아의 실내 장식 취향, 당시 유행했던 위조 사진, 그리고 파노라마 등을 꼽을 수 있다. 19세기 파리의 사진가 아페르의 1871년 사진 몽타주가 파리 코뮤니스트들이 성직자에게 폭력을 행사하는 것처럼 사건을 위조한 데서도 알 수 있듯이, 몽타주 기법 자체는 사실을 조작하고 왜곡하며, 그러한 허위의 유포에 기여할 수도 있는 것이다. 또 당시 파노라마는 역사나 자연풍경의 절단된 장면들을 매끄럽게 이어 붙여 연속적인 이미지로 보여줌으로써 환영을 현실처럼 조장했다. 이렇게 몽타주 기법 자체만으로는 완전히 상반되거나 의미가 전도되는 효과를 발휘할 수 있다는 점에서, 우리는 핵심 문제가 몽타주 기법 자체에 있는 것이 아니라 몽타주를 통해 드러내야 할 내용, 또는 몽타주 원리가 향하는 근본적인 지점에 있음을 알 수 있다.

벤야민은 「기술복제」에서 몽타주 기법을 영화배우가 시간에 구애받지 않으면서 분절된 연기를 펼칠 수 있는 촬영 기법, 따라서 예술에 있어 하나의 통일된 작업이 아니라 여러 개별적인 작업의 합(合)을 가능케 하는 현대적인 방식이라고 설명한다.(I /2, 490-491) 몽타주가 현대예술의 한 방식일 수 있는 것은, 사회가 점차 자본주의 메커니즘으로 물화되어감에 따라 집단의식은 신화적인 꿈에 잠기고, 산업기술에 의해 지각세계는 복잡해져가는 상황에서, 더 이상 단순한 재현으로는 현실을 설명할 수 없게 되었다는 데에 그 핵심 요인이 있다. 그리고 바로 그 때문에 몽타주는 은폐된 인간관계의 물화 상태를 "폭로"하고, 신화적 꿈을 흔들어 깨우며, 기능적인 것 속에 수렴돼버린 본래 현실을 끄집어내는 기술로 쓰여야 한다. 즉 몽타주는 "무엇인가 인공적이고 부자연스러운 것을 조립하지 않으면 안 될" 필요에 부응하는 기술인 것이다.(II/1, 383-384)

벤야민은 몽타주를 위와 같이 현대사회의 양상에 반응하는 한 가지 예술적이자 정치적인 표현 방식으로서 새롭게 출현한 영화 · 사진이라는 형식에 입각해 파악했다. 그런데 흥미롭게도 그는 몽타주 기법의 기원을 또한 19세기 부르주아들의 문화적인 취향에서 찾았다. 혹은 그런 부르주아적 속성과 영화의 기법으로서 몽타주, 이 양자를 연결시켜 사유함으로써 모더니티를 비판적으로 고찰하려 했다.(V/1, 296) 그가 몽타주와 비교하는 19세기 문화적 표현은 세부적으로는 당시 '부르주아의 실내'이다. 그에 따르면, 몽타주는 부르주아들이 온갖 과거적 양식으로 자신의 실내를 장식하던 "가장 원시적인 직관 형식에 대응"한다. 벤야민은 키치적 직관 형식에서 비롯한 부르주아적 몽타주 이미지들이 자본주의 상품시장의 전면화와 더불어 부르주아의 실내를 벗어나 광고의 한 형태로 선전물, 벽보, 포스터에 안착했다는 점을 놓치지 않는다.(V/1, 282) 이러한 추적을 통해 벤야민이 의도한 바는, "이 시대[19세기]의 실내라는 것이 얼마나 도취와 꿈의 자극제였는가를"(V/1, 286) 드러내는 것이었다. 나아가 이러한 도취와 꿈의 한 측면이 근대를 뒤덮고 있던 신화와 가상이었음을 비판적으로 각성시키는 데 있었다.

다른 한편, 여기 몽타주와 관련해서 우리가 특히 주목할 점은 벤야민의 사유방법론으로서의 몽타주이다. 지나간 시대 부르주아의 실내장식 기법과 현대적 산업기술의 표현 기법인 몽타주는 여러 의미 차이를 넘어 서로 대응한다. 벤야민은 다양한 시대, 취향, 스타일이 패치워크된 19세기 부르주아 실내 인테리어와, 영화 속에서 서로 조화롭게 연속되지 않는 몽타주 이미지 간의 유사성을 보았을 것이다. 그런데 유사성으로 과거의 현상과 현재의 기술적 표현 방법을 대응시키고, 현재와 과거를 병치하는 것, 이 사유의 방법론 자체가 일종의 '몽타주 기술'이 아닌가? 보다 정확히 말해 현재와 과거를 공시적으로 구성해내고, 그로부터 역사적 상관관계와 의미를 읽어내는 벤야민 사유 층위에서의 몽타주 원리가 아닌가? 벤야민이 직접 이러한 원리에 대해 언급하고 있다.

"결국 역사적 유물론의 중심 문제로 인식되어야 할 것: 역사에 대한 마르크스주의적 이해는 무조건 역사의 구체성을 희생시켜야만 획득될 수 있는가? 아니면 어떤 방식으로 강화된 구체성과 마르크스주의적 방법론의 성취를 결합하는 일이 가능한가? 이러한 길로 나아가기 위한 첫 번째 단계는 몽타주 원리를 역사 속으로 도입하는 일이 될 것이다."(V/1, 575)

벤야민이 분명히 밝히고 있듯이, 몽타주 원리의 근본적인 대상은 "역사"다. 이를 토대로 해서 보면, '19세기 부르주아 실내의 양상'과 현대적 예술의 기법인 '몽타주'를 대응관계로 몽타주한 벤야민의 의도가 분명히 드러난다. 산업의 신기술인 몽타주, 즉 카메라의 촬영과 편집 기술에 의해 가능해진 예술 표현의 방식은 유사 이래 완전히 새롭게 출현한 산업의 기계적 기술인 것만은 아니다. 그보다는 지나간 시대 부르주아 개인의 사적 욕망과 문화적 표현을 인자(因子)로 한 것이라는 것, 그렇게 과거는 현재와 관계하며 구체화되었음을 보여주는 것이 벤야민의 의도였다. 그것은 마르크스주의자들이 모든 문화적 현상을 정치경제학적 관점에서 인과관계로 설명하려는 것과는 다른 입장이다. 그는 역사를 어떤 강령적인 관점으로 결정화하는 대신 역사에 몽타주 원리를 도입함으로써, 개별적인 구체성을 잃지 않으면서 전체 역사를 구성한다. 몽타주는 벤야민이 이러한 입장을 견지하는 데 효과적인 지각과 사유의 변증법적 방법론이었다. 그는 이 몽타주 방법과 알레고리적 각성, 수집가적 구성을 함께 '작가적 기술'로 구사하여 자본주의를 구성하는 실태들의 총체성과 세부를 동시에 묘파해낼 수 있었다. 구체적으로 말하면, 과거와 현재의 경제·정치·문화 예술 사이에 드러나 있거나 잠재해 있는 다층적이고도 분절된 관계들을 통찰함과 동시에 첨예한 세부를 포착해내려 했고, 여기에 성공했던 것이다.

| 제2부 |

모더니티, 파사젠베르크

서론

우리 사고의 발걸음을 팍팍하게 만들고 지적 호흡을 더디게 했던 벤야민 전체 사유의 체계와 방법론에 대한 지도 그리기 과정을 통과한 이후, 이제 이 책의 2부가 독자와 함께 걸으려는 벤야민 사유의 가도(街道)는 『파사젠베르크』와 서구 모더니티'이다.

20세기 초에 벤야민은 19세기 파리의 파사주(아케이드)를 유물론적 역사 철학과 미학의 중심 연구 대상으로 삼았다. 그 세기부터 형성된 모더니티의 진정한 이념을 서술함으로써, 부지불식간에 근대 자본주의의 시공간 속에서 신화적 잠에 빠져든 집단을 깨우는 동시에, 그들이 망각하고 있는 유토피아적 꿈을 현재에 일깨워내기 위해서였다. 19세기는 그런 의미에서 현재의 역사적 순간을 명료하게 인식하기 위한 '원사'였다. 벤야민은 결국 미완성으로 끝난 모더니티 연구의 대작 『파사젠베르크』에서 그 원천이 되는 역사의 구조적 조건과 삶의 디테일을 해명하고자 했다. 그는 이 '파사주 작업(Passagen-Werk, Arcade Project)'을 통해 19세기부터 새로운 기술문명과 자본주의 상품문화에 의해 급격하게 변모한 모더니즘 사회의 외적 조건과 내적 심리를 분석할 수 있기를 기대했던 것이다. 나아가 자신과 동시대인들에게 '현재'라는 시공간적 삶의 정확한 좌표를 제시할 수 있기를 열망했다. 이를 위해 벤야민은 '역사'와 '예술'을 중심점으로 삼았다.

그러나 벤야민의 파사주 작업에서 가장 큰 화두, 혹은 다른 모든 논의 대상들을 매트릭스처럼 발생시키고 끌어당겼던 것은 '모더니티', 즉 근대성이었다. 그에게 모더니티는 하나의 역사적 특질로서, 또 산업기술과 자본주의의 모태로서, 그리고 특히 예술의 변화된 이념으로서 가까운 과거에서부터 현재의 삶까지를 격렬하게 재주조한 용광로 같은 것이었기 때문이다. 이 때문에 우리는 『파사젠베르크』로 대표되는 '벤야민의 모더니티 연구'와 '실제 역사성으로서의 모더니티'를 하나의 자기장(磁氣場)으로 들여다볼 필요가 있다.

『파사젠베르크』의 1939년 엑스포제 서문을 보면, "역사는 야누스 같다. 두 얼굴을 가진 것이다. 과거를 보건 혹은 현재를 보건 동일한 것들을 본다"(V/1, 60)는 막심 뒤 캉의 말이 모토로 채택되어 있다. 이는 벤야민이 근대의 본질적인 속성을 야누스의 양면성으로 파악했음을 시사한다. 당시 계몽주의 모더니즘의 역사관은 오직 미래로 열려 있는 진보의 얼굴만을 강조했다. 그러나 벤야민은 막심 뒤 캉의 말을 인용함으로써 현재와 과거를 동시에 향하고 있는 역사의 두 얼굴을 천명하고 있다. 그것은 "꿈으로부터의 각성"이라는 변증법적 역사방법론으로 현재와 과거를 동시에 볼 것을, 그렇게 해서 과거의 원사적 꿈을 현재에 "진정으로 적용"할 것을 요구하는 역사관에서 비롯한다. 물론 알다시피, 벤야민의 역사관과는 달리 서구 근대는 새로운 시대 지평에서 스스로를 가장 새로운 시대로 규정했고, 그 때문에 과거와의 단절을 부각시키면서 미래로의 지속적인 혁신을 표방했다. 이 과정에서 자연히 역사의 과거 얼굴은 부정적으로 은폐되거나 억압될 수밖에 없었다. 벤야민은 특히 계몽주의의 진보 이론과 자본주의 유행 메커니즘이 그런 경향을 유발시켰다고 판단했다. 그리고 이를 "신화적 힘들의 재활성화"(V/1, 494)라고 비판하면서, "진보가 아니라 현재화"(V/1, 574)를 자신의 근본 개념으로 삼았다.

물론 계몽된 미래와 새로움을 좇아 앞으로 나아가는 일은 인류를 위해 옳은 방향일 수 있다. 그러나 현실의 그 계몽과 진보 속에서 과거적인 것, 퇴행

적인 것, 신화적인 것, 환등상적인 것이 은폐된 채로 강력하게 작동한다면 그
것은 결코 옳지 않다. 그 은폐된 것들이 "역사 자체의 환등상"(V/1, 76)으로
출현해서 현재를 신화 상태로 몰아넣기 때문이다. 또한 새로움의 신화와 미
래로의 맹목성 안에 지배계급의 욕망이 도사리고 있기 때문이다. 그 욕망은
현재의 지배와 억압적 사회관계를 영속시키기 위해 집단 무의식에 저장된 원
사적 꿈 또는 유토피아의 요소를 왜곡하고 망각 속에 묻어두려 한다. 이때 정
작 지배당하고 억압받는 대다수 사람들은 현재의 "비상사태"를 간과하거나,
사회 변혁의 방향을 곡해하면서 퇴행적인 태도를 보인다.

　벤야민은 『파사젠베르크』를 진행하는 내내 변증법적 전도, 즉 "꿈으로부
터의 깨어남"이라는 인식을 포기하지 않았다. 그는 인식의 현재시간에 "깨어
남〔각성〕의 성좌를 발견"하고, "신화를 역사의 공간으로 해체"하고자 한다.
그것은 무엇보다도 과거 집단의 세속적인 삶에 흘러다녔던 파편적 현상들,
이를테면 당시 새로운 건축물, 유행, 패션, 회화, 사진, 날씨 같은 삶의 조각들
을 해석하는 일이다. 정신이 깨어 있는 사유자·이론가라면, 그것들에 정신
분석학·역사철학·미학의 언어로 접근해 꿈의 의미를 해석하듯이 분석해야
한다. 벤야민은 '19세기 파리'라는 모더니티의 원사를 이러한 방향들로 파악
하고, 변증법적으로 읽어냈다. 그에게는 그 읽기가 모더니티의 시공간이 품
은 유토피아적 잠재성과 파국의 현실, 그리고 집단의 유토피아적 꿈과 지배
자의 기만적인 꿈 및 자본주의의 환등상을 분별하고, 비상사태에 처한 현재
의 숨겨진 얼굴을 드러낼 방법으로 여겨졌기 때문이다.

　벤야민이 『파사젠베르크』에서 19세기 모더니티 원사의 시간과 공간을 다
루는 방식은 그의 용어를 빌려 말하자면 '발굴', '수집', '구성'을 통해서이
다.[1] 이를테면 그는 모더니티의 신화적인 지형을 드러내기 위해 다양한 19세
기의 문화적 현상들을 캐내며, 긁어모으고, 그렇게 모아진 파편들을 현재와
의 상관관계 속에서 새롭게 편성한다. 그는 역사의 전면에서 축출되어 미미

한 존재로 전락한 것들에 주목하는데, 그 존재 자체가 '극단들'로서 역사의 실재가 매장된 보고(寶庫)이자 현재화해야 할 혁명적 에너지의 저장고이기 때문이다. 모더니티의 기원을 숨기고 있는 역사의 지층들을 벗겨내고, "누구든 자신의 매장된 과거를 보다 자세히 바라보고자 하는 사람은 발굴하는 사람과 같이 착수"(IV/1, 400-401)하여 파편더미로부터 혁명적인 에너지를 찾아내야 한다. 그것이 19세기의 수도로서 파리를 대상으로 모더니티의 고고학을 쓰고자 했던 벤야민의 가장 깊은 의도였다. 모더니티의 파편적 대상들에 접근하는 그의 방법은 파괴적이고, 파편적이다. 또는 모더니즘 아방가르드 예술운동이 그랬듯이 급진적이고 실험적이다. 그러나 벤야민의 이러한 파괴와 급진적인 실험은 현대 자기 지시적 예술과는 달리 뚜렷한 역사철학적 목적을 가지고 있었다. 그것은 『파사젠베르크』가 "표현적 잠재력을 함유하고 있는 미적 현대의 형식 언어들을 써서, 19세기 부르주아 세계에 대한 자신의 역사 구성에 인간학적으로 다져진 상상력을 유입하고자 한 시도"[2]라는 평가로 요약될 만하다.

『파사젠베르크』는 19세기로부터 표류해온 수많은 역사의 파편들을 구성함으로써, 그것들이 연원한 시기, 풍경, 산업, 소유주에 대한 과학적 지식의 백과사전으로 고양된다.[3] 그럼에도 불구하고 독자에게 남겨진 것은 두 개의 엑스포제와 알파벳 표제로 묶인 36개의 묶음들(Konvolutes), 즉 1000쪽이 넘는 방대한 지면 위로 인용과 논평과 단상이 휘몰아치는 카오스다. 우리는 이 모든 것의 기원을 추적할 수도 없고, 모든 내용을 검토할 수도 없다. 다만 아래와 같은 축약이 가능하다.

『파사젠베르크』는 벤야민이 프로젝트를 수행하면서 구상한 내용의 변화, 산출한 저작, 묶음에 첨가한 항목을 기준으로 세 단계로 나눌 수 있다.

1단계(1926-29), 제목 〈변증법적 동화〉. "고전적 역사 서술 안에서 잠자는 엄청난 역사의 에너지를 해방"시키기 위해(V/2, 1033) "마르크스주의 노선에 따라 재서술하는 깨어남의 동화로서, 〈잠자는 숲속의 미녀〉의 정치적 버전"을 구상.

2단계(1934-35), 〈변증법적 동화〉가 "서술의 광상시적 성격"을 띠며, "허용될 수 없이 시적"이기 때문에 포기하고(V/2, 1117; 1138), 1935년 엑스포제의 제목이기도 한 〈19세기의 수도 파리〉로 제목 변경. 이 전환은 벤야민이 파사젠베르크 작업을 마르크스주의적 용어로 서술하고자 하는 의식적인 노력에서 기인함. "상품물신성" 개념을 작업의 "중심"에 놓는 계획.(V/2, 1112)

3단계(1937-40), 보들레르 연구를 중심으로 진행. 이 시기에 1939년 불어로 쓴 두 번째 엑스포제 작성.

이러한 단계를 거치면서도 벤야민은 36개 묶음의 항목을 자신만의 체계로 축적시켜나갔다. 중요 논제를 들면 다음과 같다. 1) 아케이드, 거리, 대도시, 근대 건축물과 기념물들 2) 군중이자 소비자이며 혁명적 집단의 주체인 대중 3) 백화점, 세계 박람회와 그곳에 진열된 상품들 4) 유행(Mode)과 광고 5) 회화, 파노라마, 사진, 거울, 석판화에서 나타나는 이미지들 6) 부르주아의 실내와 거주자들의 흔적 7) 산책자, 빈둥거리는 자, 도박사, 창녀와 같은 인간 유형들 8) 보들레르, 푸리에, 생시몽, 위고, 마르크스, 오스망과 같은 역사적 인물들 9) 새로운 테크놀로지의 발달과 그에 따르는 예술의 운명 변화.

이 논제들 중 우리는 제2부에서 우선 역사철학의 문제를 생각할 것이다. 이 문제는 모더니티가 근본적으로 '이전과는 다른 지금(modo)'이라는 의미로서의 현재 역사이며, 벤야민의 『파사젠베르크』가 그 안에 깊이, 그러나 긴장감으로 충전된 채 삽입돼 있기 때문에 선행적으로 다뤄야 한다. 이어서는 다음 세 주제를 통해 모더니티의 진면모를 들여다볼 것이다. 첫째, 19세기 모더니티의 원현상으로서 보들레르. 둘째, 당시 새로운 테크놀로지와 자본주의제의 발달로 인한 상품물신과 물화 현상. 셋째, 모더니티의 조건 아래 예술, 테크놀로지, 사회가 의식적·무의식적으로 빚어낸 역학관계. 이 세 주제를 벤야민의 『파사젠베르크』를 통해 분석해나갈 텐데, 그 분석의 길은 아마 무성한 사유와 인용의 숲을 '시대성'과 '예술'과 '테크놀로지'라는 키워드를 들고 횡단하는 일에 가까울 것이다.

4장 "새로운 천사" : 현재의 역사

1. 역사의 이미지

일반적으로 서구 18세기에서 20세기까지를 지칭할 때 영어로는 'modern', 독일어로는 'Moderne'라는 용어를 쓰고, 한국어로는 문맥에 따라 '현대' 또는 '근대'라 한다. 그러나 애초 이 용어는 특정 시대가 아니라 '현재'를 직전의 과거와 구분하고 오히려 고대와 연결시키고자 했던 각 시대들의 의식을 표현하는 말로 오랜 역사를 거쳐왔다. 라틴어 '모더누스(modernus)'를 원형으로 하는 '모던(Moderne)'은 기독교에서 공식화된 현재와, 로마 및 이교도의 과거를 구분하기 위해서 5세기 후반에 처음 사용했다. 이후 르네상스 시대나, '신구 논쟁'이 벌어진 17세기에도 '현대적'이라는 의미로 이 용어가 쓰였다. 단적으로 말해서 '현대적'이라는 용어는, 서구에서 새로운 시대의식이 형성될 때마다 그 시대의 새로운 정체성을 정의하는 개념으로 되풀이되어 나타났던 것이다.[4]

그런데 그 용어가 내포한 의미의 특이성 때문에 모더니즘의 시원과 모더니티에 대한 정의에서 제각각 이견을 보이는 학자들도, 서구 사회가 18세기를 경계로 전(前)근대와 근대로 분리된다는 점에는 대체로 동의한다. 위르겐 하버마스가 막스 베버의 개념을 빌려 고찰했듯이, 문화적 모더니즘은 18세기 이래 "낡은 세계관으로부터 물려받았던 문제들"을 "과학, 도덕 그리고 예술"이라는 자율적인 분야로 분리하고, 각각의 영역을 합리성의 구조들로 제도화했다. 또한 미적 모더니티는 19세기 낭만주의 이래 모든 특수한 역사적 속박으로부터 풀려나, 전통과 대립관계 속에서 '새로운 것'을 추구했다. 이렇게 해서 18세기 이후의 '현대'는, 단순히 '현재의 지금이 새롭다'는 시대 구분의 의미를 넘어, 인간이 세계의 주체로서 이전 시대와는 완전히 다른 '새 역사를 만든다'는 질적 개념을 포함하게 되었다.

고대 로마의 철학자이자 웅변가인 키케로는 "역사(Historie)[5]는 삶의 스승"이라 했다. 여기서 역사는 후대가 선대의 역사적 경험을 교훈으로 삼아야 할 "범례의 집합소"이다. 키케로의 이러한 주장은, 과거와 미래가 연속성의 관계에 있으며, 각 역사의 시점이 동일한 경험공간에 근거한다는 역사관을 반영한다. 그런데 근대 역사이론가인 라인하르트 코젤렉에 따르면, 서구 사회에서는 18세기 산업혁명을 기점으로 역사 인식의 단절이 일어났다. 계몽주의와 산업혁명에 의해 열린 '모던'이라는 새로운 경험공간에서 '역사는 삶의 스승'이라는 토포스는 더 이상 의미를 갖지 못하게 됐다는 것이다. 19세기 독일의 낭만주의자이자 역사연구자인 요제프 폰 아이헨도르프의 다음과 같은 말이 그 단절의 구체적인 내용을 잘 설명해준다. "한 사람은 역사를 만들고, 다른 사람은 역사를 쓴다." 이는 인간이 역사의 주체로서 한편으로는 역사의 행위자이고, 다른 한편으로는 그러한 역사를 쓰는 서술자라는 말이다. 이렇게 '역사를 만들 수 있다'는 생각은 서구 사회에서는 "대략 1780년 이후에야 가능"했다. 따라서 코젤렉이 단언하듯이 역사의 생산, 즉 역사를 계획하고 실행시킬 수 있다는 사고 자체는 "현대적 경험"이다.[6] 또 인류가 역사의 주체가 되는 '역사', 보편 개념으로서의 '역사 일반'은 근대 계몽주의의 이론적 성찰의 결과다.

벤야민의 역사철학은 과거와 현재를 상호 관계로 파악하고, 과거를 통해서 현재의 진정한 상태를 인식한다는 점에서 키케로적이다. 동시에 그는 역사 구성의 주체를 인간 집단으로 상정하고, 인간 이성에 의해 신화와 미망으로부터 해방되는 역사를 주장한다는 점에서 근대적이다. 그러나 벤야민의 역사철학은 상이한 시대의 일회적이고 예외적인 역사 경험을 강조한다는 점에서, 18세기 이전의 역사 인식과는 분명 다르다. 또 그는 연대기적 서술에 입각한 역사주의 사관과 진보주의를 비판한다는 점에서 근대 계몽주의의 역사관과도 거리가 있다. 특히 벤야민은 근대적 역사 인식 중에서 산업기술주의를 통한 인류의 무한한 발전을 낙관하는 진보주의를 비판했다.

그러나 여기서 주의할 점이 있다. 벤야민이 인류의 진보 자체를 거부하는 것이 아니라는 점이 그 첫째이다. 그리고 특정한 시기의 역사적 변화를 측정하는 척도로서의 '진보' 개념을 비판하는 것이 아니라는 점이 그 두 번째이다. 그가 비판하는 것은 물질적인 발전만을 진보로 여기면서 사회의 의식적 · 무의식적 차원에 대해서는 무책임한 진보주의, '진보'가 전체 역사 과정의 표지가 되자마자 "비판적인 문제 설정보다 무비판적 실체화"로 이어진 19세기의 진보 개념이다.(V/1, 598-599) 그는 "역사의 시간은 어떤 방향에서도 무한하며 어떤 순간에도 완성되지 않는다"고 본다. 내용이 채워져 완수된 시간이란 오직 "메시아적 시간"밖에 없다는 신학적 견지에서 그렇다.(II/1, 133) 그러나 이는 인간 역사가 신의 뜻과 절대적 시간에 의지해야 한다는 의미가 아니라, 오히려 메시아적 시간의 도래, 마르크스의 용어로 하자면 "계급 없는 사회"의 현재화를 위해 인류 스스로가 매순간 혁명적 실천을 수행해야 한다는 뜻이다. 그와 달리 진보주의는 역사의 자동적 진보를 믿으면서, 마치 혁명의 상황이 기다리기만 하면 얻어지는 것처럼 여겼다. 벤야민의 철학 중 가장 크게 논쟁을 불러일으켰던 부분도 이 지점과 상관이 있다. 즉 그가 역사적 유물론의 이름으로 신학과 마르크스의 유물론을 결합하려 했다는 것이다. 그러나 벤야민에게 역사 서술은 신학을 이데올로기적 상부 구조에서 세속 정치의 영역 속으로 이행시키는 정치적 실천이었다. 또 그는 신이 아니라 인간 주체가 역사의 자율적 행위자라는 입장을 분명히 했다.

벤야민은 주권자가 "예외상태(Ausnahmezustand)"를 선포함으로써 피지배자의 권리가 억압당하는 일이 상례가 된 현실에서, 이러한 사실을 가르쳐주는 과거 억압된 것들의 전통을 "역사의 결을 거슬러 솔질"하듯이 인식하는 것, 그것이야말로 역사에 대한 과제임을 주장한다.(I/2, 697) 역사서술자는 정사(正史)에 기입된 이야기에 따르는 것이 아니라, 거기서 누락된 사실들, 현재에 부유하는 과거의 파편들을 모으고 재구성해야 한다. "역사는 이야기들 속이 아니라, 〔종합적 기억의〕 이미지 속으로 해체"(V/1, 595-596)되어 현재를 각성시켜야 하기 때문이다. 벤야민 자신이 그렇게 이미지 속으로 해체되는 역사 서술을 시도했다.

"〈새로운 천사Angelus Novus〉라고 부르는 클레의 그림이 한 점 있다. (…) 역사의 천사도 바로 이렇게 보일 것임에 틀림없다. 우리들 앞에서 일련의 사건들이 그 모습을 드러내고 있는 바로 그곳에서 그는, 잔해 위에 또 잔해를 쉼 없이 쌓이게 하고 또 이 잔해를 우리들 발 앞에 내팽개치는 단 하나의 파국을 바라보고 있다. 천사는 머물러 있고 싶어하고, 죽은 자들을 불러 일깨우고 또 산산이 부서진 것을 모아서 이를 다시 결합시키고 싶어한다."(I/2, 697-698)

인용한 내용은 벤야민의 「역사철학」 제9테제의 일부이다. 1921년 벤야민은 화가 클레가 1920년에 그린 〈새로운 천사〉를 뮌헨의 한 갤러리에서 구입했다. 이 그림은 벤야민의 사유가 시각예술작품과 만나 가장 뛰어난 지적 생산물을 산출한 경우로 꼽힌다.[7] 클레의 그림은 벤야민의 글 속에서 역사철학의 구체적인 형상이 되고, 그의 글은 그림에 잠재해 있는 역사적 관점을 발

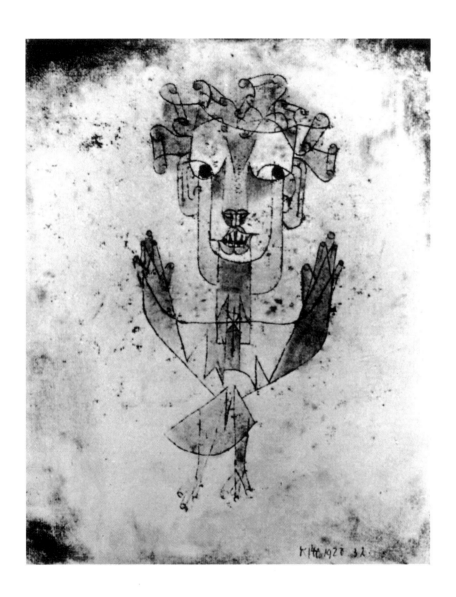

18 파울 클레, 〈새로운 천사〉, 1920.

화하기 때문이다. 그런데 제9테제는 「역사철학」이 출간된 이후 연구자들의 해석과 논쟁의 중심에 있었다. 그 이유는 무엇보다 벤야민이 그림 속 천사 형상과 "역사의 천사"를 유비하면서, 역사의 목적을 알레고리적으로 제시했기 때문이다. 특히 그 내용에서 현재를 "파국"으로 규정한 점, 역사의 천사가 미래가 아니라 과거를 향하고 있다는 점, 역사의 천사는 파국의 현재에 머물며 과거를 복구하고자 하지만 "진보"라는 폭풍이 이를 불가능하게 만들고 있다고 보는 역사관 등이 여러 분야에서 논쟁을 불러일으켰다. 그럼에도 불구하고 위의 테제가 벤야민의 역사철학을 압축적으로 가시화했다는 데는 별 이견이 없다.

벤야민의 역사철학은 역사의 이미지를 중심으로 한다. 이때 역사의 이미지란 곧 변증법적 이미지이다. 그래서 그의 역사 서술은 전과 후를 인과적으로 줄 맞춰 세우는 연대기적 기술(記述)이 아니라, 과거와 현재의 공시적 구성인 것이다. 제9테제에서 "역사의 천사"가 현재 앞에 모습을 드러내고 있는 과거의 사건들, 파편들을 떠날 수 없는 것은 이러한 맥락에서이다. 벤야민은 사실 자료에 새 자료를 첨가해가며 역사가 진보한다는 가정을 증명하려는 역사주의에 편승하지 않았다. 반대로 그 자료들에 묻혀 있는 '극히 작은 것들'을 발굴함으로써 역사의 현재를 현실 인식과 정치적 실천의 강도 높은 장으로 만들고자 했다. 이를 위해서는 가까운 과거를 "철저하게 긍정적으로 보려는 시도"가 필수적이다. 이는 일견 모순처럼 들릴 수 있는데, 잘못된 가정을 파괴하기 위해서는 비판적인 태도가 필요하고, 그런 한, 대상에 대한 긍정적인 시각은 어려울 것이기 때문이다. 그러나 벤야민이 "문화사적 변증법을 위한 작은 방법론적 제안"에서 밝힌 바 있듯이, 긍정/부정의 이분법으로 나뉜 것들에 새로운 구분법을 적용하고, 이러한 관점의 전환을 통해 부정적인 부분에도 이전과 전혀 다른 새롭고 적극적인 의미가 출현하도록 하는 것, 이것이 진정한 비판이다. 또 "과거 전체가 역사적 만유회복(Apokatastasis) 속에서 현재

속으로 들어올 때까지"(V/1, 573) 이렇게 부정적인 것에 대한 긍정적인 시각
의 고찰을 무한대로 계속하는 것, 이것이 진정한 역사의 방법론이다.

「역사철학」에서 벤야민이 가장 중점적으로 비판한 것은 19세기부터 대중
들을 사로잡고 있던 진보라는 신화이다. 이 신화는 "이 세기의 가장 강력한
마취제"(V/1, 578)였던 역사주의의 역사 인식에서 힘을 발휘했으며, 사회민
주주의 이론이라는 모습으로 벤야민의 시대까지 영향을 미치고 있었다. 벤야
민은 「역사철학」에서 사회민주주의 이론과 실천이 "교조적인 요구를 지닌 진
보 개념에 의해 규정돼왔다"고 주장하면서, 그 진보 개념을 다음의 세 가지로
정의한다. 첫째, 인류의 기술과 지식의 진보만이 아니라 인류 자체의 진보.
둘째, 무한한 완성 가능성에 상응하는 종료시킬 수 없는 진보. 셋째, 자동적
으로 직선이나 나선형의 궤도로 진행되는 본질적으로 저지할 수 없는 진보.
여기서 문제는 '진보' 자체가 아니라 무비판적 실체가 되어버린 '진보 개념'
이다.

> "마르크스는 계급 없는 사회의 관념 속에 메시아적 시간관을 세속화시켰
> 다. 그리고 그것은 잘된 일이다. 불행은 사회민주주의가 이러한 생각을
> "이상"으로 떠받든 데서 시작된다. 이 이상은 신칸트주의의 이론에서 "무
> 한한 과제"로 정의되었다. (…) 계급 없는 사회가 일단 무한한 과제로 정
> 의되었을 때, 공허하고 동질적인 시간은 말하자면 사람들이 다소 느긋하
> 게 혁명적 상황이 도래하기를 기다릴 수 있는 대기실로 둔갑했다."(I/3,
> 1231)

1863년 창당한 독일 사회민주당을 중심으로 한 사회민주주의 정치가들
은 진보에 대해 완고한 믿음을 갖고 있었으며, 대중을 기반으로 사회 변혁이
이루어질 수 있다고 굳게 믿었다. 그러나 그들은 이러한 믿음이 자신들의 정

치적 전술에서뿐만 아니라 경제적 관념들에서도 타협주의적인 것임을 깨닫지 못했다. 그들은 실제로 1880년대에는 비스마르크의 압력을 받아 혁명 정당에서 사회 개혁적 정당으로 노선을 변경했으며, 1차 세계대전 이후에는 온건한 개혁 노선으로 바이마르공화국 체제에 참여하기도 했다. 벤야민이 이들을 진보와 대중 기반에 대한 믿음은 이리저리 휘둘리고, "통제 불가능한 기구에 노예처럼 종속되어 있는 모습"이라고 비판했던 것은 그 과거사에 입각해서다. 이런 정치가나 이론가들의 "나태함, 무기력" 때문에 근대 집단의 삶이 파국에 저당잡혔다. 그렇게 불과 한 세대 전에 기성세대가 범한 정치적 오류와 과오, 무능력과 무지함이 벤야민 세대에게는 변혁이 아니라 억압의 현재를 물려줬다. 때문에 벤야민으로서는 역사 인식의 수정, 역사 서술의 전면적인 방향 선회를 요구할 수밖에 없었다.

　벤야민은 역사에서 사실의 나열이 아니라 진리를 추구한다. 그래서 철학의 인식론에서와 마찬가지로, 그는 역사의 진리를 이미지로 표상 가능한 것이라 상정했다. 그러나 그 이미지는 위기의 순간 속에 빛을 발하는 섬광과 같은 것이기 때문에 역사의 진리 이미지를 지각하는 인식의 '순간'이 결정적인 중요성을 갖는다. 진정한 역사의 이미지란 "이미지의 운동이 그 내부에서 어떤 위기의 지점에 도달"하여 해독 가능해지는 현재 속의 과거 시간이다. 이 순간 속에 "진리가 폭발 직전의 시간으로 장전돼" 있다.(V/1, 577-578) 과거와 현재의 순간에 동시적으로 깨어 있는 것, 인식 가능성의 지금 순간을 각성하는 것이야말로 시대와 그 시대의 진리를 서술하기 위한 필수 불가결한 일이다. "진리는 단지 인식의 시대적 함수인 것만이 아니라 인식하는 것과 인식되는 것 속에 동시에 감춰져 있는 시대의 핵과 결부된 것"이기 때문이다. 그런데 역사주의는 "시대를 초월한 진리"(V/1, 578) 같은 말로 과거의 '위기적 순간'에 나태하게 접근했다. 또 진보 이론에 쉽사리 편승하여 과거를 "몰락의 시대", 현재를 "과도기"로 정리해버린다. 이러한 역사주의와 진보 이론을 극

복하는 길은 과거의 매순간을 "긍정적인 시각"으로 현재 속에서 읽어내는 일
이다. 이는 구체적으로, 파국의 현재를 구원하기 위해 과거의 모든 폐기물을
진리 인식의 대상으로 삼아, 이분법을 넘어서는 비판적 각성의 사유를 수행
한다는 뜻을 내포한다. 벤야민이 역사의 기본 개념을 규정하면서 "파국"을
"기회를 놓쳐버린 것"으로 정의한 것은 이러한 맥락에서다. 예컨대 앞으로 보
겠지만, 벤야민은 자본주의의 착취와 파시즘의 위협을 극복할 힘을 예술에서
찾는다. 그런데 이때 예술의 힘은 아직 출현하지 않은 어떤 새로운 형식 속이
아니라 과거에는 변혁의 기회와 혁명적 가능성을 놓쳐버렸고, 현재에는 왜곡
된 채로 유용되는 형식 안에 충전돼 있다. 이 충전된 채 잠들어 있는 힘을 폭발
시키기 위해서, 역사적 집단은 과거와 현재로부터 동시적으로 깨어나야 한다.

역사는 인식 가능성의 현재를 지반 삼아 '구성' 하는 것이다. 벤야민은 이
러한 자신의 역사철학을 산업 테크놀로지 시대와 조응하는 형상, 즉 "조립 부
품"과 "거대한 건축물"로 표현하고 있는데, 이에 정확히 들어맞는 19세기 산
물이 바로 에펠탑이다. 1889년 파리박람회를 위해 세워진 에펠탑은 1만2000
개의 부분별 철제 부품들로 연결된 거대한 건축물로, 상징적으로는 새로운
"테크놀로지의 영웅시대"를 기리는 "비할 바 없는 기념비"(V/2, 1062-1063)
였다. 이 시대적 철골 건축 기념비 형상으로부터 벤야민이 역사 구성의 원리
를 끌어냈다면, 이것을 탄생시킨 19세기 의식은 그로부터 자기 시대 진보의
의미를 만들어냈다. 현재가 파국인 것은 이렇듯 현재의 원사인 19세기 과거
가 진보 개념과 자본주의의 환등상에 의해 기만적인 꿈에 잠겼기 때문이다.

벤야민은 19세기 프랑스의 삽화가 그랑빌의 그림들을 정확히 이러한 19
세기 사회상에 조응하는 것으로 읽는다. 이 화가는 집단이 무의식 상태에서
꿈꾸는 유토피아적 이미지, 새로운 기술력을 합당하게 수용할 준비를 미처
하지 못한 집단의 소망과 착오, 그리고 자본의 환등상에 얽혀 발생하는 꿈 이
미지를 고스란히 시각적으로 구체화했기 때문이다. 벤야민이 그랑빌의 그림

19 귀스타브 에펠, 에펠탑, 1889.

20 그랑빌, "해저의 식물과 동물이 인간이 발명한(부채, 가발, 빗, 솔 등) 형태에 기초하고 있음을 보여주는 해양 생물 컬렉션", 1844.

들을 변증법적 이미지로 채택한 것은, 20세기 현재의 '마술적 환등상' 속에 잠겨 있는 사람들이 그의 그림의 배후에서 낭패감과 불안감, 이를 조장하는 슬픔을 감지하게 된다는 데 있다. 벤야민은 예술작품 속에서 집단이 지각하는 이러한 감정들이야말로 현재가 처한 꿈의 상태에서 집단이 스스로를 각성하는 '힘줄'로 여겼다.

그러나 큰 틀에서 보면 무엇보다도 우선, 역사의 주체로서 집단이 새로움에 대한 환상을 유포하는 진보 사관을 극복할 필요가 있다.(V/1, 575) 벤야민은 종교 담론을 빌려 역사의 전진을 변호하는 생시몽주의와 '혁명의 기관차'처럼 앞으로만 내달리는 진보 이론에 고착된 마르크스주의 역사유물론에 맞섰다. 여기서 벤야민의 '대항적 역사이미지'가 빛을 발한다.

> "마르크스는 혁명이 세계사의 기관차라고 말했다. 그러나 어쩌면 사정은 아주 다를지 모른다. 아마 혁명은 이 기차를 타고 여행하는 사람들이 잡아당기는 급브레이크일 것이다."(I /3, 1232)

전진만을 향해 내달리는 역사 인식은 과거를 보지 못한다. 그러한 인식의 주체들은 사회 내에 현존하는 계급관계를 철폐할 것을 주장하고, 그것을 미래의 "계급 없는 사회"를 향한 혁명으로 여긴다. 하지만 벤야민은 혁명이 가능하기 위해서는 계급 철폐를 주장하는 일이 중요한 것이 아니라 피지배 계급 자신이 혁명의 주체로서 실천해야 하고, 그 집단이 언젠가 미래에 이뤄질 역사의 자동적 진보를 기다릴 것이 아니라 원사의 기억, 즉 계급과 착취 없는 사회를 향한 집단의 유토피아적 꿈을 지금 여기서 기억해내야 한다고 반박했다. 이러한 역사 인식에서, 혁명은 앞만 보고 내달리는 진보의 기관차에서 가속페달을 밟는 일이 아니다. 오히려 혁명은 집단이 그 기관차의 제동장치를 잡아당겨 과거를 일깨워냄으로써, 자본주의 환등상과 지배계급의 이데올로기 때문에 유실된 변혁의 기회를 복구하는 일이다.

2. 역사의 생성 행위

　벤야민의 역사철학은 과거에 정향해 있지만, 그렇다고 그의 역사철학이 회고적이거나 비생산적인 것은 결코 아니다. 그에게 과거에 대한 회상은 해방된 미래를 향한 "변증법적 · 코페르니쿠스적 전환"으로서, 이를테면 현재의 각성이라는 정치적 실천 행위와 등을 맞댄 의식적 활동이기 때문이다. 벤야민의 유물론적 역사 서술은 이렇게 "역사라는 성좌의 전개를 다른 방향으로" 전회하기 위해 과거로 향한다. 그 서술 행위는 사람들이 지금 여기서 역사의 생성을 실행하도록 이끈다. 벤야민의 말에 따르면, 이는 "동시대인을 가르치는 역사"이다. 역사의 생성은 집단이 꿈의 무의식 상태에서 벗어나 정치적으로 각성되고, 자연적으로 주어진 것처럼 보이는 삶의 세계와 사건들을 자기힘으로 자기 것으로 만들 때 가능하다.

　　"역사적 글쓰기에 대한 식이요법에 대하여. 왈칵 덮쳐오고 있는 불행이 얼마나 오랜 기간에 걸쳐 준비된 것인지를 인식하는 동시대인은—이것을 동시대인에게 보여주는 것, 그것이 역사가가 진정 추구하는 것이어야 한다—자기 자신의 힘에 대해 높은 견해를 획득한다. 그렇게 동시대인을 가르치는 역사는 그를 슬프게 하는 것이 아니라 오히려 무장시킨다. 또한 그러한 역사는 슬픔으로부터 생겨나지 않는다(…)." (V/1, 603)

　동시대를 살아가는 사람들이 자신에게 닥친 불행 또는 시련으로 슬픔에 빠져 무기력해지는 것이 아니라 그것을 계기 삼아 오히려 더 강해지는 것. 이

것은 어떻게 가능한가? 참된 역사 서술로 이루어진 문헌을 읽고 그로부터 가
르침을 얻음으로써, 예컨대 벤야민의 표현을 빌리자면, "먹기(Essen)" 또는
"섭취(Einverleibung)"를 통해 가능하다. 이는 벤야민의 문학비평관을 염두에
둬야 더 정확히 이해할 수 있는 주장이다. 그는 비평 행위나 교육받기에 필수
적으로 전제되는 과정인 "독서/읽기(Lesen)"를 영양 섭취에 비유했다.(IV/2,
1013; 1014) 예컨대 그는 비평의 기술 중 한 가지로, 자신이 논쟁할 "한 권의
책을 마치 식인종이 젖먹이를 요리할 준비를 하고 있는 것처럼, 그렇게 다정
하게 응대하는" 방법을 들었다. 또 "후세는 잊어버리거나 찬양한다. 오직 비
평가만이 작가의 면전에서 판결을 내릴 수 있다"고도 했다.(IV/1, 108) 이 두
기술은 일견 상반돼 보이지만, 진정한 비평이란 대상을 긍정적인 시각으로
완전히 소화하여 양분을 섭취하는 것이고, 그렇게 할 때에만 동시대적 담론
장에서 작품에 대한 올바른 판단을 내릴 수 있다는 벤야민의 비평관을 담고
있다. 즉 비평은 독일어 '게리흐트(Gericht)'가 '영양가 있는 요리'와 '재판정
의 판결'을 의미하듯이(IV/2, 1013), 한 명의 열정적인 독자가 사물/대상의 본
질을 흡수함으로써 판단의 힘을 획득하는 것이다. 독서 행위를 "정신과학적
지식"이 아니라 현실에 대한 실체적 인식을 강화하는 행위로 보는 입장에서
말하자면, "우리는 우리의 경험을 증가시키기 위해서가 아니라 우리 자신을
증가시키기 위해서 읽는다."(IV/2, 1013) 그리고 이때 독서는 "비평이 상투적
으로 가정하는 독자의 기쁨, 즉 대리체험과는 가장 날카롭게 대조되는 것"이
다. 이를 벤야민은, 자신이 처한 현재의 실상을 알고자 하는 동시대인 독자가
역사적 문헌을 '먹음'으로써 가르침과 현실을 돌파할 힘을 얻는 역사 인식의
과정에도 적용했다. 따라서 이 은유를 우리는 역사주의의 '감정이입'에 대한
반대어로 해석할 수 있다.

　　우리가 곧 본격적으로 다룰 벤야민의 모더니티 연구서인 『파사젠베르크』
의 집필 목표는 "역사의 거대한 힘을 방출"(V/1, 578)시키는 것이다. 이는 다

르게 보면, 저자 벤야민이 동시대인들에게 역사 인식과 실천을 추동할 올바른 문화적 지식을 전달하는 일이다. 그런데 이러한 시도는 "과거에 존재했던 것을 이제까지처럼 역사적 방법론에 따르는 대신 정치적 방법론에 따라 다루는 것"이어야 한다.

> "정치적 범주들을 이론적 범주들로 형성하는 것, 즉 오직 현재적인 것에만 적용할 수 있기 때문에, 실천의 의미로만 그것들을 적용하는 가운데 형성하는 것. 이것이 과제이다. 과거 연관들의 변증법적 침투와 재현은 진실을 시험하는 일이다."(V/2, 1026-1027)

『파사젠베르크』 기획의 다른 한 지점에 있는 「역사철학」은 역사적 유물론자로서 벤야민이 자신의 역사철학을 명제화하여 역사 인식의 주체에게 교육적인 지점을 만들고자 했던 저작이다. 역사의 주체는 "억압받은 자들", 역사적으로 누적된 억압에 대항하여 "투쟁하는 피지배 계급", "혁명적 계급"으로서의 "프롤레타리아" 자신이다.(I/3, 1244) 앞서도 지나치며 언급했듯이, 1차 세계대전 이전에 독일 사회민주당은 진보 이론에 편승하여 심각한 이론적 오류를 범했다. 벤야민에 따르면 이러한 오류가 "기술주의적" 노동 개념을 만들어냈고, 1918년 독일 혁명의 실패를 낳았다. 그리고 하트필드의 포토몽타주가 보여주듯이, 독일 근현대사가 바이마르공화국에서 20세기 파시즘에 이르는 "독일 자연사-변태"로 귀결되었다.(I/2, 699-701)

> "사회민주당은 그 구호(지식은 힘이다)의 이중적인 의미를 훤히 꿰뚫어 보지 못했다. 이 당은 프롤레타리아에 대한 부르주아지의 지배를 확립한 그와 같은 지식이 프롤레타리아를 부르주아지의 지배로부터 해방시키게 될 것이라 생각했다. 그러나 실제에 있어서는, 실천으로 나아가는 통로가

없었고 계급으로서의 프롤레타리아에게 그들의 상황을 전혀 가르쳐줄 수 없었던 지식은, 그들의 억압자에게 전혀 위협적이지 않았다. 정신과학적인 지식이 특히 그러했다."(II/2, 472-473)

'지식이 힘'이라는 말은, 피지배자가 앎을 통해 그 억압적인 상태를 깨뜨리는 힘을 얻는다는 뜻으로 해석할 수도 있다. 하지만 동시에 지배자가 현재의 지배관계를 영속시킬 힘을 학문적으로 관리함을 의미할 수도 있다. 만약 진정 사회민주주의자들이 전자의 의도를 갖고 있었다면, 그들은 "정신지배주의(Logokratie)"를 표방하며 강령으로만 "프롤레타리아의 편에 서는 것"이 아니라 "능동적으로 참여"했을 것이다. 구체적으로 어떻게 참여했어야 하는가? 그것은 "생산자" 또는 "엔지니어"로서 프롤레타리아 혁명에 들어맞는 지식의 생산모델을 만드는 것이다.(II/2, 689; 686; 696) 여기서 벤야민이 역사적 유물론자로서의 자신을 "엔지니어"에 비유한 사실을 언급할 수 있겠다. 사회민주주의자들은 그럴 수 없었다는 점과 함께 말이다.

이로써 벤야민 역사철학의 의도와 방향이 보다 분명해졌다. 그는 과거를 정리하는 역사가로서가 아니라, 동시대인들을 각성시키는 실천가로서 과거로 향한다. 또한 그는 프롤레타리아에게 부르주아의 지식을 전수해주는 정신과학자로서가 아니라, 역사적 유물론자로서 피지배 계급 자신이 역사를 만들어나갈 실천적인 가르침을 서술한다. 그러한 역사철학의 궁극적인 목적은 억압받는 피지배 계급, 소외된 것들을 중심으로 한 역사의 전통을 만드는 일이다.(I/3, 1246)

벤야민은 자신의 역사철학을 "유물론적 역사관"이라 명명하고 있지만, 사실 그가 주장하는 바는 "진보 이론에 대한 비판"이라는 점에서, 마르크스의 유물론이나 마르크스주의와도 다소간의 거리를 형성했다. 무엇보다도 그는 자기 역사관의 토대에 세 가지 요소, 즉 "역사적 시간의 불연속성, 노동자 계급의 파괴적인 힘, 억압받는 자들의 전통"을 편성했다. 벤야민은 억압받는 자들의 전통을 창립하기 위해서, 마르크스주의처럼 현재의 노동자 계급을 "미래 세대들에 대한 구원자"로서 보아서는 안 된다고 주장했다. 오히려 이 계급의 구원자적 힘이 "과거 세대들에서 결정적으로 입증되어야 한다"(I/3, 1246)는 입장에 섰다. 억압은 자들과 역사로부터 누락된 것들, 즉 과거에 억압되었기 때문에 현재를 구원할 힘을 갖고 있는 존재들이 중심이 된 전통, 그 존재들을 구원하는 역사가 전통이 되어야 한다는 것이다. 마르크스에게 진보는 "생산력의 전개를 통해 정의된다." 하지만 벤야민은 기술적인 생산력이 문제가 아니라 "그 생산력에 인간 내지는 프롤레타리아 계급이 속한다"는 사실을 지적함으로써(I/3, 1239) 마르크스 이론을 구체화한다. 현재 억압받는 노동자 계급의 의식과 현존이 진보하지 않는 한, 진정한 진보란 있을 수 없다는 것이다. 억압받는 자들이 과거와 현재의 위기를 인식하고, 그 위기에 대한 의식적 각성을 토대로 스스로의 전통을 구성할 수 있을 때에만 "진보"라는 기준은 정당하게 적용될 수 있다.

우리는 벤야민의 역사철학이 파국과 위기, 메시아적 구원을 강조하고 진보 이론을 비판한다고 해서, 그 철학을 '반(反)유토피아주의'로 볼 수는 없다. 그와 마찬가지로 그 역사에 대한 철학을 2차 세계대전을 전후한 '탈역사(Post-histoire)' 이론으로 분류하는 것도 오류일 것이다. 그는 유토피아를 포기하지 않았으며, 역사를 부정하거나 역사 이후를 주장하지 않았다. 기술 발전을 통한 자연지배의 진보에 눈먼 실증주의와 속류 마르크스주의를 비판하면서 벤야민이 진정으로 문제 삼은 것은 미래의 발전과 진보가 아니다. 오히려 그들이 근대 초기의 자연지배가 결국 인간이 다른 인간을 지배하고, 또한 기술이 인간을 지배하는 도착적인 상태로 발전한 현재를 지나치게 낙관한다는 점이다. 그 점에서 실증주의자들이 "매우 자주 조롱의 재료로 삼은 푸리에의 환상이 더 건강"하다.(I/2, 699) 벤야민은 19세기 파리의 공상적 사회주의

자 푸리에의 유토피아주의(utopian socialism)에서 자연과 인간 상호 간의 착취와 지배 없는 관계를 이르는 "조화" 개념을, 후기 예술론을 수용하여 "자연과 인류의 상호 유희" 개념으로 제안했다.[8] 또한 프랑크푸르트학파의 비판이론이 반유토피아주의 전통 속에 있었다면, 벤야민은 역사적 유물론에 종말론적 비전과 구원이라는 신학적인 원천을 부여함으로써 유토피아적 기획의 변형을 주장했다.[9] 따라서 그의 역사철학에서 유토피아는, "프롤레타리아 계급 스스로가 혁명적 정치의 관심 속에서 계급 없는 사회의 개념에 그 개념의 진정한 메시아적 얼굴"을 부여하는, 혁명적 메시아주의로 이루어질 수 있는 것이다.(I /3, 1232)

앞서 인용한 「역사철학」 제9테제에서 벤야민은 "역사의 천사"가 진보라는 폭풍 앞에서, 과거의 억압받은 자들을 일깨우고 잔해더미를 결합시키고자 현재에 머무르기 위해, 자신의 날개를 접지도 못한다고 썼다. 이로부터 우리는 그의 역사철학이 종교로의 도피가 아니라, 신학적 전통에서 구원의 형태로 유지되었던 것을 '역사 시간'에 기억하는 실천임을 주목해야 한다. 사실 벤야민은 이어지는 제12테제에서 역사를 인식하는 주체를 역사의 천사가 아니라 "투쟁하는 피지배 계급 자신"이라고 분명히 정의하고 있다. 그들이 역사의 연속성을 폭파시키고, 자신들의 의식 속에 과거의 혁명적 시간을 기억해낼 때 메시아적 구원의 순간은 열린다는 것이다. 그래서 역사적 유물론자는 놓쳐버린 과거의 기회, 벤야민의 표현을 따르자면 "현재로 통하는 과거의 망원경적 시선(Telescopage)"(V/1, 588) 아래서 과거의 이미지를 "외적으로는 난폭하게 보일 정도로 힘껏 움켜잡는"(V/1, 592) 일을 실행해야 한다. 이는 정지상태 속 변증법적 이미지의 인식이자 실천이다. 구원은 그러한 인식과 실천적 행위를 포함하고 있다.

벤야민의 역사철학이 정치적 실천인 것은, 그것이 이론만 고찰하는 데 머무르지 않고 집단이 활용할 수 있는 역사적 가르침을 제공하기 때문이다. 이러한 관점의 가르침이 억압받은 자들, 동시대 프롤레타리아 계급, 그리고 자신과 마찬가지로 바이마르공화국 시절에 프롤레타리아로 영락한 소시민들을 위한 벤야민의 '유물론 교육' 또는 '혁명 교육'이다. 벤야민은 무엇보다도 지배자 중심으로 전승된 문화사를 비판적으로 교정하는 데 이론 실천의 목표점을 두었다. 역사의 주체가 경험의 무(無) 상태에서 이제 바야흐로 새롭게 형성해가야 할 정치적 경험의 모델을 제공하는 것, 구체적으로는 과거의 실패한 가능성으로부터 현재적 가르침을 제공하는 것이 벤야민 차원의 정치 실천이자 교육활동이었다. 그는 억압받는 역사의 주체가 그러한 가르침을 받아 혁명의 주체로 거듭나고, 그들 자신의 전통, "새로운 시작들의 감정과 연관하는 전통"(I/3, 1242)을 만들 때 역사는 소멸에서 생성으로 전회한다고 역설한다. 벤야민은 이를 위해 근대의 다종다양한 속성과 양상이 때로는 우주의 밤하늘처럼 막막하게 펼쳐져 있고, 또 때로는 하늘의 별처럼 비상한 의미의 빛을 발하고 있는 모더니티 연구(『파사젠베르크』)에 매진했다. 그 별들 중에 유독 '보들레르'라는 별이 빛난다.

5장 "인식 가능성의 지금": 두 얼굴의 모더니티

1. 보들레르와 모더니즘

거리의 패션, 군중, 댄디(dandy), 창녀의 모습은 그 자신 '모던 댄디'였던 보들레르에게 "현대적 삶"의 양상들을 명징하게 비추는 대상이었다. 그 때문인지 서정시인이자 미술평론가로서 그는 일시적이고 덧없으며 세속적인 삶의 세부를 예술의 주제로 포착해야 한다고 주장했다. 영원함과 절대성을 추구해왔던 고전주의 예술만으로는 충분치 않다는 것이다. "현대성이란 일시적인 것, 순간적인 것, 우연한 것이다. 그것이 예술의 반을 이루고, 나머지 반은 영원한 것, 불변의 것이다"[10]라는 그의 탁월한 모더니티 명제는 여기서 태어났다.

그런데 흥미롭게도 벤야민은 보들레르의 명제를 받아 모더니티를 다시 정의한다. "현대는 반고전적이면서 고전적이다. 반고전적인 이유는 현대가 고전성에 반대하기 때문이다. 고전적인 이유는 현대가 그 시대의 표현을 각인시키는 시대의 영웅적 업적이기 때문이다."(V/1, 377) 요컨대 보들레르가 '일시적이고 순간적인 것의 영원함' '우연의 불변'이라는 현대성의 변증법을 예술을 중심에 두고 정의한다면, 벤야민은 그것을 좀더 확장해 '고전과 반고전의 변증법으로서 현대'라는 명제로, 특히 역사적 인식을 강조한 것이다.

21 펠릭스 나다르, 샤를 보들레르, 1855.

근대의 표상과도 같은 인물 보들레르, 그리고 그가 속했던 시대의 다양하고 복잡한 문화적 현상들은 벤야민이 읽어내고자 한 모더니티의 원현상이었다. 1937년 벤야민은 『파사젠베르크』의 "축소 모델로 발전시키고자"(V/1, 1164) 보들레르에 대한 작업을 구상하기 시작했다. 그것이 '샤를 보들레르— 고도 자본주의 시대의 서정시자'이라는 제목으로 묶인 두 편의 글이다. 그는 1938년 「보들레르에서 제2제정기의 파리」를 완성했다. 그러나 이 글은 "마르크스주의 이론이 자의적으로 활용"되고 있으며, 단순한 사실들이 이론적 매개를 대신하고 있다는 아도르노의 비판에 직면해 대폭 수정될 수밖에 없었다. 그 수정본이 「보들레르론」으로, 당시 사회조사연구소의 환영을 받았다. 하지만 사실은 앞선 글이 『파사젠베르크』의 축소 모델에 더 가까웠다.

동료 학자의 비판과 그에 따른 수정이라는 우여곡절을 겪으면서도 벤야민의 작업에서 보들레르 연구는 꾸준히 중요한 위치를 점하고 있었는데, 우리는 그 이유를 다음과 같이 생각해볼 수 있다. 먼저 보들레르는 19세기의 모더니스트로서 동시대의 사회 문화적 현상에 직접적으로 깊이 관여했고, 또한 그 자신 시인이자 비평가로서 '현대성'을 정의했다는 점에서 그 연구 가치가 지대하다. 모더니티를 연구하는 벤야민에게 보들레르는 생생하고 영양이 풍부한 문화사의 연구 보고(寶庫)였던 셈이다. 둘째, 벤야민은 보들레르의 문학 세계를 분석하고 비평함으로써 근대의 정신적 "증후"를 표현의 층위에서 읽어낼 수 있었다.[11] 앞서 살펴보았듯이 벤야민은 철학을 "서술"의 문제로 보는 만큼 문학적 형식들은 그의 사유에서 외적인 것이 아니라 본질적인 문제이다.[12] 그렇기 때문에 벤야민의 보들레르 연구는, 보들레르 자신이 19세기 문화적 현상의 다양한 틈바구니에 깊숙이 편입되어 그 현상들과 상호 관계하면서 어떤 문학적 형식들로 그 시대를 표현/서술했는가가 중요했다. 예를 들어 벤야민이 1914년부터 1915년까지 수행한 보들레르의 『악의 꽃』 독일어 번역 작업을 이런 맥락에서 이해할 수 있다. 당시 독일에서는 시인 슈테판 게오르게가 1901년 번역 출간한 『악의 꽃』이 "위대한 모범"으로서 확고한 명성을 누리고 있었다. 하지만 벤야민은 보들레르의 시문학이 모더니티의 복합적 현실성을 "사진가가 사진 표면 위에 사물의 본질을 음화 상태로 포착"하듯 드러냈다고 보고, 현대성에 입각해 번역어부터 신중히 선택했다. 그렇게 해서 벤야민은 당대까지도 문학사와 문학이론이 간과한 보들레르와 그의 예술언어에 내재한 "혁명적인 에너지"를 새롭게 읽어내고자 했던 것이다. 무엇보다 그 에너지를 현재 시간에 점화시키는 것이 벤야민의 깊은 의도였다.

벤야민은 보들레르를 "시장 정향적 독창성"을 처음 생각했고, 근대 산업사회에서 대량생산품의 역능을 감지해 "상투형(stereotype, poncif)"을 창조하고자 한 가장 모던한 인물로 파악했다.(V/1, 420; 422-423) 보들레르는 사물화 · 상품화가 인간과 인간의 관계, 인간과 사물의 관계를 지배해가는 근대 자본주의 사회의 메커니즘과 실체를 예술 영역에서는 처음으로 간파했다. 그리고 유미주의 예술의 관념에 입각해 그러한 양상을 단순히 부정하거나 거부한 것이 아니라, 시장과 대중의 메커니즘을 자기 예술세계에 수용하는 동시에 이용했다. 다음과 같은 사실이 이를 시사한다. 보들레르는 1850년경에는 예술이 유용성에서 분리될 수 없다고 단언하지만, 몇 년 후에는 '예술을 위한 예술'을 주창한다. 또 다른 한편 그는 '예술 독창성의 상투형'이라는 일견 모순되는 현대성 개념을 창조해냈다. 모더니스트 보들레르는 이러한 자신의 견해를 "정언적으로" 개진하였으며, 자신의 주장들 사이에 급격한 모순이 있어도 해명하지 않았다.(I/2, 314) 어째서 그랬던 것일까? 바야흐로 대량생산과 대량 소비시장이 위세를 떨치는 근대 사회적 상황에서 예술의 변별력은 오히려 '독창성'에 있다. 하지만 보들레르가 재능의 두드러진 임무란 바로 '퐁시프'를 창조하는 것이라 했을 때, 그 의미는 당대의 독창성이란 역설적이게도 대중의 '상투형'이 되었을 때에야 비로소 인정받을 수 있다는 뜻이다. 보들레르는 이렇게 자신이 속한 근대 현실사회의 경제적 · 문화적 양상이 독창성과 대중성의 모순적인 결합에 있음을 간파했고, 자기 예술로 그에 대응했기 때문에 벤야민의 주요 연구 대상이었다.

다른 한편 벤야민의 비평적 관점에서 보면, 보들레르는 근대 역사가 이행하는 과정 속에서 '진정한 경험'이 어떻게 불/가능한지를 자신의 생애와 저작으로 보여준 인물이다. 물질적 지각세계가 급격하게 변동하면서 파생되는 현기증 나는 속도의 문화, 복잡함과 다양함, 이로 인해 한 가지 관점에서 파악하는 것이 불가능해지고 종합의 가능성 또한 희미해진 문화적 모더니티에 보들레르는 한 명의 불안정한 주체로서 반응했다. 또한 그런 사회 조건 속에서 가능한 예술작품을 생산했다.

보들레르는 예컨대 시 「지나가는 여인」에서, 소음과 속도로 시인을 타격하는 도시가 일상이 되었음을, 그러한 일상의 환경에서 인간과 인간의 관계가 "한 줄기 번개"처럼 섬광의 순간에 맺어지고 흩어지는 관계일 수밖에 없음을 현대의 속성으로 형상화한다. 시 속에 표현된 시인의 감각은 모더니티에 대한 감각 기관이자 지진계이다. 그리고 시어는 그 기관 또는 지진계에 새겨지는 근대 세계의 이행과 변화의 충격파, 그 파장의 표현 또는 기록이다. 벤야민은 보들레르 시에서 알레고리적으로 표현된 이 모더니티의 특수한 지각의 세계가 근본적으로는 시인이 수용할 수밖에 없으며, 동시에 그에 저항하고 싸워야 할 당대 조건이었음을 통찰했다. 그가 보기에 모더니티의 양면성은 보들레르의 미적 모더니즘에 불가피한 양면성을 삽입시켰으며, 결국 그에 대한 양가적 평가를 유발했다. 즉 보들레르는 관조와 침잠이 필수적 감상 태도인 "서정시를 수용할 조건이 불리해진" 시대, 충격과 정신분산이 일상화된 시대에 우울과 멜랑콜리에 빠진 시인이다. 그러나 동시에 그 우울을 자양분으로 삼아 알레고리를 구사하면서, 자본주의의 환등상에 빠져 있는 현실의 가상적 조화를 깨뜨린 파괴적 면모를 지닌 시인이다.

보들레르가 표현한 "번개"와 같은 현대의 순간은, 벤야민에서 정지상태의 변증법적 순간, 즉 모더니티를 응축하고 있는 카이로스적 시간과 같다. 벤야민은 보들레르에게서 "현대적인 삶이 변증법적인 이미지의 정신적 보고"(I/2, 657)였음을 주장한다. 이는 무엇보다도 시인이 표현한 '스쳐 지나가는 현재의 순간'이 고대와 중첩되는 현재 시간이기 때문이다. 이 지점에서 우리는 벤야민이 보들레르를 중심으로 해서 19세기의 파리를 변증법적 이미지로 현재에 환기시키고자 하는 이유를 발견할 수 있다. "17세기가 고대와 맺고 있던 관계와 유사하게 보들레르는 현대적인 삶에 관계하고 있었다." 즉 "고대와 현대 사이의 조응이 보들레르에게는 유일한 구성적 역사 개념이다."(I/2, 657: V/1, 423) 이는 보들레르가 오로지 당대 현실의 한정된 순간에 매몰돼 있지 않고, 그 시간을 과거 고대와 조응하는 순간으로 간주함으로써 역사의 진보라는 개념에 맞섰음을 의미한다. "보들레르에게서 현대성이 한 시대의 표지로서뿐만 아니라 이 시대가 직접적으로 고대를 자기 것으로 변형시킬 수 있도록 해주는 에너지로서도 나타난다는 사실은 매우 중요하다."(V/1, 309) 보들레르 자신이 「현대적 삶의 화가」에서 "과거는 희미한 신랄함을 유지하는 한편 빛과 삶의 운동을 되찾아서 현재가 된다"[13]고 말하고 있기 때문에, 이처럼 벤야민이 파악한 보들레르의 시간관은 정확한 것이다. 이러한 시간 이해를 우리는 다음과 같이 해석해볼 수 있다. 마치 알레고리의 본래적 의미인 '겹쳐 쓴 양피지(palimpsest)'처럼 17세기 바로크 비애극이 고대를 인용한다면, 보들레르 또한 19세기 현재를 고대 그리스·로마와 변증법적인 관계로 파악했으며, 그 보들레르의 19세기 파리는 벤야민에게 다시 과거로서 20세기 현재와 변증법적인 관계에 있다고 말이다. 이러한 시점의 역사철학적 인식은 '발전'과 '진보'의 연속적 시간 고리를 해체하고, 그 연속성이 신화이자 가상임을 폭로한다. 그렇다면 벤야민이 주목하는 보들레르와 그가 속한 19세기 모더니티의 사회적 시공간은 어떠했는가? 보들레르와 벤야민의 시각을 비교해가면서 보기로 하자.

보들레르가 현대의 결정적으로 새로운 대상들이라며 주목한 '대도시', '군중' 또는 '대중', '산책자'는 벤야민에게서는 보들레르 작품의 핵심적인 모티브로 파악됐다. 또한 경험의 질이 바뀌고, 사물과 인간 존재의 가치가 달라지고, 예술 수용의 조건이 변화되는 19세기에 나타난 특수한 현상들이었다. 따라서 우리는 벤야민이 보들레르의 작품에 나타난 모티브를 연구함으로써, 모더니티를 연구하고자 했다고 말할 수 있는 것이다. 이름 붙이자면, 모더니티-보들레르 연구!

"보들레르에게서 파리는 최초로 서정시의 주제가 된다. 이 시는 지역〔도시〕에 관한 것이기는 하나 향토에 관한 시와는 정반대이다. 이 도시를 응시하는 알레고리 천재의 시선은 오히려 깊은 소외감을 드러낸다. 산책자의 시선이 그것으로, 그의 삶의 방식은 마음을 달래주는 환영의 이면에 우리 시대의 대도시에 미래를 살게 될 주민들의 비참함을 은폐하고 있다. 산책자는 군중 속에서 도피처를 찾는다. 군중은 베일로서, 이를 통해 보면 친숙한 도시는 산책자에게 환등상으로 변형된다. (…) 산책자의 형상을 통해 지식인들은 시장에 익숙하게 된다. 지식인은 그저 한번 둘러볼 뿐이라고 생각하지만 그렇게 시장에 굴복하는 것이다. 사실은 이미 그런 식으로 구매자를 찾고 있는 것이다."(V/1, 69-70)

위의 글에 벤야민이 구상하고 있는 '모더니티-보들레르 연구'의 모든 방향들이 함축적으로 제시되어 있다. 첫째, 모더니티 연구에서는 민속적인 관점에서가 아니라 현존 형식의 관점에서, 새로 출현한 삶의 형식으로서 대도시가 중심 주제가 된다. 인간 노동과 기술 생산 메커니즘, 자본 축적과 상품 소비, 패션과 유행 등 모더니티가 구현되는 곳이 바로 이 대도시였기 때문이다. 둘째, 모더니즘 예술의 주체는 일명 '산책자'로서 알레고리의 시선으로 대도시를 응시하고 경험하며, 그것을 작품의 원천으로 쓴다. 전통적인 예술, 구체적으로 르네상스의 전인적인 예술가는 "주체와 객체, 아는 이와 알려진 것"이 하나가 되는[14] '원근법적 주체'로서 정합적이고 종합적인 단일 시선으로 외부와 분리된 채 가시적인 세계를 관찰했다. 반면 모더니즘의 '산책자-예술가'는 상품자본이 전면화된 현대 대도시에서 그러한 시각은 가상일 뿐이며 더 이상 가능하지 않다는 것을 알고, 적극적으로 외부와 뒤섞이며 움직인다. 그래서 이 예술가는 알레고리의 파편적 시선으로 한편으로는 대도시에서 펼쳐지는 다양한 삶의 풍경을 구경하는 동시에 스스로를 시장의 상품으로 전시한다. 물론 이때 분열적이고 이중적인 모더니티의 경험은 그의 작품에 중요한 원천이 된다. 현대성의 경험 자체가 구경거리이고, 경험의 주체 자신이 상품이 되며, 또한 현대적 경험이 작품이 되는 것이다. 셋째, 대도시와 아케이드, 백화점과 같은 새로운 시장 형식의 출현과 함께 의식의 차원에서가 아니라 수(數)적인 차원에서 대규모인 '군중'이 새롭게 형성되었다. 대도시에서 이 수적 집단은 자본주의 환등상을 증폭시키는 일종의 '베일'이었다. 손님은 백화점에서 "스스로를 대중으로 느낀다."(V/1, 108) 이 사람들은 자본주의의 오락 장치에 "반응"하고, 또한 "정치 선전뿐만 아니라 산업적인 선전이 기대하는 그대로 복종"(V/1, 65)한다는 점에서, 사실 군중이다. 산책자-예술가는 이 군중을 통해서 도시의 친숙함과 낯섦을 표현했다. 넷째, 모더니즘 시기 자본주의 체계는 지식인마저 시장의 논리로 포섭했다. 이는 두 번째 연구 방향과 맞닿아 있는 동시에, 당시 삶의 전면에 작용한 자본주의적 속성에 대한 연구 방향을 예시하기도 하는 것이다.

현대적 시인인 보들레르는 산책자로서 "새가 공중에서 날아다니고, 물고기가 물속에서 노는 것처럼 (…) 대중과 한 몸이 된다. (…) 자신의 집 밖에 있으면서 어디서든지 자신의 집처럼 느끼며, 세계를 바라보고 세계의 중심에 있으면서도 세계로부터 숨어 있는"[15] 사람이다. 자의식 강한 예술가가 익명의 상태에서 대중과 뒤섞일 수 있고, 외부세계를 내부로 느끼면서 자신을 은폐한 채 관찰할 수 있는 공간은, 자연이 아니라 대도시 내 "하나의 도시, 축소된 세계"(V/1, 45)인 근대의 유행 상품점, 아케이드 내부이다. 아케이드는 외부에서 보면 유리와 철로 지어진 하나의 거대한 건축물이지만, 내부에서 보면 거리와 여러 상점들로 구성된 하나의 도시이다. 이러한 구조적인 특성 때문에 이 공간에서는 외부와 내부가 쉽게 전도될 수 있다. 마치 양말이 뒤집혀 안팎이 바뀌듯이,[16] 아케이드 밖에서는 아케이드 내부가 실내이지만, 아케이드 내부에서는 그 내부의 거리가 실외가 되는 식이다.

　아케이드가 실내와 실외라는 공간적 의미에서 문턱과 같다면, 보들레르는 사회 정치적인 의미에서 문턱의 정체성을 가진 이, 이를테면 경계선 사이에서 움직인 인물이다. 벤야민은 마르크스가 "보헤미안"을 제2제정기 파리의 "직업적 반란 음모자들로 분류해넣었다"고 지적하면서, 보들레르를 이런 유형의 정치가들과 비슷한 인물로 분석했다.(I/2, 513) 즉 마르크스는 그 시기 음모자들이 "전적으로 애매하고, 해체되었으며, 갈팡질팡 내팽개쳐진 무리들"(I/2, 514)인 보헤미안과 같다고 봤는데, 벤야민은 보들레르의 인상이 이와 같다고 말하는 것이다. 앞서도 살펴보았듯이 보들레르는 예술에 대한 자신의 입장을 아이러니하게 번복했다. 그리고 정치적으로 반역과 혁명을 선동하기는 했지만, 그의 반역은 "언제나 비사회적인 인간의 성격"을 띠었다.(I/2, 514; V/1, 70) 여기서 보듯 보들레르는 정치적으로 애매한 태도를 취했다. 또 시장에 구경꾼으로서만이 아니라 구매자를 찾는 지식인으로 접근했고, 예술의 독창성에 대량 유통의 상투형을 잇대고자 했다. 벤야민은 이러한 점들을 통찰하고, 보들레르를 "여전히 문턱 위에, 대도시뿐만 아니라 부르주아 계급의 문턱 위에"(V/1, 54) 서 있었던 한 명의 보헤미안, 모더니스트로 보았던 것이다. 그는 어느 한쪽에도 속하지 않았으며, 어느 한 세계에도 안주하지 못했다. 이러한 보들레르의 불안정하고 양면적인 위치는, 점차 후견인

제도가 사라지고 자본주의 시장 논리에 따라야 하는 모더니즘 예술의 사회적 조건 변화와 맞물려 있었다. 그리고 더 넓게는 이러한 불안정성과 양면성, 또 안과 밖, 형식과 내용의 전도라는 모더니즘 시기의 현존 양태를 보들레르가 체득한 결과이기도 했다.

실제로 보들레르는 당대 일반 대중 독자에게서 "의지력과 집중력"을 전혀 기대할 수 없던 때에 서정시를 썼다. 이것이 의미하는 바는 무엇인가? 그것은 보들레르가 "거울도시"처럼 작동하는 모더니즘의 지각세계를 간파했다는 것이고, 그러한 지각의 조건을 역설적으로 이용했다는 얘기이다. 벤야민과 유사하게 아도르노가 지적하듯이, "주체에 비해 사회적인 힘이 증가할수록 서정시의 상황은 더욱 불안정해진다. 바로 이 점을 보들레르의 작품은 최초로 기록했다." 그러한 기록으로서의 보들레르 문학은 동시대 "개개인의 고통에 만족하기보다는 모더니티 그 자체를 반서정적인 것으로 비난하면서, 영웅적인 문체를 띤 언어의 힘으로 문학적인 섬광을 발산"시킨 예술이다.[17] 그러나 보들레르가 모더니즘의 반서정성을 비판하는 방식은 그러한 시대적 양상에 대해 어떤 객관적이고 우월적인 위치에서 판결을 내리는 것이 아니다. 때로는 그 자신이 그러한 모더니즘의 양상에 깊숙이 자리 잡은 자로서, 그러나 다른 한편으로는 그에 참여하지 않고 구경하는 자로서 모더니티에 대해 아이러니의 균형을 취한다. 이 아이러니 상태의 균형이야말로 자본주의의 기만적 환등상과 그것이 현실이 되어버린 모더니티 사회에 대해 시인이 취할 수 있는 가장 탁월한 반응일지 모른다. 벤야민은 보들레르의 「도박」이라는 시를 해독하면서, 모더니즘 사회에서의 노동·시간 경험을 논하는데, 여기서 우리는 또한 벤야민이 탁월하게 보들레르가 동시대에 취한 입장을 간파해내고 있음을 목격한다.

"도박에 빠진 사람들에 대한 공감, 아니 흠모의 말을 찾아냈다고 할지라

22 "쇼윈도-성공을 위한 열쇠", 베젤과 나우만이 만든 쇼윈도 광고, 1929.

23 베를린의 카데베(Ka De We)백화점 쇼윈도, 1932.

24 게르마이네 크룰, 〈파사주〉, 사진.

25 그랑빌, "문학은 줄줄이 뽑혀 한 덩이씩 팔리기 시작했다", 1844.

도 보들레르가 도박에 깊이 빠져든 것 같지는 않다. 그[보들레르]가 밤 장면을 묘사한 「도박Le jeu」에서 다루었던 모티브는, 현대에 대한 그의 견해에 예정되어 있었다. 그것을 쓰는 일은 그의 과제 중 일부를 이룬 다."(I/2, 634)

시인 보들레르는 19세기 들어 시민들 사이에 보편화된 도박에 빠진 자가 아니다. 그와는 달리 그런 세속적인 경험을 시로 쓰는 일을 자신의 과제로 설정하고, 그 도박 현장의 "구석에 서서" 관찰하는 "한 명의 현대인"(I/2, 636)이다. 도박판에서 시간은 축적되는 것이 아니라 새로운 패가 돌려질 때마다 완전히 새롭게 재편성된다. 또 도박판을 지배하는 것은 소망의 지속이 아니라 매번의 '운'이다. 여기서 경험은 시간의 축적 속에서 충만해지기보다는 "탐욕이나 어떤 어두운 결단"에 의해 분절된다. 보들레르는 이것이 모더니티이며, 그러한 분절된 시간과 일시적인 경험의 삶을 살아내는 사람들이 현대인임을 도박판의 구석에서 깨우쳤고, 이를 시로 썼다.

> "… 지저분한 천장들에는, 자기네 피땀의 대가를
> 낭비하러 오는 이름난 시인들의 컴컴한 이마들에다
> 어스름빛 던지는 한 줄의 창백한 샹들리에들과
> 엄청나게 커다란 아르간등들의 행렬;
>
> 이게 바로 어느 날 밤 꿈에서 내 밝은 눈 아래
> 펼쳐졌던 어두운 그림.
> 나로 말하면, 그 말수 적은 소굴 한구석에서,
> 팔꿈치 괴고, 추위에 떨며, 입 다물고, 시샘하며,

(…)

시샘하는 자신에 내 마음은 질겁을 하는 것이었다!"

– 보들레르, 「도박Le jeu」[18]

이 시를 독해하는 벤야민의 시각은 시 속에서 표현된 보들레르의 시선과 일정 부분 겹치면서도, 그 시각이 19세기 모더니즘 예술가가 취했던 양면적인 입장과 모더니티 일반에 대한 비판적인 통찰로 확장된다는 점에서 차이가 난다. 보들레르는 시 속에서, 도박꾼들에게 일종의 "공감, 아니 흠모의 말"을 하고 있다고 할지라도 거기에 참여하지는 않는다. 그리고 그들의 피폐한 용모와 홍청망청한 심성을 영웅적인 면모로 격상시키는 시를 쓰는 기민함을 보인다. 그런데 벤야민은 시의 마지막 행에서 시인의 "초조함"을 간파했다.(Ⅰ/2, 634-637) 이는 앞서 썼듯이 모더니즘 시기 자본주의의 전면화와 함께 도래한 예술가의 불확실한 경제적 입지, 그렇기 때문에 그들이 취할 수밖에 없었던 정치적인 모호성과 관련 있는 심리인 것이다.

벤야민은 아케이드의 실내외 전도, 보들레르의 문턱-경계 위의 입장을 논함으로써 모더니즘 시기 현존의 진정한 국면을 드러냈다. 한편으로 그것은 모더니티의 사물과 인간 존재 속에 내재하고 있는 극단의 양면성을 보여주는 것이다. 이 야누스, 이 두 얼굴이야말로 모더니티이다. 진보와 파국의 현재. 과거의 소망이미지이자 현재의 환등상으로서의 상품. 지적 · 예술적 산물의 생산자이자 그 상품의 판매자가 된 지식인 또는 예술가. 실내의 사적인 개인인 동시에 실외에서 군중 속의 행인 혹은 구매자가 된 사람들. "언제나 처음부터 다시 시작하는"(Ⅰ/2, 636) 도박의 생리와 같은 현대의 진보와 유행이, 사실은 전통적인 의미에서 경험의 축적을 파괴하면서 '지옥과 같이 반복'되고 있다는 점.(Ⅴ/1, 75-77) 이러한 사실들이 벤야민이 통찰한 모더니티의 극단적인 양면성이다. 물론 우리는 이 통찰에서 더 나아가 산업기술의 발전이 자본주의의 유행과 상품물신의 환등상을 부추기는 방식으로만 수용되었고, 그로 인해 사회관계가 전도될 수밖에 없었다는 비판을 읽어낼 필요가 있다.

모더니티의 모순을 벤야민은 19세기 문학뿐만 아니라 시각이미지에서도 발견했다. 앞서 잠깐 다룬 그랑빌은 그 세기의 화가로서, 우화와 현실을 풍자로 뒤섞고 공상과 과학을 유머러스하게 교차시키는 독특한 상상력을 작품에 쏟아 붓다가 결국 광기로 죽은 인물이다. 벤야민은 이 기이한 예술가와 그의 작품을『파사젠베르크』의 주요 연구 대상이자 모티브 이미지로 삼았다. 그의 그림들은 모더니즘 시기 산업기술에 의해 인간과 사물의 관계가 전도된 양상을 "변증법의 장대한 재현"(V/1, 112)으로 예시했기 때문이다. 예컨대 태양계 행성들 사이에 놓인 철제다리를 산책하는 사람을 그린 〈행성 간 다리〉는 19세기 사람들이 첨단의 산업기술로 실현할 수 있을 것이라 기대했던 꿈이미지(Traumbild)를 현상하고 있다. 그러나 실제로 이 꿈은 "상품물신을 위한 순례의 중심지"인 세계박람회를 위한 선전물 중 하나로 알량하게 실현되었다.(V/1, 50) 〈사람을 산책시키는 개〉는 집채만큼 큰 개에 이끌려가면서도 거만한 표정을 짓고 있는 왜소한 부르주아 개인을 보여줌으로써, 근대인의 허세를 묘파한다. 한 그림에는 물고기들이 욕망의 늪에서 허덕이는 남녀를 온갖 사치품을 미끼로 낚시질하고 있고, 또 다른 그림에는 부채, 가발, 빗, 솔과 같은 19세기 패션용품들이 마치 해저 동식물인 양 자연의 형태를 빌려 묘사돼 있으며, 공식 석상의 사교계 사람들을 그린 그림에서 인간의 육체는 온데간데없이 의복과 장신구만이 인간들의 페르소나를 대신한다.

벤야민은 그랑빌의 그림에 그려진 이 모든 환상과 기만과 전도의 양상이 모더니즘 시기 현실이었음을 비판적으로 고찰했다. 과거 집단적 꿈-소망이미지가 상품물신의 환등상이 되었다는 것, 이것이 벤야민이 처음 구상한 '변증법적 이미지' 개념이었다는 사실은 앞서 언급했다. 그런데 이로부터 우리는 또 다른 중요한 사실을 이해하게 되는데, 어쩌면 이것이 더 중요한 점일 수도 있다. 그것은 집단의 꿈-소망이미지를 형성시킨 것도 자본주의 산업기술이고, 그러한 꿈-소망이미지가 인간 공동체나 자연이 아니라 자본주의 체제에 투여되는 데 매체 구실을 한 것 또한 산업기술이라는 점이다. 어느 쪽이든 똑같은 산업기술이지만, 관건은 사람들이 그것을 어떻게 이해하고, 수용하고, 어떤 이미지 상상력으로 그 신기술과 조응하는가이다. 바야흐로 산업기술이 급속한 속도로 발전해가던 19세기 당시, 사람들은 그 기술을 자연의 지배와 신화의 예속 상태에서 인간을 해방시키는 데 사용하지 않았다. 오히려 지배계층으로서 부르주아지를 위한 자본 축적과 소비에 전용했다. 아케이드가 대변하는 상품시장, 보들레르가 자신을 군중 속의 산책자이자, 고객을 위해 스스로를 전시하는 상품으로 이해했던 대도시 시장이 그 자본의 중심지였다. 벤야민은 산업기술이 이렇게 부르주아 자본의 도구가 됨으로써 사회관계가 전도될 수밖에 없었음을 간파했다. 자본의 목적에 봉사하는 새로운 산업기술은 전통/현대, 수동/자동, 유흥산업(오락과 도박)/예술, 안/밖이라는 문턱의 경계에서 마술적 영향력을 행사했던 것이다.

사회적 상황이 이렇게 변전하고 있었음에도 불구하고, 개인 부르주아는 '내면'이라는 사적 영역으로 퇴각한 지 오래였다. 더 나쁜 것은, 정치적으로 이 계급이 자신의 자본과 특권을 지키기 위해 프롤레타리아트의 혁명을 예방할 여러 사회정치적 프로그램을 추진했었다는 사실이다.(V/1, 52; 284) 주택의 실내와 아케이드는, 이러한 분열된 양면성으로 세계와 현실을 이해한 부르주아지에게는 안성맞춤의 장소였다. 사회가 점차 공적인 틀로 규정되기 시작하면서, 부르주아지 중에는 대도시에서 사생활의 흔적이 사라져가는 것을 자신의 실내에서 되돌리려는 경향이 나타났다. 온갖 과거적인 취향의 사물들이 실내를 점유했으며, 그 안에서 개인은 거주의 흔적을 각인시키려 노력했다. 그들에게는 아케이드 또한 사적 실내와 별반 다를 바 없는 "피신처" 혹은 "산책길"(V/1, 83)이었고, 사업상으로는 투기의 대상이었다. 이런 현상들에

26 그랑빌, "행성 간 다리, 토성의 고리는 철제 발코니", 1844.

27 그랑빌, "사람을 산책시키는 개", 1844.

28 그랑빌, "다양한 욕망의 품목을 미끼로 써서 사람들을 낚는 물고기", 1844.

29 그랑빌, "공식적인 자리에서 자신의 의상으로 대표되는 상류 사회 사람들", 1844.

서 우리가 보는 것은 산업 테크놀로지를 지배 수단으로 이용하면서, 그것에 의해 창출된 부를 사적으로 점유하고자 한 당시 부르주아지의 욕망이다. 19 세기 모더니티의 근본적인 한계 중 하나는, 부르주아 계급이 이렇듯 사적 이 해관계에 몰두한 채 그들이 담당해야 할 사회적, 역사적 기능에 대한 자각과 책무를 저버렸다는 데 있다. 그렇다고 당시 프롤레타리아 계급이 이에 적절 하게 대응할 수 있는 조건에 있었던 것도 아니다. 그들은 테크놀로지의 발전 자체를 자신들의 계급이 나아갈 방향을 지시하는 것으로 오인했고, 그 오인 이 결국 잘못된 정치적 목표 설정으로 이어졌기 때문이다. 또 당시에 예술은 부르주아 개인의 실내를 그 스스로가 은거할 "망명지"로 삼거나,(V/1, 67) 아 케이드 인테리어를 장식하는 데 복무하면서 사회의 퇴행에 기여했다. 이러한 상황에서 인간과 인간의 관계, 인간과 자연 · 사물의 관계가 물화와 소외로 귀결되는 것은 어쩌면 당연한 일이었다.

2. 상품물신, 인간-사물-인간 관계의 물화

벤야민은 1934년을 기점으로 "사회학적 관점"에서, 마르크스의 '상품물 신' 개념을 『파사젠베르크』의 중심 사안으로 상정했다. 그는 이 개념을 루카 치의 "사물화(Verdinglichung)" 이론을 통해 이해한 것으로 보인다.

루카치는 베버의 '합리화' 개념과 마르크스의 '상품물신' 개념을 토대 로, 근대 자본주의로 접어들면서 상품이 사회 전체 "모든 생의 표현에 영향력 을 발휘하는" 지배적 형식이 되었다는 사실을 문제시했다. 즉 "상품이 오직 사회적 존재 전체의 보편 범주"가 되어버렸다는 것이다. 상품경제의 완성으 로 인간의 활동이 객체화 · 상품화되고, 사물들 간의 관계가 교환가치의 체계 위에서만 작동한다. 인간 활동의 객체화 · 상품화는 시간을 기계적으로 계측

하고, 노동 형태를 기계의 작동 원리에 따라 분업화시키는 자본주의 공장제 생산 방식, 그 합리화 과정의 전제이자 결과이다. 이에 의해 자본주의 사회의 모든 관계는 물화되었다. 이것이 루카치가 정의하는 사물화이다.[19] 자본주의 생산 과정에서 노동자의 노동력은 그 인격성에서 분리돼 시장에서 판매되는 상품의 형식을 띠게 된다.[20] 또 그가 생산한 산물들은 시장에서 교환가치로만 평가된다. 이러한 환경에서 "주체들은 필연적으로 합리적 분해를 겪지 않을 수 없다." 이것이 사물화의 효과이다. 요컨대 루카치는 사물화란, 상품 구조에서 "사람들 간의 관계가 사물의 성격을 지닌다는 사실"을 통해, 그러한 사물성이 "대상성의 근본적 지반인 인간들 간의 관계를 겉보기에는 완전히 완결적이고 합리적인 듯이 보이는 엄격한 자기법칙성으로 은폐"하는 효과라고 정의했다.[21] 여기서 완결과 합리로 가장된 관계는 사실 물화된 관계이다. 그것이 진정 문제인 것은 인간이 생산과 노동에 대한 사회적 의식, 이를테면 그에 대한 객관적인 인식과 공동체적 합의를 갖지 못한 채 서로 분절되고 고립과 소외된 개체로 밀려나 역사와 사회의 주체적 역할을 상실한다는 데 있다.

벤야민은 이러한 루카치의 '사물화' 개념을 이론적으로 수용했다. 따라서 그는 루카치가 상품물신이라는 경제적 사태를 철학으로까지 소급해 고찰하고, 사물화의 범주를 부르주아적 사고의 이율배반에서 유래하는 것으로 설명했듯이, 고도 자본주의 시대 경제적 표현으로서의 문화를 루카치와 같은 방식으로 다루려고 했다. 물론 벤야민은 근대에 새롭게 출현한 모더니즘 문화에 대해 반감과 비판으로 일관했던 루카치와는 달랐다. 그는 자신의 논의 속에 19세기 근대 산업사회의 문화에 드러난 파편적 현상과 모더니즘 아방가르드 예술을 비평적 거리를 두되 생산적으로 수용함으로써, 동시대 문화에 대한 논의를 확장 혹은 심화시키려 했기 때문이다.

근대의 물화 현상에 대해 비판하는 벤야민에 따르면, 인간들의 관계는 인간과 사물의 관계로 추상화되었다. 생산수단을 소유한 고용주들은 인간이 자연을 착취하듯 인간-노동자를 착취한다. 노동자는 자신이 생산한 상품을 소비하는 데서는 배제되고, 엄격히 규율화된 상품 생산 현장에 얽매인다. 심지어 그는 노동 이외의 시간, 즉 여가시간에까지도 완전히 자유로울 수가 없다. 생산의 더 큰 증대를 위해 자본가가 고안한 오락산업에 몸과 정신이 팔리기 때문이다. "오락산업은 그를 상품의 높이로까지 들어올림으로써 [사회적 생산관계와 현존의 구조에 대한 그의 문제의식을] 이완시켜"준다. 이렇게 오락산업이 이끄는 대로 정신을 분산시켜 즐기는 가운데, "인간은 자기 자신으로부터의 소외와 타인으로부터의 소외"에 익숙해진다.

『파사젠베르크』의 두 엑스포제에서 벤야민은 이 연구의 핵심 주제이자 목표가, 19세기 상품의 물신적 성격이 어떻게 문명의 물화와 사회 제반의 환등상으로 실현되었는지 보여주는 것이라고 예고했다.

> "우리의 탐구는 문명이 이런 식으로 물화되어 재현됨에 따라 우리가 19세기로부터 물려받은 새로운 생활 형태 또는 경제와 기술을 기초로 한 새로운 창조물들이 어떻게 환등상의 우주 속으로 들어가는지를 보여주고자 한다."(V/1, 60)

벤야민에 따르면 환등상은 당대의 이데올로기를 치환하는 이론적인 방식으로만이 아니라, 감각적 현전의 직접성을 통해서도 구현된다. "상품을 생산하는 사회가 스스로를 에워싸는 (…) 광휘"(V/2, 1256)가 바로 환등상이다. 아케이드는 사람들의 뇌리와 감각에 그러한 환등상을 구현하는 대표적인 상업 공간이었고, 1851년 런던을 필두로 서구 유럽 각국의 대도시가 앞 다퉈 개최한 세계박람회는 대중에게 산업 생산품의 물신숭배를 가르치는 일종의 성전(聖殿)이었다. 사람들은 아케이드에 진열된 상품을 통해서, 그리고 세계박람회장의 "특제품들(spécialités)"을 통해서 이러한 환등상의 그물망에 걸려들

30 '베를린 빛의 주간(light week)' 동안 카데베 백화점에서 열린 인형 전시를 위한 파사드 장식, 1928.

었다. 볼 수는 있지만 만질 수는 없는 전시품들과 첨단의 상품들에 둘러싸인 대중은 자신으로부터 소외되고, 사물 및 타인과의 소외관계 또한 자연스럽게 학습했다. 상품이 내뿜는 "광휘"에 둘러싸여 기분 전환을 하는 가운데, 상품 성이 사회 조직과 사회관계의 산물이라는 각성은 사라져버리며, 개인은 "밀 집된 군중의 한 구성 요소"(V/1, 65)가 되어 자신을 방치하거나 체제에 순응 하게 된 것이다.

마르크스에 따르면, "상품은 일견 자명하고 평범한 사물로 보인다." 하지 만 그것은 "형이상학적인 궤변과 신학적인 심술궂음으로 가득 찬, 매우 기묘 한 사물"이다. 이러한 상품의 성격은 어디로부터 유래하는 것일까? 마르크스 는 인간 노동의 사회적 성격이 노동생산물 자체의 대상적인 성격으로 반영되 고, 그에 따라서 사적 개인들의 노동 총계에 의해 형성된 총노동과 생산자들 이 맺는 사회적 관계가 그 생산자들의 외적 조건으로 보이게 되는 "착오" 때 문이라고 답한다. 즉 노동자 자신이 상품을 생산했음에도 불구하고, 그 상품 이 노동자의 노동과는 직접적인 관련이 없는 것처럼 여겨진다는 말이다. 인 간 노동의 산물인 상품이 "상품의 물리적인 성질이나 그로부터 발생하는 사 물적 관계와는 아무런 관련도" 없이, 자체 생명을 가진 자립적인 것들로 등장 해 상품과 상품 간의 관계로 맺어지거나, 상품과 인간들 사이의 관계로 맺어 지는 것이 "물신숭배(Fetischismus)"다. 이는 "노동 생산물이 상품으로서 생 산되자마자 그 생산물에 부착되며, 그러므로 상품 생산으로부터 분리시킬 수 없다."[22] 이러한 서술에서 보듯이, 마르크스에게 상품의 물신성은 "착오"이긴 할지언정 환등상이 아니라 사회적 관계의 객관적 사실이다. 그러나 벤야민은 마르크스의 이론을 보다 사회문화적 의식의 현상적인 맥락에 적용했다. 그는 상품의 물신적인 성격을 상품생산 사회가 상품을 생산하고 있다는 사실을 도 외시할 때 인간의 집단의식 내에서 발생하는 한 현상으로 보기 때문이다. 그 것은 자본주의가 집단을 대상으로 조장하는 환등상인 동시에 "사회가 스스

로 생산하고 습관적으로 사회의 문화로서 기록하는 이미지"(V/1, 823)의 일
종이다.

> "그 아래서 사회가 존재하는, 경제적 조건들은 상부구조에서 표현된다.
> 잠든 사람에게서 가득 찬 위장이 꿈의 내용을 인과적으로 '조건지을' 수
> 있을지라도, [꿈이] 그것의 반영이 아니라 그것의 표현인 것과 완전히 마
> 찬가지인 것으로 생각할 수 있다. 집단은 우선은 자기 삶의 조건들을 표
> 현한다. 삶의 조건들은 꿈속에서 그것들의 표현을 발견하고, 각성 속에서
> 그것들의 해석을 발견한다."(V/1, 495-496)

마르크스주의가 경제와 문화 사이에 '인과관계'를 설정했다면, 벤야민은
경제와 문화 사이에 작용하는 '표현의 관계'를 서술하고자 했다. 즉 문화가
어떻게 경제 영역으로부터 발생하는가가 아니라, 문화 속에서 어떻게 경제적
인 것들이 표현되는가를 서술하는 것이 벤야민의 연구 방향이었다.(V/1,
573-574) 그가 최초의 산업기술 생산품, 최초의 산업 건축물에 대한 경제학적
분석이 아니라 경제체제가 집단에 의해 구체적으로 표현된 형태인 19세기의
잔재에 대한 문화사적 비판을 수행한 것은 이 때문이다.

우리는 벤야민이 세계박람회와 노동자 대중의 관계를 분석하는 데서 이
러한 연구 성격을 명확하게 찾아볼 수 있다. 세계박람회는 산업 생산에 의해
가능해진 엄청나고 거대한 범위의 소비재들을 한눈에 개관할 수 있는 자본주
의의 축제였다. 처음에 이 박람회는 "노동자 계급에게 즐거움을 제공하고 해
방의 축제"[23]가 될 것을 표방했다. 그리고 국제노동자협회는 이 산업문화 형
식을 통해 전 유럽의 노동자들이 공통의 이해관계에 대한 논의의 장을 마련
함으로써 그들이 조직화될 수 있을 것이라는 낙관적인 기대를 품고 있었다.
그러나 실제로 세계박람회는 그렇게 작동하지 않았다. 세계박람회는 자신이

생산해낸 상품의 소비로부터 강제로 배제당한 노동자들에게 "상품의 교환가치와 자신을 동일시할 정도로 교환가치를 맹신하도록 만드는 일종의 학교"(V/1, 64-65)였기 때문이다. 자본주의의 목적은 이렇게 현실적으로 실현되었다. 노동자 대중은 세계박람회를 연대의 장으로 활용할 수 없었고, 단지 유원지에 놀러온 듯 즐기도록 부추겨졌다. 유원지에서 오락이 기분 전환 속의 단순한 반작용에 가깝듯이, 대중은 상품들의 성전에서 부지불식간에 혼을 빼놓고 환등상의 세계로 진입하게 되는 것이다. 그 환등상은 세계를 산업과 기술의 발달에 의해 유토피아가 구현되는 것처럼 비췄다. 그러나 환등상 이면의 실제는 생산과 소비의 새로운 착취관계로 인해 자연이 피폐해지고, 인간이 기계 또는 자본가 계급에게 종속되는 세계, 인간이 상품화되는 세계, 유행이 모토로 하는 '새로움'이 '언제나 같음'으로 반복 귀결되는 세계였다.

그러나 당대 사회주의 지식인들, 예컨대 독일의 사회민주주의자들, 프랑스의 생시몽주의자들은 이 세계의 환등상을 제대로 통찰하지 못했다. 뿐만 아니라 그들은 자본주의 사회에서 노동자가 처한 현실 문제를 해결하는 데도 무기력했다. 분명 마르크스는 이들의 기대, 즉 노동을 "모든 부와 모든 문화의 원천"[24]으로 보는 순진한 생각에서 불길한 징조를 봤다. 그리고 이에 응수하여 오히려 노동력 이외에는 아무것도 가진 것이 없는 노동자들이 "소유주가 (…) 된 다른 사람들의 노예가 될 수밖에 없다"는 점을 강조했다. 그러나 '속류 마르크스주의자들'은 여전히 노동을 새 시대의 구원자로 착각했으며, 자신이 생산한 노동의 산물을 이용할 수 없는 노동자들에게 그 산물이 어떤 효과를 불러일으킬지에 대해서는 깊이 숙고하지 않았다.(I/2, 699) 그리고 불행하게도, 이들 속류 마르크스주의자의 근거 없는 낙관적 전망과 노동에 대한 착오된 개념이 오히려 역사의 진보가 아니라 자본주의 상품물신에 의한 사회의 퇴행을 용인한 결과를 낳았다. 또 자본 착취와 산업기술의 지배력에 의한 인간의 노예상태를 허용하거나 더 나쁘게는 가속화시켰다. 벤야민이 논파하듯이, 이들의 착오는 "나중에 파시즘에서 나타나게 될 기술주의적 특징" (Ⅰ/2, 699)을 미리 가리키는 증후였다. 벤야민은 그들처럼 기술적 진보와 경제체제의 변화를 피상적으로 관찰하고, 그로부터 미래의 강령적인 말들을 쏟아낸 과거의 지식인들을 통렬히 비판했다. 그리고 과거 산업기술, 경제체제의 변경이 실제 삶의 양상 속에서 어떻게 전개되어 현재로 귀결되었는가에 대한 해명을 자신의 과제로 설정했다. 상품물신과 물화 현상이, 각성된 의식의 수면 위로 떠오른 것은 이러한 과제를 수행하면서였다.

상품물신이 전면화되는 사회에서는 당연한 듯이 인간이 상품처럼 취급당한다. 벤야민은 마르크스를 따라, 공장의 컨베이어 생산체계 노동 조건이 노동자의 노동을 상품화한다는 점을 놓치지 않았다. 하지만 그가 인간 상품화의 단적인 예로 드는 것은 '산책자'와 '창녀'이다. 우리는 이 두 인간 유형에 대한 벤야민의 고찰이, 산업 자본주의화와 더불어 형성된 대도시의 삶, 생산관계와 노동, 대중의 발생과 그 양태, 상품물신과 인간의 물화라는 여러 문제를 꿰고 있다는 점에 주목해야 한다. 이를테면 '산책자'와 '창녀'는 자본주의 경제체제 속에서 발현된 하나의 '문제적 표현'이었던 것이다.

> "상품으로의 감정이입은 근본적으로 교환가치 그 자체로의 감정이입이다. 산책자는 이러한 감정이입의 대가이다. 그는 매매라는 개념 자체를 산책으로 이끈다. 백화점이 그의 최종적 진로라면, 그의 마지막 현현은 샌드위치맨이다." (Ⅴ/1, 562)

우선 '산책자'가 자본주의 경제체제를 표현하고 있는 하나의 인물 유형인 이유는, 그 유형을 만든 것이 대도시이기 때문이다. 이곳에서 산책자는 더 이상 "거리의 철학자"가 아니라 "사회적 황야에서 불안한 듯 빈들거리며 돌아다니는 늑대인간의 용모"를 하고 있다. 작가 에드거 앨런 포가 『군중 속의

31 파리 거리의 샌드위치맨, 1936.

사람』에서 묘사했듯이, 근대 자본주의 사회의 산책자는 대도시 군중이 끌어당기는 힘에 굴복하여 밤거리를 헤매는 군중 속의 한 남자이다.(Ⅰ/2, 626) 그러나 앞서 보들레르에 대한 벤야민의 연구에서 살펴보았듯이, 산책자 유형은 군중과의 관계만이 아니라, 그가 노동시장과 상품시장과 맺는 관계를 통해서도 파악되어야 한다. 벤야민은 19세기 파리의 산책자를 포가 그리는 군중 속의 인간과 무위도식자의 "중간" 유형쯤으로 정의했다.(Ⅰ/2, 627-628) 그가 말하는 산책자는 포의 작중 인물처럼 군중의 내부로 들어가고자 하는 구경꾼의 욕망과 함께 사적 생활을 유지하고자 하는 부르주아적 욕망 또한 품은 유형이다. 이러한 의미의 산책자는 대도시 군중 속에 흡수되어 환등상에 잠기기만 하는 것이 아니라, 군중을 관찰하며 사적 이윤을 취하고자 한다. 이 유형은 공장 노동자처럼 완전히 자본주의 생산체제에 복종하지도 않지만, 무위도 식자처럼 사회의 경제활동으로부터 탈구된 것도 아니다. 그는 아케이드를 느 리게 배회하면서 기계적으로 관리되는 자본주의 노동과 생산, 소비체계의 속 도를 거스른다. 하지만 그렇게 군중과 상품을 눈요기하는 듯 보이는 산책자 는 그 시간에 자신을 상품으로 전시함으로써 은밀히 경제활동에 참여한다. '산책'이라는 특수한 노동, 생업의 테두리를 벗어난 방식의 노동으로 시장에 서 살아남는 것이다.

이러한 산책자 유형과는 달리 창녀는 자신을 명백히 상품으로서 제시한 다. 창녀는 인간의 육체가 순수한 교환가치로 물화된 존재인 동시에 그 자체 추상화된 사용가치다. 또 창녀는 상품을 파는 자인 동시에 상품 그 자체이며, 사용가치와 교환가치에 대한 순수한 알레고리다. "상품은 스스로 시장에 갈 수도 없고 스스로 자신을 교환할 수도 없다."[25] 하지만 창녀는 여기서 예외적 인 상품이다. 팔 것을 가진 자로서 자신을 시장에 내놓고, 상품 그 자체로서 자신의 육체와 성을 다른 상품 또는 화폐와 교환하기 때문이다. 요컨대 성매 매 제도 속 '창녀'는 자본주의 사회에서 인간이 상품으로 물화된 상황, 또는 반대로 상품이 인간으로 육화된 상황을 압축적으로 표현한다.

그런데 매춘은 근대 자본주의 사회에서 새롭게 출현한 현상은 아니다. 그 렇다면 왜 새삼스럽게 벤야민은 "매춘의 예에서 상품의 물신적 성격을 입증" (V/2, 1030)하려 했을까? 왜 특히 19세기의 창녀와 매춘 제도에 주목한 것일 까? 그것은 매춘이 하나의 제도로서 대도시, 금융산업, 기계노동과 대량생산 체제 같은 근대 산업자본주의 사회의 현존과 얽혀 있었기 때문이다. 프랑스 제2제정기에는 도박이 그랬던 것처럼 매춘은 법률적으로 용인됐으며, 국가가 그것을 조장한 측면 또한 없지 않았다. 정책입안자들은 자본의 순환과 각종 국책사업을 위한 자금 마련을 위해 주식투자를 부추겼으며, 그와 똑같이 오 락·사치품 소비·도박산업·매춘의 흥행을 부추겼던 것이다.(V/1, 621-625)

벤야민이 매춘에 주목한 또 다른 이유가 있다. 그것은 '창녀'가 근대적인 인물의 한 "유형"이고, 특정 세계의 메타포로 기능했다는 데 있다. 근대의 창녀는 상품뿐만 아니라 일종의 대량생산품으로서, 여성이 유행과 화장으로 자신의 개인적인 표현을 감추고 스스로를 식별 가능한 하나의 '유형'으로 정형화한 근대의 비상한 예였던 것이다.(V/1, 437) 다른 한편 보들레르의 시나 플로베르의 소설에서 보듯이, 창녀는 19세기 사회정치적 혼란으로 물리적 상태에서든 정신적 현존에 있어서든 끊임없는 부침을 겪은 시대의 문화를 은유했다. 1789년 프랑스 혁명 이후 내내 프랑스에서 "공화국〔의 정체(政體)〕, 혁명, 특히 자유는 여성으로 그려졌다." 예를 들어 1830년의 혁명을 그린 외젠 들라크루아의 〈민중을 이끄는 자유의 여신〉(1830)에서 바리케이드 위 프랑스 국기를 흔드는 여성이 '자유'를 상징한다면, 오노레 도미에의 그림 〈공화국〉(1848)에서 권좌에 앉아 아이들에게 젖을 먹이고 있는 강인한 육체의 여성은 '국가 정체'를 상징한다. 그러나 시대를 상징하는 여성이 신성하고 순결하며, 모성적이고 도덕적으로만 그려진 것은 아니다. 때로 그 여성은 "행실이 헤프고 창녀나 다름없는 음탕한 여자"로 그려졌다. 또한 당시 가톨릭주의자들은 제2제정기 도시 재개발을 주도하면서 파리 시장 오스망이 행했던 자본과의 은밀한 결탁, 그와 더불어 횡행했던 무분별한 투기와 부도덕한 금융사업을 비판하면서 "자본주의를 매춘과 동일시했다." 덧붙여서 "도시 자체가 화폐와 자본의 순환에 팔린 존재"로 치부됐다.[26] 이러한 점들로 19세기 당시를 미루어볼 때, 벤야민은 창녀를 근대 자본주의의 정치경제·사회·문화예술·국가와 도시의 구조적 현존에 대한 알레고리로 보고, 그 속에서 19세기 모더니티의 진면목을 해독하고자 했다고 보아야 한다.

마르크스는 "매춘은 노동자의 매춘 행위 일반〔자신의 육체적 노동을 파는 행위〕에 대한 특수한 표현일 뿐"(V/2, 802)이라고 정의했다. 그리고 벤야민은 자본주의 사회에서 노동과 매춘, 이 양자가 갖는 근접성을 다음과 같이 묘파함으로써, 인간의 노동과 성(性)이 완전히 상품화된 상황을 설명했다.

> "노동이 점점 더 매춘에 근접해가면 갈수록, 매춘을—오래전부터 창녀들
> 의 속어 속에서 말해진 것처럼—노동으로 설명하고자 하는 생각이 마음
> 을 끈다. (…) '미소를 유지할 것'이라는 말은, 사랑의 시장에서 '웃어 보
> 이는' 창녀의 방식을 노동시장에서 인계받은 것이다."(V/1, 455)

노동자가 자신의 노동력을 노동시장에서 파는 행위는 거리에서 '몸을 파
는 행위'에 근접한다. 그리고 창녀의 매춘은 노동자의 '노동 행위'에 근접한
다. 산업기술의 발달은 공장제 노동이라는 형식을 창출했고, 그에 필요한 대
규모 인력을 값싼 노동력으로 상품화했다. 이러한 일들이 대도시를 중심으로
이루어졌으며, 창녀는 그 대도시 쾌락의 시장, 파리의 아케이드와 거리에서
상품으로서의 역할을 충실히 수행했다.

그런데 19세기 말엽 이렇게 냉소적인 형태의 매춘이 성행한 현상은 익명
성이 전제되는 대도시, 그리고 대중의 출현과 닿아 있었다.

> "대도시와 더불어 생겨난 매춘 제도가 지닌 숨겨진 깊은 뜻 중의 하나가
> 대중이다. 매춘 제도는 대중과의 신화적 친교(Kommunion)의 가능성을
> 열었다. 그러나 대중의 발생은 대량생산의 발생과 동시적이다. 또한 매춘
> 은 우리가 가장 가깝게 사용하는 물건들이 점점 더 대중상품으로 되어버
> 리는 삶의 공간에서 견뎌낼 가능성을 보여준다. 대도시의 매춘 제도에서
> 는 여성 그 자신이 대중상품이 되고 있다."(I/2, 668)

1850년대와 1860년대, 시골의 농민이 파리 노동시장에 대거 공장제 노
동자로 유입되면서 파리는 인구 면에서 대도시로서의 형태를 갖춰갔다. 산업

32 외젠 들라크루아, 〈민중을 이끄는 자유의 여신〉, 1830.

33 오노레 도미에, 〈공화국〉, 1848.

34 "화장기계", 1931.

35 "오늘날의 여인", 화장품(Creme Mouson) 광고, 1929.

기술로 가동되는 공장들은 대량생산되는 대중상품을 쏟아내기 시작했으며, 이렇게 생산된 상품은 대량소비로 이어져야 하는데, 이 소비를 충족시켜주는 것이 소비자 대중이다. 그리고 이 대중은 쾌락의 대중상품으로서 창녀 또한 소비한다. 위에서 인용한 벤야민의 문장을 당대 상황에 맞춰 분석해보면 이상과 같다. 여기서 중요한 점은, 벤야민이 자본주의 상품의 화신인 창녀를 통해 근대 자본주의 경제체제의 메커니즘이 유발한 모더니티의 부정적인 표현, 즉 상품화된 인간, 사물화된 인간관계를 밝혀낸다는 데 있다. 이러한 사회의 표현은 지그프리트 크라카우어가 「군중의 장식」에서 다루었듯이, 이후 20세기 초 미국과 유럽 등지에서 유행했던 "미국식 오락공장의 생산물"로 재차 형태를 바꿔 역사의 현실 표면 위로 떠오른다. 구체적으로 19세기 '인간-대중상품'은 일명 "틸러 걸스(Tiller Girls)", 즉 순회 공연단의 제복 입은 여성 무희들이나 군사적으로 훈련된 춤추는 소녀들이라는 유형의 대형 오락상품으로 이어졌다.[27]

그렇다면 무엇이 이러한 대도시, 대중, 상품의 대량 유통과 소비, 그리고 상품으로서의 노동력과 성(性)을 동시적으로 출현시켰는가? 그 기제는 바로 근대 산업 테크놀로지이다. 18세기 산업혁명 이후 급속하게 발전한 산업기술이 하나의 기제, 하나의 동력이 되어 근대 자본주의 사회의 조건들이 형성되고, 상품물신과 물화라는 현상이 촉발됐다고 해도 과언이 아니다. 벤야민은 산업 테크놀로지 자체와 그것의 발전을 부정하거나 비판한 것이 아니다. 그가 문제시한 것은 사람들이 산업기술의 텔로스를 간과한 채 그것을 폭력과 착취, 이데올로기적 억압 효과와 자본주의 환등상의 장치로 전용한 역사적 사실이었다. 그리고 그 결과로 계몽을 외친 근대 서구 유럽사회가 새로운 신화적 수면 상태에 빠져버렸다는 점이다. 만약 이 산업 테크놀로지가 근대의 여명기에 올바로 수용되었다면, 기술은 인간을 자연의 예속과 사회의 억압으로부터 해방시키는 동시에 자연과 인간의 조화로운 관계를 촉진시켰을 것이

36 바이마르 시대 쇼윈도 마네킹, 1928.

37 게르마이네 크룰, 〈코르셋 진열장〉, 사진.

38 할리우드 레뷰(Charles F. Riesner 감독), 1929.

다. 하지만 역사가 증언하는 실재는 그렇지 못했다. 모더니즘 자본주의 세계
는 상품의 물신적 성격을 사회 전반에 실현해갔다. 인간의 손으로 만들어진
상품이 우상이 되어 인간과 그를 둘러싼 모든 삶을 지배한다. 이런 사회에서
인간의 눈에는 단지 사물들 사이의 관계로 보이는 환등상적 형태가 사실은
"인간들 자신의 특정한 사회적 관계"였다.[28] 결국 이렇게 상품물신과 그것이
초래하는 물화의 전면화, 사회관계의 전도가 이루어졌다.

3. 예술, 테크놀로지, 사회의 역학

"그러나 이제 이 해방된 테크놀로지는 제2의 자연으로서 오늘날의 사회
에 직면해 있으며, 게다가 경제 위기와 전쟁이 증명하듯이, 근원적 사회
(Urgesellschaft)에 주어졌던 해방된 테크놀로지만큼이나 기초적인 것으
로서 존재하고 있다. 이렇게 제2의 자연을 만들어냈지만, 이미 오래전부
터 더 이상 이를 지배하지 못하는, 제2의 자연에 직면한 인류는 제1의 자

연 앞에서 그랬던 것과 똑같이, 배움의 과정에 의존한다."(I /2, 444)

19세기부터 급속하게 변화해간 서구 모더니즘 사회의 다양한 국면들은 가시적이다. 그래서 외적인 변화는 쉽게 파악할 수 있는데, 반대로 내적인 변화는 감지하기도 힘들고 분석하기도 녹록지 않다. 가령 다음과 같은 질문들에 어떻게 답할 것인가? 이 시대 새롭게 변경된 삶의 물리적 조건이 인간의 심리와 지각 경험에는 어떻게 작용했는가? 예술에 대한 사회적 인식은 어떻게 변화했는가? 반대로 예술을 통해서 사회적 의식/무의식에 변화가 있었는가? 만약 있었다면, 구체적으로 무엇이, 어떤 경로와 형식을 통해, 어떻게? 이에 대해 답하기 위한 구체적인 방법 중 하나는 당대의 '기술적 매체'와 '예술작품의 생산 및 수용의 양상'을 분석하는 것이다. 이는 궁극적으로 예술과 테크놀로지 사이의 문제이며, 이 양자가 사회 속에서 성립하고 작용한 역사적 상황에 대한 논의이다.

'예술과 테크놀로지의 관계'는 벤야민이 『파사젠베르크』에서 하나의 연구 항목을 넘어 모더니티 전체 연구를 주도하는 중심 명제로 삼은 것이다. 특히 1935년 엑스포제는 그 연구가 자본주의 초기 산업기술적 생산과 생산물이 전통적인 문화 형식에 미쳤던 영향에 대한 조사 및 발굴임을 강조함으로써, 예술과 산업 테크놀로지 양자가 처음 조우한 사태부터 철저히 재구성하려는 의도를 분명히 했다. 벤야민은 "19세기 예술의 역사가 현재 우리가 체험하고 있는 예술의 상황에 대한 인식 속에 닻을 내리는"(V/2, 1150) 것이 옳다고 생각했고, 그 방향에서 연구를 출발했다. 즉 현재의 예술이 처한 진정한 상황을 인식하기 위해서 19세기의 예술을 개념적 축으로 삼아야 하는 것이다. 그렇게 해서 벤야민은 과거 예술의 "모든 개별적 사항까지 기입"함으로써 "현재의 예술—예술의 현재적 상황—속에 숨겨진 구조적인 성격"(V/2, 1148)을 밝히고자 했다. 이는 작품의 차원에서 보면, "문헌상의 작품들을 그 시대의 연관성 안에서 서술하는 것이 아니라, 그 작품들이 발생했던 시대 속에서 그것을 인식하는 시대를—즉 우리 시대—서술하는 일이다."(Ⅲ, 290)

『파사젠베르크』에서 테크놀로지와 예술의 관계에 대한 내용은 특히 묶음〔S 회화, 유겐트 양식, 새로움〕, 〔Y 사진〕, 〔i 복제(재생산) 기술, 석판인쇄술〕, 〔r 공과대학〕 속에 집약되어 있다. 방식은 근대 산업 자본주의라는 시대적 조건 하에서 테크놀로지와 예술이 어떤 알력관계를 형성했으며, 구체적으로 어떻게 사회 속에서 그 힘의 관계가 표현되었는지를 드러내는 식으로 이루어졌다. 인용된 자료 사이사이에 개입된 벤야민의 현재 시점에서의 논평은 과거로부터 어떻게 "현재의 문화적 실천"을 끌어낼 것인가에 대한 그의 사유의 편린이다. 이 사유의 파편들은 주제별 노트 묶음에 분산된 항목들을 응집하는 자력으로 기능하는 동시에, 벤야민이 『파사젠베르크』에서 그리고자 한 이념의 성좌를 대략적으로나마 유추할 수 있도록 돕는다. 그 이념의 성좌에서는 산업 테크놀로지와 예술, 그리고 사회가 역장(force-field)을 형성하고 있다. 그 관계들이 올바르게 조직되고 인식될 때, 현재의 문명화된 인간(Menschen)은 자연과 상호작용하고 억압적인 사회체계로부터 해방된 인류(Menschheit)로 거듭날 수 있다. 그러나 그것이 잘못 편성되거나 왜곡됐을 때 현재는 폐허와 파국으로 귀착될 것이다. 19세기는 불행하게도 두 번째 방향에서 전개된 역사였다. 대표적인 예를 들어, 사실 19세기 파노라마의 등장과 대중적인 보급은 대도시 중심의 "새로운 생활감정의 표현"이었으며, 이후 다게르에 의한 사진술의 발명은 전통 예술과 기술의 관계뿐만 아니라 인간의 지각 조건을 변화시키는 강력한 사건이었다. 그런데도 기존의 예술 진영은 사진술을 둘러싼 커다란 시대 변혁을 자각하지 못하고, 시대착오적인 예술 개념에 골몰하면서 결국 사회와 단절된 유미주의 예술의 길을 선택했다.(Ⅴ/1, 48-49) 또 이후에는 건축가와 장식가, 공과대학과 예술대학 간의 첨예한 분리와 투쟁이 이어졌다.(Ⅴ/1, 46)

벤야민은 19세기에서, 특히 테크놀로지의 영향으로 자본주의 사회 내부, 마르크스 용어로 말하자면 상부구조에 발생한 변형에 주목했다. 그리고 이 변형 속에서 자본주의적 사회관계의 왜곡 때문에 구별이 쉽지 않은 진보적 계기와 퇴행적 계기를 가려내는 데 집중했다. 방법론적으로는, 현재의 깨어 남을 위해 역사의 변증법적 이미지를 해독하는 역사가의 방법, 그러나 더 정확히는 자신이 속한 모더니즘 현재의 예술을 해명하기 위해 과거의 예술이 처했던 운명으로 소급하는 미학자의 통찰이 결정적이었다.

"(…) 내가 현재의 예술—예술의 현재적 상황—속에 숨겨진 구조적 성격을 인식했다는 것입니다. 이는 우리에게 결정적인 의미를 갖고 있으며, 19세기 예술의 '운명' 속에서 이제야 비로소 현실적으로 유효한 것을 파악하게 해주는 성격입니다. [나는 이를] 나의 인식이론, (…) '인식 가능성의 지금'이라는 개념으로 결정화된, 결정적인 예를 통해 이해하였습니다. 나는 19세기 예술에서, 이전에 그랬던 것도 아니고 이후에 그렇게 될 것도 아닌, 오직 '지금'에만 인식 가능한 측면을 발견했습니다."(V/2, 1148)

인식 가능성의 '지금', 그 "위기적" 순간에 벤야민은 "동시대인을 왈칵 덮치고 있는 비참함이 얼마나 오랜 기간에 걸쳐 준비된 것인지"를 분명하게 인식한다. 그리고 이 역사 인식이 그를 "슬프게 하는 것이 아니라 오히려 무장시킨다."(V/1, 603) 벤야민은 산업 테크놀로지가 사회에 출현한 초기 상황에서, 그 기술을 제대로 수용할 준비가 되지 않은 '집단의 착오'와 그들이 기술 발전을 계기로 꿈꿨던 '유토피아적 소망' 둘 다를 보았다. 산업기술에 입각한 생산 방식과 물질의 새로운 출현을 시대의 변혁적 요소로서 이해하고 받아들이기에는 "너무 이른 단계"에 있던 집단은 꿈에 잠겼고, 자신들의 실수와 잘못된 시도에 대해서 깨닫지 못했다. 그러나 벤야민은 과거 선조를 책망하기보다는, 이 기술적 생산의 초기 단계에 집단이 꾸었던 꿈속에 각인된 유토피아적 소망을 현재 시간에 되찾고자 했다. 그 소망은 역사의 실제 전개 과정에서 불발에 그쳤지만, 그 이미지의 흔적은 현재는 파편들로 남아 언제라도 불붙이면 타오를 변혁의 가능성이었기 때문이다. 따라서 그 파편들을 찾아내어 그 속에 내장된 유토피아적 꿈을 구원해야 한다. 그것이 19세기 이래 자연과 인간에 누적된 자본주의의 착취, 지배, 물화된 사회관계, 상품물신의 환등상을 깨뜨릴 핵심 동력이었기 때문이다.

마르크스는 점차 테크놀로지가 모든 생산력을 결정하던 19세기 "산업은 자연, 그 때문에 자연과학이 인간과 맺는 실제적이고 역사적인 관계"(V/2, 800)라고 규정했다. 기본적으로 자연은 산업이 아니고, 산업은 자연과 정반대 극에 위치한 인공이다. 그러나 마르크스는 산업이 자연과 역사적으로 관계 맺었다는 말로 역사의 맥락에서 이 시대 '산업'이 자연이 되었음을 역설하고 있다. 그와 공명하듯이 벤야민은 "근본적으로 테크놀로지는 새로운 자연형상(Naturgestalt) 중 하나"(V/1, 493)라고 했다. 이러한 견해들은 근대사회에서 산업과 그 기술이 역사적으로 새로운 것인 동시에 자연에 비견될 만큼 필연적이고 전면적인 것으로 인식됐음을 말해준다. 이 새로운 자연에는 새로운 이미지가 대응할 것이다. 그러나 19세기 사람들에게 '너무 이른 단계'에 찾아온 산업 테크놀로지는 새로운 이미지를 통해서가 아니라 옛것의 이미지를 통해서 구동됐다. 이러한 현상은 개개인의 차원에서 보면, 사람들의 상상력이 과거의 경험을 토대로 새로운 것의 가능성을 구체화하기 마련이라는 점에서 그리 문제될 것이 없다. 그러나 옛것의 이미지가 한 사회의 집단의식에 이데올로기적으로 작동한다면, 이는 문제가 있다. 그 원인이 경제적 토대의 부적절한 이용과 전개에 있기 때문이다.

벤야민은 『파사젠베르크』를 위해 자료를 탐사하면서, 근대사에서 '혁신'

은 지속적으로 '역사적 복원'의 형태를 띠고 나타난다는 사실을 파악했다. 이 경험적 사실을 그는 두 가지로 분석한다. 하나는 집단의식의 차원에서, 새로운 생산수단은 아직 옛 생산수단의 지배를 받으며 집단의 소망이미지를 만들어낸다는 점이다. 이 이미지들 속에서 "집단은 사회적 생산물의 불완전함과 사회적 생산질서의 결함을 지양하려는 동시에 미화하려 한다."(V/1, 46-47) 이 소망이미지들 속에서는, 시대에 뒤처진 것과 단절하려는 집단의 결연한 의지가 발견되는 동시에, 새로운 것으로부터 자극받은 집단의 이미지 상상력이 근원의 옛것으로 회귀하려는 경향 또한 보인다. 그 점에서 과거 집단의 소망이미지는 변증법적 이미지이다. 벤야민이 분석한 다른 하나는 새로운 테크놀로지의 엄청난 생산력이 소수 자본가 계급과 정치 지배계급의 수중에서 집단의 물신에 대한 욕망을 부추기고, 집단을 퇴행적 신화의 잠 속으로 밀어넣는 데 이용됐다는 점이다. 여기서 집단의 소망이미지는 환등상이 되고, 유토피아적 꿈은 기만당한다. 그런데 아도르노는 벤야민이 위와 같이 개진한 정식화를 비판했다.(V/1, 46; V/2, 1224-1225) 그가 보기에는, 새로운 것이 낡은 것으로 되돌아가는 것이 아니라 "가장 새로운 것 자체가 가상이자 환등상으로서 낡은 것"이기 때문이다. 말하자면 집단의 소망이미지를 '역사적 복원의 형태를 띤 혁신'의 변증법적 이미지로 보는 벤야민의 시각과는 달리, 아도르노는 이를 "퇴행으로서의 변증법적 이미지"로만 봤다.(V/2, 1132) 그러나 벤야민은 집단의 소망을 담은 이미지 속에, 사회적 생산물과 생산질서를 미화하는 집단의 의식이 반전될 가능성, 보다 구체적으로는 자본주의 체제의 부정적인 고도화 속에서 고통받는 현재 인류가 각성과 통찰에 이를 계기가 포함돼 있다고 보았다.[29] 그렇기에 벤야민은 변증법적 이미지로서 과거 집단의 소망이미지를 읽어내는 일을 포기할 수 없었다.

19세기 '산업 테크놀로지'라는 생산력/생산수단과 '모더니티'라는 현존의 형식은 지배적인 생산질서의 양상으로만 귀결되지 않았다. 그 생산수단과 현존 형식 속에는 시대의 이미지를 만들어내는 '집단의 무의식적 상상력'이 작용했다. 집단의 무의식이 기계적 시간의 한계를 넘어 현재에까지 도달할 수 있는 것은 이 상상력 덕분이다. 이러한 측면에서 벤야민은 과거 집단의식이 만든 소망이미지가 현재 집단의 무의식 속에 보존된 일종의 '경험'으로서 현재에 빛을 던져준다고 했던 것이며, 그 흔적을 재인식하고자 한 것이다. 그는 상상력을 "아마도 특별한 종류의 소망을 이루는 능력", 즉 소망의 "실현" 능력일 것이라고 했다.(I/2, 645) 또 다른 곳에서는 "무한히 작은 것 속에 자구(字句)를 써넣을 수 있는 능력"(IV/1, 117), 이를테면 현실적이거나 물리적인 한계를 넘어서서 미지의 지각과 인식 영역에 새로운 내용을 부여할 능력이라고 정의했다. 앞서 제1부에서 설명했듯이, 벤야민은 진리가 이미지처럼 위기의 순간에 현전하는 것으로 보기 때문에 변증법적 이미지를 포착해 읽어내는 일을 자기 이념론의 연구 방법으로 삼았다. 『파사젠베르크』에서도 이러한 방법은 지속되었다. 그는 역사적 자료들 속에 파묻혀 있거나, 지배 이데올로기의 가면에 가려져 있는 시대의 진리를 이미지를 통해 서술하고자 한 것이다. 그 방법은 『파사젠베르크』에서 "유물론적 인상학"(V/1, 581)이라는 새 이름을 얻는다.

『파사젠베르크』의 각 항목에 인용된 노트들을 보면 벤야민이 이 작업을 이데올로기를 비판하기 위한 목적에서 수행한 것이 아님을 알 수 있다. 오히려 그의 목적은, 집단이 근대 테크놀로지의 생산력을 왜곡되고 비틀린 방식으로 수용함으로써 나타난 문화의 부정적이고 가상적인 표현들로부터 유토피아적 소망을 구제하는 것이었다. 19세기 모더니티의 원사에서 유토피아의 흔적은 유구한 건축물에서부터 덧없고 일회적인 패션용품에 이르기까지 당시의 온갖 사물들, "삶의 무수한 배치 구성 속에" 촘촘히 찍혀 있었다. 유토피아는 집단의 무의식 속에 보존되어 있는 "원사의 요소, 즉 계급 없는 사회의 요소들"에 대한 기억과 당대 기술력이 산출한 "새로운 것이 상호 침투하면서 만들어진다."(V/1, 46-47) 그런데 문제는 당시 집단의 소망을 대변하는 유토피아적 이미지들이 상품으로 실현되었고, 예술은 테크놀로지를 이용해 자본주의 환등상을 조장하는 산업과 상업에 봉사했다는 사실이다. 대표적으로 아케이드는 "유토피아주의자 푸리에"가 구상했던 것과 같은 공동체적인 삶을 위한 건축 구조로서가 아니라 오직 "상품의 최후 피난처"로서만 유효했다. 거기서 "상품이 일격에 아케이드에 대한 지배권을 독점"했다는 사실은, 그리 놀랄 일도 아니다.(V/1, 47; V/2, 1002) 이러한 사실 때문에 아도르노는, 근대 산업 테크놀로지의 출현이 자본주의 상품의 물신적 성격일 따름이라며, 거기서 유토피아적 소망을 찾는 벤야민을 비판했던 것이다. 그에 따르면, "신화는 진정한 사회에 대한 계급 없는 동경이 아니라 소외된 상품 그 자체의 객관적인 성격"이다.(V/2, 1132) 그러나 이미 다뤘듯이, 당시에 물론 벤야민은 근대 자본주의 사회에서 작동하는 신화의 이러한 속성을 파악하고 있었다. 다만 그에게는 자본주의 신화를 비판하고 폭로하는 것으로는 충분하지 않았을 뿐이다. 신화적 꿈의 상태로 테크놀로지를 수용한 과거 집단의 유토피아적 이미지 속에서, 꿈이 각성으로 전도되는 변증법적 이미지를 포착하고, 그로부터 테크놀로지의 변혁적인 역할을 새롭게 가동시킬 것. 여기에 이 유물론 미학자가 설정한 연구의 결정적인 의미가 존재했다.

그렇다면 어떻게 이러한 자본주의 환등상에 억압적으로 수렴된 집단의 유토피아적 소망이미지와 예술을 각성 상태로 이끌 것인가? 혹은 어떻게 과거에 왜곡된 꿈을 현재의 비판적 깨어남으로 이끄는 변증법적 전도를 수행할 수 있을까? 꿈에서 깨어남, 즉 각성은 현재가 점진적인 발전의 한 단계가 아니라, 과거의 모든 것이 세부에 이르기까지 각각 매우 비상하게 형상화된 현재 순간임을 밝혀주는 경험이다. 벤야민은 이러한 경험을 "새로운, 역사의 변증법적 방법론"으로서 제시하면서, "현재를 꿈이 지시하는 깨어 있는 세계로 경험하기 위해서는 꿈의 강도로 과거에 존재했던 것을 겪어낼 것"을 역설한다.(V/1, 491 ; V/2, 1006, 1058) 이는 분명 역사에 대한 감정이입이나 추체험과는 다른 경험이다. 오히려 역사의 이미지를 현재에 "철저하게 경험하는 것"이다. "현존재의 가장 눈에 띄지 않는 응시 속에서, 말하자면 현존재의 함몰 속에서"(V/2, 1137), '기억하기(Erinnerung)'를 통하여 그 각성의 경험은 가능하다. 벤야민의 표현을 따르자면, 이는 "변증법적 · 코페르니쿠스적 전환"이다.

　하지만 이 변증법적 전환에서 예술은 어떤 위치에 있는 것일까? 벤야민은 「기술복제」가 자신의 "역사 구성이 소실점으로 채택하게 될 정확한 지점을 현재 속에서 지적"하고자 한 논문이라 했다. 여기서 벤야민은 역사 구성을 수행하는 실제 목표를 암시하고 있다. 그 역사 구성의 목표란 현재의 예술이 처한 역사적 · 사회적 운명의 조건을 정확히 지적해, 사람들이 읽고 인식할 수 있도록 하는 것이다. "이전의 모든 것은 역사적으로 상호 침투할 수 있다." 벤야민은 이러한 명제 아래 19세기 테크놀로지의 출현으로 변화된 사회 조건 하에서 "예술의 운명"을 고찰함으로써, 그 과거가 현실적으로 효력을 발휘하고 있는 20세기 현재 예술의 진정한 상황을 명확히 인식하려 했다. 이러한 인식이 과거의 것과 현재의 것 사이에서 "깨어남의 성좌"의 서술을 추동하고, 그 인식이 현재 집단에게는 과거 집단의 소망이미지와 예술을 환등상적 꿈에서 깨어나게 하는 변증법적 각성이 된다. 그런 의미에서 「기술복제」는 『파사젠베르크』와 논제를 공유하며, 두 작업이야말로 벤야민이 지속적으로 주장해 온 이념의 서술과 예술작품의 진리내용을 드러내는 비평을 스스로 실천한 것이라 할 수 있다. 즉 사실내용의 세부들에 엄밀히 침잠하여 극단들로부터 한 시대의 정신적인 표현을 서술하는 것, 작품들이 발생한 시대 속에서 그것들을 인식하는 현재 시대를 서술하는 것 말이다. 1935년 『파사젠베르크』의 엑스포제를 두고 아도르노, 호르크하이머와 한창 서신으로 의견을 주고받던 당시, 벤야민은 한 편지에서 이 19세기 연구를 통해 20세기 동시대 예술의 현재 상황을 파악했음을 시사하고 있다. 그것을 담은 논문이 「기술복제」이다.

> "이 경우 중요한 것은 저의 역사 구성이 소실점으로 채택하게 될 현재 속
> 의 정확한 지점을 지적하는 것입니다. 책의 주제는 '19세기 예술의 운명'
> 일 것인데 (…) 이제야 우리에게 어떤 말을 거는 것입니다. 이로써 제가
> 말하고자 하는 바는, 예술의 운명적 시간이 도래했으며, 「기술복제시대
> 의 예술작품」이라는 제목의 논문에서 예비적 고찰을 통해 저는 그것의
> 표지를 포착해두었다는 것입니다. 이 고찰들은 예술이론의 문제들에 진
> 정 현재적 형태를 부여하고자 하는 시도를 행합니다."(V/2, 1149)

벤야민은 「기술복제」에서, 19세기 예술이 처했던 운명이 20세기 현재에
남긴 표지를 포착한다. '지금'에만 인식할 수 있고, 과거보다 현재에 더 뚜렷
한 효과를 발휘하고 있는 그 표지는 일종의 '비상 신호'이다. 전통적인 개념
에 입각한 예술의 입장에서는, 산업 테크놀로지라는 새로운 생산 방식의 출
현이 이때부터 기존 예술의 존립을 위협하기 시작했기 때문에 그 표지는 '보
수(保守)의 비상 신호'다. 그러나 현재 예술이 처한 운명을 과거와의 관계 속
에서 인식하려는 역사철학자의 입장에서는 전혀 다른 의미를 띤다. 과거의
사물에는 전통적인 개념의 예술이 종언을 고할 수밖에 없었던 역사적 사실이
각인돼 있다. 그 예술의 종언은 과거에 예술 영역을 위시하여 사회 전반이 새
로운 테크놀로지를 오도 수용한 현재적 결과이다. 그러니 역사철학자 벤야민
에게는 그 표지가 현재 시간에 해독해서 오류를 바로잡고, 새로운 예술의 정
체성과 기능을 수립해야 하는 '변혁의 비상 신호'였다.

1839년 프랑스에서 공식화된 사진술은 현실을 기계적으로 완벽하게 재
현하며, 이미지를 무수한 수와 다양한 형식으로 복제할 수 있는 기제였다. 그
런 만큼 이미지의 대량생산과 수용, 그리고 확산을 가능케 했다. 달리 말할

것도 없이, 이런 점에서 사진술의 출현은 근본적으로 예술의 구조 변화를 예고하는 것이었다. 손은 눈으로 대치되며, 인간의 창조력은 기계의 생산력으로 변경되고, 천재적 예술가가 독점하던 생산의 장(場)은 기계장치와 대중의 장으로 확산된다. 생산 방식의 변화는 예술작품의 가치 또한 변화시키는데, 이제 그 가치는 '제의가치' 에서 '전시가치' 로 바뀌었다. 이러한 변화들 속에서 당연히 예술의 기능까지 달라질 수밖에 없다. 그러나 사진술이 출현한 당시 사회에서 전통의 동요는 변혁으로까지 이어지지 못했다. 화가는 회화와는 본질적으로 다른 사진술의 핵심적인 성격을 놓치고 사진의 예술적인 가치를 논하는 데 골몰하는 한편, 사진과의 경쟁이 없는 방향으로 나아가려 애썼다. 현대성을 정의했고, "특히 예술에서 그러한 현대적인 것의 자리를 지정해주려 했던" 보들레르조차 사진을 위협적인 것으로 여겼다. 그리고 사진은 "기억 보관소 자리"에 만족할 것이며 "상상적인 것의 영역, 즉 예술의 영역 앞에서 멈춰서야 한다"고 판결했다. 벤야민은 보들레르의 회화와 사진에 대한 이러한 "중재적 판정"이 "솔로몬적인 판정이라 보기는 어렵다"고 논평하고 있는데(I /2, 644-645), 보들레르의 판단에는 여전히 전통적인 예술 개념에 묶여 예술과 기술의 분리 및 위계관계를 당연시하는 보수적이고 관습적인 사고가 작동하고 있었기 때문이다.

회화뿐만 아니라 전통적인 개념의 예술 전반은 각종 신기술의 출현에 위기를 느끼고, 그 기술들과 단절한 채 "예술의 신학이라 할 수 있는 예술지상주의의 이론으로써 그 위기에 대처했다." 이 이론을 토대로 생겨난 모더니즘 예술을 벤야민은 "일종의 부정적인 신학"이라 일컫는다. 그 예술이 "예술에서 모든 사회적 기능뿐만 아니라 대상의 소재를 통한 일체의 규정을 거부"하고, "순수예술의 이념"만을 숭배한다는 의미에서다.(Ⅶ/1, 356) 이렇게 전통적인 예술이 새로운 테크놀로지에 맞서 스스로의 영역을 폐쇄적으로 구축하고자 한 것 자체가 문제적인 것은 아니다. 그러나 그로 인해서 예술은 세 가지 점에서 심각한 문제를 안게 되었다. 첫째, 새로운 테크놀로지의 특수성과 잠재력을 제대로 인식하지 못했고, 그것과 기능적인 관계를 형성하지도 못했다. 둘째, 예술의 창조력을 위협하는 자본주의 시장의 막강한 영향력을 각성하지 못했다. 셋째, 그러한 예술에 전승된 "창조성과 천재성, 영원한 가치와 비밀 같은 개념들"이 "사실 자료를 파시즘적 의미로 가공하는 결과를 초래할 수"(Ⅶ/1, 350) 있었다. 벤야민은 이 예술지상주의의 문제가 20세기 예술에는 예술의 종언을 알리는 과거의 비상 신호였으며, 나아가 인류 생존의 비상 신호로까지 이어진다고 주장했다.

19세기 예술의 유미주의적 입장이 어떻게 인류 생존의 문제로까지 이어지는가? 이는 다소 과장된 듯 들린다. 그러나 테크놀로지가 근본적으로 새로운 자연현상이 된 사회에서 예술이 그것을 제대로 인식하지 못하고 의식적으로 거부한다는 것은, 그러한 거부 속에서 스스로 왜곡될 위험과 정치·경제·사회적 지배 권력에 의해 왜곡될 위험 모두를 잠재적으로 갖고 있는 것이다. 다른 한편, 이러한 왜곡은 권력자 편에서 자본주의의 신화적 환등상에 잠긴 인간의 상태를 지속시키는 데 협조하는 일과 크게 다르지 않았다.

벤야민은 새로운 테크놀로지와 인간의 유토피아적 상상력이 인류가 자연의 지배력과 사회적 억압으로부터 해방되는 데 필수적이라 보았다. 그렇기 때문에 무엇보다도 중요한 것은, 예술에서 새 기술과 유토피아적 상상력의 상호관계 및 그것들의 이용이었다. 그의 주장에 따르면, 새로운 테크놀로지의 엄청난 생산력은 유토피아적 상상력으로 매개되어야 하며, 그 역으로도 이루어져야 한다. 이는 인간이 산출해냈지만 아직 의식적으로 이해하지 못한 새로운 자연의 생산적 가능성과 집단의 상상력 사이에서 펼쳐지는 변증법적 과정이다. 이와는 반대로 양자 사이, 또는 "자연의 상징 공간과 기술의 상징 공간" 사이에 대립각을 세우려는 시도는 "반동적"이며, 그만큼 "피상적이고 곤궁한 안티테제도 없다."(V/1, 493) 이러한 입장으로 벤야민은 집단의 소망이미지에 테크놀로지라는 새로운 자연의 기능이 쇄신될 가능성이 내재해 있음을 주장했던 것이며, 16세기 과학이 철학으로부터 해방된 것처럼 테크놀로지의 생산력에 의해 19세기 "조형 형식들이 예술로부터 해방되었다"(V/1, 59)고 썼던 것이다. 그렇다면 이러한 과정을 거쳐 벤야민이 지향하는 예술은 무엇인가? 즉 그는 이렇게 전통적인 예술에서 해방된 예술은 어떠해야 하며, 어떤 목적을 가져야 한다고 생각한 것일까? 우리는 차차 그 답을 찾아갈 것이다. 다만 여기서는 벤야민의 논점을 살필 수 있는 중요한 노트 하나를 소개하려 하는데, 이 노트 속에서 그는 당시 아직 예술이라는 이름을 부여받지 않은, '앞으로 생성될 예술 형식'이 담아야 할 내용을 제시하고 있다.

> "대중은 예술작품(그들에게 작품은 실용품의 연장선에 있다)으로부터 뭔가 마음을 따뜻하게 해주는 것을 적극적으로 구한다. 하지만 마음을 따뜻하게 해주는 것의 열기는 (⋯) 예술이 소비될 때 부여되는 자격인 '마음의 안락'은 가져다주지 않는다. 그에 비해 키치는 100퍼센트, 절대적이고 순간적인 소비성을 가진 예술이라고밖에 할 수 없다. 따라서 키치와 예술은 표현의 봉납된 형식들에 있어 서로 일치할 수 없는 대립을 이루고 있다. 이에 반해 앞으로 생성될, 살아 있는 형식들에서는 뭔가 마음을 따뜻하게 해주는 것, 유용한 것, 궁극적으로 기쁘게 해주는 것, 그리고 '키치'를 변증법적으로 자체 내에 수용함으로써 대중에게 가까이 가면서 그 키치를 극복할 수 있는 것이 포함된다."(V/1, 500)

요컨대 벤야민이 요구하는 예술은, 대중의 예술 인식과 삶에서의 유용성을 부정하지 않으며, 키치조차도 변증법적으로 수용함으로써 대중의 마음에 진정한 위안과 궁극적인 기쁨을 주는 것이다. 모더니즘 시기 예술은 '예술의 자율성'을 모토로 일상 현실의 모든 유용성으로부터 벗어나 "부르주아지의 아방가르드"로 만족하거나, '키치'로 대변되는 대중적 취향과의 차별화를 통해 스스로를 고급문화의 일부로 견고히 하고자 했다. 이에 대해 벤야민은 부르주아지의 아방가르드가 선전하는 어떠한 것에도 "양심에 아무 거리낌 없이 고급예술이라 할 수 있는" 것은 없다고 질타했다.(V/1, 499-500) 벤야민이 제안하는 진정한 예술의 아방가르드는 미학적인 요구를 충족시키는 것으로는 충분하지 않기 때문이다. 그것은 동시에 정치적이며 사회적인 요구에 대응하면서, 새로운 역사의 전위(前衛)를 감행해야 하는 것이다.

여기서 2부의 논의를 마무리하고, 이어지는 3부에서 이 주제를 본격적으로 다루기로 하자. 미리 말하자면, 관념론 미학과 유미주의 예술의 한계를 지적하고, 테크놀로지로 변경된 시대·사회적 조건 속에서 집단적인 경험을 형성하는 데 역할하는 예술을 주장한 벤야민의 후기 유물론적 미학이 그 핵심 내용이 될 것이다.

| 제3부 |

테크놀로지, 예술, 지각, 미학

서론

"경험은 유통 가치가 떨어졌는데, 그것은 1914~1918년 사이에 세계사의 가장 끔찍한 경험들 중 하나를 겪은 세대의 일이다. 아마 그것은 보이는 것만큼 이상한 일이 아닐 것이다. 당시 사람들은 전쟁터에서 말없이 돌아오는 이들의 모습을 똑똑히 보지 않았던가? 전달 가능한 경험을 풍부하게 갖고 온 것이 아니라 그럴 경험이 거의 없는 상태로 돌아온 그들을? (…) 화가 파울 클레처럼 복잡한 예술가와 〔건축가〕 아돌프 로스처럼 프로그램화된 예술가는 둘 다, 갓 태어난 아기처럼 소리를 지르면서 이 시대의 더러운 기저귀 위에 누워 있는 벌거벗은 동시대인에게 눈을 돌리기 위해, 전승되어온 장중하고 고결한 인간상, 과거의 온갖 제물들로 치장한 인간상을 박차고 나온다."(II/1, 214-216)

1933년 벤야민은 「경험과 빈곤」이라는 짧은 글에서, 제1차 세계대전을 겪은 이후 인류는 더 이상 내적으로 충만하고 총체적인 경험을 쌓을 수 없게 되었다고 썼다. 이는 마치 1915년 루카치가 『소설의 이론』 첫 대목에서 "별이 빛나는 창공을 보고, 갈 수가 있고 또 가야만 하는 길의 지도를 읽을 수 있었던 시대는 얼마나 행복했던가?"[1]라는 저 유명한 문장을 통해, 완결성과 총체성의 문화가 저문 근대를 애도했던 바와 공명하는 것처럼 들린다. 하지만 루카치와는 달리, 벤야민은 그런 진단을 하면서 근대인들이 직면한 경험의 빈곤 상태를 안타까워하지 않는다. 오히려 그는 역사적으로 보면 인류는 매번 경험의 "야만" 혹은 불모지 상태에서, 이전의 낡고 병든 것을 깨끗이 씻어내고, "처음부터 새로 시작"하는 삶을 건설해왔다고 단언한다. 어떻게 말인가? 데카르트 같은 철학자, 아인슈타인 같은 과학자, 클레나 로스 같은 예술가를 그 "건설자"의 예로 들면서, 벤야민이 제시하는 방법이란, "인정사정없이" 구(舊)세계의 "판"을 뒤엎고 아주 작은 것으로부터 "위대한 창조"를 이뤄내는 것이다. 부르주아 계급 중심의 관례화된 문화와 휴머니즘적 인간상을 보수(保守)하느라 피로해졌으며, 동시에 역설적이게도 엄청난 파괴와 비인간적인 전쟁을 초래해 경험의 야만 상태에 떨어진 근대 인간 집단이 스스로를 구원할 길은 원점의 극히 미약한 차원에서부터 다시 창조를 시작하는 것이라는 말이다.

벤야민의 이러한 논설은 얼핏 들으면, 현실의 문제에 대한 실질적인 해결 방법도 없으면서 그저 낙관적인 전망만을 내놓는 지식인들의 말처럼 여겨질 것이다. 혹은 꽤 논리적으로 들리지만, 그 주장 안에 현재의 부정을 극복할 구체적인 방법은 없는 상투적인 해답으로 읽힐 수도 있다. 그러나 경험의 빈곤 상태로부터 새로운 경험세계의 창출이 가능하다는 벤야민의 변증법적 논변 속에는 단순한 낙관적 전망을 넘어서는 비판정신이 포함돼 있다. 또한 지식인의 습관화된 답변과는 다른 연구의 구체성이 확보돼 있다. 그 비판정신과 연구의 구체성이, 역사적 통찰과 시대적 경험을 바탕으로 형성된 벤야민의 후기 유물론적 예술이론을 지탱한다.

미학이 철학으로부터 분리돼 하나의 분과학문으로 정립된 서구 18세기, 이 시대의 미학자들은 그들의 이론에서 역사를 그리 중시하지 않았다. 역사학자이자 정치철학자 이사야 벌린은 그 이유를 다음과 같이 설명한다. 즉 계몽주의 시대 미학에서는 고전주의가 "아름다움과 위대함, 장엄함과 지혜에 대한 [보편적이고] 객관적인 이상"[2]이었기 때문에, 미학자들은 고전주의 이후 각 역사 시대의 구체적인 현상과 개별 예술실천에 크게 주의를 기울일 필요가 없었다는 것이다. 벤야민은 이러한 미학 전통에 반대한다. 그의 역사철학적 관점에 따르면, 예술은 각 시대가 처한 역사적 환경 및 사회적 조건 속에서 형성되고 변화하는 가운데 고유한 이념을 갖기 때문이다. 그리고 시대마다 그러한 변화를 주도하는 핵심 기제가 있다. 모더니즘 예술의 경우에는, 외형뿐만 아니라 그 예술의 심층 조건을 재편하는 기제로서 기술, 구체적으로는 산업 테크놀로지가 관건이었다.

현대 기술철학자 장-이브 고피는 '기술의 기준' 을 다섯 가지로 정리한다. 첫째, 기술은 문화적이다. 둘째, 기술은 후천적인 학습을 통해 획득되는 것이다. 셋째, 기술은 자체의 방식으로 전개되는 체계와 역사를 갖고 있다. 넷째, 인간에게 기술은 자연의 강압을 막아주고, 그로부터 보호해주는 일종의 고치 또는 막(膜)이다. 마지막 다섯 째, 기술에는 물질적인 형식을 가진 기술과 추상적이며 비가시적인 기술이 모두 포함된다.[3] 고피의 이런 정의가 타당하다면, 우리는 기술에서 문화성, 사회성, 관계성, 그리고 특히 역사성을 인정해야 할 것이다. 그리고 이는 달리 생각하면, 기술을 하나의 변수로 삼아서 특정 시대, 특정 사회, 특정 문화 형태와 인간 현존 양태, 그리고 예술의 조건을 고찰할 수 있다는 말이다. 「기술복제」 논문을 비롯해서, 벤야민의 후기 유물론적 예술이론은 이런 방식의 연구에서 선구적이며 가장 탁월한 예이다.

벤야민은 "유물론적 예술이론"의 관점에서 근대를 '기술적 재생산 가능성의 시대' 로 규정했다. 또 역사의 진행 과정에서 근대가 '테크놀로지-자연' 의 시대임을 분명히 하고자 했다. 산업 테크놀로지라는 새로운 생산력이 경제 영역을 비롯해서 사회 문화 전반에 깊숙이 영향을 미친 근대는, 유기적 자연을 넘어선 "제2자연(eine zweite Natur)"(I/2, 444)을 맞이했다는 것이다. 여기서 벤야민의 '제2자연' 개념은 기술적이며 인공적이고 문화적으로 새롭게 조직되는 사회의 상태와, 그런 사회 속에서 이전의 경험과는 전혀 다른 경험 조건에 맞닥뜨린 인간 지각의 상태를 가리킨다고 이해해도 좋을 것이다.

그렇다면 산업 테크놀로지가 제2자연을 구체화해가는 사회에서 예술은 어떠한 변증법적 발전 경향을 보이고, 사람들의 지각 조직은 어떻게 변경되는가? 이것이 벤야민이 1930년대 내내 자신의 이론 속에서 중점적으로 다루었던 미학의 핵심 주제이다. 그런데 이 주제는 역사학에서부터 경험이론과 지각이론까지, 정치·경제학과 기술공학을 거쳐 예술사까지를 아우르며 통합하는 지식, 관찰과 사고의 과정을 요구한다. 그런 점에서 벤야민의 미학은 '지각에 관한 이론(aisthesis)'인 것이며, 그 방법론은 오늘날로 하면 '학제적인 연구(interdisciplinary studies)'라 할 수 있다. 이러한 성격을 가진 벤야민의 후기 유물론적 예술이론은, 분과학문의 분석 틀과 방법론에 익숙한 독자들에게는 읽어내기에 그리 간단치 않은 텍스트성(textuality)을 과시한다. 그것은 다양한 영역을 가로지르며 복합적으로 형성된 단단한 사유의 지층이기 때문이다. 따라서 우리는 '테크놀로지, 예술, 지각, 미학'이라는 키워드를 통해 그 이론의 지층 내부로 진입하고, 관련 텍스트를 내재적으로 읽는 일을 해결책으로 삼으려 한다. 구체적으로 여기 제3부에서 다룰 내용은 '근대적 지각의 변화와 예술의 정치학'이다.

6장 "퇴보적, 진보적 태도" : 지각과 예술의 운명

1. 경험에서 체험으로

하버마스는 "벤야민의 예술이론이 곧 경험이론[성찰의 경험이론이 아니라]"[4]이라고 주장했다. 그만큼 벤야민의 미학은 예술작품에만 한정되지 않고, 인간의 지각·경험·기억·매체에 대한 이론적 고찰을 종합적으로 수행했다는 뜻이다. 사실 경험 개념은 처음부터 벤야민의 사유 성좌에 편성돼 있었지만, 초기에서 후기로 그의 사유가 이행해감에 따라 변화했다. 초기 '형이상학적 경험'에서 1920년대 중엽 이후에는 '사회역사적 경험'[5]으로 구체화해간 것이다. 우리는 이미 제1부에서 벤야민의 「미래철학」을 중심으로 그의 초기 형이상학적 경험이론을 살펴봤으므로, 여기서는 후기 경험이론에 초점을 맞춰보자.

벤야민의 후기 경험이론은 역사적·사회적 인간 현존의 차원에서 출발한다. 하지만 그 이론에서 '경험'이 현실의 구체성 차원에 있다 하더라도, 현재의 사실에만 급급한 경험이 아니라, 역사적 행위로서의 '기억하기'와 결부된 개념임을 염두에 둬야 한다. 벤야민은 경험의 철학적 구조를 결정짓는 다른 한 축으로 '기억'을 상정하며, 지각의 조직(Organisation)을 경험과 기억으로 설명하기 때문이다. 이 경험과 기억의 조직에서, 기억은 "과거를 탐색하는 도구가 아니라 〔망각된 과거의 사실을 인식의 현재 순간에 발굴하는〕 매체 (Medium)"(IV/1, 400)다. 그리고 이때 '매체로서의 기억'은 전통의 형성과 변용, 또는 억압받는 집단의 권리를 회복시키는 방식으로 이뤄지는 전통의 복구 및 새로운 전통의 생성에 관여한다. 이는 역사적 유물론의 관점에서 경험과 기억을 상관관계로 고찰하는 것인데, 실제로 벤야민은 근대와 더불어 전통적 의미의 경험이 '역사적 종결'을 고하고 있던 20세기 초반 동시대인들의 세계를 이 이론적 구도를 통해 들여다봤다.

인간은 언제나 이미 경험을 하고 "사실상 경험은 집단의 삶에서나 개인의 삶에서 모두 일종의 전통의 문제"(I/2, 608)다. 이러한 의미에서 경험은 개인사뿐만 아니라 사회사 전체를 통틀어서 변혁과 지속성을 위한 중요한 참조점이다.[6] 그런데 사실 경험이란 역사적 · 시대적 조건과 사회 구조에 따라 다양한 형질과 양태로 주조되고 재형성된다. 후기 사유에서 벤야민이 엄격한 의미로 정의하고자 했던 경험은, 바로 이렇게 역사와 사회의 변화와 함께 개별화되는 특정 시대의 경험이었다.

유물론적 예술이론의 관점에서 벤야민의 논점은 "개인의 경험과 외적 사실이 동화될 가능성"(I/2, 610)이 사회 현실에서 어떻게 변화했는가, 달라진 사회 현실의 조건 하에서는 어떤 경험하기와 기억하기가 가능하고, 둘은 서로 어떤 관계를 맺으며 역사의 특정 시대에 작용하는가 하는 점이다. 그리고 예술은 이러한 현존의 조건, 그로부터 발생하는 지각의 조직과 어떤 영향관계에 있는가, 또 테크놀로지로 변경된 새로운 자연과 인간의 조화로운 관계를 위해서 예술은 어떤 기능을 수행해야 하는가 하는 문제이다. 이러한 논점들은 일견 지나치게 여러 영역들을 건드리며, 문제를 복잡하게 만드는 것처럼 보일 것이다. 하지만 벤야민에게는 이것들이 연관관계에 있고, '경험'에 대한 다차원적인 접근을 통해서라면 적절하게 답할 수 있는 문제였다.

벤야민 연구자 토마스 베버는 경험을 "결합과 표현이라는 이중적 의미를 지닌 '절합(Artikulation)'의 개념"으로 설명한다. 그리고 벤야민의 후기 경험 이론은 노동·의사소통·기억 같은 사회역사적, 심리적인 조건들이 변화함에 따라 자아와 세계의 관계가 절합의 관계를 달리해온 방식에 대해 다뤘다고 평가한다.[7] 베버의 분석처럼, 벤야민은 후기 이론에서 시대를 초월한 보편적 예술을 가정하지 않고, 특정한 역사 시대의 예술과 이들 예술을 지배하고 있던 지각의 조직을 해명하는 데 매진했다. 하지만 여기서 벤야민의 연구는 멈추는 것이 아니라, 궁극적으로 지각의 변화가 예술을 통해 어떤 사회 변혁을 이끌어내는지에 대한 규명으로까지 나아가는 데 목적을 두었다. 그래서 이 미학이 다루는 경험은 초역사적이고 형이상학적인 경험이라는 학문의 틀을 넘어, 테크놀로지 시대의 현존 조건, 변화된 노동 형태와 매체 형식, 예술 작품의 생산과 수용의 방식, 그리고 이와 절합관계에 있는 인간 지각이라는 세부적이고 구체적인 문제를 두루 섭렵할 필요가 있었다.

벤야민은 위와 같은 문제들, 특히 경험과 기억, 테크놀로지와 예술의 문제를 '지각'을 중심으로 해명하고자 했다. '지각(Wahrnehmung)'이란 진리와 인식, 신체적 감각과 느낌, 개념과 이해, 정서, 심리, 경험 등과 다양하게 결부될 수 있는 단어로서, 어떤 경우에도 인간의 내외적 삶의 실체적 작용을 의미하기 때문이다. 그런데 흥미롭게도 벤야민은 「기술복제」의 한 구절에서, 인간 지각을 역사적으로 조직되는 매체와 함께 변화하는 것으로 전제했다. 여기서 벤야민이 말하는 매체란 인간 현존 방식과, 지각이 조직되는 종류 및 방식을 아우르는 '총괄개념'으로서, 인간의 내적인 삶과 외적인 삶이 그것을 통해서 형성되고 구체화된다. 예컨대 매체에는 벤야민이 초기 언어이론에서 표명했던 것처럼, 전달의 순수한 매체이자 인간의 정신적 삶이 외화된 것으로서 모든 언어("음악의 언어", "조형예술의 언어", "법정의 언어", "기술의 언어"), 그리고 전통과 현재의 매체로서 집단적 기억이 속한다.

"역사의 커다란 시대 안에서는 인간 집단의 모든 존재 방식과 더불어 인간 지각의 종류와 방식(Art und Weise)도 변화한다. 인간의 지각이 조직되는 그 종류와 방식, 즉 지각이 조직되는 매체는 자연적으로뿐만 아니라 역사적으로도 조건지어져 있다."(VII/1, 354)

"역사의 커다란 시대", 즉 인간 집단의 존재와 지각의 전 조건이 이전 역사와는 단절되거나, 급진적인 변화를 보인 역사의 시간대 중에서 벤야민은 근대에 집중했다. 연구는 구체적으로 모더니즘 시기 경험과 기억의 구조가 어떻게 변화했는가를 살펴보는 데서 시작하는데, 여기서 벤야민의 핵심 논제를 미리 말해두기로 하자. 근대사회에서는 감각적이고 일시적인 자극을 유발하는 대중매체와 각종 기계장치의 발달로 집단의 무의식에 쌓이는 기억이 억압되면서 전통적인 의미의 경험이 불가능해졌다. 대신 외적 충격과 자극에 의식적으로 방어하는 체험이 사람들의 경험 구조를 지배했다.

벤야민은 사람들이 경험의 변화를 인정하면서도 그 구체적인 실상을 특징지어 묘사하는 일은 결코 쉽지 않음을 지적한다. 단지 외적인 변화를 감각적으로 수용하는 데 그치거나, 경험을 관념적으로 규정하는 차원에서는 경험의 실제적인 변화를 분석할 수 없는 일이다. 물론 19세기 말엽 이래 사람들은 "문명화된 대중의 규격화되고 변질된 현존재 속에 가라앉은 경험과는 정반대되는 '진정한' 경험을 얻고자 철학을 통해 일련의 시도들을" 행해왔다. 딜타이에서 시작해 클라게스와 융으로 끝나는 생철학이 그것이다. 그럼에도 불구하고 벤야민은 이러한 시도들이 "사회 속의 인간 현존재"로부터 출발하지 않음으로써, 실제로 무엇이 경험 속에서 변화했는지 파악할 수 없었다고 본다. 그에 따르면, 이러한 생철학의 시도와는 달리 앙리 베르그송의 철학, 특히 『물질과 기억』은 "생물학의 방향에서" 집필됐으며, "기억의 구조가 경험의 철학적 구조에서 결정적인 것"으로 보기 때문에 경험의 문제에 어느 정도 올바르게 접근했다. 그러나 베르그송 또한 기억을 역사적인 차원에서 고려하지 않았고, 오히려 그러한 일체의 시도를 거부함으로써 자신의 "독자적인 철학을 생겨나도록 한" 모더니티의 경험에서 벗어나버렸다는 것이 벤야민의 비판이다.(I /2, 608-609)

　앞서 강조했듯이, 벤야민은 이론적으로 경험을 기억과의 관계 하에서 정의한다. 이때의 경험은 인간이 세계와 '절합' 하는 가운데, "종종 의식조차 되지 않는 자료들이 누적되어, 종합적인 기억 속에서 하나로 합류"하면서 형성되는 차원의 것이다. 즉 경험이란 "기억 속에서 엄격히 고정되어 있는 개별적인 사실들에 의해 형성되는 것이 아니라"는 말이다.(I /2, 608) 그러한 경험은 오히려 벤야민이 '체험' 이라 부른 것에 가깝다. 우리는 다음과 같이 벤야민이 베르그송의 "지속(durée)" 개념을 비판하는 대목에서 19세기의 변화된 경험, 즉 체험의 속성을 읽어낼 수 있다.

　　"베르그송은 자신의 지속이라는 개념으로 역사로부터 더욱더 멀리 떨어져 나와 있다. 〔…〕 베르그송의 지속 개념에서 죽음이 제거되고 있다는 사실은 그의 지속 개념을 역사의 질서와 무관한 것(마찬가지로 전사의 질서를 반대하는 것)으로 만들어버린다. 〔…〕 지속은 전통이 그 안에 들어오는 것을 배제한다. 지속은 경험이라는 빌린 옷을 입고 우쭐대는 체험(Erlebnis)의 총괄개념이다."(I /2, 643)

　"지속"이 체험에 불과한 이유는, 거기에 역사적 기억이 부재하기 때문이다. 베르그송은 경험의 본질을 "지속"으로 가정함으로써, 어떤 변화하지 않고 단일한 경험을 전제했다. 그러나 이런 의미의 경험은 "무의식적으로 쌓이는 경험"이 아니라 '의식의 지배 하에' 매번 단일하게 조정된 경험이다.

"충격의 계기가 개별 인상들에 차지하는 몫이 크면 클수록, 의식이 자극 방어의 계획으로 부단히 긴장해야 하면 할수록, 그래서 이를 통해 의식이 성공을 크게 거두면 거둘수록, 그러한 인상들은 그만큼 더 적게 경험 속으로 들어간다. 오히려 그 인상들은 체험 개념의 내용을 채운다. 아마도 우리는 충격방어라는 특이한 작업을 결국, 사건 내용의 통합성을 대가로 치르고 의식 속에 하나의 정밀한 시점을 지정해주는 일로 볼 수 있을 것이다."(I /2, 615)

벤야민이 위에서 규정하듯이, '체험'은 인간이 외부의 충격과 자극에 의식적으로 방어하는 와중에 남게 되는 경험이다. 따라서 체험은 "기억의 흔적을 대신해서 생겨나는"(I /2, 612) 의식의 반응물이라 할 수 있다. 이러한 벤야민의 주장에서 우리는 경험이 기억을 축적한다는 의미에서 전통적이라면, 체험은 항상적으로 현재 시점에만 고착된다는 의미에서 반(反)전통적이라는 뜻으로 해석할 여지를 갖는다.

근대에는 무의식적으로 쌓이는 기억, 예컨대 『잃어버린 시간을 찾아서』의 저자 마르셀 프루스트의 표현을 빌리면 "무의지적 기억"이 위축되고 충격에 방어하는 의식, "의지적 기억"(I /2, 609-610)이 일반화되었다. 이때 의지적 기억은 전통사회가 아니라 "문명화된 사회"에서 인간이 외부세계에 대해 "이지(理智)의 지배 하에서" 반응하는 양상이다. 의식은 기억이 아니라 "동시적이고 순간적인 잔상"만을 갖게 됨으로, 특정한 시점(時點)에 붙들지 않으면 축적되지 않고 흩어져버리며, "고도의 의식성"으로 구성하지 않는 한 파편들로 남는다.

이 대목에서, 벤야민은 프로이트의 「쾌락원칙을 넘어서」를 참조하여 "기억과 의식의 상관관계"를 다룬다. 이는 근대의 경험을 근대 과학인 정신분석학을 통해 해명하는 시도로 볼 수 있는데, 벤야민의 입장에서는 "충격체험이

규범이 되어버린" 문명화된 시공간의 변화된 경험을 논하기에 프로이트의 연구가 객관적 참조물로서 적절했을 것이다. 하지만 그는 프로이트가 "외상성 충격들"이 작용하여 외상적 성격이 형성되는 과정을 분석해 세운 가설을, "증명"하는 것이 아니라 "그 가설의 생산성을 숙고하고자" 그 이론을 참조했다.[8] 벤야민의 연구 목적은 심리학이 아니라, 프로이트의 정신분석학적 고찰을 전유하여 유물론적 역사철학과 예술이론의 방향으로 나아가는 데 있었기 때문이다. 그는 다음과 같이 프로이트의 이론을 전거로 밝히면서, 의식의 역할이 종합적 기억의 형성이 아니라 일시적 자극에 대한 방어에 있다고 주장한다.

> "'종합적 기억의 토대인 지속적인 흔적들'을 자극 과정 중에 집적하는 일은 프로이트에 따르면 의식과는 구별해서 생각해야 할 '다른 체계들'의 몫이다. 프로이트에 따르면 의식은 그 자체로는 전혀 그 어떤 종합적 기억의 흔적도 받아들이지 않는다고 한다. 그에 반해 의식은 다른 중요한 기능을 가지고 있다는 것이다. 그것은 자극에 대한 방어로서 행동한다는 것이다."(I / 2, 613)

위의 글에서 벤야민이 지목한 프로이트의 "다른 체계들"이란 의식과 대비되는 영역으로서 '무의식'이다. 벤야민은 이처럼 프로이트의 '무의식'과 '의식'을 인간이 세계와 관계 맺는 가운데 무의식적으로 축적한 '경험'과 외부 충격으로부터 자신을 방어하면서 의식적으로 형성한 '체험', 이 양자에 대한 비교에 적용했다. 그가 프로이트의 이론을 적용하여 규정한 내용을 요약하면 다음과 같은 것이 된다. 종합적 기억의 토대인 지속적인 흔적들이 쌓일 때 경험은 이루어지는데, 그것은 무의식적이다. 그런데 근대사회에서는 이러한 경험이 위축된다. 경험은 체험으로 변질되며, 이 시대의 변화 중 특징적인 양상인 체험은 의식적인 것이다.

19세기는 바야흐로 점차 전통적인 의미의 '경험'이 위축되고, 충격체험이 규범이 되기 시작한 시대였다. 생산과 소비의 영역뿐만 아니라, 사람들이 일상생활을 영위하는 인지세계 전체가 테크놀로지로 급속하게 변경되었다. "100년 이상 전부터 생산의 속도 때문에 삶의 속도가 어마어마하게 증대되고 있음이 분명히 드러나고 있다"(V/1, 497)는 벤야민의 단언은 그 뜻을 압축한다. 구체적인 예를 들어보자. 근대에는 테크놀로지와 더불어 자본주의 체제가 대도시를 형성했으며, 그러한 도시에서 대중이 출현했다. 사람들은 각종 새로운 산업기제가 유발하는 충격에 일상적으로 노출되기 시작했고, 그것을 의식적으로 방어하는 일 또한 생활이 되었다. 노동자는 산업 현장에서 기계장치 중심으로 분화된 기계노동에 작업 방식과 속도를 맞춰야 했다. 1830년대 사진술의 발명은 "전래의 미학에 어려움을 제기"(VII/1, 362)하는 한편, 카메라를 통해 "인간 육안에 비치는 자연과는 다른 자연"을 대중의 눈앞에 가시화 했고, 이전까지는 "시각적으로 무의식적인 것"을 보게 해주었다.(II/1, 371) 1890년대 탄생한 영화는 "더 큰 어려운 문제를 미학에 제기"했다. 영화는 지배자 중심의 "문화유산에서 전통가치의 해체"를 촉발하고, 근대적 기계장치를 다루면서 조건화되는 인간의 감각지각에 복합적으로 작용했다.(VII/1, 365;354) 물론 이러한 변화로 인해 전통적인 개념의 예술은 날로 재현의 위기를 겪게 되었다.

이상과 같은 점을 벤야민은 신문의 정보 전달, 충격체험, 대도시와 군중의 출현, 기계 자동화 시스템을 통한 노동 조건의 변화, 근대의 센세이션과 사진·영화의 출현, 예술에서 아우라의 소멸 현상 등을 근거로 설득해나간다. 그 과정에서 요컨대 '모더니티 새로운 지각의 조직'에 대한 분석이 이뤄졌던 것인데, 우리는 먼저 신문, 대도시, 군중의 출현과 전통적인 경험의 해체 및 충격체험으로의 변질 문제부터 다뤄보기로 하자.

모더니티 시공간에서는 과거에 일어났던 사건을 경험과 함께 전해주는

39 "사로티 초콜릿"을 광고하는 전기 시계탑, 1925.

40 '암스테르담 빛의 주간'을 위한 "에디슨-스파이크" 기념물, 1929.

41 영화관의 AEG 광고, 1923.

42 베를린 글로리아 팔라스트 영화 궁전이 비치는 건너편 쇼윈도와 카메라맨, 1929.

"이야기(Erzählung)"가 일시적인 정보와 센세이션으로 대체되면서 경험의 위축이 야기됐다.

> "예전의 관계가 정보로 대체되고, 정보가 센세이션으로 대체되는 가운데, 점차 경험의 위축이 나타났다. 이러한 형식들 모두는 이야기 형식과는 뚜렷한 대조를 보인다. 이야기 형식은 가장 오래된 전달의 형식들 중 하나이다. (…) 이야기는 청자들에게 사건을 경험으로서 주어 보내기 위해, 사건을 그 이야기를 보고(報告)하는 사람의 삶에 잠기게 한다."(I/2, 611)

전통사회에서 이야기는 단순히 정보를 전달하는 수단이 아니었다. 그와는 달리 이야기는 이야기를 하는 사람과 듣는 사람이 경험을 공유할 수 있는 "가장 오래된 전달 형식 중 하나"였다. 이야기에는 "도자기에 찍힌 도공의 손자국처럼", "사지(四肢)에 저장된 무의지적 기억"처럼, 화자의 경험과 기억이 표현되어 청취자에게 전달된다. 때문에 근대 이전 사회에서는 이야기가 공동체적 지각을 형성하는 통로 중 하나로 역할했던 것이다.(I/2, 611; 613) 그러나 근대사회로 접어들면서 그 오래된 전달 형식은, 인쇄술의 확장과 전자 기계장치의 발명에 힘입어 새롭게 출현한 전달 형식들, 예컨대 신문과 라디오 같은 각종 미디어의 정보로 대체됐다. 벤야민은 근대 "상이한 전달 형식들 사이의 경쟁"에서 이야기 형식이 막바지에 다다랐다고 판단했다.(I/2, 611) 그리고 이야기를 하고 듣는 기회가 줄어드는 이러한 현상은 곧 "경험을 교환하는 능력이 우리에게서 떨어져 나가는 것"이라며, 매체 형식과 경험의 변화를 결부시켜 설명했다. 그런데 사람들의 경험 교환 능력이 위축되는 원인은 근대사회 일반에서 "경험의 가치가 하락"해서이다.

벤야민은 그 하락 현상을 뚜렷이 보여주는 매체로, 신문을 지목한다. 신문은 근대 경험의 가치가 매일 "새로운 바닥 상태"에 도달하고 있으며, "외적 세계의 이미지뿐만 아니라 도덕적 세계의 이미지까지도 하룻밤 사이에 상상조차 할 수 없을 정도로 변화"하고 있음을 실감하게 해준다는 것이다.(II/2, 439) 그에 따르면, 근대사회에서 신문은 독자와 현실의 모든 사건 사이에 개입함으로써 집단이 경험을 형성할 가능성을 차단하고, 또 대중이 경험의 중요성을 간과하도록 작용했다.

"경험이 엄밀한 의미에서 지배하고 있는 곳에서는 개인의 과거 특정 내용과 집단의 과거 특정 내용이 기억 속에서 결합되어 나타난다."(I/2, 611) 이러한 경험은 개인이 외적 사실들을 자신의 경험에 동화시킬 기회 또는 가능성이 높을 때 가능하다. 경험이 개인적인 삶에서든 집단적인 삶에서든 일종의 전통의 문제라 할 때, 전통적으로 "의식절차(Zeremonial)와 축제들로 이루어지는 제의(Kult)는 [개인의 경험과 집단의 경험이라는] 기억의 두 재료를 언제나 새로이 융합"해왔다. 이러한 문화적 형식들을 통해 개인들은 집단적으로 경험을 공유할 기회를 갖고, 그러한 경험이 세대에서 세대로 전달되면서 새로운 경험을 형성한다. 그것이 바로 전통이다. 그러나 신문은 전통이 아니라 새로움과 센세이션을 중심으로 작동한다. 신문의 의도는 "신문이 제공하는 정보들이 독자의 경험 일부가 되도록 하는 데" 있지 않다. 그와는 정반대로 신문은 저널리즘의 원칙들에—새로움, 간결성, 이해하기 쉬울 것, 특히 각각의 소식들 사이에 연관성 없음—입각한 정보를 제공함으로써, 독자의 상상력을 마비시키고, 독자의 경험이 특정 사건으로부터 영향받을 가능성을 차단한다. 이렇게 해서 근대에 자아와 세계와의 절합관계에 간극이 발생했다. 말하자면 소외와 물화 현상이 신문에 의해서 촉진되고, 경험은 체험으로 대치된 것이다. 정리하자면, 경험이 개인과 집단에 공히 무의식적 차원에 쌓이는 공동체적 '관계'의 성격을 띤 것이라면, 체험은 개인의 소외되고 물화된 의식 차원에 남는 사적인 것이며, 19세기 이래 신문은 이 후자를 강화시켰다.(I/2, 610-611) 이상과 같은 점에서 벤야민은 신문이라는 매체를 현대인들의 경험이 "사적인 성격"의 체험으로 변화하게 된 주요 기제로 들었다.

19세기 대도시와 군중의 출현 또한 이러한 현상과 무관하지 않았다. 대도시적 삶의 구조와 문화 형식이 군중을 산출했다는 측면에서 대도시와 군중은 내적 상관성이 있으며, 양자 모두가 충격의 발생장치이자 "충격이미지"로서 근대의 새로운 산물이었다. 보들레르가 한 미술비평에서 19세기 중엽 당대 미술가들에게 모더니즘이 만들어낸 파리라는 대도시의 삶에 주목하라고 촉구했던 이유도 여기에 있었다.[9] 하지만 비단 파리뿐만 아니라 베를린, 런던, 모스크바 같은 당시의 대도시는 정치·경제·문화 전 차원에서 전통과 혁신, 전근대성과 근대성, 신화와 이성, 환등상과 기술합리성, 자유와 규율, 개인성과 집단성 등이 실체를 파악할 수 없을 정도로 복잡하게 얽혀 돌아가는 '카니발적 미로'였다. 사람들은 그런 근대 대도시의 미로에서 파괴와 건설이 강제하는 물리적 충격, 아케이드·백화점·세계박람회를 진원지로 하는 상품 유행의 새로움이 주는 충격, 운송 수단과 기계장치가 만들어내는 속도의 충격, 카메라 같은 광학장치가 만들어내는 시각적 스펙터클이 주는 충격, 더 촘촘해진 정치·경제 제도가 주는 심리적 충격과 일상적으로 맞닥뜨렸다. 나중에 폴 비릴리오가 지적하듯이, 현대적 도시는 "급격한 소통의 통로들이 관통하는 인간의 거주 지역"이며, 도시의 거리는 "일종의 덩어리가 지나다니는 도로"가 되었던 것이다.[10] 여기서 덩어리는 군중 또는 대중이다. 이 존재는 계급이나 어떤 특정한 구조의 집단이라기보다는, 무정형의 행인 무리, 거리의 공중, 소비자 집단 또는 서로를 볼거리 삼는 구경꾼들에 가까웠다. 이들은 평상시에는 자신들이 하나의 스펙터클이 되는 자본주의 환등상의 거울 도시에서,[11] 대규모 집단 구경꾼이자 소비자로서—벤야민이 간파했듯이 문학시장에서는 광범위한 계층 속 "고객의 무리"로서—그 자체 충격장치였다. 또 혁명 상황의 거리에서는 비릴리오의 표현대로 "속도의 발생장치" 역할을 했

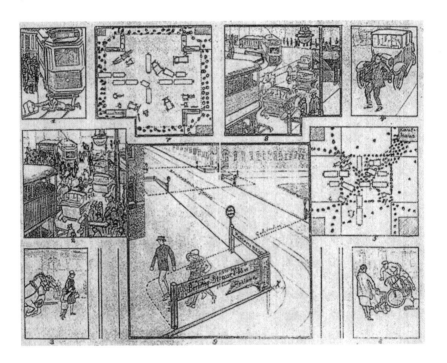

43 광고가 실린 보행자용 횡단보도 가로대 설치 제안서, 슈투트가르트, 1929.

44 로베르트 헤를트, "S-Bahn 횡단", *Asphalt*를 위한 스케치, 1929.

45 그륀펠트(Grünfeld) 백화점의 엘리베이터 통로(Otto Firle 디자인), 베를린, 1928.

다. 결국 여러 의미에서 대중/군중 그 자체가 근대 대도시의 충격 중 하나였던 것이다.

충격은 사람들에게 불안, 적대감, 공포심을 유발한다. 물론 이런 감정들은 인간의 가장 근원적인 정서이지만, 대도시와 군중이 출현한 근대 산업사회에서 그 감정과 구체적인 이미지는 전혀 새로운 것이었다. 벤야민은 이를 "테크놀로지가 언제나 반복해서 자연을 새로운 측면에서 보여주듯이, 테크놀로지는 또한 인간에게 주어지면서 인간의 가장 근원적인 감정들, 불안과 갈망하는 이미지들을 언제나 새롭게 바꾸고"(V/1, 496) 있다는 말로 표명했다. 근대 이전 사회에서 부정적인 감정을 야기하는 이미지가 신화적인 것이나 초자연적인 것에 있었다면, 근대사회에서는 기술 합리성과 야만성 사이에서, 규율화된 것과 통제 불가능성 사이에서, 산업과 자연 사이에서 발생했다. 아래의 글에서 벤야민이 당대 예술작품을 예로 들어 지목하는 점이 바로 그것이다.

> "대도시 군중은 그 모습을 처음 목격하는 사람들에게 불안, 적대감, 공포를 불러일으킨다. 포(Poe)에게 대도시 군중은 어딘가 야만적인 것으로 여겨졌다. 그들을 규율로 길들인다는 것은 매우 어려운 일이다. 나중에 제임스 앙소르(James Ensor)는 [자신의 그림에서] 지치지도 않고, 군중들 속에서 규율과 야만성을 대결시켰다."(I /2, 629)

이처럼 근대의 예술가들이 '대도시 군중'의 속성에 주목하고, 대도시의 불안, 소외, 대립, 고독 등의 감정을 작품으로 표현했던 것은, 그것이 당대의 경험을 이루는 가장 낯설면서도 일상적이고, 가장 가까우면서도 실체를 파악하기 힘든 것이었기 때문이다. 사실 그런 의미에서, 전통적인 의미의 경험과는 달리 근대의 체험은 "경험 작용의 날것의 질료(Rohmaterial) 내지는 대상으로서, '인간의 자기소외'에 대한 사회-심리학적 형식으로서"[12] 근대라는 역사적 시간대 고유의 경험이다. 고유하기는 했지만 긍정적인 것은 아니었다. 앞서 신문의 경우에서 보듯, 기술적 매체의 새로운 출현과 확장으로 집단적인 경험과 사적인 경험이 유리되는 상황은, 공동체적 경험의 역사적 전달과 새로운 형성을 억압하고 사람들을 분자화시켰기 때문이다. 또한 그 와중에 세계와 자아의 절합관계가 과거 그 어느 때보다 위기에 처했기 때문이다.

벤야민은 당시 근대인들이 소외를 충격체험 속에서 내면화하는 동시에, 새로운 매체와 문화적 형식들이 제공하는 감각적 자극에 스스로를 무방비로 노출하면서 소외를 보상받고자 한다는 사실에 주목했다. 즉 경험이 체험으로 변질된 현재 상황을 의식적으로 각성하는 것이 아니라, 일시적이고 파편적이며, 선정적으로 감각을 자극하는 정보와 이미지에 휩쓸려버리는 집단의 조건화된 경험 양상을 비판적으로 본 것이다. 사실 경험은 자기 의식적 행위가 가능하기 위한 하나의 전제조건이기도 하지만, 그 경험이 외적 자극과 사회적 이데올로기에 조건화된 경우에는 반대로 자기 의식적 행위를 제약하는 요소가 된다. 그래서 벤야민으로서는 전승된 가치를 단순히 반복하는 경험에도 동의할 수 없었고, 근대의 조건화된 체험에 대중이 매몰되는 상황에도 동의할 수 없었다. 그와는 달리 근대의 경험은 파괴적인 능동성을 수반하는, 궁극적으로는 세계 변혁으로서의 자기 변혁을 가능하게 해야 하는 것이었다. 앞으로 보겠지만, 이러한 벤야민의 후기 경험이론은 상당히 급진적인 주장으로까지 나아간다. 그는 "경험의 빈곤" 상태에서 인류가 새로이 시작하는 경험, 테크놀로지로 조직된 새로운 자연에서 "새로운 야만의 방식"으로 형성해가는 인간 지각을 논하기 때문이다. 그 맥락에서 특히 주목할 점은 벤야민이 새로운 경험 형성 과정에 '예술'의 사회적 역할을 명시했다는 사실이다.

2. 예술의 위기와 가능성

"서정시가 수용되기 위한 조건이 더 불리해졌다면, 그것은 서정시가 단지 예외적으로만 독자의 경험과 접촉을 유지하고 있었기 때문이라 생각해도 좋을 것이다. 독자들의 경험이 그 구조에서 변했기 때문일 수도 있다."(I/2, 608)

예술작품은 특정한 시공간의 지각 조건과 관계 맺는다. 일상에서 사람들의 지각 조건이 변경되었다면, 그만큼 예술작품이 생산되고 수용되는 지각 조건 또한 바뀐다. 벤야민은 19세기 모더니티 원사를 고찰하면서, 예술작품 생산·수용의 지각 조건이 변화했음에 주목했다. 이 세기의 중엽부터 이미 의지력이나 집중력을 발휘하여 서정시를 읽는 독자들의 경험 능력이 약화되었으며, 정신 집중과 깊은 관조 속에서 회화를 보는 감상자의 조건이 유지되기 힘들어졌다는 것이다. 이러한 변화는 불가분 예술 수용자가 기존의 예술 유형에 따라 생산된 예술작품을 외면하는 경향으로 이어지는데, 한편으로는 그 작품들이 수용자의 변경된 경험에 상응하지 못하기 때문이다. 그러나 다른 한편으로는, 사회의 변화된 생산 방식에 따라 만들어진 새롭고 다른 문화 형식이 사람들의 지각을 훈련시키거나, 기존 형식을 대체하면서 수용자의 변화된 경험에 효과적으로 침투하기 때문이다.

19세기 중엽 이후 모더니티 시공간에서는 전승된 미적 형식과 미적 가치에 입각한 유미주의 예술, 그리고 새로운 테크놀로지를 기반으로 하는 예술, 이 양자가 갈등과 경쟁관계 속에서 병존했다. 전자는 부르주아 예술로서, 이 예술은 사회적 현실과 절연해 있다는 그 속성으로 스스로를 정당화하고 자체의 내용을 규정했다. 반면 기존 유미주의 예술이 배제한 사회적·물질적 현실로부터 발생한 후자는 한편으로는 예술의 영역에 편입되기 위해 기존 예술의 효과를 모방하거나, 다른 한편으로는 태생적인 특성에 따라 산업과 과학의 영역에 편입됐다. 이렇게 미묘하게 얽히면서도 분리된 두 예술의 양상이 이를테면 모더니티 예술의 정치학적 상황이다.

우리가 지금까지 논의한 내용에 비춰볼 때, 벤야민은 예술을 모더니티 시공간이라는 역사적·사회적 조건에 따라 두 방향으로 나눠 고찰했다고 할 수 있다. 그 한쪽이 전통적인 예술 형식을 통해 산출되어 유미주의 미학의 권내에서 독점적인 자율과 폐쇄적인 권리를 누렸던 '예술을 위한 예술'에 대한 비판이다. 그리고 다른 한쪽은 새로운 기술을 원천으로 출현해서, 당대의 인간 현존과 지각의 방식 속으로 침투함으로써 그 사회의 제반 경향을 표현하고, 또 새로운 지각을 조직하는 예술에 대한 기대이다. 일반적으로 우리는 근대 사회 문화예술의 상황을 모더니즘 예술 대(對) 대중문화, 혹은 아방가르드 대 문화산업으로 파악한다. 하지만 벤야민의 예술이론에는 이러한 대립적인 도식을 적용하기 힘들다. 그가 아방가르드로 간주하는 것 안에는 당시 대중오락산업으로 치부됐던 영화가 핵심적인 위치를 차지하며, 일반적으로 아방가르드 예술의 범주에 포함시키는 미래파는 기술을 폭력숭배의 미학으로 도착시켰다는 점에서 "예술을 위한 예술의 완성"이라고 비판되기 때문이다.(Ⅶ/1, 383-384) 그 점에서 벤야민의 후기 유물론적 예술이론은 모더니즘 예술의 많은 부분을 급진적인 비판을 통해 쟁점화했다. 예컨대 미적 자율성, 예술적 상상력, 예술가 개인의 천재성, 취미, 미적 가치, 자기 지시적 예술이 비판적 문제제기의 대상이었다. 그런데 사실 근대의 문화 현상 속에서 모더니즘과 문화산업은 다소 모호한 방식으로 융합해 있었고, 특히 문화산업은 자본주의 사회의 상부구조가 변형된 결과라고 볼 수도 있다.[13] 그렇기 때문에 우리는 벤야민의 이러한 비판적 접근을, 복잡하게 얽히면서 헤게모니 쟁투에 따라 각자의 정치학을 전개한 모더니티 예술과 문화 상황에 대한 전면적이면서 동시에 구체적인 분석으로 이해하는 것이 적절하다.

예술과 사회적 현실 간의 분리는, 예술 속에서 사물의 주어진 상태에 저항할 수 있는 상상력을 보존할 수 있다는 측면에서 유의미하다. 벤야민은 근본적으로 예술의 상상력을 옹호하며, 그러한 상상력이 역사적 인간의 현존과 정신을 변화시킬 수 있다고 믿었다. 그러나, 바로 그렇기 때문에 더욱 이 예술의 상상력은 사회 역사적 조건과 서로 연관해야 하는 것이다. 당대에 지속적으로 물질적인 형식을 변혁하고 인간 지각의 방식을 재편하는 산업 생산력을 '예술의 자율성'이라는 이름 아래 예술 영역이 도외시할 경우, 예술 내부에 보존된 상상력은 오히려 전체주의적 성격을 띠거나 부패할 가능성이 높기 때문이다. 게다가 벤야민에 따르면, 산업 테크놀로지 생산력과 인간 상상력의 결합은 자율적 예술의 미적 상상력과는 비교가 안 될 정도로 다각도로 생산적인 문화의 변용과 확장을 가능케 한다. 이러한 맥락에서, 벤야민의 후기 예술이론은 예술과 테크놀로지, 상상력과 기능의 상호 침투를 긍정적으로 주장했던 것이다.

벤야민은 전통적으로 예술의 사회적 의미와 기능은 "제의 속에" 있었다고 파악한다. 그에 따르면, 종교제의는 예술작품이 "전통과의 연관관계에 삽입되는 근원적인 방식", 즉 그 자체의 표현을 발견한 토대였으며, 그로부터 사용가치를 부여받았던 조건이다. 예술작품의 유일성은 이러한 전통에 작품이 깊이 삽입돼 있음으로써 보증될 수 있는 어떤 미학적 가치이다. 또한 우리가 작품에서 느끼는 고유한 분위기, 벤야민의 표현으로는 "아우라(Aura)"는 작품이 제의의 영역에서 한 기능을 담당했기 때문에 감지할 수 있는 성질이다. 그는 전통적인 예술작품의 고유성을 아우라로 설명하면서, 그러한 작품의 존재는 작품의 제의적 기능과 완전히 결부된 것이라 한다. 요컨대 작품의 고유한 분위기라는 '존재'가 곧 예술작품이 제의 속에서 갖는 '기능'인 것이다. 예컨대 우리는 성당의 성모마리아상이 그렇게 종교적인 분위기 속에 있는 것만으로 충분히 역할을 하고 있다고 여기며, 미술관의 작품 또한 그와 비숫하게 여기지 않는가. 물론 예술작품이 속해 있는 전통은 고정된 어떤 것이 아니라 살아서 변화하는 것이다. 때문에 "제의" 또한 역사적으로 변화해왔다. 즉 주술적 제의에서 종교적 제의로, 그리고 세속화된 제의인 "아름다움에의 봉사"로 이행해왔다. 그러나 이러한 변화 속에서도 예술은 전통이라는 큰 맥락 속에서 '유일무이한 존재성'을 인정받으며 큰 격변을 겪지 않았다.

그러나 아우라적 존재 방식의 예술은 근대에 접어들어 "사진이라는, 실제적으로는 최초의 혁명적 복제수단"에 의해 위기를 맞게 된다. 수공업적으로 유사한 것들을 만들어왔던 예술의 모방 능력은 기계장치의 재현 능력을 따라잡을 수 없었으며, 기계장치에 의해 예술작품이 대량 복제되어 다양한 형식과 용도로 편재할 수 있게 되면서 예술의 유일무이한 존재성이 위협받게 됐다. 예술은 이러한 위기에 순수예술 이념을 자기 지시적으로 숭배하면서, 물질적인 현실과의 모든 관계를 거부하는 "부정적인 신학"으로 맞섰다. 그것은 바로 전에 언급했듯이 '아름다움에의 봉사'로서 숭배 대상과 형태가 세속화되었다 하더라도 여전히 제의에 속한다.(Ⅶ/1, 355-356)

유물론의 관점에서 마르크스와 엥겔스는 예술 매체 자체의 기술적 생산에 나타난 변화들, 예컨대 사진처럼—당시 초기 단계였지만—인쇄 출판 이후의 새로운 생산과 수용의 방식을 미학이 어떻게 고찰해야 하는지에 큰 관심을 보이지 않았다. 반면에 벤야민은 그런 매체와 기술의 변화가 전통적인 예술에 가한 충격과 그것이 열어젖힌 새로운 예술의 출현에 더 주목했다. 기술적 재생산성을 통해 "예술작품은 지금까지 종교적 제의 속에서 살아온 기생적 삶의 방식으로부터 벗어날" 수 있게 되었다는 것이다. 대표적으로, 이미지의 기계적 복제인 사진은 전통 속에 삽입돼 있었던 예술작품을 복제-재생산함으로써 그것을 "전통의 영역에서 떼어낸다." 그리고 영화는 "문화유산이 지니는 전통적 가치를 청산"한다.(Ⅶ/1, 353-354)

물론 벤야민의 주장과는 달리, 19세기 이래 근대의 현실에서는 테크놀로지와 예술의 '분리'가 체계적으로 구현되어간 것이 사실이다. 하지만 아방가르드 예술가들은 당대 새로운 기술문명을 수용하여 예술과 삶, 전통적 예술 형식과 새로운 기술 형식, 예술 장르 간의 융합을 지향했다. 초창기 영화사에서 〈전함 포템킨〉 등의 작품을 통해, 새로운 시각언어로서 몽타주와 그 이론을 제시한 러시아 영화감독 세르게이 에이젠슈타인의 다음과 같은 말은 그러한 예술가들의 비전을 함축적으로 표현하고 있다.

> "나의 생각으로는 우리들의 시대는 마천루가 성당과 멀리 떨어져 있는 것과 같이 프레스코벽화와 멀리 떨어져 있는 예술 속에 그 개성을 지니게 될 것으로 본다. (…) 그것은 놀라운 새 예술이며, 회화와 드라마, 음악과 조각, 건축과 무용, 풍경과 인간, 시각적 이미지와 청각적 언어 등을 종합하고 하나의 통일된 전체 속에 융합시킬 것이다. 지금까지 없었던 하나의 유기적 통일체로서 그 종합을 인식하는 것은 확실히 미학의 역사 속에서 가장 중요한 성취이다. 그러한 새로운 예술이 바로 영화이다."[14]

위 글은 에이젠슈타인이 1947년에 쓴 것이다. 하지만 그의 글은 영화가 출현했던 19세기 말에서 20세기 초까지 초기 아방가르드 예술가들이 품었던 생각을 대변한다. 즉 그들은 산업 테크놀로지가 추동한 근대의 새로운 형식들이 그 '융합성'과 '확장력'으로 기존에 제도화된 문화 형식을 청산하고, 그간 상이하게 분류돼왔던 예술 영역을 통합시키리라 기대했던 것이다.

여기서 길게 논할 수는 없지만, 아방가르드 개념의 역사를 짧게 살펴볼 필요가 있다. 애초에 아방가르드 개념은 19세기 초중엽 프랑스를 중심으로 사회적·정치적 아방가르드와 예술적·문학적 아방가르드로 양립해서 이해되다가 이후 후자의 의미로 일반화되었다. 즉 '예술적 아방가르드'가 아방가르드와 동의어가 된 것이다.[15] 이때의 예술적 아방가르드는 미학자 페터 뷔르

거의 용어로 하면 "역사적 아방가르드"라 할 수 있는데, 대표적으로 다다이
즘, 미래파, 초현실주의, 러시아 구성주의가 이에 속한다. 이들의 관심은 일
차적으로 에이젠슈타인이 표현한 것처럼 '지금까지 없었던 하나의 유기적 통
일체'로서의 예술을 제시하는 데 있었고, 새로운 기술 형식들을 이용하여 그
러한 예술을 실험하는 데 있었다. 예술과 현실의 넘나듦, 정치적 선언과 예술
적 실험의 병행, 반(反)전통 및 반(反)미학, 대중성의 확보 같은 것이 이들의
목표였다. 1·2차 세계대전을 거치면서 이들 아방가르드 운동은 일정 정도의
성과와 한계를 보이면서 단절되었다.[16] 그런데 위의 인용문에서 에이젠슈타
인은 고도 산업기술 사회의 조건을 긍정하면서, 영화를 전통적인 형식의 여
러 예술 장르들이 유기적으로 통합되는 새로운 '예술', 과거 전통을 대체할
예술로 정의한다. 글을 썼을 당시는 이미 양차 세계대전으로 세계가 피폐해
질 대로 피폐해진 상황이었으며, 영화는 자본주의 사회에서 대중 오락산업으
로 자리를 굳혔던 시기였음에도 불구하고 말이다. 그는 위의 주장에서 나아
가 "사회의 새로운 발전 단계에서 생긴 새로운 미학체계가 그 새로운 성과를
기대하고 있는 바로 그 순간에 기술의 발전이 그것을 초래"했다며 기술의 발
전이 새로운 미학을 추동한다고 단언했다.[17] 이로써 그는 당시로서는 더 이상
새롭지 않은 테크놀로지의 예술, 특히 영화예술에서 여전히 잠재된 가능성을
발견하고 있다. 그 가능성이란 '현실사회의 변혁을 견인하는 예술의 아방가
르드'이다.

　이러한 에이젠슈타인의 관점을 벤야민의 미학적 전망과 상관해 읽어볼
필요가 있다. 벤야민이 과거 초창기 영화예술의 불발된 가능성을 자신의 유
물론적 예술이론을 통해 복구하고자 했다는 점에서 그렇다. 그는 초기 무성
영화에서 에이젠슈타인이 사용한 것과 같은 몽타주 기법을 영화예술의 토대
로 여기면서, 새로운 테크놀로지로 지각 방식이 변한 사회에서 출현한 새로
운 예술의 본질적인 조건을 미학적으로 규정했다.(Ⅶ/1, 364) 그의 통찰에서

핵심은 여러 상이한 원천의 것들을 특정한 내용에 따라 구성하는 몽타주 기법이 충격체험이 규범이 된 현실사회의 지각 방식이자 예술의 구성원리가 된다는 것이다. 이를테면 여기서 몽타주는 하나의 영화 표현기법으로서만이 아니라, 충격의 일상화에 대응하는 정신과 감각의 기술이다. 특히 영화는 테크놀로지에 의해 변경된 현존재의 경험 양상을 바로 그 테크놀로지를 이용하여 전통과의 관계 속에서―그 관계가 전승된 형식과 가치의 청산이든, 전통과 새로움의 병치이든[18]―지각하고 인식할 가능성의 예술로서 기대됐다.

앞선 1부에서 잠깐 살폈듯, 초기 언어이론의 새로운 유물론적 정식화라고 자평한 1933년의 「미메시스론」에서 벤야민은 인간의 미메시스 능력이 역사적 변천의 새로운 단계에 접어들었다고 가정했다. 사실 그즈음 벤야민은 당대에 기술이 제공하는 지각력으로부터 "덜 마술적이고 더 과학적인 형태의 미메시스 능력이 발전하고 있다"고 생각했을 수 있다.[19] 예컨대 전통적인 의미의 자연이 곤충의 의태(Mimikry)처럼 눈으로 확인할 수 있는 유사성들을 산출했다면(II/1, 210), 테크놀로지의 새로운 자연에서 시각기계 장치는 '시각적 무의식의 세계'를 산출하고, 그것을 느끼고 인지하는 인간의 구성적 지각력을 훈련시킬 수 있게 된 것이다.(VII/1, 364-365 ; 373-374 ; 376) 예컨대 에드워드 머이브릿지의 각종 측정사진들처럼 이제 사람들은 카메라를 통해 인간의 육안으로는 파악하기 힘든 현상을 포착하고 분석할 수 있게 됐다. 또 에이젠슈타인 영화의 몽타주나 찰리 채플린 영화의 움직임처럼 전통사회와는 비견도 안 될 만큼 빨라진 삶의 속도와 다양한 분절적 리듬을 표현할 수 있게 된 것이다. 벤야민에 따르면, 애초에 유사성은 "무의식적으로 지각"하거나 "혹은 전혀 지각되지 않는 유사한 것들"(II/1, 205)을 포괄하고 있다. 이런 논리를 적용하면, 근대인들의 미메시스 능력은 비감각적 유사성의 차원으로 형질 변경돼가고 있었다고 말할 수 있다.

벤야민은 근대라는 역사적 시공간 내부에서 인간의 미메시스 능력 혹은

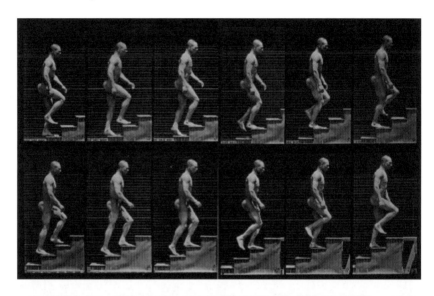

46 에드워드 머이브릿지, 〈계단 오르기〉, 1884-85.
47 세르게이 에이젠슈타인, 〈전함 포템킨〉, 1925.

지각이 어떻게 변화하고 있고, 새로운 생산력이 어떤 새로운 예술 형식의 기능으로 주조될 수 있는지를 고찰했다. 이를 위해 먼저 언제, 무엇에 의해 이러한 변화가 시작됐는지를 논한다.

"1900년 전후에 기술적 복제는 전승된 예술작품 전체를 대상으로 만들고 예술작품의 영향력에 심대한 변화를 미치기 시작했을 뿐만 아니라 예술의 작업 방식에서 독자적인 자리를 점유하게 될 정도의 수준에 도달했다. 이러한 수준에 대해 연구하기 위해서는 예술작품의 복제와 영화예술이라는 이 두 가지 상이한 발현(Manifestation)이, 전승된 형태의 예술에 어떻게 소급하여 영향을 끼치고 있는지를 살펴보는 일만큼 풍부한 시사점을 던져주는 일도 없을 것이다." (Ⅶ/1, 351-352)

대상을 카메라를 통해 기술적으로 복제할 수 있는 사진, 또 움직임과 소리를 기계적인 이미지로 재현하는 영화가 출현하자, 전승된 예술작품만이 아니라 그것의 사회 역사적 영향력, 작업의 방식까지도 큰 위기에 처하게 됐다. 예를 들면 사진은 성당과 같은 종교적 장소에 있는 유일무이한 회화나 조각작품을 전체 혹은 부분적으로 찍어 여러 상이한 문맥으로 대량 복제, 전이시킬 수 있게 되었다. 이는 예술작품의 광범위한 향유와 다른 사회관계로의 절합을 가능케 하는 것이다. 하지만 기존 예술의 입장에서 보면, "사진과 회화 간의 투쟁 중 한 단계" (Ⅴ/2, 826)로서 기술적으로 이미지를 재생산할 수 있게 되기 이전까지 회화가 보호받았던 가치의 세계가 파괴되는 위기 상황이다. 영화는 충격체험이 일상화된 사람들에게 "이전에는 결코 어디서도 상상할 수 없었던 광경", 즉 기계장치가 현실에 깊숙이 침투해 들어간 재현이미지를 정신을 집중시키지 않는 가운데 집단적으로 관람할 수 있도록 해주었다. 또한 현실에서 공간과 시간상으로 멀리 떨어져 있거나 분리된 행동들을 관객의 눈

앞에서 연속된 재현 장면으로 보여주었다. 이렇게 사진과 영화가 광범위한 호소력을 발휘하는 경우, 정신 집중과 관조 같은 오랜 시간 문화적으로 훈련된 감상 태도를 필요로 하는 전통적인 예술작품은 대중으로부터 외면당하거나, 내외적으로 불가피하게 변화를 요구받을 수밖에 없다.

"예술작품의 기술적 복제 가능성은 예술을 대하는 대중의 태도를 변화시켰다. 예를 들어 피카소와 같은 회화에 대해서 가졌던 퇴보적인 태도가 채플린과 같은 영화에 대해 갖는 진보적인 태도로 바뀐 것이다."(Ⅶ/1, 374)

피카소는 1920년대 중엽 이미 현대 미술가로 유명했는데, 당시 초현실주의자 앙드레 브르통이 주도하던 초현실주의 운동의 잡지 「도큐먼트」(당시 편집을 철학자 조르주 바타이유가 맡았다)는 그의 주요 회화가 사진으로 재생산되는 무대였다. 브르통은 회화를 "기능 회복"시키고자 했고, 대표적으로 피카소의 〈세 무용수〉를 여러 지면에 사진으로 소개했다.[20] 이러한 사정으로 보건대 당시 대중은 기술 복제된 형태로나마 피카소 그림을 어느 정도 접했을 것이다. 그런데 위의 글에서 벤야민은, 피카소의 회화가 '입체파'라는 양식상의 실험을 통해 전통적인 의미의 회화에 혁신을 가한 사실에 대해서는 퇴보적인 태도로 비판하는 "대중"이, 채플린의 영화 같은 새로운 기술 형식의 예술에 대해서는 진보적인 태도로 수용한다고 지적한다.

여기서 핵심은 벤야민이 문제시하는 대상이 개인 감상자가 아니라 "대중"이라는 데 있다. 그는 『파사젠베르크』의 〈N〉 항목 중 한 곳에 "위대하고 매우 감동적인 예술작품에 대한 수용은 '많은 사람들이 있는 곳으로(ad plures ire)' 〔향함〕"(V/1, 588)이라고 적어놓았다. 이는 고대 로마인들의 죽음에 대한 경구를 벤야민이 예술에 전유한 말로, 같은 문장이 「보들레르론」 중

DOCUMENTS

DOCTRINES
ARCHÉOLOGIE
BEAUX-ARTS
ETHNOGRAPHIE

Magazine illustré
paraissant dix fois par an

1

Dr CONTENAU, L'art sumérien : les conventions de la statuaire. — Paul PELLIOT, Quelques réflexions sur l'art " sibérien " et l'art chinois à propos de bronzes de la collection David-Weill. — Josef STRZYGOWSKI, " Recherches sur les arts plastiques " et " Histoire de l'art ". — Georges BATAILLE, Le cheval académique. — Carl EINSTEIN, Aphorismes méthodiques. — Carl EINSTEIN, Pablo Picasso : quelques tableaux de 1928. — Michel LEIRIS, Notes sur deux figures microcosmiques. — Georges LIMBOUR, Paul Klee. — Georges Henri RIVIERE, Le Musée d'ethnographie du Trocadéro. — Jean BABELON, L'Evangéliaire de Saint-Lupicin. — Hedwig FECHHEIMER, Exposition chinoise à Berlin. — André SCHAEFFNER, Igor Strawinsky.

PARIS. - 39, rue La Boétie.   Prix : 15 fr.

48 초현실주의 잡지 《도큐먼트(DOCUMENTS)》 1호.

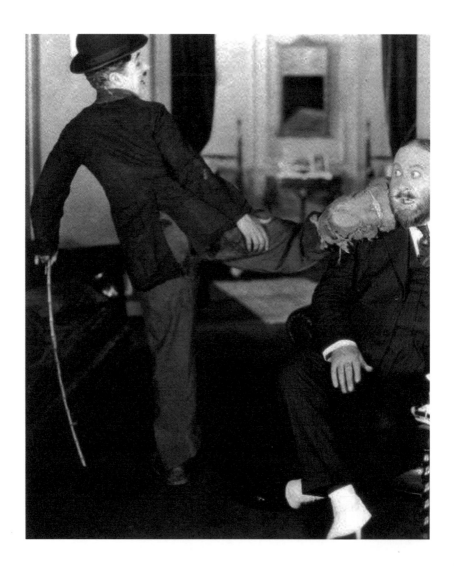

49 찰리 채플린, 〈골드 러시〉, 1925.

'미(美)'를 역사적으로 정의하는 대목에서도 나온다. 요컨대 이는 예술과 그 수용에서 결정적인 점을 '다수(多數)의 공감과 공유 가능성'에 있다고 보는 벤야민의 관점을 대변하며, 그가 집단적으로 수용할 수 있는 모더니티 예술 형식을 옹호한 배경을 설명해준다. 그가 유미주의 예술을 비판하는 것은, 그 예술이 특정 전통과 지배계급의 보호 아래 자족적으로 유폐된 채 감상자 대중을 배제하기 때문이다. 벤야민은 이러한 성격의 예술에서는 상상력이 집단의 무의식 속에 잠재된 원사적 기억을 매개하고 일깨우는 식으로 작용하지 않음은 물론이고, 집단의 의식을 자극하여 그들이 사회 변혁의 주체로서 행위하도록 작용하기 어렵다고 보았을 것이다. 그가 영화는 '미키마우스' 같은 "집단적 꿈의 형상들"을 구현한 반면, 20세기 초 초현실주의 예술은 그러한 집단화에 실패했기 때문에 감상자를 "낙후된 관객"으로 만드는 한계를 보였다고 지적했던 것도 그 때문이다.[21] 예컨대 위에서 소개했듯, 당시 사진을 통해 복제된 피카소의 그림이 잡지 「도큐먼트」에 실려 상대적으로 많은 대중을 향하고 있었다고 가정하더라도, 예술 내적인 문맥을 모르는 사람들에게 그림은 자신들의 삶과는 별 다른 관계가 없어 보였을 것이다. 또 대중에게는 그러한 예술 시도에 공감할 수 없는 퇴폐적이며 사적인 예술로 이해됐을 수 있다. 실제로 20세기 초반 초현실주의나 입체파 같은 아방가르드 예술의 생산과 수용은 제한된 예술가 그룹과 담론 영역 안에서만 이뤄졌기 때문에 현실의 변화된 지각 조직을 종합하여 표현하는 데 한계가 있었다. 때문에 대중이 그러한 예술로부터 현실의 변혁을 이끌어낼 기제를 찾기는 어렵거나 거의 불가능했다.

벤야민은 집단 속에서 전통의 전달과 각성, 변혁의 행동을 유발하는 예술의 가능성은 오히려 테크놀로지를 이용해 전승된 작품을 대량 복제하고 대량 유통시키는 사진, 그리고 집단적으로 생산되고 집단적으로 수용되는 영화에 있다고 봤다. 따라서 대중이 이러한 기술적 형식의 예술작품을 어떻게 수용하고 반응하는가에 대한 분석이 필요했다. 이를테면 대중이 피카소의 그림과 채플린의 영화에서 이중적인 태도를 보이는 원인을 밝히는 일이 중요해지는 것이다. 벤야민은 그 원인을 대중이 기술적인 복제, 더 정확히 말하면 카메라라는 기계장치를 통해 재현된 현실이미지와 맺는 관계 속에서 찾았다. 첫째, 대중은 기술적 영상인 영화를 보면서, 자신들이 테크놀로지로 변경된 현실적인 삶에서 체험하는 지각 상태와 익숙하면서도 차이가 있는 경험을 한다. 예컨대 채플린 영화의 관객은 내용 면에서 자신들에게 익숙한 것, 즉 대도시의 일상적 체험과 매일 공장에서 반복하는 단순 노동의 상황을 객관적인 기계장치 이미지로 매우 낯설게 마주치게 되는 것이다. 대중은 영화가 이렇게 일상의 내용을 테크놀로지 형식 속에서 영상이미지라는 다른 현실로 표현-제시하고 있기 때문에 이에 호응할 수 있다. 둘째, 대중은 전승된 형식의 예술에 안락하게 침잠하는 부르주아 개인과는 달리, 기계적으로 복제된 이미지에 대해 능동적이고 비판적인 태도를 발휘할 기회를 갖는다. 회화나 조각, 문학, 연극, 고전 음악 등은 감상자 개개인에게 관조와 침잠의 수동적인 태도를 요구하기 때문에 감상자가 작품에 능동적으로 개입하거나 사태를 객관화할 여지가 없거나 매우 적다. 하지만 사진은 대량 복제되어 광범위하게 확산되고 다양한 형태로 재생산되면서 감상자 대중을 끌어들인다. 또 영화는 한 번에 한 공간에서 상영된다 하더라도 집단을 대상으로 하며, 그러한 상영이 어느 지역에서나 동시다발적으로 가능하기 때문에 예상하지 못할 정도의 집단적인 반응을 끌어낼 수 있다. 벤야민은 이러한 집단적인 수용과 반응의 지각 장(場)에서, 관객 집단은 다른 어떤 예술 형식의 수용보다 더 적극적이고 현실적이며 진보적인 자세를 취할 수 있다고 생각했다. 그들은 고립된 개인이 아니며, 당시로서는 전혀 새로운 예술 형식인 사진이나 영화를 보는 데는 특별히 훈련된 감식안이나 가치판단이 필요하지 않기 때문에 보다 직접적이고 감각적인 반응들을 표출할 수 있어서다. 셋째, 사진이나 영화의 이미지는 인간과 인간, 인간과 사물이 직접 관계를 맺는 것이 아니다. 그와는 달리 인간이 처음으로 기계장치 또는 기계장치 이미지와 관계하는 것이기 때문에 객체성을 유지할 수 있다. 그것은 한편으로는 '소외'이지만 벤야민은 이를 생산적인 소외로 본다. 가령 영화배우는 "기계장치 앞에서 자기 자신을 연기"하는 것처럼 보이지만, "결국에는 자신이 대중과 관계한다는 사실"을 알고 있기 때문에 대중의 반응을 염두에 두고 연기를 하는 것이다. 영화관의 대중 또한 연극 무대의 배우와 관객이 맺는 관계와는 달리, 배우와 직접적으로 관계하는 것이 아니라 영상이미지와만 관계한다. 벤야민은 대중을 배우를 "컨트롤하는 존재"로 보는데, 왜냐하면 이들은 배우가 볼 수 없는 다른 시간과 공간에서 그의 연기를 바라보고 체험하면서 즐거움을 느끼고, 그 와중에 일종의 심사자(Beurteiler)의 태도로 영화와 그의 연기를 논평하기 때문이다. 대중의 즐거움과 비평적 태도가 결합되어 있다고 보는 것, 그러한 태도가 진보적인 태도라 보는 것, 이러한 벤야민의 관점에는 논쟁의 여지가 있다. 그럼에도 불구하고, 「기술복제」를 쓸 당시만 해도 벤야민은 영화에서 배우와 대중의 관계를 "인간의 자기소외가 지극히 생산적으로 활용"되는 예로 보면서 영화의 대중 수용에 담긴 해방의 잠재력을 강조하고자 했다.(Ⅶ/1, 369-370; 374)

이상의 논의를 통해서 살펴봤듯이, 벤야민은 모더니티의 예술 경향을 관념론 미학 내부에 고착된 유미주의 예술과 새로운 테크놀로지를 기반으로 출현한 예술, 이 둘의 정치학적 상황으로 분석하고, 후자의 가능성을 집중적으로 발굴하는 예술이론을 전개했다. 이제 그 '가능성'에 대해 본격적으로 분석하기로 하자.

7장 "지각에 관한 모든 이론": 미학

1. 기술 재생산 예술의 가능성

벤야민은 사진과 영화를 '전통'의 맥락에서 파악한다. 물론 이때의 맥락은 그것들을 인위적으로 전통의 연속성 속에 편입시키거나, 반대로 탈역사적인 매체로 규정짓는 방향이 아니다. 그의 입장은 역사철학적 관점, 구체적으로 말해 사진과 영화가 어떻게 '불연속하는 역사의 전통'을 만들어내는가를 논하는 방향에 서 있다. 그는 사진과 영화의 발명을 예술 영역뿐만 아니라 사회 전반을 변혁시키고 인식론적인 역사의 단절을 초래한 사건으로 본다. 하지만 동시에 벤야민은 사진과 영화에서 인간이 그것을 매체로 과거의 역사를 복구하고 새로운 역사를 써내려갈 '가능성' 또한 본다. 그것은 인간이 새로운 기술 형식들에 "혁명적인 사용가치를 부여"할 것을(II/2, 693), 달리 말해서 집단이 자신들의 정치적인 상상력을 기술 형식들을 통해 구체화함으로써 역사를 만드는 행위로 나아갈 것을 기대하는 입장이다.

벤야민은 기술적인 형식 또는 장치가 누구에 의해, 어떻게 사용되느냐에 따라 그 테크놀로지의 존재론적 내용이 결정된다는 사실을 역사적 경험을 통해 통찰하고 있었다. 그의 후기 유물론적 예술이론이 매체에 혁명성을 부여하는 집단의 의식 상태, 그러한 혁명성이 올바르게 작동하기 위한 소유의 문제, 조직화의 문제, 기능전환의 문제를 두루 고찰하는 것은 이러한 배경에서다. 그 이론에서는 또한 자본주의, 파시즘, 상품물신같이 모든 장치의 프로그램을 이데올로기화하는 억압적 전통의 체제와 현상이 비판되고, 그에 맞서는 집단의 행동이 강조된다. 이는 궁극적으로 테크놀로지를 "역사적 사실"로서 인정하고, 인간 집단이 그것의 올바른 수용과 확장을 통해 변혁의 역사를 구성할 책임 주체임을 강조하는 역사철학적·인간학적 관점이다.

벤야민은 이미지를 기술적으로 재생산할 수 있는 사진에 의해 예술작품이 전통으로부터 탈각된다고 했다. 또 영화가 문화유산의 전통적 가치를 청산한다고 주장했다. 이는 정확히 무슨 뜻인가? 그것의 일차적 의미는, 이미 앞에서 봤듯이 사진으로 복제된 예술작품이 미의 전통 안에서 배타적으로 숭배되는 것이 아니라, 사회의 상이한 영역들에서 다양한 내용으로 전유되고 여러 형식으로 재생산된다는 뜻이다. 또 전통적인 형식과 가치체계 속에서 산출된 과거 예술작품들이 영화화되면서 기술적인 영상의 생산 방식과 재현 메커니즘에 따라 전혀 다르고 다양한 문화와 예술로 변모한다는 뜻이다.

그러나 이 일차적 의미의 저변에 깔린 더 중요한 내용은, 사진과 영화에서는 전통적인 예술의 "예술적 기능"이 아니라, 예술의 새로운 "사회적 기능"을 기대할 수 있다는 것이다. 풀어 말하면, 이러한 복제기술과 영화에 의해 테크놀로지로 변화한 제2자연의 사회, 또 바야흐로 대중이 중심이 된 사회에서 집단적인 이미지의 생산과 수용이 가능해진다는 의미이다. 예술 영역에서 이는 구체적으로 "예술가가 대중에 영향을 미치고, 역으로 대중이 예술가에게 반응하는 과정이 거부할 수 없고 저항할 수도 없는 법칙"[22]이 되었음을 뜻한다. 이렇게 상호 긴밀한 피드백 과정에서 사진과 영화가 수행할 수 있는, 정확히 말하면 벤야민이 '기대한' 사회적 기능은 '현실 사회를 변혁하는 정치적 실천의 매개체' 역할이다.

영화 탄생 초기 좌파 사회주의 영화이론에서 영화는 본질적으로 대중적

인 것이며 그렇기에 민주적인 예술이라는 생각이 일반적이었다. 즉 영화는
과학과 테크놀로지에 기반을 두고 있고, 애초 개방적이고 유동적이기 때문에
대중과 매우 가까울 뿐만 아니라 그 역동성 면에서 충분히 혁명적인 매체라
고 본 것이다.[23] 벤야민은 이러한 관점에 영향을 받은 것으로 보인다. 그에 따
르면, 사진과 영화는 전통적으로 예술이 모태로 삼았던 제의에서 해방되어,
이제 "대중이라는 새로운 모태(Matrix)"를 얻었다. 이 변화는 기술복제의 가
능성과 더불어 예술작품이 제의가치에서 전시가치를 갖는 것으로 이행하는
현상과 같은 맥락에 있다.(VII/1, 357-358) 즉 기계적으로 복제된 예술작품은
대량생산 기술을 통해 대중과의 접촉 기회를 아우라적 존재 방식의 예술작품
과는 비교도 할 수 없을 만큼 넓게 갖게 되었다. 또 그런 만큼 이제 예술작품
은 숭배되는 것이 아니라 대중이 보고 즐기는 것이 되었다는 의미이다. 이러
한 유희적 수용은 전통적인 예술작품에 있어서는 "대상을 그 대상을 감싸고
있는 껍질로부터 떼어내는 일, 즉 아우라를 파괴하는 일"이어서 몰락의 증후
이다. 하지만 사진과 영화에 있어서 대중의 유희적 수용은 근대 대량생산과
소비사회의 지각 조건에 상응하는 새로운 "지각의 표지"이다.(VII/1, 355)

　　예술에 대한 대중의 유희적 수용은 생산적이다. 벤야민은 "전시가치"가
단순히 보고 즐기는 차원을 넘어 대중 교육에 중요한 역할을 하며, 그것이 곧
예술의 기능적 성격이 될 것이라고 보았다. 즉 계급 없는 사회의 도래, 또는
파시즘이 위협하는 당대 사회의 억압 조건을 타파할 혁명의 힘을 집단이 스
스로 갖추는 데, 예술의 전시가치가 일정한 역할을 하리라 기대했던 것이다.
이것은 물론 전통적인 의미의 예술에서도 가능한 일이다. 하지만 전제 조건
이 하나 있는데, 작품이 감상되는 조건이 그에 합당하게 갖추어졌을 경우에
만 그렇다. 벤야민은 20세기 초반 서구 유럽에서와는 달리 러시아의 프롤레
타리아트와 아이들이 박물관 관람을 "자유로운 태도"로 "학습 과정의 일환"
삼아 경험하는 상황에 주목했다.(IV/1, 323) 여기서 우리는 그가 지향한 예술

작품의 진정 교육적이며 혁명적인 수용 조건이란, 집단의 자유로움과 능동성
이 발휘될 수 있는 사회적 조건을 전제로 하고 있음을 알 수 있다.

　벤야민이 파악하기에, 무엇보다도 예술작품이 제의가치에서 전시가치로
이행하는 과정 속에서 새로운 교육적, 혁명적 기능을 가장 잘 수행할 수 있는
예술은 영화였다.

　　"오늘날 예술작품은 작품의 전시가치에 절대적인 중요성이 주어짐으로
　　써 전혀 새로운 기능을 지닌 형성물(Gebilde)이 되었다. 오늘날의 예술작
　　품이 갖는 새로운 기능들 중에서도 우리가 잘 알고 있는 두드러진 기능은
　　예술적인 기능이지만, 이 예술적인 기능 역시 사람들이 나중에 부차적인
　　기능으로 인식하게 될지 모른다. 확실한 것은 오늘날에 이러한 새로운 인
　　식을 가장 구체적으로 예증하고 있는 것이 바로 영화라는 점이다."(Ⅶ/1,
　　358)

　벤야민은 예술의 기능 변화에서 "가장 진보된 형태"인 "사회적 기능"을
영화에 부여한다. 이 사회적 기능으로의 변화가 함축하고 있는 역사적 의미
는 "새로운 예술을 방법론적으로 대비시키는 일뿐만 아니라 물질적으로
(materiell) 대비시키는 것도 가능케 한다"는 데 있다.(Ⅶ/1, 358) 이 문장에서
"물질적"이라는 말은 유물론의 관점에서 영화가 발현될 수 있었던 당대 산업
기술 생산력을 비롯한 사회 제반 조건을 뜻한다. 그렇다면 영화는 이전 사회
와는 다른 동시대적 지각과 경험 조건에 상응해 들어가는 것이다.

　특히, 영화의 충격효과는 근대의 충격체험이라는 조건에 상응한다.

　　"영화의 충격효과는 바로 이러한 데에〔영화 장면의 변화로 인한 연상 작
　　용의 중단〕그 근거를 두며, 또 이러한 충격효과는 다른 충격효과가 모두

그러한 것처럼 강화된 정신의 깨어 있음 속에서만 막아낼 수 있다. 영화
는 오늘날의 사람들이 처해 있는 증대된 삶의 위험에 상응하는 예술 형식
이다. 영화는 인간의 통각기제(Apperzeptionsapparat)에 일어난 심대한
변화들에 상응하는데…"(VII/1, 379-380 주석 16)

영화는 한편으로는 달라진 근대 경험 조건을 표현하고, 다른 한편으로는
현실의 충격체험에 대중이 적응할 수 있는 이미지 지각력을 제공한다. 이 양
자는 영화관 관객이 영상이미지를 수용하고 반응하는 과정 속에서 함께 이루
어진다고 볼 수 있다. 산업화로 초래된 시간의 가속화와 공간의 파편화, 그로
인한 종합적인 경험의 해체를 영화는 시간을 연장 혹은 단축시키는 편집기
술, 단편화된 이미지들을 새로운 법칙으로 구성하는 몽타주기법을 이용하여
새로운 시공간적 질서로 구성한다. 또한 노동 현장에서 기계장치에 종속되
고, 대도시 거리에서는 산업화의 각종 자극과 상업의 환등상에 노출되어 항
상적으로 '정신분산(Zerstreuung, distraction)' [24] 상태에 있는 집단의 경험 양
태를 영화는 충격효과를 유발하는 빠른 속도와 몽타주 편집된 이미지로 보여
준다.

벤야민은 이러한 영화의 충격효과를 본능적인 감각 차원에서만이 아니
라, 인식론적 측면에 연결시켜 생각했다. 영화를 보는 대중은 현실에서만큼
이나 의식을 부단히 긴장시킬 수밖에 없다. 그런데 이 의식의 부단한 긴장이
평소 무반성적인 상태로 외부 자극에 반응하는 사람들의 '정신적 깨어남' 일
수 있다는 것이다. 따라서 영화를 본다는 것은 이제 의식을 더욱 강화시키는
일이 된다. 나아가 영화 관객이 그렇게 재현된 이미지들을 객관적인 위치에
서 봄으로써 스스로 현대적 실존을 인식하고 새롭게 들여다볼 계기를 만들
수 있다.

당시 유원지 오락산업이나 세계박람회 같은 자본주의 집단소비 문화는

한편으로는 "대중들이 반응하는 태도의 유희 방식들을 세련되게 하고 다양화"했다. 하지만 현실적으로 이러한 방식은 단지 대중이 자본의 작동 방식을 수용하기 수월하도록 학습시키는 것일 뿐이어서, 근대 경험의 위축 과정 속에서 진정으로 미적 경험을 변형시키는 것이라 할 수 없었다. 오히려 상당 부분은 애초에 주어진 인간의 지각력을 자본주의 오락과 환영의 체제에 종속시키면서, 미적 경험의 가능성 자체를 제거해버리는 것이었다. 그렇다면 이처럼 자본주의 오락문화의 환등상적 경험이 촉진되는 상황에서, 어떻게 영화가 새로운 미적 경험 능력을 집단에서 형성시키리라 기대할 수 있을까?

> "영화: 오늘날의 기계 속에 미리 형성되어 자리잡고 있는 모든 직관 형식, 템포와 리듬의 풀어냄〈작용(Auswirkung)?〉이다. 따라서 오늘날 예술의 모든 문제는 영화와의 연관 속에서만 최종적으로 표현될 수 있다."(V /1, 498)

벤야민은 영화의 사회적 기능들 가운데 "가장 중요한 기능은 인간과 기계장치 사이의 균형을 만들어내는 것"이라고 썼다.(VII/1, 375) 테크놀로지가 자연이 된 사회에서는 인간이 인간성을 유지하면서 기계장치에 적응하고, 인간이 기술을 통해 자신을 둘러싼 자연 환경과 삶의 필연성을 통찰하는 상태가 무엇보다 중요하다. 벤야민에 따르면, 영화가 바로 이 과제를 수행할 수 있다. 영화는 이 과제를 인간 행위가 개입할 수 없는 기술적 장치 자체의 자동성 또는 자동적 프로그래밍으로 수행하는 것이 아니라, 인간이 기계장치의 도움을 받아 자신을 둘러싼 환경을 표현하는 방식을 통해 해결한다. 이를테면 영화는 인간이 일상생활의 습관 속에서 자각하지 못하는 자신의 주변 환경과 사물의 세부를 클로즈업하고, 렌즈의 움직임 아래서 낯설게 객관화함으로써, 한편으로 "우리의 현존재를 지배하는 필연성에 대한 통찰을 증가시켜

준다." 그리고 다른 한편으로는 영상적인 속도와 리듬, 운동으로 상상력과 지각 경험의 유희 공간(Spielraum)을 확보케 해준다.(Ⅶ/1, 375-376)

그러나 벤야민이 영화와 그것을 수용하는 집단에 거는 기대와는 달리, 실상 1900년대 초중반 영화는 대중에게 선정적인 자극과 마취적 오락을 얻을 수 있는 매체일 뿐이었다. 자본가의 자본 획득을 위해 점차 자극적인 폭력의 강도가 높아지며 오락적인 요소로 점철된 대중 상업영화에 사람들은, 그것은 현실이 아니라 단지 이미지일 뿐이라며 "느긋하게 용인"하려 했다.(Ⅶ/1, 377) 그래서 더욱 벤야민은 영화의 그 변질된 상태로부터 애초 영화에 잠재해 있던 혁명적인 성격을 복구해내고자 했다. 자본주의의 거대 자본에 의해 생산된 영화가 아니라 "자본주의적 착취의 사슬로부터 해방"된 영화라면 가능할 것이다.(Ⅶ/1, 372) 또한 대중이 영화에 대해 객관적이고 비판적인 위치에 있어야 한다.(Ⅶ/1, 370)

> "채플린의 제스처는 본질적으로 연극적인 것이 아니다. (…) 채플린의 제스처에서 새로운 것은 그가 인간의 표현적인 움직임을 일련의 가장 작은 신경감응들(Innervationen)로 나눈다는 데 있다. 그의 모든 개별 움직임은 일련의 잘게 쪼개진 움직임 조각들로 함께 조립된다. (…) 언제나 가장 작은 움직임들의 그와 같은 충격적인 연쇄, 바로 이것이 영화의 이미지들이 연속하는 법칙을 인간의 운동학(Motorik)적 법칙으로 만들고 있다."
> (I /3, 1040)

벤야민에 따르면, 영화를 유희적으로 받아들이는 일은 개인의 이데올로기적 고착이 아니라, 집단이 근대사회의 지각 방식에 호응하는 일종의 "신경감응(Innervation)"이다. 여기서 '신경감응'은 근대사회의 사람들이 자신을 둘러싼 외부 세계를 미메시스적으로 수용하는 양태를 가리키는 개념이다. 이

50 프리츠 랑의 영화 〈M〉(1931)에서 칼이 진열된 쇼윈도 표면에 중첩된 살인자의 모습.

51 프리츠 랑의 〈달의 여인(Die Frau im Mond)〉 홍보를 위해 로켓 등으로 꾸며진 우파(Ufa) 팔라스트의 파사드(Rudi Feld 디자인), 1929.

52 프리츠 랑의 〈메트로폴리스〉 시사회에 맞춰 은색으로 도포된 우파 파빌리온 외관, 1927.

는 근대의 외적 충격에 사람들이 자신의 유기적 기관을 맞춰시키는 값을 치르고 보호하는 방어적인 적응과 대조되는데, 인간이 매체와 영향관계에 있을 때 상상력의 잠재력을 발휘해서 적극적으로 반응하는 것이 '신경감응'이기 때문이다.[25] 이때 인간은 외부 세계를 합병하거나 그것에 합병되는 것이 아니라, 모방하면서 그 세계와 조응한다. 그런데 여기서 더 나아가 벤야민은 혁명을 "집단의 신경감응"으로 정의했다. 그는 마르크스가 사적 소유의 지양을 인간의 모든 감각의 완전한 해방으로 보고, 그러나 이때의 해방은 "다른 인간의 감각과 정신이 나의 고유한 소유가 되는 것, 따라서 이러한 직접적인 기관(Organ) 이외에 사회적 기관이 형성되는 것을 통해서 된다"는 주장을 자신의 신경감응 혁명론의 전거로 인용한 적이 있다.(V/2, 801) 이로부터 우리는 벤야민이 제시한 '집단의 신경감응'이란, 개인이 '사회적 기관'을 공유하는 집단으로 조직되는 것을 의미한다는 사실을 유추할 수 있다. 또한 '혁명이 집단의 신경감응'이라는 논리는, 사회적 기관을 공유한 집단이, 마치 서로가 서로에게 감전된 듯 현실을 변혁하기 위해 정치적인 행위를 함께하는 공동체적 지각 상태에 놓이는 것을 의미한다고 해석할 수 있다.

이를 위에 인용한 채플린 영화의 경우와 비교해보면, 우리는 집단의 신경감응이 어떻게 혁명이 될 수 있는지 이해하는 데 도움을 받을 수 있을 것이다. 채플린이 영화에서 보이는 제스처 또는 파편화된 움직임의 연쇄는 관객 집단이 현실에서 종속적으로 경험하는 기계장치의 작동 방식과 리듬 양상에 상응한다. 일상생활과 노동 현장에서 비슷한 경험을 하는 관객 집단은 이러한 영화의 이미지에 집단적으로 반응한다. 그리고 그 와중에 기계장치의 메커니즘과 자본주의 생산 · 소비 시스템에 종속되고 착취, 기만당하는 자신의 현존에 대한 각성에 이를 수 있다. 이러한 각성은 집단이 현실 속에 침윤돼 있을 때는 쉽지 않은 것이다. 벤야민은 영화를 통해서 집단이 자신이 속한 사회의 계급관계, 지배와 착취, 그리고 억압의 관계를 객관화해본다면 현재 상태를 정확히 파악할 수 있을 것이라 생각했다. 그런 맥락에서 영화는 집단 신경감응의 매체이자 혁명적인 예술로 기대받았다. 이럴 때의 신경감응의 예술은 위계적인 교육 체계를 무화시키고, 예술을 고급예술과 대중문화 혹은 키치로 나누는 엘리트적 구분을 무위로 돌리며, 추상적인 지식과 물신화된 미적 가치로 견고해진 예술작품의 문호를 개방한다. 또 미약하고 보잘것없는 삶의 파편들, 극단들에 새로운 의미와 기능을 주입한다. 예컨대 이럴 경우 프롤레타리아트와 어린아이들이 러시아 박물관에서 그러는 것처럼, 영화의 첫 번째 관객으로 상정되어왔던 "산업사회 대도시 노동자 계급"은 영화관에서 부르주아 문화유산을 그들 자신의 문화로 전유하고 새롭게 구성할 힘을 얻는다. 지배와 계급, 억압과 착취 없는 사회의 문화 구성을 정치적으로 현실화할 계기를 갖는 것이다.

벤야민은 영화가 근대의 변화된 미메시스 능력을 사회적으로 교육시킬 수 있는 훈련의 장이 되리라 기대했다. 회화나 문학작품은 예외적인 경우를 제외하고, 이러한 변화된 지각세계에 적합하지 않고 그러한 변화의 충격에 소극적으로 대응했을 뿐이다. 19세기에서 20세기로 이어지는 정치적인 불안정과 경제 위기에 부르주아 계급은 "퇴폐 속에서" 사적 영역으로 퇴각해버렸다. 이 계급 특유의 지각 양식인 "관조"와 "침잠"이 이제 "반사회적 행동의 훈련장이 되었다면, 여기에 맞서 나타난 것이 사회적 행동의 한 양태로서의 정신분산이다."(Ⅶ/1, 379)

산만함과 기분 전환의 다른 말이기도 한 정신분산이 벤야민에게서는 당대 사회의 지각 경험에 상응하는 태도로 긍정된다. 정신분산은 부르주아 문화 속에서 억압된 집단의 상상력과 신체적인 활동이 결합될 수 있는 태도이기 때문이다. 정신분산적 지각은 관조가 아니라 행동이다. 관조가 인간이 '자기의식'을 포기하고 대상에 흡수된 상태라면, 정신분산은 의식을 부단히 긴장시키는 가운데 이미지와 상호작용하는 운동의 상태이다. 벤야민은 19세기 부르주아의 사적인 내면성을 강화하는 데 기여한 유겐트슈틸(청년양식)과, 집단이 정신 분산 상태의 의식으로 충격이미지에 반응하는 영화를 대비시켰다. 당시 부르주아는 유겐트슈틸을 채용하면서 급격히 변화하는 사회정치적 현실과 절연하고 "개인의 우주"로 침잠했다. 유겐트슈틸이 "내면성을 근거로 테크놀로지에 대항하려는 개인의 시도가 파국을 맞을 수밖에 없었다는 사실"을 보여주는 예술의 역사적 사례인 것은 그 때문이다.(V/1, 52-53)

　　근대 사회에서 주체가 고립되고 사적으로 되어간 것은 상당 부분 자본주의와 대중문화의 즉각적이고 실제적인 효과들 때문이었다. 그러나 사적인 내면성으로 퇴각한 부르주아의 주체성은 이러한 대중문화의 직접적인 영향보다는, 그 계급이 자신들에게 전승된 문화 형식에 반동적으로 집착하면서 사회 변혁의 과제를 회피했기 때문에 강화된 것이다. 따라서 현재를 변혁시킬 역사의 주체는 부르주아지가 아니라, 그들에게 억압받는 피지배 계급이어야 했으며, 이때 피지배 계급이 할 일은 반동적인 문화를 깨뜨리는 데서부터 시작된다. 구체적으로 동시대 문화에 대해 이들이 취해야 하는 태도는 자본주의 문화산업이 강제하는 정신 분산적 오락의 길들임을 전환하여, 바로 그 정신분산의 태도로 외적 충격에 맞서는 것이다. 벤야민은 개인의 경우에는 그 일을 회피하는 경향이 있다고 봤다. 그러나 집단은 정신분산 상태의 신경감응으로 그 문제를 해결하며, 영화는 이 "대중을 동원"할 수 있다는 점에서 기대를 걸 만했다.

　　"예술은 현재 이러한 과제를 영화 속에서 수행하고 있다. 예술의 전 영역에서 점점 더 강하며 더 두드러지게 나타나고 있고 또 통각의 깊은 변화에 대한 증후인 정신분산 속의 수용은, 영화에서 그 고유한 연습 수단을 갖고 있다. 영화는 그것의 충격효과로 이러한 수용 형식에 부응하고 있다. 현재 영화는 이 지점에서 또한, 그리스인들이 미학(Ästhetik)이라고 불렀던, 지각에 관한 모든 이론의 가장 중요한 대상으로 등장하고 있다."
(Ⅶ/1, 381)

벤야민이 「기술복제」를 쓴 1936년 당시, "역사적 과정의 전면적인 도박"[26] 속에서 영화와 사진이 결정적인 역할을 하리라던 기대는 모두 무망하게 소실된 듯 보였다. 영상의 복제기술을 원천으로 한 이 두 매체가 벤야민이 기대했던 것과는 달리, 혁명의 "사회적 기능"을 수행하지 못하고 있었던 것이다. 벤야민에게 기술 재생산의 영상은 미학의 그리스어 어원 '아이스테시스(aísthesis)'에 따라 지각이론으로 정의하자면 "신경감응"의 매체인 것이 맞다. 그러나 근대 역사에서, 이 매체는 사회 정치적 억압 권력의 도구로 이용되었다. 예컨대 독일의 여류 영화감독 레니 리펜슈탈이 1930년대 중엽 나치를 위해 제작한 영화들이 대표적이다. 군중을 신체 장식으로 만들어 대중 스펙터클화하고,[27] 게르만 민족의 인종적인 우월함을 신체로 선전하는 데 영화가 쓰였다. 이는 다큐멘터리 형식 또는 뉴스 릴이라는 형식을 빌려 신화를 파시즘적으로 복원시키는 행위였다. 이러한 목적에서뿐만 아니라 영화는 자본주의 시장과 심지어는 스탈린 치하 문화 정책에서도 벤야민의 기대와는 다르게 오용되었다. 그럼에도 불구하고 벤야민은 1920년대 다다나 초현실주의 같은 서유럽 아방가르드 예술과 마찬가지로, 에이젠슈타인의 영화 등 초창기 영화에서 미학적이고 정치적인 가능성을 「기술복제」를 통해 현재화하고자 했다.[28] 그러나, 왜 벤야민은 영화가 아방가르드 예술가들이 지지했던 혁명적인 가능성을 상실한 1936년에도 영화에 대한 예술적·정치적 기대를 철회하지 않는가?

2. 영화, 근대 집단적 지각의 매체

크라카우어가 「정신분산의 숭배」에서 지적했던바, 1930년이 되면 프롤레타리아트가 평범한 "영화관"에서 떠나버리고, 부르주아지만이 자본 특권적 "영화 궁전들" 앞에 진을 쳤다.[29] 영화 사회학에서는 이 시기를 역사적, 경제적으로 계통 분류하면서 "영화와 이론이 극단적으로 붕괴"한 때로 규정한다.[30] 이러한 실제 상황을 가장 가까운 곳에서 인지하고 있었음에도 불구하고, 벤야민이 영화에 주목한 이유를 두 가지 차원에서 생각해볼 수 있다. 한편으로 미학적 차원에서, 그는 '미'를 중심으로 관념화된 미학을 반대하고 현실 사회 인간 경험의 구체적 조건에서 이루어지는 지각작용을 중심 내용으로 하는 미학을 추구했다는 것이다. 그런 입장에서 보면 영화는 테크놀로지로 조직되는 현실세계에서, 여전히 가장 새롭고 복합적이며 파괴력 있는 지각작용의 매체였다.[31] 다른 한편, 파시즘의 폭력에 저항할 예술이론의 명제를 제시하는 일이 벤야민에게는 정치적으로 당면한 시급한 과제였다는 점을 들 수 있다. 그의 판단에는 당시 영화가 비록 부적절하게 제작·수용되고 있었다 할지라도 대중을 상대로 발휘할 수 있는 혁명적인 힘, 이를테면 '매체로서의 영화'가 갖는 정치적 영향력이 소진된 것은 아니었다. 벤야민은 '현실에 정치적인 변화를 일으킬 수 있는 영화의 미학적 특성'과 '집단의 집합적이고 능동적인 수용 가능성'이라는 명제로 이 매체를 갱신하고자 했다.

벤야민은 "영화의 정치적 의미"를 묻는다. 그는 마르크스의 공산주의 운동이 힘과 권위를 가질 수 있었던 것은 '노동자 계급 스스로가 자기 삶의 질서를 만드는 일'을 그 삶에 합당한 모델로서 '제안'했기 때문이라고 평가했다. 벤야민은 영화의 정치적 의미와 역할도 이와 비슷한 것이라 생각한 것 같다. 그에 따르면 '키치의 영화', 즉 "키치를 변증법적으로 자체 내에 수용함으로써 대중에게 가까이 다가가면서 키치를 극복하는" 영화만이 마르크스가 수행한 것과 같은 과제를 감당할 수 있다. 사실 영화는 키치와 더불어 태어나, 세속적인 것 속에서 꽃핀 예술이기 때문에 이 과제가 가능할 것으로 기대됐다.

"그리고 이미 이를[영화의 과제를] 인식하고 있는 사람은, 추상적인 영화의 자만을—그런 영화의 시도들이 그렇게 중요하다 할지라도— 제한하자는 데 귀를 기울이게 될 것이다. (…) 영화만이, 이처럼 19세기가 키치라는 기묘한, 이전까지는 아마도 알려지지 않았던 물질 속에서 축적해온 소재들을 폭발시킬 수 있다."(V/1, 500)

영화는 문예이론가 아놀드 하우저가 지적하듯이, "개인주의적으로 정향된 문화가 시작된 이래로 집단 관객을 위한 예술을 만들어내기 위한 최초의 시도"였다. 그는 영화를 "예술 민주화의 참된 시작"으로 평가하는데, 영화를 집단적으로 관람해서만이 아니라 "관객이 소비자로서 등장하여 자신들의 예술 향유에 제 대가를 다 내기 시작"했고, 그렇게 함으로써 "예술 생산에 대한 대중의 영향력"을 직접적으로 행사하기 때문이다.[32] 벤야민이 영화의 정치적 의미를 발견하는 곳도 바로 영화의 대중성이다. 그는 영화가 단순히 다수의 관객을 불러 모으기 때문에 그것의 집단적 수용이 정치적 힘으로 발전할 것이라 생각한 것이 아니다. 대중의 취향과 예술에 대한 그들의 요구가 바로 영화의 물질적-내용적 차원을 결정하고, 영화는 그런 세속 삶의 키치적 속성을 변증법적으로 현상하여 집단 앞에 투영할 수 있기 때문에 집단적 신경감응의 매체라 한 것이다. 이는 벤야민이 19세기 다수의 관중이 회화를 동시 감상하게 된 상황을 회화의 확장이 아니라 "회화의 위기를 지시하는 초기 증후 (Symptom)"로 읽어내는 데서 더욱 분명하게 대비된다. 그에 따르면 애초에 회화에는 "대중이 스스로를 조직하고 또 서로를 통제하는 길이 없다."(Ⅶ/1, 375) 단적으로 말해 벤야민이 말하는 '집단적인 자기 조직화'와 '상호 통제'는 영화라는 매체 환경 속에서 조건화되는 것이며, 또 동시에 이러한 집단이 영화 생산의 차원에서부터 내용을 결정할 수 있다는 것이다. 우리는 이 근거를 영화의 기술적인 방법론, 생산과 수용의 피드백 과정에서 발생하는 지각의 차이에서 찾을 수 있다.

첫째로 영화관에서는 관객 개개인이 이미지에 반응하는 것처럼 보이지만, 사실 그 반응은 집단 속에서 관객 서로가 직접적으로 영향을 주고받는 과정이다. 개별적인 반응들은 밖으로 표현됨과 동시에 상호 견제와 공유의 상태에 놓이게 된다. 벤야민이 영화를 집단적 신체의 자기 조직화를 위한 "이미지 공간"으로 보고, 영화를 통해 '혁명이라는 집단의 신경감응'이 가능하다고 주장한 것은 이러한 영화의 물리적 조건을 관찰한 결과이다. 둘째, 영화는 카메라의 클로즈업 기능, 고속촬영과 단속(斷續) 촬영 기법을 통해 우리가 일상생활에서 미처 감지하지 못하거나 비가시적 영역으로 제쳐두었던 세계의 어떤 부분들에 시공간의 하강과 상승, 확대와 축소, 중단과 분리, 연장과 단축 등의 방식으로 개입한다. 이러한 기술적인 개입으로 열린 감각과 인지의 세계를 벤야민은 프로이트의 정신분석학이 정의한 "충동의 무의식적 세계"에 빗대, 카메라를 통한 "시각적 무의식의 세계"라 명명했다.(Ⅶ/1, 376) 이러한 비유가 모든 영화이미지에 합당하다고는 볼 수 없다. 벤야민 자신도 기계장치가 포착해낸 현실 이미지 중 "사람들의 감각적인 지각에 있어 정상적인 스펙트럼을 벗어나 있는 많은 부분"이라 한정하고 있다. 이하에서 알 수 있듯, "정신병 환자나 꿈꾸는 자의 개인적 지각 방식"은, 시각적인 무의식 세계의 이미지들이 집단적으로 수용되는 영화의 경우에 한해서 관객의 집단적인 지각으로 전유된다는 것이다.

벤야민은 일반적으로 사람들이 관습적인 것은 무비판적으로 받아들이고, 새로운 것에 대해서는 혐오감과 함께 비판적 태도를 견지하지만, 영화관에서는 그렇지 않다고 본다. 그에 따르면, 영화관의 관객 집단은 깨어 있는 상태에서 새로이 발견한 시각적 무의식의 세계, 가령 현실에서라면 개인이 혼자 환각이나 꿈에서 지각했을 법한 세계를 "집단적 웃음"으로 공유하면서 동시에 냉정하게 비평할 수 있다.(Ⅶ/1, 374-378) 그러나 개인의 환상이나 꿈의 내용이 병리적이거나 불쾌감을 유발하는 경우라면, 또 일상생활에서 긴장을 유발하는 충격자극 같은 경우에, 어떻게 그것이 영화를 보면서는 "웃음"으로 표현되는 '쾌'로 변할 수 있는 것일까? 또한 이러한 쾌가 가능하다 하더라도 왜 그것이 집단의 비평적 태도가 된다는 말인가? 답하자면, 충격자극 같은 불쾌가 쾌로 변할 수 있는 것은 영화의 '유희성' 때문이다. 그리고 벤야민은 이 '유희성'을, 집단이 대상 이미지에 수동적으로 함몰되는 것을 방지하고, 비판적 인식과 행동으로 나아가도록 하는 기제로 봤다. 이 지점에서 그는 프로이트를 참조했을 것이다.

먼저 영화의 유희성이 집단의 비평적 태도와 행동을 끌어낼 수 있다는 해석의 근거를 여기서 찾아보자. 앞서 우리가 벤야민의 후기 경험이론을 분석하면서 살폈듯이, 벤야민은 프로이트의 정신분석학 개념을 생산적으로 전유하여 충격체험과 의식의 관계를 해명하고자 했다. 충격에 대한 의식의 방어는 그만큼 의식이 외적 충격에 대해 부단한 긴장 상태로 반응한다는 것을 뜻한다. 이 의식의 부단한 긴장 상태를 영화의 수용에서는, 관객이 대상이미지의 충격을 거리를 두고 깨어 있는 정신의 상태로 수용하는 것으로 이해한다면, 벤야민처럼 영화 수용에서 비평적 태도를 기대할 수 있다. 또 프로이트에 따르면, 무의식은 "잠재적인 생각을 지칭하는 것일 뿐만 아니라 특히 어떤 동태적인 생각들, 즉 그 힘의 강도나 활동성에도 불구하고 의식에서 멀리 떨어져 있는 생각들"을 포함한다. 그리고 의식은 이 무의식적 생각들의 "존재를 인식하는 순간" 이 생각들을 "행동"으로 바꾼다고 한다.[33] 프로이트의 이러한 무의식과 의식에 관한 이론을 앞선 벤야민의 영화에 대한 주장에 적용해 볼 경우, 두 이론 간에 상당한 논리적 유비관계를 발견할 수 있다. 여기서 우리는 벤야민 이론에 대한 새로운 해석을 확보할 수 있을 것 같다.

앞서 언급했듯 벤야민은, 카메라가 인간의 육안으로는 알 수 없는 시각적 무의식의 세계를 알게 해주었다고 한다. 그러나 사실 이 세계는 단순히 영상 이미지로 제시된다고 해서 알게 되는 것이 아니라, 관객이 제시된 영상이미 지를 의식으로 인식해야 아는 것이다. 그렇다면 벤야민의 주장에는 "무의식 이 작용하는 공간"(Ⅶ/1, 376)인 영상이미지를 의식이 인식한다는 말이 축약 되어 있다고 해석해야 한다. 그리고 이러한 맥락에서, 관객 집단은 시각적으 로 무의식적인 영상이라는 외적 충격을 의식으로 인식하는 것이고, 그러한 의식활동은 비평적인 태도로 기대될 수 있는 것이다. 또 한 가지 여기서 우리 는 벤야민이 영화를 집단의 신경감응 매체로 논한 대목도 짚고 갈 수 있다. 프로이트적 의미에서, 무의식은 의식에 의해 인식되는 순간 행동으로 나아간 다. 그렇다면 영화에서 시각적 무의식의 세계를 의식으로 인식한 집단 또한 그 영상적 무의식 세계의 어떤 경험, 어떤 기억을 행동으로 옮긴다는 해석이 가능하지 않은가. 이렇게 무의식 세계에 대한 집단의식 차원의 인식과 행동 으로의 전환이, 벤야민의 말로 하면 집단의 신경감응으로서 혁명인 것이다. 그리고 이때 각성되는 것은 벤야민의 역사철학으로 보면, 지배와 계급 없는 사회를 위해 행동하려는 현재 집단의 열망인 것이다. 그가 정의하는 영화는, 개인의 꿈 세계를 재현하는 것이 아니라, 깨어 있는 자들이 집단적으로 공유 하는 꿈의 지각세계를 제공하기 때문에 그 열망은 현실화될 가능성이 높 다.(Ⅶ/1, 377)

이제 다음으로, 영화의 충격자극이 쾌로 변할 수 있는 경로를 프로이트의 이론을 빌려 논해보자. 프로이트는 「쾌락 원칙을 넘어서」에서 불쾌를 반복된 놀이로 전환함으로써 그 속에서 쾌를 발견할 수 있다는 주장을 했다. 이를테 면 한 살 반 된 어린아이가 물건을 멀리 던졌다가 되찾는 '포르트-다(fort(가 버린)-da(거기에)) 놀이'를 하면서 어머니의 부재라는 "불쾌한 경험을 반복할 수 있었는데, 그것은 그 반복이 불쾌함에도 불구하고 그 속에 다른 종류의 직접적인 일정량의 쾌락이 들어 있었기 때문"이라는 것이다.[34] 즉 어린아이는 '멀리 감(대상의 부재)'과 '되찾음(대상의 귀환)'을 반복의 놀이로 만듦으로써 불쾌에서 쾌를 찾아낸다는 말이다. 이는 영화관에서 관객이 영화의 컷과 컷의 연속, 가장 작은 움직임들의 충격적인 연쇄를 단순히 불쾌한 자극으로만 받아들이지 않고, 그 연쇄하는 이미지의 반복 리듬과 감각에 적응하여 쾌락을 느끼는 것이라 해석할 가능성을 준다. 벤야민은 산업 테크놀로지를 "제2 기술"이라 명명하고, 이 기술의 원천이 "유희"라 했다.(VII/1, 359) 그에 따르면, 영화는 "유희의 요소"로 이루어졌으며, "가장 넓은 유희 공간이 영화에서 열렸다." 따라서 우리는 영화의 유희성, 프로이트식으로 말하자면 불쾌한 자극을 놀이화하는 메커니즘을 통해 영화관에서는 집단적 웃음이 가능하다고 말해볼 수 있을 것이다.

이처럼 영화에서 개인의 지각이 집단적 지각으로 전유 또는 공유될 수 있는 것은 테크놀로지로 형성된 지각의 조건에 기인한다. 이 지각의 조건에는 기계장치에 의한 촬영·편집된 이미지·상영 방식(영사·영화관) 등이 속한다. 여기서 잠시 1926년 당시 영화 상영의 물리적 구조와 그로 인해 기대되는 관객의 지각 상태에 대해 쓴 두 이론가의 글을 인용함으로써 이 문제에 대한 논의를 객관화해보기로 하자.

"개별 영화 영상의 거대한 확대로 비로소 모든 방문자들에게 가능한 한 동일한 정도로 잘 보이는 대상의 전제가 만들어진다. (…) 그 표면에서 극히 상이한 빛의 현상이 단계적인 강약과 유희적인 움직임 속에 교체된다. 영사면 대신에 영사실의 창문에서, 뾰족한 원추형의 외측면 사이를 처음에는 그저 점 모양의 크기였다가 점점 더 부채꼴 모양으로 지속적으로 이리저리 움직이며 퍼지는 빛의 다발…"[35]

"영화관의 모든 장비들은 관객이 심연 속으로 가라앉지 않도록 말초에 묶어놓기, 그 하나만을 목표로 한다. 거기에서는 감각의 흥분이 너무나도 빈틈없이 일어나서 아무리 작은 생각이라도 그것들 사이에 끼어들 수 없다. 조명 살포와 음악 반주는 부표처럼 수면 위에 떠 있다. 정신분산을 추구하는 경향은 순수한 표면성의 전개를 답으로 요구하고 발견한다." [36]

1920년대 영화이론가 루돌프 하름스와 크라카우어는 영화관에서 발생하는 지각 반응을 이렇게 분석했다. 벤야민의 이론에는 이러한 내용이 자세히 다뤄지지 않았기 때문에, 우리는 이들의 견해를 통해 이미지와 관객의 지각, 관객들 사이에서 이뤄지는 신경감응, 그리고 벤야민이 말한 '정신분산' 상태의 영화 수용에 대해 구체적으로 이해할 수 있다. 하름스가 묘사하고 있듯이 영화관에서 영상은 모든 이에게 동일한 빛 이미지로 보인다. 그 빛 이미지는 관객의 머리 뒤 영사기의 작은 빛점에서 출발해 관객의 눈앞에서 거대한 스크린으로 펼쳐진다. 그렇게 보면 영화관의 관객은 기계가 촬영하고, 재현하고, 빛의 통로를 따라 투영해온 이미지에 포위되어 어둠의 공간 속에 있는 것이다. 그러나 그 공간 속에서 움직이는 것은 영상만이 아니다. 관객의 몸은 한자리에 고정돼 있지만, 그의 신경은 그 영상의 운동과 더불어 움직인다. 시간을 공간화하고 공간을 시간화하는 영화에서 공간과 시간은 기계적인 이미지로 결합된다. 그 때문에 영상과 마주한 관객들은 여느 때와 같이 공간 속에서만 움직이는 것이 아니라 영화의 매체적 시간 속에서 움직인다고 할 수 있다. 요컨대 관객은 시간의 운동이미지를 단순히 부동의 눈으로 구경하는 것이 아니라, 그 운동이미지와 통각으로 피드백하면서 속도의 공간을 경험하게 되는 것이다. 빛의 입자로 순식간에 명멸하는 불안정한 이미지, 신경질적인 리듬, 번개 같은 속도의 이미지는 일정한 충격효과를 갖지만, 영화관의 관객은 그러한 충격에 반복 반응하는 식의 유희에 빠져든다.

영화는 이미지 차원에서 충격체험을 유발한다. 기차가 역으로 돌진해 들어오는 장면 같은 모티브 차원에서만이 아니다. 일상생활에서 스위치 돌리기 /켜기/투입하기/누르기같이 기계장치에 의해 단순화된 동작과 촉각적인 경험은 영화의 '시간분할'에서 물질적 대응물을 갖는다. 끊임없이 반복적으로 몸을 움직이는 채플린의 코믹연기나 세부 클로즈업 및 원경의 롱샷, 공포로 일그러진 인간의 얼굴과 기하학적 선의 건축 풍경이 충돌하듯 연접해 있는 에이젠슈타인의 몽타주 장면들은 시각적이자 촉각적인 운동, 리듬, 속도의 신경증적인 충격으로 관객의 공감각적인 총체를 관통해간다. 이 분절적이면서 동시에 연속되는 영상이미지들은 크라카우어가 지적하듯이, 관객들의 말초신경을 순간순간의 장면들에 부표처럼 묶어두기 때문에 영화관의 관객은 '정신이 분산된 채' 수동적으로 이미지가 주도하는 흥분에 끌려다닌다고 볼 수 있다. 혹은 '산만한' 가운데 아무 생각도 없이 '기분 전환'을 한다고 판단할 수도 있다. 벤야민도 "컨베이어 시스템에서 생산의 리듬을 규정하는 것이 영화에서는 수용 리듬의 근거"(Ⅰ/2, 631)가 된다면서, 관객의 수용 양태 자체에 대해서는 비슷한 의견이었다.

하지만 정신분산을 그리스 비극의 "카타르시스처럼 생리학적 현상"(Ⅶ/2, 678)으로 보는 벤야민은, 정신분산적 영화 수용을 관객의 의식적 각성 가능성에 연결시킨다. 즉 장면의 순간들에 관객의 신경이 의식적으로 긴장하여 이미지가 주는 충격을 방어하면서도, 관객이 자신의 상상력을 동원하여 거기에 적극적으로 반응할 가능성을 찾는 것이다. 달리 말하면 벤야민은, 영화의 유희성을 통해 집단이 "사회의 근원력들을 제압"하고, 그것을 전제로 "자연적 근원력들과의 유희를 가능케 할" 적응의 과정을 타진했다. 이런 점에서 벤야민은 그 시대 관객 집단이 영화관의 어둠 속에서 고도의 의식을 발휘할 수 있으리라 기대한 것으로 보인다. 이를테면 영화관의 관객은 이미지의 충격과 자극에 정신분산적 태도로 반응하면서, 자신의 감각 총체(Sensorium)를 복합적인 방식으로 훈련하는 것이다. 물론 그 훈련은 "모방적 충격완화제" 같은 것이 전혀 아니다.(I/2, 631) 벤야민의 주장에서, 영화를 통한 정신분산적 수용 능력을 연습한다는 것은, "매순간의 충격을 받아넘길 준비가 되어 있는"(I/2, 642) 의식의 복합적 반응작용이 가능해지는 과정이기 때문이다.

관객의 정신분산을 통한 의식화는, 벤야민이 컨베이어벨트 노동 과정과, 카메라 기계장치 앞에서 인간성을 유지한 채 연기하는 배우를 유사한 과정으로 설명하면서 "테스트성과의 전시 가능성"을 언급하는 대목을 통해 이해할 수 있다. 대도시 사무원이나 육체노동자들은 자신의 노동을 끝내고 저녁에 영화관에 모여 "기계장치 앞에서 인간성을 유지하고, 기계장치를 자기 자신의 승리에 복속시키는" 배우를 보며 자신의 노동 상황을 객관적으로 보게 된다. 그리고 배우의 연기를 위와 같은 기준에서 평가하면서, 그것이 성공적인 경우, 자신이 일터에서 종속되어야 했던 기계장치에 대한 대리 복수로 여겨 쾌감을 얻는다는 것이다.(VII/1, 364-365)

그렇다면 여기서 우리는 배우가 카메라에 의식적으로 신경을 고도화하여 맞서는 것처럼 관객은, 배우의 역할에 자신을 단순히 감정이입하는 것이 아니라 배우, 기계장치, 재현되는 영상이미지를 냉정하게 분리해서 볼 정도로 신경을 부단히 긴장시키고 있다고 해야 하지 않을까? 관객은 영상의 표면을 보는 동안, 동시에 그 표면의 배후, 즉 배우가 '연기하기'를 하고 있는 그 실제적인 상태를 지각하고 있는 경우에만 벤야민의 가정은 성립할 수 있기 때문이다. 또한 그렇게 배우—극의 역할이 아니라—와 관객 사이의 신경감응이 이루어지고, "거대하게 확대된 동일한 이미지"를 비슷한 계급의 사람들이 모여 보는 만큼 관객과 관객 사이의 신경감응이 집단화될 수 있지 않을까? 벤야민은 이에 대해 정확한 설명을 내놓지는 않았다. 다만 그는 "테크놀로지는 인간의 감각 총체를 복합적인 방식의 훈련에 종속"시킨다고 했고, 기계장치가 규정하는 지각과 반응 양식에 인간이 적응(Anpassung)하도록 돕는 것이 영화라고 했다. 그리고 기술에 일방적으로 종속되는 것이 아니라 이렇게 기계화된 환경으로의 적응을 가속화하는 일이 "집단의 신경감응"으로서의 혁명, 그 혁명의 목표라고 했다.

> "영화는 그 역할이 사람들의 생활 속에서 거의 나날이 증가하고 있는 기계장치, 그것에 따라 조건 지어지는 통각과 반응 양식에 인간을 연습시키는 데 기여한다. (…) 이러한 적응을 가속화하는 일이 혁명의 목표이다. 혁명이란 집단의 신경감응이다." (Ⅶ/1, 359-360)

테크놀로지가 '제2자연'이 된 만큼, 그에 의해 구현된 기계장치를 이용하는 일은 일상생활에서 피할 수 없는 일이다. 그런데 기계장치를 이용하는 일은 또한 그만큼, 인간의 통각과 반응 방식 모두에 영향을 끼치는 그 장치의 조건을 습득하고 그에 적응해야만 가능한 일이다. 기계장치는 낙차가 큰 움직임과 동시에 극히 정밀한 놀림, 단속적인 행위와 동시에 그 행위의 반복, 메커니즘에 따르는 일사불란함과 동시에 여러 가지를 한꺼번에 수행하는 정신분산을 요구한다. 사람들은 노동 현장에서는 설비된 기계를 작동하면서, 대도시 거리에서는 전차와 같은 산업 수송장치와 광고판, 장식조명 등 감각을 자극하는 대중문화 산물의 집중 포화에 맞서면서, 가정에서는 각종 산업 신상품을 사용하면서 이러한 기계장치의 조건에 수렴된다. 그것은 인간의 특정 감각에만 일어나는 것이 아니라 감각 총체에 작용한다. 그런데 영화를 보는 일도 이와 마찬가지인 것이다.

하우저는 몽타주 기법의 혁명성이 "커트의 단축이나 장면 전환의 속도와 리듬"에 있는 것이 아니라 "이질적인 존재 요소들이 서로 대면되었다는 점에" 있다면서 〈전함 포템킨〉의 일련의 장면들을 묘사하고 있는데, 우리는 이 서술에서 근대의 지각세계에 상응하는 영화이미지를 보게 된다.

"열심히 일하는 남자들, 순양함의 기계실, 바쁜 일손들, 돌아가는 기어;
힘들어 일그러진 얼굴들, 압력계의 최대 상태, 땀에 젖은 가슴팍, 이글거
리는 기관; 팔, 기어; 기어, 팔; 기계, 인간; 기계, 인간; 기계, 인간.
여기서는 두 개의 완전히 상이한 현실들, 즉 정신적인 것과 물질적인 것
이 서로 연결되었으며, 단지 연결되기만 한 것이 아니라 동일시된다. 아
니 하나가 다른 하나로부터 전개되어 나온다. 하지만 그러한 의식되고 의
도된 경계 침범은 초현실주의 또한 그러했듯이, 그리고 역사적 유물론이
처음부터 그러했듯이 개인적인 생활 영역의 자율성을 부인하는 세계관을
전제했다."[37]

스위치 돌리기 등 앞서 예로 든 근대 기계장치의 움직임과 작동 조건, 그
런 움직임들과 작동 조건에 따라 조직화되고 있는 현실이 하우저의 묘사처럼
영화이미지에서도 반영되었다. 그런 만큼 영화를 보는 일 또한 이제 영화이
미지가 조건 짓는 통각과 반응 양식에 적응하는 일이 된다. 벤야민이 영화를
기계장치의 지각과 반응 양식에 인간이 적응하도록 기여하는 매체로 본 것은
이러한 맥락에서이다. 그러나 그의 주장에서 진정한 뜻은, 영화를 통해 집단
이 기계와 그 기계를 작동시키는 체제에 종속되는 것이 아니라, 그런 종속 상
태를 교정할 수 있는 지각과 반응 방식을 연습해야 한다는 것이다.

테크놀로지로 매개되는 물질적인 현실의 지각과 영화 관람에 필요한 지
각은 유사하다. 하지만 전자의 경우, 인간은 노동하는 동안 수동적으로 기계
에 종속된다. 반면 후자의 경우는 현실의 상태를 교정할 지각과 반응 방식의
연습장일 수 있다. 이는 앞서 설명했듯 영화가 가진 '유희성' 때문이며, 그것
을 보는 이가 그 유희성 덕분에 '대상과의 거리를 확보' 할 수 있어서다. 여기
서 벤야민이 주장하는바, 기계장치에 인간의 통각과 반응 방식의 '적응' 이 뜻
하는 바가 분명해진다. 즉 이때 '적응' 은 인간과 기계의 '동일화' 또는 '종속'

관계가 아니라, "상호 유희(=조화, 어울림, Zusammenspiel)" 관계를 의미한다.

이를 영화와 인간의 지각에 대한 논의 속에서 살펴보기 위해 먼저, 벤야민이 「기술복제」 제2판에서만 개진한 '제1기술'과 '제2기술' 개념을 보자. 그는 이 논문 6절에서, 기술을 주술적인 의식과 결부되어 있던 전(前) 산업사회의 '제1기술'과 기술복제 시대의 '제2기술'로 나누었다. 우리가 익히 알다시피, 예술생산은 애초 "주술에 봉사하는 형상물"을 생산하는 것으로 시작됐다. 보여줄 목적이 아니라 그 자체 존재한다는 사실이 중요했던 이 태고의 예술에 인간과 그의 환경이 기록 대상으로 제공되었다. 즉 전 산업사회에서 "인간과 환경은 기술이 제의와 융합된 상태로 존재했던 당시 사회의 요구들에 따라 모사되었다."(Ⅶ/1, 359) 그때의 기술이 바로 '제1기술'이다. 제1기술은 제의에서 "인간을 가능하면 중점적으로 투입"하는데, 따라서 그 기술의 위업은 "제물로 바쳐지는 인간"이고, '오직 한번(Das Einmal für allemal)'이라는 일회성을 갖는다. 이때 주술적 형상물은 제1기술의 모든 주술적인 방식들의 도식인 "가상(Schein)"으로서 제작되었다.

'제2기술'은 "우리의 기술"이라는 벤야민의 표현에서 유추할 수 있듯이 근대 산업 테크놀로지이다. 이 기술은 예컨대 "인간이 배치될 필요 없는 원격조종 비행체들이 개발되는 선상", 즉 제1기술과는 달리 인간이 기술을 통해 자연의 근원적인 힘으로부터 자유로워질 가능성이 높아졌다는 데 그 기술적 위업이 있다. 또한 이 기술은 '어떠한 경우에도 한 번만이란 없다(Das Einmal ist keinmal)'는 반복성을 특징으로 한다. 제1기술이 오직 한 번의 기회에 근거하기 때문에 실수가 보상될 수 없다면, 제2기술은 "실험을 통해 시험적 구성을 지칠 줄 모르게 변형시켜볼" 수 있는 것이다. 여기서 시험적으로 반복해서 구성해볼 수 있는 가능성은 앞서 언급했던 '유희성'과 같은 맥락에 있다. 그리고 우리는 이 '시험적 구성과 반복'이 예술의 경우에는 사진이라는 복제 기술의 출현과 더불어서 시작되었다는 점을 환기할 필요가 있다. 이제 작품은 사진술의 확대, 축소, 새로운 화면 구성 방식을 따라 재생산되어 어디서든 보일 수 있게 된 것이다. 그리고 영화는 기본적으로 편집 기술을 통해 만들어 짐으로써 또 다른 시험적 구성으로 나아갔다. 기술의 변화와 더불어 예술작 품의 본성이 질적으로 변화했을뿐더러 그 기능 또한 변모했다. 예술이 의식 에 봉사하던 시기 인간은 자연에 예속되어 있었기 때문에 더욱 자연을 지배 할 기술이 필요했다. 그러나 "자연으로부터 거리를 취하려고 시도"하며, "자 연과 인류의 상호 유희를 지향"하는 제2기술과 더불어 예술은 "유희"의 속성 을 더 강하게 띠게 된다. 벤야민은 "제2기술이 인간을 노동의 고역으로부터 점점 더 해방시키는 쪽으로" 나아가면서 인간의 유희 공간이 엄청나게 확장 되었다고 보고, "오늘날 예술이 갖는 사회적으로 결정적인 기능은 이러한 자 연과 인류의 상호 유희를 향한 연습"이라 했다.(Ⅶ/1, 359-360)

벤야민이 여기서 제시하는 제2기술을 통한 자연과 인류의 상호 유희를 우리는 두 가지 역사적 사실에 대한 극복으로 볼 수 있다. 우선 이는 인류가 제1기술의 사회에서처럼, 기술의 미발달로 원시적 자연에 예속될 수밖에 없 는 상태로부터의 극복이다. 그리고 다른 하나는 모더니티 기술합리성에 따라 인간이 이룩한 물질문명을 이용해 자연을 착취하고 지배하면서 또한 인간 스 스로가 소외된 상태로부터의 극복이다. 이러한 의미에서 벤야민의 원사적 기 억에 대한 집단적 각성이라는 논제는, 태고시대로의 단순한 회귀나 퇴행이 아니라, 원사적 요소와 '새로운 것'이 상호 침투하는(Ⅴ/1, 47) 현재적 실천으 로서 자연과 인간의 관계 조직화를 향해 있다. 즉 테크놀로지를 통해 자연의 강압과 노동의 고역으로부터 해방되는 인류, '착취와 지배의 관계'가 아니라 '유희'로 맺어지는 인류와 자연이 핵심이다. 벤야민이 보기에, 현재 인간은 그 관계를 예술을 통해 연습할 수 있고, 특히 영화가 그 역할을 맡는다.

영화란 현실에 깊숙이 침투함으로써 '가상'이 제거된 현실, 기계장치로 매개시킨 현실의 단편적인 이미지를 모으고 다시 조립한 것이다. 바로 그 때문에 우리는 영화를 복합적으로 지각한다. 영화는 "시각적 무의식의 세계"를 조명함으로써, "사회의 꿈을 나타내고 사회의 해석을 촉발하는"[38] 현실의 거울이미지다. 그 이미지를 통해 집단은 물질적 현실의 자기소외, 기계의 도착적인 사용을 통한 자연의 착취, 사회체제의 기만을 비판적으로 인식하고, 그 이미지를 즐기는 가운데 "제2기술이 가능케 한 새로운 생산력에 적응"하는 방식을 훈련한다. "테크놀로지를 통한 해방"은 그렇게 할 때만 가능하다. 벤야민은 19세기 파리의 물질문명을 고찰하면서, 산업 테크놀로지가 출현하던 초기에 미처 그 형식에 합당한 의식 내용을 형성하지 못했던 세대의 꿈이미지와 착오의 결과물을 대조했었다. 현 세대에게는 그 착오를 수정할 과제가 있기 때문에 벤야민은 "우리는 우리 부모 세대의 현존재로부터 깨어나야 한다"고 주장했던 것이며, 그 꿈이미지를 현실화해야 하기 때문에 '아직도 씌어지지 않은 채로 남겨진 꿈의 역사'를 서술해야 한다고 했던 것이다.(II/2, 620) 바로 이와 같은 맥락에서 벤야민은 산업 테크놀로지라는 새로운 생산력에 인간의 적응을 강조했다.

영화를 통해, 이미지로부터, 테크놀로지의 새로운 지각 방식에 적응한다는 것은 엄밀히 말해, 동일성의 사고를 학습하는 것이 아니라 유사성의 지각을 정련하는 방법론이다. 그런데 이러한 연습은 우리 인간에게 "도대체 어떤 이득을 가져다주는가?" 그 답은 두 가지로 생각해볼 수 있다. 먼저 포괄적인 차원에서 이러한 연습을 통해 인간은 자신을 둘러싼 주변 환경, 외부세계의 질서를 파악하고, 이를 인간과 자연이 조화할 수 있도록 새로 조직한다. 우리가 지금까지 논했듯이 이미지와 관객 집단이 정신분산 속에서 조응하는 '상호 주관적인 경험 형식'으로서의 영화, 사적인 동시에 공적인 경험 영역 사이를 매개하는 영화를 통해 인간은 사회가 개인에게 행사하는 억압을 분쇄하고 공동체적 신체의 조직화를 예비할 수 있다.[39] 이를 벤야민 당대의 구체적인 역사적 사실 차원과 연관시켜보면 두 번째 답이 될 것이다. 즉 새로운 테크놀로지와 인간의 적응은, 인간의 자유를 내밀하게 구속하고 있는 사회적인 강압들, 이를테면 전쟁과 소비자본주의, 파시즘이라는 "마법을 해체"할 힘을 준다는 것이다. 앞서 언급했듯 영화는 미메시스 능력의 역사적 변천 과정에서, 가상을 밀어내고 유희를 중심으로 출현한 새로운 미메시스의 예술 형식이다. 영화의 이미지에 유희적으로 조응하는 가운데 주체는, 테크놀로지의 새 자연을 조직하고 통제할 방법을 배운다. 달리 말해, 주체가 마취적인 오락이나 일시적 욕구 충족을 위해 이미지를 소비해버리거나 그에 잠식돼버리는 것이 아니라, 테크놀로지로 확장된 예술의 유희 공간에서 세계와 조응할 수 있는 방법을 배우는 것이다.

이제까지 살펴본 벤야민의 영화와 그 영화 관객으로서의 집단에 대한 논의는 실현된 사실이 아니라 그가 기대한 가능성이다. 이 기대가 충족되기 위해서는, 영화의 '관객'이 하우저가 정의하듯이 "예술 생산의 연속성을 어느 정도 보장해줄 수 있는 다소간 지속적인 추종자 집단 (…) 언제나 의사소통 가능성이 있는 만남의 광장"에 있는 집단이어야 한다. 그러나 영화관에 함께 앉아 있다고 해서 의사소통이 가능해지는 것은 아니다. 오히려 영화관의 대중은 "아무런 공통의 정신적인 예비 형성 과정도 겪지 않은 대중"[40]일 뿐이어서 어두운 영화관 좌석에 앉아 개별적 환등상에 잠길 수도 있다. 벤야민이 이를 간과했을 것 같지는 않다. 오히려 벤야민은 현실의 문화 상황과 대중의 지각 상태를 인식하고 있었기 때문에, 영화에서 정치적인 의미를 재차 묻고, 대중이 영화 매체를 통해 '혁명의 집단'으로 거듭나야 함을 촉구했을 것이다.

앞서 설명했듯이, 벤야민은 영화의 정치적 의미를 키치의 속성과 대중 접근성에서 찾았다. 그런데 이는 정치적 차원에서만이 아니라 벤야민이 염두에 둔 미학적 차원에서도 중요한 점이다. 그는 극단적으로 어떤 "유토피아적 시점"에서라도 고급예술이 아니라 대중 가까이에 있는 예술이 "대중을 획득한다"고 했다.(V/1, 499) 이는 벤야민의 미학이 "지각에 관한 모든 이론"을 지향하면서, 관념론 미학에 대해서는 반(反)미학적 입장에 있었음을 보여주는 것이다. 요컨대 그의 미학은 세속적 현실의 모든 경향이 복합적으로 드러난 예술과 그러한 예술을 수용하는 집단의 구체적 지각과 경험을 읽어낸다. 그리고 새로운 예술의 정체성과 기능, 지각과 경험의 조직을 논증하는 지각이론이다. 이제 우리는 그 '지각이론으로서의 미학'을 종합할 단계에 이르렀다.

3. 지각이론으로서의 미학

> "표면의 작은 증후들로부터 시대를 파악하려는 방법론은, 이 경우〔파사젠베르크 작업〕 커다란 힘을 갖고 있음을 입증할 수 있을 것으로 보입니다. 이 방법론은 미학적인 현상에 관한 기존의 유물론적 해석을 훌쩍 넘어서는 진일보를 이루었습니다."[41]

오늘날 학문 명으로서 '미학(Ästhetik, aesthetics)'은 고대 그리스어로 '감각적 지각'을 뜻하는 '아이스테시스(Aisthesis)'를 어원으로 한다. 그리고 '아이스티티코스(Aisthitikos)'는 '감각에 의한 지각력'을, 아이스티시스 (Aisthisis)는 '지각의 감각적 경험'을 뜻했다. 이러한 용례는, 미학의 본래 영역이 현재 우리가 일반적으로 간주하듯이 미와 순수예술에 한정되는 것이 아니라, 신체적·물질적 실제(reality)를 탐구 대상으로 함을 말해준다. 구체적으로 말해서, 맛보기, 만지기, 듣기, 보기, 냄새 맡기 등 신체의 감각 중추를 통해 달성되는 모든 인식 형태를 다루는 것이다. 그런 의미에서 애초에 미학은 '지각이론으로서의 학(學)'이다. 하지만 18세기 독일에서 바움가르텐이 미학을 감성론에 기반을 두고 미와 예술에 이론적 근거를 제공하는 분과학문으로 정초한 이래로 19세기를 거치면서 이 학문 영역에서 다루는 감각적 지각은 점차 추상화되고 관념화되었다.

벤야민은 미학이 그렇게 근대에 이르러 관념화된 경향을 비판하면서, 자신의 이론적 지향은 "그리스인들이 미학이라고 부른 지각에 관한 이론"에 있음을 영화가 그 이론의 "가장 중요한 대상"이라고 말하면서 표명했다.(Ⅶ/1, 381) 이를테면 그는 신체적이며 물질적인 차원의 감각적 지각들, 실제를 통합적으로 인식하는 것으로서 '미학'을 탐구했던 것이다. 특히 후기 사유에서 벤야민은 호르크하이머가 적절하게 표현했듯이, "표면의 증후들로부터 시대를 파악하려는 방법론"을 취했다.

그런데 벤야민이 「기술복제」를 쓰던 시대의 증후는 그리 아름답지 않았고, 신체적으로 물질적으로 지각되는 실제 또한 명료하지 않았다. 1930년대 당시 '미적인 것'은 군사제국주의 파시즘의 선전선동 작업에 심미화의 효과적 장치로 동원됐다. 1930~40년대 유럽을 휩쓴 파시즘의 미학적 정당화가 그렇게 이루어진 것인데, 그러나 사실 시작은 20세기 초입부터였다. 벤야민은 이탈리아 미래파가 그 당사자들 중 하나였다고 지목한다. 미래파는 1936년 에티오피아를 침공한 파시스트 무솔리니 정권에 동조하면서 다음과 같은 선언문을 내놓았는데, 벤야민은 이를 「기술복제」 말미에 인용하면서 그들이 역사적으로 어떤 과오를 범했는지 짚은 것이다.

"27년 전 이래[1909년 미래파 선언 이후] 우리 미래파는, 전쟁은 반(反)심미적이라는 주장에 반대해왔다. (…) 따라서 우리는 확언한다. (…) 전쟁은 아름답다. 전쟁은 방독면, 공포감을 불러일으키는 확성기, 화염방사기와 소형 탱크 등을 빌어 예속된 기계에 대한 인간의 지배를 굳건히 하기 때문이다. 전쟁은 아름답다. (…) 전쟁은 대형 탱크, 기학학적 비행편대, 불타고 있는 마을에서 피어오르는 나선형의 연기와 같은 새로운 건축물과 그 밖의 다른 건축물을 창조해내기 때문이다."(Ⅶ/1, 382-383)

인간이 집단적으로 살육당하고 삶의 전 영역이 붕괴로 치닫는 전쟁을 어떻게 아름답다고 말할 수 있을까? 그것은 발화 주체가 전쟁의 폭력적 현장을 구경거리 삼을 때, 또는 전쟁을 단지 몰역사적이고 몰인간적인 견지에서 피상적인 이미지로 파악할 때만 가능하다. 그리고 전쟁은 정치 권력자가 증대하는 생산력과 기술적 장치를 집단의 자유와 해방을 위해서가 아니라, 자신들의 기득권을 강화하기 위한 수단으로 "부자연스럽게 이용"하고자 할 때 미화된다. 전쟁을 아름답다고 찬미하는 것은 테크놀로지에 의해 변화된 세계의 가시적 진보, 기술이 가능케 한 새로운 감각 체험들, 휘황찬란한 기술적 이미지들에 이성의 눈이 멀었기 때문이다. 기술력과 생산력의 반자연적이고 폭력적인 이용은 그러한 맹목을 부추김으로써 합리화된다. 당시 파시즘의 "세상은 무너져도 예술은 살리라"라는 표어는, 전쟁을 테크놀로지로 변화된 지각세계에 대한 "예술적 표현"이라고 호도했다. 하지만 그것은 폭력성과 반자연, 비인간성을 은폐하는 정치 권력자들의 이데올로기 효과일 뿐인데, 미래파의 위 1936년 선언문은 20세기 초 아방가르드를 자처했던 예술가들이 그러한 파시즘 이데올로기의 표면효과에 얼마나 깊게 잠식됐는가를 보여준다. 벤야민은 비슷한 시기 '영락한 부르주아 유대인 지식인'으로서 파리에 머물며 『파사젠베르크』 작업에 매달렸기 때문에, 그러한 역사적 현실 상황을 지근거리에서 비판적으로 인식할 수 있었다. 그 인식이 벤야민으로 하여금 관념론 미학과 유미주의 예술을 비판하면서, 파시즘에 맞설 "투쟁적 가치"를 지닌 예술 명제들을 제출하도록 이끈 계기다. 즉 그 예술 명제들은 19세기에서 20세기 초엽까지의 역사적 정황과 당대 현실의 세부적 현상들에 대한 경험적이고 구체적이며 비판적 관찰과 인식을 방법으로 해서 도출된 결과인 것이다. 그러한 방법론의 가치를 크라카우어는 다음과 같이 설명했다.

"역사의 진행 과정 속에서 한 시대가 점유하는 위치는, 그 시대가 스스로

53 레니 리펜슈탈, 〈의지의 승리〉, 영화 스틸, 1935.

54 포르투나토 데페로, 〈전쟁＝페스티벌〉, 캔버스 위에 울 아플리케, 1925.

내리는 판단들로부터보다는 그 시대의 눈에 띄지 않는 표면상의 표현들 (Oberflächenäußerungen)에 대한 분석으로부터 규정하는 것이 더 설득력 있다. 시대 경향의 표현인 그러한 판단들은 시대의 종합적 이해에는 결정적인 증거가 될 수 없다. 우리는 표면상 표현들의 그 무의식적 성격에 의해 현존하는 것의 본질적인 내용에 직접적으로 접근할 수 있다." [42]

크라카우어의 문장에서 '시대의 눈에 띄지 않는 표면상의 표현들' 이라는 말은, 결국 시대적 현실이 그저 보이는 그대로, 비춰지는 그대로가 아니라는 사실을 함축한다. 이 이론가의 말처럼 현실의 표면은 "무의식적 성격"을 갖고 있다. 따라서 그 표면은 문헌학자처럼 읽어야 하는 것이고, 넝마주이처럼 구석구석을 경험적으로 찾아 발견해야 하는 것이며, 정신분석학자나 외과의사가 그렇듯이 심리 현상과 물리적 증후를 진단해야 하는 것이다. 사실 현실표면은 집단의 욕망과 삶이 겉으로 드러나고 투사-역투사되는 장이지만, 그와 동시에 이데올로기의 불투명성과 가상성이 올바른 시대 인식을 저지하는 베일로 작동하는 곳이다. 근대 현실에서 이러한 양가성은 대량생산과 대량소비 체제의 자본주의, 그리고 '역사의 자동적 진보' 라는 정치적 환상이 기술문명을 허구적 이미지로 변질시키면서 발생했다. 즉 현실의 양가성은, '자본주의의 심화와 기술에 대한 심미화' 가 한편으로는 물질세계의 가시성을 높이는 동시에, 반대로 집단이 체제와 토대에 대해 내재적이고 심층적인 비판의식을 가질 기회를 원천적으로 잠재워버리기 때문에 유발되는 것이다. 자본가는 자본주의 생산관계에서 발생하는 노동자에 대한 불합리한 착취와 억압을 은폐하기 위해, 노동자를 대중소비와 오락문화의 마취적인 세계로 밀어 넣는다. 국가장치나 지배 세력은 현실을 표면의 차원에서 스펙터클화하고 물질세계를 더욱 밝고, 투명하고, 보기 좋게 만들어 대중이 권력의 이데올로기와 사회의 심층 메커니즘에 대해 비판적으로 이해하는 과정을 봉쇄한다. 1920년대에서 30년대의 파리와 베를린, 심지어 모스크바를 보면 이러한 양상을 뚜렷하게 감지할 수 있다. 예컨대 1920년대 파리의 루브르 그랑 마가쟁(Grands Magazins du Louvre)은 휘황한 조명 장식으로 동화나라를 연출했다. 1930년대 독일 나치는 각종 운동경기와 축제에 "군중"을 "장식"으로 전용했으며, 전당대회에서는 엄청난 전력을 들여 '빛의 제국'을 선전했다. 당시 유럽의 대도시들에서는 '빛의 주간(Light week)'을 정해 거리 곳곳에 백열등으로 빛나는 승리탑, 기념탑, 광고탑을 세우고, 네온사인으로 건축물의 파사드를 장식하는 것이 대유행이었다. 하지만 실상 그러한 불빛들, 조명이 뿜어내는 광휘들, 동화나라 같은 환등상은 "사람들의 눈을 멀게 하며"(V/2, 1004), "한번 그 불빛을 맞은 사람은 꼼짝없이 그 자리에서 벗어날 엄두를 못 내게"(IV/1, 319) 하는 맹목과 기만의 베일이었다. 그렇게 해서 20세기 초 서구 대도시는 '꿈꾸는 도시'가 되고, 집단은 '눈 먼 대중'이 되었다. 현실의 물질세계 표면은 밝고 투명해졌지만, 그와 동시에 사회의 의식은 더욱 무의식 상태의 알 수 없는 것으로 되어가고 있었던 것이다.

벤야민은 특히 파시즘의 이데올로기적 행태를 "정치적 삶의 심미화"라면서 비판했다. 그 심미화의 과정에서 프롤레타리아 대중이 파시즘에 의해 독재체제의 우민(愚民)으로 '조직화'되기 때문이다. 즉 파시즘은 대중 자신을 각종 이미지로 "표현하게 함으로써" 그들이 스스로를 표현할 권리를 기만적으로 대리 충족시켜주고, 그러는 가운데 "소유관계의 변화를 요구할 대중의 권리"를 그들 스스로 망각하고 독재체제의 부속품이 되도록 조종한다.(VII/1, 382) 벤야민이 "근대적 표현 수단들([예컨대] 도시계획, 조명장치)"이 사회구조적 문제와 현실 경험으로부터 "추상화"될 때의 위험을 경고했던 것은 그 때문이다.(V/1, 500) 하지만 그 위험은 영화의 정치적 구조에서 발생하는 추상화에도 해당된다. 예컨대 리펜슈탈의 영화는 나치의 이데올로기 프로파간다를 스펙터클한 영상으로 희석시켜, 관객이 된 "민중의 피와 땅에 대한 감각"을

55 파리 루브르 그랑 마가쟁의 조명장식, 1929.
56 파리 갤러리 라파예트의 네온과 전기 조명, 1930년대.

57 "빛이 사람들을 유혹한다", 레기 컴퍼니가 만든 전자 빛 광고, 1926.

58 베를린 경기장의 나치 독일 하지 축제, 1938.
59 뉘른베르크에서 열린 나치 전당대회, 1935.

선동적으로 자극했다. 나치 전당대회나 스포츠 경기에서 군중이 만드는 기하학적 장식을 소위 '즉물적으로 촬영' 하여 "프롤레타리아 대중 스스로가 그 모습을 다시 마주하게"(Ⅶ/1, 382) 하는 데서 그 추상화의 위험은 정점에 달했다. 그런 영상이미지를 보며 대중은 정치의 스펙터클 속에서 한갓 장식이 된 자기 자신, 단지 사물로 소외된 자기 모습을 구경거리 삼을 뿐이기 때문이다. 역사의 불행은 이러한 파시즘적 기술이 당시 집단에게 호소력을 발휘했다는 사실에 있다. 하지만 그것은 인간을 집중적으로 투여했던 제1기술 시대 예술이 그랬던 것처럼, '인간을 제물로 쓰는' 완전히 퇴행적인 가상의 예술이다.

그렇다면 기만적으로 번쩍거리는 표면이미지와 집단의 의식이 억압된 현실을 텍스트로 해서 벤야민이 증후적으로 읽은 것은 무엇인가? 또 벤야민은 그러한 것들을 어떻게 읽어냈을까? 그는 현실에서 파국과 몰락의 증후를 발견한다. 방법은 그 표면이미지들이 작동하는 거울작용을 깨뜨리고 '한 번도 쓰인 적이 없는 것을 읽듯이' 현실이라는 표면을 지각이론의 차원에서 읽는 것이다.

> "(…) 오히려 우리는 일상적인 것은 꿰뚫어볼 수 없는 것으로, 꿰뚫어볼 수 없는 것은 일상적인 것으로 인식하는, 그런 변증법적 시각에 따라 비밀을 일상적인 것 속에서 발견하는, 오직 그런 정도에서만, 비밀을 꿰뚫어볼 수 있다." (Ⅱ/1, 307)

벤야민이 근대의 테크놀로지와 그것에 의해 변화된 경험을 고찰했던 것은, 이러한 미학적 지향에 입각해서이다. 그러한 고찰을 통해 현실의 감각적이고 특수한 것들을 추상적이고 이론적인 전체성으로 화해시키는 것이 아니라, 그 구체적이고 극단적인 것들이 사유의 몽타주를 통해 스스로 시대의 진리를 드러내도록 하는 것이다. 이를 두고 아도르노는 "경악에 찬 눈으로 사실을 묘사만 하려” 한다면서 벤야민의 “문헌학적 방법”을 비판하고, 사실들을 “이론”으로 매개시켜야 한다고 주장했다.43 하지만 앞서 제1부에서 벤야민의 사유 성좌를 통해 밝혔듯이, 그의 사유에서 현상들은 직접적으로 이념의 성좌에 들어가는 것이 아니라 ‘개념의 매개’를 거쳐 성좌로 구성된다. 따라서 그 사유의 몽타주는, 벤야민이 현실의 감각적이고 특수한 것들을 단순히 놀란 눈으로 나열한 것이라고는 볼 수 없다. 그와는 달리 벤야민 자신의 경험이론과 지각이론, 그리고 후기 사유의 변화된 예술이론적 지향에 따라 현실표면에 대해 수행한 분석과 서술로 봐야 마땅하다. 이때 몽타주식 서술의 기술은 단순히 ‘부분으로 전체를 조립하는 것’이라는 일반적인 의미와는 확연히 다른 지평에 있다. 무성영화 시대 러시아 감독인 뿌도프낀이 정의한 몽타주 개념을 빌려 말하자면, 벤야민의 몽타주 서술은 “실제 삶의 현상들 사이의 연관을 현실화하면서 발견하고 해명하는 것”44에 가깝다. 벤야민은 그러한 서술 속에서, 동시대 대중이 이미지 공간을 매개로 해서 그저 ‘덩어리’가 아니라 ‘혁명의 집단적 신체’로 조직될 것을 제안했다. 물론 그것은 집단의 감각적인 지각이 태곳적 의미의 자연 상태로가 아니라 테크놀로지의 현실과 융화되는 과정을 거쳐야 하며, 예술이 그 과정에서 ‘범속한 각성의 이미지 공간’으로 기능하는 일을 전제로 한다.

“집단 역시 신체적이다. 그리고 테크놀로지 속에서 집단에게 조직화되는 자연(Physis)은, 그 자연의 전적으로 정치적이고 객관적인 현실에 따라, 범속한 각성(die profane Erleuchtung)이 우리를 고향처럼 편안하게 느끼게 하는, 바로 그러한 이미지 공간 속에서만 산출될 수 있다. 무엇보다 이 범속한 각성 속에서 신체와 이미지 공간이 매우 깊게 상호 침투하여, 모든 혁명적인 긴장이 신체적이고 집단적인 신경감응이 될 때, 그리고 집단적인 것의 모든 신체적 신경감응이 혁명적 분출이 될 때, 현실은 공산주의 선언이 요청한 것과 같은 정도로까지 현실 그 자체를 능가할 것이다."
(II/1, 310)

벤야민 자신의 사유가 먼저 일종의 융화 과정을 거쳤다. 그는 1930년대 중반에, 『파사젠베르크』를 "변증법적 동화"라는 제하로 준비하던 1920년대 말 자신의 구상을 "근심 없이 태곳적으로 자연에 사로잡혀 철학하기" 또는 "직접적으로 형이상학적, 신학적으로 사유하던 먼 과거"였다고 자기비판했다. 그러면서 자신에게 확실해진 "오래된 '현존의 것들'을 지난 몇 년간 획득한 새 '현존의 것들'과 상호 침투시킬 것"이라 했다.[45] 이는 벤야민이 철학적 진리 추구의 방법론과 물질세계의 구체적 현상들을 삼투시켜 고찰하겠다는 뜻이다. 그는 그 방향에서 집단을 신체적인 것으로 파악했고, 테크놀로지로 조직되는 자연이 범속한 각성의 이미지 공간 안에서만 산출될 수 있다고 단언했다.

당시 벤야민이 그런 주장을 전개하기에 영화가 가장 적합했음은 물론이다.

"영화제작소에서 기계장치는 현실에 깊숙이 침투해 들어감으로써 기계장치라는 이물질이 제거된 순수한 현실의 모습은 어떤 특수한 처리 과정의 결과, 즉 특별히 설치한 카메라장치를 통해 촬영한 결과이며 그렇게 촬영된 것을 그와 동일한 종류의 다른 촬영 장면과 함께 조립한 결과로서 생겨난다. 기계장치에서 벗어난 현실의 모습은 여기서 그 현실의 가장 인위적인 모습이 되었고, 직접적인 현실의 광경은 기술의 나라에 핀 푸른 꽃이 되었다."(VII/1, 373)

그 시대에 벌써, 영화 속에서 재현되는 현실이 아닌 직접적인 현실을 찾기가 이상향의 "푸른 꽃" 찾기만큼 어려워졌다고는 볼 수 없다. 하지만 위와 같은 표현을 통해서 벤야민은 영화가 산출해낸 새로운 이미지 공간과 그 매체를 통해서 지각되는 '현실 자연'을 말하고 있다. 이것이 한편으로는 벤야민이 읽어야 할 또 다른 현실이라는 표면 텍스트였다. 즉 테크놀로지에 의해 영화라는 예술이 가능해진 근대 현실, 그리고 영화가 매개하고 있는 삶의 공간과 영상이미지 사이의 현실, 이 양자가 사실은 벤야민이 지각이론으로 다뤄야 할 감각과 인지의 세계였던 것이다. 그것은 파시즘의 스펙터클 이데올로기, 심미적으로 왜곡된 정치, 눈 먼 대중이 '반영'되는 공간이었지만, 또한 동시에 영상이미지 속에서 자기 소외를 전시하고 구경꾼 역할에 만족한 대중이 정치적으로 각성되고 스스로의 역사적 존재를 '표현'해야 할 집단적 이미지 공간이기도 했다.

벤야민은 "기술복제에서는 미가 설 자리가 없다"(I/2, 646)고 단언한다. 그의 이런 단언과, 관념론 미학의 미적 가치를 "히드라"로 비유하며 비판한 내용,[46] 또 「기술복제」에서 표명한 것처럼 근대 자율적 예술의 미학에서 공식화된 "예술작품의 예술적 기능"이 머지않은 시기에 "부차적인 기능이 될 지도 모른다"는 예견은 여전히 예술을 미의 표상으로 보고, 예술작품을 '미'와 '가치'로 판별하는 우리를 당혹스럽게 한다. 더하여 「기술복제」의 마지막에서 벤야민이 제시하는바, "파시즘이 행하는 정치의 심미화"에 "공산주의는 예술의 정치화"로 맞서야 한다는 주장은 현대예술을 어떤 식으로든 정치와 분리시켜 자율적인 미를 추구하는 영역으로 당연시해온 사람들에게는 거부감을 불러일으킨다. 그런데 문제가 되는 이 구절 직전에는 다음과 같은 내용이 나온다.

"일찍이 호머에게서 올림포스 신들을 위한 구경거리(Schauobjekt)였던 인류가 이제 그 스스로를 구경의 대상으로 삼는 상황이 되었다. 인류의 자기소외는 인류의 자기 파괴를 최고의 미적 쾌락으로 체험하도록 하는 단계에까지 이른 것이다. 이것이 파시즘이 행하는 정치의 심미화의 상황이다."(VII/1, 384)

벤야민은 당대 인간들의 감각적인 자기소외가, 파시즘이 창조한 것이 아니라 단순히 정치를 미화하는 기술을 이용해 "조직하기"만 한 현실 상황으로 인해 '자기파괴'를 즐기는 수준으로까지 도착(倒錯)되었다고 말한다. 대표적으로 "자신들의 고유한 임무를 현대 문화의 실제 내용에 친숙한 취향을 창조하는 것"이라며 "기계미학"을 주창했던[47] 미래파와 그들의 예술이 그 도착의 사례였다. 그들의 선언문에 적나라하게 드러났듯, 미래파는 기계를 이용한 인간의 파괴를 미적 구경거리로 삼았지 않았던가. 이러한 도착적 현실에 직면하여 파시즘으로 가공된 퇴행적이고 비인간적인 '미의 관념'을 포기하는 것은 하나의 방편이 될 수 있다. 그런데 정치의 심미화에 공산주의는 예술의 정치화로 답한다는 것은 무슨 뜻인가? 벤야민의 그 주장은 예술작품이 자율성이라는 허울을 벗어나, 집단의 "정치적 계몽과 사회적으로 요구되는 자세를 훈련시키는 목적에 이용"[48]될 것을 요구하는 것이다. 하지만 그것이 단순히 공산주의 선전선동 도구로서의 예술, 그렇게 예술이 정치에 봉사하는 문화를 만들어야 한다는 의미는 아니다.[49] 그보다 더 급진적인 것, 말하자면 미학의 해체를 의미한다는 해석도 가능하다. "그것은 우리가 아는 것과 같은 예술의 종결일 수도 있다. 게다가 핵심 용어인 미학은 그 의미가 180도 달라질 것이다. '미학'은 역설적이게 ―또는 변증법적으로― 파시즘에 대항하는 수단이 될 수 있는 정치적 답을 기술하는 것으로 변모, 아니 사실은 해체될 것이다."[50] 하지만 과연 벤야민이 미학을 '사회의 상황을 타파할 정치적 답을 내놓는 영역' 정도로 생각했을까? 이에 대해서 쉽게 동의하기는 힘들다. 우리는 이 장을 정리하면서 '예술의 정치화'가 품은 뜻을 다르게 해석해볼 것이다.

앞서 썼듯, 19세기 말부터 서구 유럽 대도시 사람들은 일상의 표면에 매혹당했다. 이는 크게 보면 산업 테크놀로지의 비약적 발전에 힘입어 새로운 매체들이 탄생하고, 사람들이 그러한 매체의 지각 방식, 즉 매개된 촉각적 자극에 익숙해지는 양상과 맥을 같이한다. 반면 공동체 안에서 인간과 인간, 인간과 사물 간의 직접적이고 물질적인 경험을 축적할 기회는 점차 위축되어갔다. 벤야민은 신문이 그러한 경험 위축의 대표적인 매체라 비판했다. 그런데 영화에 대해서는 노동자 대중이 변화된 테크놀로지의 지각 방식에 적응할 수 있도록 기여하는 매체—물론 영화는 이 경험 변화의 '증후'이자 '대행인'이라는 점을 놓치지 않았지만—라면서 이에 대한 기대를 표명했다. 그리고 이 매체가 정치를 심미화하는 파시즘에 맞서 예술을 정치화하는 선도적인 역할을 담당해야 할 것이라 했다.

우리는 먼저, 개인이 한 사건으로부터 자신과 공동체의 관련성을 발견해낼 수 있는 기회를 차단하고 파편화된 정보만을 짧은 텍스트와 사진으로 제공하는 신문과는 달리 영화가 집단적 지각의 매체이기 때문에 벤야민이 기대를 걸었다고 해석할 수 있다. 즉 영화를 통해서 근대사회의 위축된 공동체적 경험을 기억하고, 현재화하는 것이다. 이때의 기억은 원천적으로 계급과 지배가 없었던 원사적 경험을 현재의 억압받는 집단이 각성하는 것이다. 또 이때의 현재화는 매체의 촉각적·충격적 자극이 일상화된 근대 환경에 집단이 적응하고 그 세계와 조응하는 것이다. 말하자면 이제 더 이상 전통적인 지각과 경험의 방식으로 돌아갈 수 없는 사회에서, 벤야민은 그렇다면 테크놀로지로 조건화된 지각과 경험의 방식을 통해 인류와 자연이 상호 유희하는 새로운 단계를 모색한 것이다.

다른 한편으로, 벤야민의 이론은 매체의 기능과 효과를 변증법적으로 전회하고자 하는 시도라 할 수 있다. 이는 일종의 '동종요법(Homöopathie)'이다. 벤야민은 관객들에게 일시적으로 선정적이고 촉각적인 자극을 가하는 영화의 대중오락적 속성을, 집단의 범속한 각성과 혁명적 의식의 조직화를 위해 뒤집어 활용할 것을 제안하기 때문이다. 또 노동 현장과 일상생활에서 겪는 충격과 자극을 어떤 전통적 매체를 통해 회피하는 것이 아니라, 영화라는 동시대 매체를 통해 훈련함으로써 현실의 부정적인 충격과 자극을 집단 자신이 제어할 것을 주장하기 때문이다.

벤야민의 모더니티에 대한 양가적 입장과 "문화사적 변증법"이 이러한 인식을 가능케 한 것으로 보인다. 즉 그는 우리가 앞선 논의들에서 강조했듯이, 모더니티에서 매체의 긍정적인 속성과 부정적인 효과, 손과 실의 양극단을 동시에 보았고, 관점의 전환을 통해 영화로부터 "새롭게 긍정적인, 이전과는 전혀 다른 의미를 가진 부분이 출현하도록" 예술적 명제를 제출한 것이다. 벤야민은 무정형의 덩어리일 뿐인 대중, 또는 내면성의 영역으로 침잠된 개인이 사적 소유를 지양하고 인간의 모든 감각이 해방을 구가할 수 있는 집단적 신체, 사회적 기관이 되는 과정에, 예술이 매체로서 혁명적 역할을 수행하리라 봤다. 요컨대 테크놀로지 기반의 예술 매체가 집단의 기능적 신체기관에 영향을 미치고("새로운 것"), 집단이 그러한 영향을 자신의 꿈과 상상력에 결합하여("원사적 요소"), 지배와 계급 없는 사회를 만드는 '혁명'을 실행하는 것이다("유토피아").[51]

이상과 같은 차원의 미학을 특정 정치체제나 정치 상황을 돌파할 답을 기술하는 미학, 혹은 미학을 축소 또는 해체하는 예술이론이라고 할 수는 없다. 한편으로, 이러한 미학은 인간의 물질적인 현실과 지각의 양태, 역사적 시점(時點)과 사회 · 정치학적 관점을 종합한다. 그리고 그로부터 인간과 자연의 새로운 관계의 편성과 이미지와 상상력의 사용처, 테크놀로지와 예술의 정체성 및 기능에 대한 하나의 가능한 답을 제시한다. 이러한 의미에서, 우리는 벤야민의 미학을 그가 영화를 논하면서 밝혔던 바를 참조하여, '지각이론으로서의 미학'이라고 규정한 것이다. 다른 한편으로, 우리가 만약 그의 이론을

'정치적인 것'으로 판단한다면, 이때 그 의미를 현재의 실천을 끌어내는 정치적인 이론으로 이해해야 할 것이다.(V/2, 1026-1027) 그것은 정치와 전쟁을 심미화하는 파시스트들, 또는 클라게스·융어·마리네티같이 상이한 방향에서 테크놀로지를 오도 수용한 지적·예술적 인물들에 대항하기 위해 도출된 역사철학에 입각한 정치실천적 미학이다.[52]

또 하나 강조할 점은, 벤야민의 미학이 예술을 불연속하는 역사의 전통 속에서 인간의 전 존재 방식, 인간 지각의 종류와 방식, 그 지각을 조직하는 매체의 변화와 연동하는 것으로 정의했다는 사실이다. 그 점에서 그의 미학은 오늘날 "매체미학(Medienästhetik)"[53]의 선구적 모델이다.

| 제4부 |

인간학적 유물론, 미학의 현재 과제

서론

"종(種)으로서의 인간(Menschen)은 수천 년 전에 그 발전의 최후에 도달했지만, 종으로서의 인류(Menschheit)는 발전의 시작에 서 있다. 테크놀로지 속에서 인류에게는 어떤 하나의 자연(Physis)이 조직되고 있다. 이 자연 속에서 우주와 맺는 인류의 관계는 민족들이나 가족들에서와는 다르게 새로 형성되고 있다. 속도의 경험을 기억하는 것으로 충분하리라. 인류는 이 속도에 힘입어 시간의 내부를 향한 예측할 수 없는 여행을 준비하고 있다. (…) 진정한 우주적 경험의 전율은 우리가 '자연'이라고 부르곤 하는 저 조그마한 자연의 조각에 연결되어 있지 않다."(IV/1, 147-148)

여기 제4부에서 이 책은 마지막 단계에 이르렀고, 벤야민의 사유를 횡단하는 우리의 도정 또한 머잖아 마무리될 것이다. 하지만 한 권의 책이 끝난다고 해서 그 책이 다룬 대상의 삶이 끝나는 것은 아니다. 물론 그와 함께 우리 사고의 도전적이고 생산적인 길 찾기가 현재의 안전하고 실용적인 지식의 지도에 만족하며 멈춰 서지도 않는다. 정신이 섭취할 양분을 풍부하게 담고 있는 지적 대상은, 한 권의 책의 종결 부분에서 이제까지와는 다른 면모를 드러내며 논의를 새롭게 활성화한다. 또 독자에게 답을 찾은 것 같은 안도감을 주기보다는, 바야흐로 독자인 그/녀의 입장에서 사고의 모험을 시작하도록 정신적인 긴장감을 유발한다. 벤야민의 목소리를 빌려 말하자면, "전혀 새로운 과제에 직면하여 전혀 새로운 해답을 얻을 기회"가 그 지적 대상에 마련돼 있을 수도 있다.

벤야민의 사유라는 대상을 다루면서 이 책이 제4부에서 마주하는 첫 번째 논제는 '벤야민의 인간학적 유물론'이다. 이 이론은 벤야민의 후기 사유 중 한 편의 예술비평문(「초현실주의」)에 스치듯이 나타나는데, 사실 이론이라고 부르기에는 논의의 분량이나 구체성이 현저하게 떨어진다. 하지만 벤야민이 「초현실주의」에서 "인간학적 유물론"이라고 주장한 내용은 그의 역사철학과 지각이론으로서의 미학, 역사적 유물론과 유물론적 예술이론을 압축적으로, 그러나 명료하지는 않은 새로운 형태로 제시하고 있다는 점에서 우리의 특별한 주목을 기다리고 있다.

해서 우리는 이어지는 8장에서 먼저 벤야민의 인간학적 유물론에 대한 고찰로서 그 이론의 형성 배경과 핵심 내용을 개괄할 것이다. 특히 벤야민이 초현실주의 예술비평 속에서 자신의 "인간학적 유물론"을 개진한 맥락을 '범속한 각성'의 의미를 밝히며 해석하고자 한다. 다음으로 벤야민의 인간학적 유물론에서 '집단적 신체(Kollektivleib)'[1] 개념을 분석한 후, 예술 생산의 관점에서 벤야민이 주장한 모더니티 예술의 기능전환 프로그램을 다룬다. 셋째로, 예술 수용의 관점에서, 집단이 공동체적 경험을 형성하고 정치적 행위로 나아가는 장으로서의 예술과 그 예술의 수용 문제를 논할 것이다.

제4부의 두 번째 논제는 벤야민 사유의 성과와 한계를 짚고, 동시대 미학에서 그의 이론이 어떻게 생산적으로 현재화될 수 있는지 묻는 일인데, 이를 이 책의 마지막 장인 9장이 맡는다. 우리는 여기 4부에 이르기까지 여러 이론들이 성좌처럼 다자(多者)관계로 배열돼 있는 벤야민의 사유를 '내재적'으로 횡단하려 애썼다. 그런 만큼 어떤 면에서 우리의 벤야민 사유 읽기와 구성에

는 '외부'가 희박했다. 하지만 한 사상가의 지적 생산물을 진정으로 건강하게 섭취한다는 것은 무조건 그의 논리를 추종하고, 그의 사유 모델을 모방하는 데 있지 않을 것이다. 오히려 그것을 더 넓은 지형 안에서 다시 들여다보고, 다른 이론의 자리들과 교차시켜 보는 일이 그 지적 생산물에 대한 최고의 존중이자 최상의 섭취가 아니겠는가. 그 때문에 책이 끝나는 지점에서 그 일을 하려 한다.

벤야민은 『일방통행로』의 마지막 페이지에 〈천문관 쪽으로〉라는 제목이 붙은 단편을 배치했다. 글은 도입부에서 인간의 우주적 경험에 대한 고대 유대교의 교리를 환기시키는 것으로 시작해서, 경험의 개인화, 자연 지배, 폭력 전쟁으로 피폐해진 근대를 강렬한 수사법으로 비판하며 본론에 도달한다. 그리고 여기 제4부 첫머리에 소개한 문장에서, 우주와 소통하는 새로운 자연과 새로운 인류의 출현을 예견하며 끝을 맺는다. 아포리즘이지만, 그 글에서 벤야민은 인류의 역사를 우주의 차원에서 훑고, 파국으로 치닫고 있는 역사의 현재에 대한 우려와 비판적 의견을 표명한 후, 마치 고대의 주술사가 그랬고 현대의 천문학자가 그렇듯이 드넓은 우주의 창공을 보며 인류의 새로운 미래를 그려보는 것이다. 누군가에게 그 내용은 상투적이지는 않더라도, 추상적인 논변들의 예상 가능한 문제제기와 전망처럼 들릴지 모르겠다. 하지만 여기서 우리는 우리 자신이 우주라는 거대한 범위의 세계 속에 살고 있다는 의식, 현재가 끝인 것처럼 보일지라도 오히려 그 끝에는 완전히 새로 시작하는 미래의 맹아가 움트고 있다는 긍정의 사유를 읽는다. 곧 살펴볼 벤야민의 인간학적 유물론을 '미래'라는 화두와 연결시킬 명분이 거기서 나왔다.

8장 "천문관 쪽으로" : 인간학적 유물론과 미래

1. '인간학적 유물론'과 초현실주의 예술비평

　　벤야민의 철학과 미학의 매우 중요한 지점은 궁극적으로 역사의 주체로서의 인간과 그러한 존재를 둘러싼 세계로서의 자연을 상호관계로 파악한다는 데 있다. 그는 인간과 자연의 관계를 "상호 유희" 가능한 관계로 봤다. 그리고 그 유희의 관계 속에서 인간과 자연이 새롭게 조직될 수 있으며, 예술이 그 새로운 조직화 과정에서 변혁적인 기능을 발휘해야 한다고 주장했다. 앞서 살펴보았듯이, 벤야민은 '소외', '물신' 같은 근대 모더니티의 부정적인 현상, 자본주의의 환등상, 전체주의의 폭력, 유미주의 예술과 관념론 미학의 문제를 비판했다. 그리고 자신의 후기 유물론적 사유에서 '인간과 세계와의 조화로운 관계 맺음, 지배와 착취 없는 사회'를 인류의 원사적이고 유토피아적인 꿈으로 상정하고, 그 소망의 성취를 새로운 인간학의 목표로 전달한다. 그에 따르면, 사람들은 테크놀로지를 이용해 그 꿈의 목표를 향해 나아갈 수 있다. 테크놀로지 속에서 자연이 새롭게 조직되고, 인간이 사회의 고립된 개별 인격체가 아니라 공동체적 지각을 공유하는 집단, 즉 "인류"로 거듭난다면 '지배와 착취 없는 사회'는 실현 가능해지리라는 것이다. 이 인류가 근원적인 꿈을 실현하는 과정에서 예술은 역사적 경험의 매체, '집단 신경감응'의 매체

로서 사회적으로 기능한다. 그리고 이러한 예술에 대한 미학은 근대 관념론
미학에서와는 달리 신과 현실세계, 도덕과 정치, 예술과 기술, 정신과 감각을
통합적으로 사유한다. 또 인간의 현존 경험이 어떻게 역사적·사회적 여러
조건 속에서 조직되고 변경되는가를 탐구한다. 이러한 사유가 종합적으로 개
진된 것이 벤야민의 "인간학적 유물론"이다. 물론 벤야민은 이 이론을 특정
논문을 통해 정식화하지는 않았다. 그러나 '도덕', '심리학', '신체와 육체',
'지각과 신체', '지각의 문제' 같은 논제를 개진한 초기 사유 내용에서부터
그의 '인간학'은 구상되어 있다.(VI, 54-89)

아도르노가 벤야민 이론과의 "근본적이고 구체적인 의견의 일치"에도 불
구하고 그와의 "차이"를 표명한 이론적인 주장이 바로 이 "인간학적 유물론"
이라는 표제 아래 묶인다.(VII/2, 864) 사실 1930년대 중반 이후 벤야민의 유
물론은 인간학적으로 전환함으로써 아도르노뿐만 아니라 마르크스주의와도
일정한 차이를 두게 되었다. 그럴 수밖에 없는 것이 벤야민은 그 이론 속에
서, 일련의 철학과 미학적 전통으로 보면 매우 급진적이고 파괴적인 주장을
펼치기 때문이다. 이에 대한 자세한 논의는 곧이어 하기로 하고, 먼저 '인간
학적 유물론'이라는 이 생소한 이론을 벤야민의 이론이 전제하는 핵심 내용
과 연관시켜 살펴보기로 하자.

벤야민의 인간학적 유물론은 그가 19세기와 20세기 당대의 철학과 사변
을 연구한 과정의 산물이다. 먼저, 벤야민의 이론은 독일 관념론에 대한 비판
의 성격을 띤다. 그는 인간학의 두 줄기로서 푸리에로 대표되는 프랑스의 인
간학과 장 파울에서 고트프리트 켈러에 이르는 독일의 인간학을 비교 연구했
다. 벤야민에 따르면, 프랑스에서는 인간학적 유물론의 중심점이 "인간 집단"
에, 독일에서는 "인간 개인"에 있었다. 이는 독일의 인간학이 근대 독일 학계
에 이미 강력하게 자리잡은 관념론과 대립각을 세우며 출발했던 데 그 요인
이 있다.(V/2, 779; V/1, 47) 즉 독일의 인간학적 유물론은 '절대적 순수 자

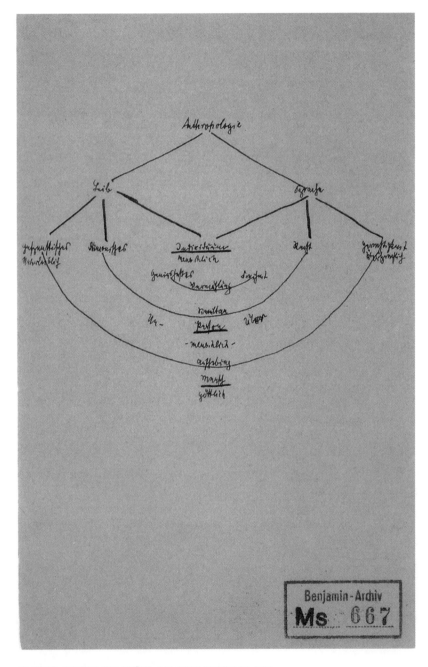

60 벤야민, "인간학을 위한 도식"(Ⅵ, 64), 벤야민 아카이브 Ms 667.

아로서의 개인'을 탐구한 관념론에 비판적으로 대립하면서, '경험적 자아로
서의 개인'을 중심에 둘 수밖에 없었던 것이다. 벤야민은 이렇게 독일 관념론
과 인간학적 유물론의 '개인'에 한정된 구도를 지적하면서, '집단'에 기반을
둔 푸리에의 유토피아적 사회주의 인간학에 동조했다. 그러나 푸리에의 인간
학에는 집단의 정치적 실천에 대한 고려가 간과돼 있기 때문에 벤야민으로서
는 그것을 온전히 수용할 수 없었다. 전(前) 세대의 이론과는 달리, 벤야민은
그의 인간학적 유물론에서 내면적 개인성과 추상적 사변이 아니라, 인간 집
단의 지각과 현존의 생생한 경험, 그리고 집단이 현실을 변혁할 실천적 행위
의 기제와 사회적 방식을 중심 연구 대상으로 삼았다.

둘째, 인간학적 유물론에서 벤야민이 근대 집단의 현재 과업으로 의무화
하는 "혁명"은 '지배와 착취 없는 사회'를 향한 집단의 실천이다. 그런데 이
이론에서 집단이 혁명의 주체로 형성되고, 실천적 행위로 나아가는 것은 '예
술'을 통해서이다. 이는 벤야민이 푸리에와 마르크스의 유물론적 인간학을
자신의 이론에 참조하면서도 그 구체적인 방법론을 미학의 방향에서 개진하
고 있음을 보여준다. 먼저 푸리에는 인간 역사의 최초 단계인 '원시사회'에서
인류는 자연이 부여한 본성에 충실하고 본능적인 조화의 원리에 따랐음을 강
조했다. 마르크스는 이러한 푸리에의 주장을 문명사회 이전에 '지배 없는 사
회'가 실재했음을 논증하기 위해 수용했고, 이를 통해 '정치경제학적 관점'
에서 사적 소유의 철폐와 공동 소유를 주장했다. 반면 벤야민은 '지배와 착취
없는 사회'의 가능성을 '유물론적 미학의 관점'에서, 집단이 예술을 수용하
면서 공유하는 신체 지각과 공동체적 경험의 형성에 둔다. 또 집단, 즉 억압
된 프롤레타리아 대중의 혁명은 마르크스에게는 정치·경제적 사회관계의
재편을 의미한다면, 벤야민에게는 예술 수용을 통한 인류와 자연의 해방적
관계이다.

셋째, 벤야민의 인간학적 유물론은 우주적 자연사의 시각을 갖는다. 이는

"우주가 단순히 자연적이고 정태적이며, 사회적이지 않고 역사적이지 않다는 가정에 반대"[2]하고, 인간의 세속적인 삶이 펼쳐지는 '지금 이곳'을 사회적이고 역사적으로 변화하는 우주의 한 지점으로 여기는 것이다. 이러한 시각에서 그는 산업기술로 변경된 근대를 "제2자연", 테크놀로지 속에서 집단에게 조직되는 "새로운 자연"이라고 주장했던 것이다. 이러한 벤야민의 사유는 19세기 프랑스의 '직업혁명가'였던 루이 오귀스트 블랑키의 사변과 연결된다. 블랑키는 우주의 법칙이 모든 자연법칙과 연관되어 있다는 일원론적 세계관과, 파국으로서의 현재가 영원히 동일하게 반복된다는 '영겁회귀론'을 표명했다. 이에 대해 벤야민은 블랑키의 "우주적 사변"이 근대를 우주적 차원에서 보게 하며, "신화적 공포" 속에 잠긴 근대 자본주의의 환등상을 대중에게 일깨운다고 평가한다.(V, 61; 1256) 그러나 블랑키의 영겁회귀론은, 달리 생각하면 현재의 파국과 고통을 영속화하는 사변이기도 하다. 때문에 벤야민은 블랑키의 비관적 아이러니를 지적하면서 그와는 달리, 과거의 착오를 현재 속에서 '역사적으로 대결'시키고, 새로운 시대 조건에 적절히 대응하는 집단의 현재적 실천 가능성을 타진했다.(V/1, 75-77)

넷째, 벤야민의 인간학적 유물론에서 예술의 기능은 사회적으로 규정된다. 이는 브레히트의 사회주의 리얼리즘에 입각한 예술론에 영향받은 것인데, 그에 따르면 '미적 창작'은 무엇보다 생산 영역에서의 창작이어야 한다. 구체적으로 브레히트는 "기능전환(Umfunktionieren)" 프로그램을 통해 부르주아 예술가가 자신들의 고유한 전문성을 프롤레타리아 계급의 해방투쟁 과정에 역전시켜 투여해야 한다고 역설했다.[3] 이를 벤야민은 새롭게 조직되는 자연에서 집단의 신체적 경험 공간으로서의 예술, 그 일을 수행할 예술가·지식인의 변화된 '기능' 개념으로 보다 인간학적인 의미에서 확장시켰다.

이상과 같은 논점을 배경으로 한 벤야민의 "인간학적 유물론"은 철학적인 개념을 통해서가 아니라 예술비평 속에서 개진됐다. 다시 말해서, 벤야민은 위와 같은 내용을 서구 아방가르드 예술운동인 초현실주의를 중심으로, 1차 대전 이후 유럽 지성의 위기(II/1, 295)를 비판적으로 고찰하는 맥락에서 단도직입적으로 제시한 것이다. 이때 그의 초현실주의에 대한 예술비평은, 그 자신의 철학을 그 속에서 전개하여 진리를 드러내고자 한다는 점에서 예술사적 지식에 입각한 분석이나 작품 속 사실에 대한 논평과는 대조된다. 요컨대 그의 미학은 예술비평의 수행 속에서 철학적인 주장을 전개하는 것이다.(III, 383) 그런 차원에서 초현실주의는 벤야민의 미학적 모델이었다.[4] 벤야민의 이 미학적 모델은 그가 1929년 마르크스주의에 정치적으로 정향되던 당시, 그 스스로 "범속한 각성"이라고 이해한 사유에 적합했다.

일반적으로 초현실주의는 파괴적인 에너지를 긍정하고, 형상과 관념 간의 폭력적인 조우를 실행했던 예술운동으로 평가된다.[5] 예를 들어 이 운동은 삶과 예술, 꿈과 깨어남, 자아와 언어/이미지의 경계 또는 위계를 도발하고자 했으며, '정신의 자동기술법', '무의식의 외화와 상상력의 해방'을 작품 속에서 실험했다. 그러한 실험은 한편으로는 일상의 현실과 순수예술, 합리성과 비이성의 가상적인 경계를 해체하여 삶의 진정한 면모를 드러내기 위한 것이었다. 그리고 다른 한편으로는 자본주의 사회체제와 충격체험의 일상화로 억압된 근대인들의 감각과 인식을 흔들어 깨우는 일이었다. 벤야민의 비평은 초현실주의 운동에서 이 점을 특화시켰다.

벤야민은 초기 초현실주의자들이 꿈과 환상의 도취적 '경험', "초현실주의적인 경험"에서 '경험' 그 자체를 주제화함으로써 세속적인 삶의 진면목을 조명할 수 있었다고 본다. 특히 그 운동은 무의식, 꿈과 도취의 "생산적이고 살아 있는 경험"을 현실 의식에 접합함으로써, "종교적인 깨달음"을 '범속한 각성'으로 극복할 가능성을 보였다. 이것은 종교가 그 자체의 형식을 유지한 채로는 할 수 없는 "범속한 각성"이다. 벤야민에 따르면 이렇게 해서 초현실주의의 "범속한 각성"은 "민중의 아편"이 될 수도 있는 "종교적인 깨달음을 진정하게, 창조적으로 극복"한다.(II/1, 297 ; II/3, 1021) 또는 니체가 비판했 던바, "도덕적이기만 할 뿐이며", "생의 적대시, 생에 대한 원한 가득 찬 거 역"으로서의 기독교를 넘어서는 삶에 대한 변증법적 긍정이다.[6] 초현실주의 는 그렇게 자신들의 예술실험을 통해 "도덕적 · 휴머니즘적으로 낡아빠진 〔근 대의〕 자유의 이상을 처치"(II/1, 306)하고자 했다.

이러한 점에서 초현실주의는 벤야민이 "인간학적 유물론"의 논제를 개진 하기에 적합한 '예술 실천'의 모델이었다. 그와 동시에 이 비평 모델을 통해 서, 추상적이거나 신학적인 이념에 그칠 수 있는 벤야민의 '각성(또는 트임, Erleuchtung)' 개념이 '범속한 각성'으로 구체화될 수 있었다.

2. '집단적 신체' 와 예술의 기능전환

벤야민은 인간이 불변적인 존재라는 인본주의적 가정을 인정하지 않는 다. 이는 「기술복제」에서 인간의 지각 방식이 역사적 시공간의 변화와 함께해 왔다는 주장과 맥락을 같이하는 것으로, 결국 인간 존재와 그 지각은 역사적 으로 매체에 의해 형성된다는 입장이다. 서구 근대는 산업혁명과 더불어 봉 건체제, 농경과 장인 생산, 대가족제로부터 떨어져나온 임금 노동자, 대도시 거주자, 학생 등 새로운 개인을 발생시킨 시대였다. 그리고 국가와 사회는 이 렇게 상대적으로 자유로워진 새로운 개인의 다중성을 통제하고, 유용한 개체 로 만들기 위해 미시적이고 국지적인 개별화의 기술들을 창안했다.[7] 여기에 는 개인 행동을 조절하고 변형시키는 사회의 특정 정책을 포함해서, 의학, 교 육, 심리학, 생리학 등 정신과학과 각종 시각 기제가 역할을 담당했다. 벤야 민은 근대의 이러한 과정이 관리 가능한 개인 주체를 사회제도와 지각의 매 체를 통해 생산했고, 이러한 개별화의 원리가 결국 전쟁과 파시즘 같은 근대사회의 파국을 초래했다고 봤다. 이 파국의 현재를 극복하는 길은 벤야민에 따르면, 집단적 신체를 조직하고, 그들에 의해 해방적 혁명이 이뤄지는 일이다.

블로흐는 『일방통행로』를 서평하면서 벤야민의 글에서 개인 주체가 해체되고 집단의 신체성이 전면화되는 양상을 "언제나 새로운 나(Ich)들이 등장했다가 눈에 띄지 않게 된다"고 지적했다.[8] 블로흐는 이 말을 부정적인 어조로 썼지만, 흥미롭게도 이는 벤야민 인간학적 유물론의 심부를 꿰뚫어 짚은 것이다. 정작 벤야민이 목표했던 점이 바로 그러한 개인 저자 주체 또는 자아의 해체였기 때문이다. 아도르노는 「발터 벤야민 초상」에서 다음과 같이 그 핵심을 압축해 그리고 있다.

> "벤야민의 말에 의하면 그는 자아(das Selbst)를 형이상학적-인식 비판적인 것 내지 '실체'로서가 아니라 신비론적인 것으로만 인정했다. (…) 따라서 주관적인 형이상학에 속하는 자율성뿐만 아니라 총체성·삶·체제 등과 같은 개념들을 그에게서 찾아보았자 헛수고이다. (…) 그것은 전면적 인간성(das Allmenschliche)이라는 기만에 대립하는 비인간성이다. 그러나 그가 무효화한 범주들은 동시에 본래 사회적-이데올로기적인 것이기도 하다."[9]

아도르노가 지적하듯이, 사실 벤야민은 '자아', '자율성', '총체성', '삶', '체제' 같은 개념들이 지배자의 기만적인 의도에 따라 변질된 채로 인간을 억압하는 사회의 이데올로기라고 봤다. 그 연장선상에서 벤야민은 그러한 개념들에 대한 비판을 수행했고, '전면적인 인간성'에 덧씌워진 가상의 파괴와 집단적 신체의 새로운 조직화를 주장했다.

벤야민은 초현실주의야말로 "각각 각축을 벌이는 운동으로서, 한편으로는 생리학적으로 인간적인 것과 동물학적으로 인간적인 것에 연관하여, 또 다른 한편으로는 정치성과 연관하여, 미적인 것의 분쇄를 명백하게 서술한"
(II/3, 1023) 예술이라고 보았다. 그리고 그 아방가르드 예술운동 안에 개인
주체가 "피조물적이고 동물적인 것에 연관하는 것과, 정치적이고 유물론적인
것에 연관하는 것"(II/3, 1040)으로 나뉠 가능성이 있음을 발견했다. 벤야민
이 인간학적 유물론으로 말하는 "집단적 신체"란, 바로 이 두 연관관계가 새
로 조직되는 신체다.

　앞서 여러 차례 강조했듯이, 벤야민에게 혁명의 집단적 신체는 그 누구보
다도 '프롤레타리아 대중'이었다. 그러나 우리는 이 집단적 신체에 대한 이해
를 좀더 넓힐 필요가 있어 보인다. 왜냐하면 벤야민은 "지성의 정치화"와 "자
기 계급의 정치화"를 주장하면서, 부르주아지 또한 집단적 신체로 거듭 조직
될 것을 요구하기 때문이다.[10] 그에 따르면, 테크놀로지 속에서 새로운 자연
이 조직되고, 인간이 사회의 억압뿐만 아니라 자연의 근원적인 힘으로부터도
진정한 해방을 갈구하는 역사적 시공간에서 부르주아적 합리성의 개인 주체
는 도취 속에서, 집단적 행동 속에서 극복된다. 여기서 "도취"는 "집단적인 행
동"의 다른 말이고(II/3, 1022), 집단적인 행동으로서의 도취는 실제로는 집
단의 현실 각성과 변혁적 실천을 의미한다.

　벤야민은 초현실주의가 원시적인 충동, 무의식과 꿈을 통한 우주와의 합
일적 경험을 실험함으로써 근대 도구적 이성의 합리성이 내포한 한계를 넘어
서고자 한 점을 높이 평가했다. 초현실주의의 "도취"는 "범속한 각성"의 경
험, 즉 일상적인 것의 비밀을 냉철하게 통찰하고, 비밀스러운 것 속에서 일상
적인 것을 발견하는 "변증법적 광학(Optik)"의 경험에 맞닿을 수 있었기 때문
이다.(II/1, 307) 이를테면 도취는 현실 저편의 초월적이거나 관념적인 세계,
또는 예술지상주의로 유폐된 "부정적인 신학"의 예술세계 속에서 취해 있는
상태가 아니라 현실에 대한 적나라한 각성을 의미한다.

"도취의 변증법은 정말 특이한 상태이다. 한 세계에서의 어떤 엑스터시
도 어쩌면 그와 상호보완적인 세계에서는 부끄럽도록 냉철한 상태가 아
닐까?"(II/1, 299)

단적으로 말해서, 종교적인 깨달음을 현실을 변혁할 투쟁의 범속한 각성
으로 현재화해야 한다는 것이 벤야민이 주장하는 도취와 각성의 변증법인데,
이 변증법적 과정 속에서 부르주아적 개인 주체가 극복되고 "집단적인 신체"
가 형성된다.

그렇다면 구체적으로 이 "집단적인 신체"는 어떻게 형성되는가? 집단적
인 신체는 집단의 무의식 속에 잠들어 있는 '지배와 착취 없는 사회'라는 꿈
을 이미지로 기억해내고, 집단적인 지각과 경험을 이미지로 공유하면서 현재
를 변혁하기 위해 사회적으로 행동하는 사람들의 사회적 감각기관과 같은 것
이다. 따라서 집단적인 신체는 이미지와 행동의 상호작용 속에서 형성된다고
볼 수 있다. 이렇게 이미지와 행동의 상호작용 필요성에 입각해 벤야민은 베
르그송의 '기억이론'을 비판했고, 마르크스의 '인류의 의지에 있어 꿈의 필
요성'을 강조하는 입장을 수용했다. 베르그송의 "행동 개념(Begriff der
action)"에 대한 비판 또한 여기에 연관되어 있다. 우리는 벤야민의 이러한 비
판이 타당한지의 여부를 파악하기 위해서 베르그송의 기억이론을 살펴볼 필
요가 있다. 먼저 베르그송이 "더할 나위 없이 탁월한 기억"이라고 한 "이미
지-기억"의 조건을 보자.

"과거를 이미지의 형태 아래 떠올리기 위해서는 현재적 행동으로부터 초
연해질 수 있어야 하고, 무용한 것에 가치를 부여할 줄 알아야 하고, 꿈꾸
려고 해야 한다. 아마도 인간만이 이런 종류의 노력을 할 수 있을 것이다.
그렇다고 해도 이처럼 거슬러 올라가는 과거는 우리가 그것을 잡으려는

순간 미끄러지면서 언제나 우리로부터 빠져나가려고 한다. 마치 뒤를 향한 이러한 기억은 우리가 행동하고 살아가도록 이끌어주는 전진운동을 하게 하는 더 자연스러운 다른 기억에 위반되기라도 하는 것처럼 보인다."[11]

베르그송은 기억(mémoire)을 "이미지-기억(souvenir-image)"과 "습관-기억(souvenir-habitude)"으로 나눈다. 전자가 "하나의 사건"처럼 이미지로서 "전체 기억에 단번에 새겨지는" 기억이라면, 후자는 "암기하기 위해" 반복적으로 읽은 "부분 기억"으로서 전체 기억에 새겨진다. 베르그송은 이를 다시 "내 역사의 환원할 수 없는 한순간", "하나의 표상" 기억과 '동일한 노력의 반복에 의해서 획득되는 암기된 기억'으로 나눠 설명한다. 첫 번째 기억은 반복할 수도 변경할 수도 없는 반면, 두 번째 기억은 "습관과 마찬가지로 전체 행동을 우선 분해하고, 그다음에는 재구성할 것이 요구"된다.

여기서 우리가 특히 주목해야 할 대목은 베르그송이, "이미지-기억"이 "과거를 오로지 자연적인 필연성의 결과로 축적"한다면, 두 번째 기억은 "첫 번째 기억과는 심층적으로 다르다. (…) 언제나 행동을 향해 있으며 현재 속에 자리잡은 채 단지 미래만을 바라보고 있는 기억"이라고 설명한 부분이다.[12] 우선 베르그송이 정의하는 두 기억은 전혀 다른 기반 위에 있다. 그리고 이미지-기억이 과거에 결부되어 유용성이나 실제적인 적용에 무관한 반면, 습관-기억은 현재 지평에서 미래로 정향되어 있으며 반복을 통해 신경계에 각인되는, 본래부터 행동을 위해 만들어지는 기억으로 설명된다. 이럴 경우 "유기체를 변화시키고 신체 속에 새로운 행동의 성향들을 만들어"내는 기억의 역할은 "이미지-기억"이 아니라 "습관-기억"이라는 논리가 성립된다. 그리고 "이미지-기억"은 현재적 행동에 초연한 상태, 무용성에 가치를 부여함, 꿈꾸려는 의지가 있어야 하는 조건인 반면, 행동으로 연장되는 두 번째 기억에는 이러한 조건이 "위반"된다는 의미도 새겨진다.

벤야민이 이러한 베르그송의 이론에 대해 비판적이었던 것은 다음과 같은 세 가지 점에 기인한다. 우선 베르그송은 기억을 둘로 나누고, "습관-기억"을 '행동 기제'로 보는데, 거기에는 "이미지-기억"의 회상 조건들이 거부된다는 점이다. 그럴 경우 현재 행동을 위해 만들어지는 "습관-기억"은 전적으로 생물학적이고 실용적인 성격만을 갖게 되어, 이미지와 꿈이 개입할 여지가 없다. 벤야민이 다음과 같이 비판한 대목을 보자.

> "베르그송의 행동 개념은 사회적으로 규정되는 것이 아니라 생물학적으로 규정된다. 행위(Handeln)에 대한 그의 개념은 전적으로 실용주의의 영향 하에 있다. '건전한 인간 오성'을 통해 제출된, "실천적인 남자"는 베르그송에게서 행위의 이상적인 주체로 중시된다.(matiére et mémoire p 166/167) 베르그송의 행동 개념은, 그가 행위하는 집단적 주체가 조직될 가능성을 현실적으로 포착했다면, 수정되었을 것이다."(VII/2, 769)

벤야민에 따르면, 마르크스는 "인류는 사태를 돌파하기 위해, 사태가 그로부터 꿈을 준비하는 바로 그 의지를 동원해야만 한다"고 했다.(VII/2, 769-770) 이와 달리 베르그송은 행동 개념에서 꿈의 역할을 배제하고, "우리 신체로부터 유래한 상태로서의 육체(Körper)", "보다 작은 것으로 축소된 개인의 육체"를 주장했다. 그러나 벤야민이 보기에 근대의 역사적 시공간에서 변혁을 일구어낼 실천의 주체는 사적 개인, 이상적인 남성 주체로 내면화된 육체가 아니라 세속적인 차원에서 "행위하는 집단적 신체"이다. 이렇게 '행위하는 집단적 신체'를 위해서 선결되어야 할 조건, 즉 "육체에 행동을 부여하기 위해서"는 이 육체가 마르크스의 주장과 비슷하게 "꿈으로 깊이 삼투되어야만" 한다.(VII/2, 769)

그렇기 때문에 벤야민은 첫째, 베르그송이 행동 개념과 행동을 위해 만들어지는 "습관-기억" 개념에서 이미지와 꿈의 역할을 배제한 점을 비판하는 것이다. 둘째, 베르그송의 개념에는 역사적 현실사회에 대한 고려가 없다는 점을 들 수 있다. "특히 습관 개념에, 말하자면 행동 속의 기억, 경험의 가장 본질적인 세포가 서술되어 있는 그 개념에 모든 역사적 지표를 대가로 치렀다."(VII/2, 770) 이를테면 베르그송의 "실천적인 남자"는 '이상적인 개인 주체'이지, 전쟁을 겪고 정치적 위기 상황에 내몰린 현실 주체, 노동 현장과 독점 자본주의 체제 아래서 체계적으로 소외되고 상품에 의해 물화된 근대 집단, 테크놀로지로 급격히 변화한 일상생활의 충격에 항상적으로 노출된 대중이 아니다. 이러한 점에서 베르그송은 현실 사회를 변혁할 혁명적이고 실천적인 정치 주체는 고려하지 않았던 것으로 비판받는 것이다. 셋째로, 베르그송 자신이 고찰한바, 무의지적으로 인간 내부에 형성되는 기억이 "이미지-기억"이라면, 그러한 기억이 더 이상 가능하지 않은 사람들, 즉 근대의 엄청난 속도와 충격, 자극이 일상화된 사회에서 인간의 경험과 기억은 어떻게 변질되는가? 그런 사회적 조건에서 대중은 어떻게 지각의 매체와 관계하여 새로운 경험을 형성해야 하는가?에 대한 논고가 없다는 점이다.

벤야민은 근대 역사적 현재 상황에서 기계장치, 신문과 라디오 같은 미디어, 대중문화의 산물에 의해 위축되고 소외된 경험 상태의 인간을 "극복하는" 유일한 길은 합리주의로 규격화된 개체화의 벽을 해체하는 데 있다고 봤다. 즉 당시 부르주아 문화가 설정한 개인의 자유와 도덕적 책임감을 근간으로 한 이상적인 주체, 그렇지만 실제로는 자기 소외와 관계의 단절, 폭력의 합리화로 귀결되고 있었던 그 도구적 이성 주체의 경계들을 깨뜨리는 것이다.(II/3, 1021) 벤야민에 따르면, 근대의 위축되고 소외된 인간 경험의 극복은 "신체와 이미지 공간이 매우 깊게 상호 침투하여, 모든 혁명적인 긴장이 신체적이고 집단적인 신경감응이 되고 집단의 모든 신체적 신경감응이 혁명적 해방

이 될 때" 가능하다.(Ⅱ/1, 310)

　이와 같은 '신체와 이미지 공간의 상호 침투' 과정에 예술이 특수한 역할을 한다. 이것이 벤야민의 근대 예술에 대한 요구이자 그가 부여한 예술의 사회적 기능이다. 그러나 초현실주의는 혁명의 집단적 신체를 조직하는 데까지 나아가지 못했다. 벤야민의 비평에 의거하면, 초현실주의 운동은 정치적인 실천으로서의 '행동'이 아니라, 부르주아지 내부에서 부르주아지에 대항하는 "스캔들에 그쳤다"는 것이다. 부르주아 계급은 정치적인 "행동에는 민감한 반면, 이러한 스캔들에는 둔감하기 때문에" 초현실주의의 저항은 현실화될 수 없었다.(Ⅱ/1, 303) 또 그들은 사회적 의식으로 확립되지 않은 근대 "기계 문명의 기적을 성급하게 추종"하면서 "후덥지근한 판타지"를 만들어냈다. 도취의 측면에서도 초현실주의는 혁명적이고 정치적인 각성이 아니라, 때때로 "심령론의 눅눅한 뒷방에 들어서기도 한다."(Ⅱ/1, 298) 이렇게 벤야민은 초현실주의적 실험을 비판적으로 평가하고, 지식인과 예술가에게 "정치적 행위의 장에서 이미지 공간을 발견할 것"을 과제로 주문했다. 전자에게 그 과제는 부르주아 계급의 지적 헤게모니를 해체하고, 프롤레타리아트와 접점을 획득하는 일이다. 후자 예술가에게는 개인의 "예술가적 경력을 중단"하고, "[행위가 이미지 자체가 되는] 이미지 공간의 중요한 지점들에서 기능을 발휘"하는 일이다. 요컨대 정치적 실천이 집단의 이미지 상상력 내지는 근원적인 꿈 이미지와 연결되는 일이 무엇보다 중요하다. 이러한 과제는 부르주아 지식인이 사태를 "명상적"으로 판단하거나, 예술 영역에 프롤레타리아 출신의 사상가 혹은 예술가를 불러들인다거나, 반대로 부르주아 출신의 예술가를 '프롤레타리아 예술'의 거장으로 만들어서 가능한 일이 아니다.(Ⅱ/1, 309) 무엇보다 예술의 정체성과 기능, 체제와 메커니즘이 예술적인 것이 아닌 사회적인 것으로 전환되어야 한다.

　위와 같은 논리로 벤야민은 예술의 기능전환을 주장하면서, 유미주의 예술의 근대사회 속에서의 실제 효과 또는 기능을 비판했다. 사실 근대 유미주의 예술은 자율적인 영역으로서 '예술을 위한 예술'을 표방해왔다. 하지만 그것은 이상적인 가정일 뿐이었고, 그러한 예술이 형성되고 사회에서 통용 혹은 유통되는 실제적인 성격은 전혀 달랐다. 예술은 사회적 지배관계에 귀속된 채, 자율적 예술이라는 "귀족적이고 비의적인" 성격을 담보 삼아 소수 특권계급을 위한 시장의 패션과 비슷한 역할을 수행했던 것이다.(V/2, 1037) 벤야민은 이렇게 독점적인 지배계급의 이데올로기에 봉사하고, 유행을 따르며, 대중을 위한 기능으로는 기껏해야 "정치적 상황에서 오락을 위한 새로운 효과를 얻어내는"(II/2, 692) 역할에 만족해온 예술의 숨은 속성을 들춰낸다. 그리고 예컨대 신즉물주의 사진을 비판하는 자리에서 주장하듯이, 정치적인 행위의 장에서 공동체적 지각 경험의 공유라는 예술의 "기능전환"을 강력하게 요구한다.(II/1, 383-384) 여기서 기능전환은 생산기구(Produktionsapparat)를 변혁하는 일에서부터 예술가가 생산 과정 속의 "생산자"가 되어 예술작품에 "혁명적인 사용가치를 마련해주는" 일련의 변증법적 해체와 재구성의 과정을 의미한다.(II/2, 691-693) 예술가가 자신의 예술적 이력과 영향력을 중시하면서 자기 영역 안에서 기술을 연마하는 것은 여전히 개체성의 고립되고 견고한 벽 안에 머무는 것이다. 그러나 벤야민에 따르면, 근대 테크놀로지로 새로이 조직되는 자연에서는 개인의 "예술적 영향"이 중요한 것이 아니다. 중요한 것은 공동체적 경험이다. 또 예술적 영향이라는 것은 어떤 장르적 위계나 전문적인 기술의 완성도에 따라 개인의 업적으로 평가되는 것이 아니라, 그가 공동체적 삶의 공간에서 어떤 '기능'을 하느냐에 따라 평가되어야 한다.

집단적 신체의 자연이 조직되기 위해서는 이미지 공간을 정치적 행위의 장으로 형성해내는 일이 선결되어야 한다. 또한 그 과정에서 집단적 신체가 조직되어야 한다. 사실 이렇게 보면 집단적 신체, 정치적 행위의 이미지 공간, 공동체 삶 속에서 예술가의 기능전환은 어느 것이 먼저랄 것도 없이 모두 맞물려서 이루어져야 하는 것이다. 이상과 같은 집단적 신체의 자연 조직, 정치적 행위의 이미지 공간, 예술가의 공동체적 기능전환은 다음과 같이 연동하는 관계이기 때문이다. 집단적 신체를 조직한다는 것은 사적 개인으로 축소된 사회적 자아, 계급적 위계로 나뉜 주체들의 의식적 경계와 정체성의 범주(민족, 가족, 지역 등)를 무너뜨리고 공동체의 경험을 공유하는 집단적인 존재, 인간과 인간, 그리고 인간과 자연이 상호 유희하는 관계를 구성한다는 의미이다. 그런데 그 구성은 정치적 행위가 집단적 신체의 현실적 지각과 이미지적으로 사고하는 상상력의 결합을 통해서 구체화되는 차원, 즉 이미지 공간 속에서만 이루어진다. 이 때문에 집단적 신체의 조직화와 이미지 공간의 조직화는 연동해야 한다. 그리고 예술가는 이미지 공간 속에서 기능을 발휘해야 하는 존재인 만큼, 집단적 신체와 이미지 공간의 생성에서부터 역할을 담당하고 그와 연동하여 새롭게 형성된다고 말할 수 있다.

마르크스의 초기 저작에 영향을 받았든 그렇지 않든, 1930년대 벤야민, 아도르노, 그리고 그 주변 지식인들 사이에서는 작가와 예술가 스스로를 자본주의 체제를 이용해 이윤을 획득하는 지배 권력보다는 프롤레타리아에 더 근접한 "생산적 노동자"로 규정하는 경향이 확산됐다. 특히 벤야민은 「생산자로서의 작가」를 통해 '생산자-작가 모델'을 제시했다. 그는 이러한 생산자로서의 작가 또는 예술가에게, 테크놀로지에 비판적인 태도를 견지하면서도 그 생산력을 새로운 자연을 조직하는 원동력으로 양식화하는 역할을 부여했다. 물론 그것은 우리가 앞선 논의들을 통해 보았듯이, 테크놀로지를 집단적 신체와 이미지 공간을 조직하는 방법으로, 예술을 그 조직화의 매체로 쓰는 일을 의미한다.

이처럼 벤야민은 근대의 억압된 개체를 넘어서는 집단적인 신체, 이미지와 행동의 상호작용, 집단적 신체의 형성을 위해 혁명적인 기능을 수행하는 예술가 및 지식인을 논했다. 이미 봤듯이, 벤야민은 현대에서 그 예술 모델을 초현실주의에서 찾았다. 그러나 초현실주의의 혁명적 힘이 정치적 장에서 불발됐음을 비판적으로 지적하면서, 벤야민 자신은 인간학적 유물론을 통해 실천하는 집단 주체와 사회적으로 기능하는 예술 모델을 제시했다.

3. '이미지 공간' 과 집단의 예술 수용

근대 합리성에 따라 개별화된 개인 주체의 경계를 파괴하기 위해 벤야민이 우선적으로 사유와 예술에 요구하는 작업은 "비유"와 "이미지"를 구분하는 일이다. 근대적 삶에서 필연적으로 발생하는 '우울'이나 '딜레탕트'를 수사의 차원에서만 다룬다면, 그것은 비관적인 태도와 지적 · 정치적 무책임, 권태만을 낳기 때문이다. '비유'가 여전히 문학예술의 한 양식이라면, '이미지'는 그것을 뛰어넘어 정치적인 현실성과 이론의 실천성을 자극한다. 또한 정치 영역이 '비유'를 정치적 수사법으로 악용하여 사태를 호도하거나 지배 세력의 이데올로기를 선전한다면, '이미지'는 인간의 통찰력, 꿈과 상상력에 결부되어 근원적인 역사의 기억에서부터 일상적 사태의 은폐되고 이데올로기화된 부분까지 집단이 의식할 수 있도록 돕는다. 따라서 예컨대 '건전한 인간 오성'이라든가 '휴머니즘적 자유'를 위조한 정치적인 비유들을 몰아내고, 한편으로 근대적 우울과 무의식, 다른 한편으로 꿈과 도취를 정치적으로 의식화하고 조직화하는 이미지 공간을 찾아야 한다.

> "염세주의를 조직한다는 것은 말하자면 정치로부터 도덕적 메타포를 몰아내고 정치적 행위의 공간 속에서 100퍼센트 이미지 공간을 발견하는 일에 다름 아니다. 그러나 이러한 이미지 공간은 명상적으로는 결코 더 이상 측량될 수 없다."(II/1, 309)

벤야민은 「초현실주의」에서 '이미지 공간'과 '신체 공간'을 같은 것으로 제시하기 때문에, 위 글의 "100퍼센트 이미지 공간"은 달리 말해 '100퍼센트 신체 공간'이다. 이러한 제시는 일견 애매모호하게 여겨지지만, 앞서 우리가 베르그송에 대한 벤야민의 비판에서 설명했듯이, 결국 이미지는 행동과 결부되어야 한다는 관점에서 보면 둘은 다른 것이 아니다.

신체 공간 또는 이미지 공간이라는 개념은 테크놀로지로 조직된 자연에는 이미지가 핵심적인 구성 요소로 작용한다는 인식과, 집단적 신체는 관념이 아니라 구체적인 지각을 통해 이미지와 상호작용한다는 함의를 담고 있다. 벤야민이 "영화, 새로운 건축기술, 통속 삽화(Kolportage) 속에 있는 원칙으로서의 상호 침투"(V/2, 1028)를 언급해둔 것은 이러한 지각경험이 가능한 조건의 예시로 읽힌다. 기술적인 시각재현 장치에 의해 발생한 영화, 유리와 철강 같은 신소재와 '조립·접합'이라는 신건축 기술 원리에 따른 근대 건축물, 일상의 통속적인 이야기를 이미지 퍼즐 형식으로 재구성하는 통속 삽화, 이들은 상이한 영역들로 보인다. 하지만 그것들은 근대 새로운 기술 혁신을 통해 현실을 투명하게 재현한다든가(영화), 투명한 공간을 구성한다든가(유리 철골 건축), 그렇게 외적으로 가시화된 일상생활의 하찮은 에피소드를 '읽을 수 있는' 시각 기호로 변환한다는(통속 삽화) 측면에서 내적 상관성을 갖는다. 여기서 '투명성' 또는 '가독성'은 벤야민이 "유리집에서의 삶"을 예로 들며 "도덕적 노출증"이라고 표현한 것과 같은 것이다.(II, 298) 즉 체제의 불투명한 작동, 이데올로기의 비가시적인 효과와는 정반대 지점에 있는 도덕성이자 의사소통 가능성이다. 그리고 이는 부르주아의 사적 내면으로 퇴행한 '폐쇄성'과는 달리 혁명적 에너지의 공유 가능성이다. 그런데 벤야민이 여기서 더 나아가 통찰한 바는 이러한 형식의 산물들에서 투명성 혹은 표면성이 '꿰뚫어 볼 수 없는 것', '비밀스러운 것'을 동시에 포함하고 있다는 점이다.

"지각은 읽기이다. 오직 현상하는 것의 표면에서만 읽을 수 있다. (…) 성
좌인 표면은 절대적인 연관관계이다."(VI, 32)

투명하게 드러난 표면들은 가시적인것 대(對) 비가시적인 것, 촉각적인 것
대 촉각이 차단된 것, 가까움 대 멂, 주관인 것 대 객관적인 것, 생물학적으로 인
간적인 것 대 기술적인 것, 자연 대 정신, 근대적인 것 대 원사적인 것 대 탈근대
적인 것 등, 상호 배타적이거나 이질적인 영역이라 여겨졌던 것들이 경계를 깨
뜨리고 서로 침투하여 짜임관계를 이루는 장이다. 한 벤야민 연구자가 규정하
듯이, 이 장은 "지각 공간"이고, "헤테로토피아이자 크로노토피아(Hetero-und
Chronotopien)"일 수 있다.[13] 그런데 벤야민은 위의 인용에서 보듯 그 표면이
"절대적 연관관계"라고 한다. 그에 더하여 우리가 그러한 표면들을 보고, 듣
고, 촉각적으로 지각하는 행위가 사실은 현상의 짜임관계를 '읽는 행위'라고
말한다. 이는 합리성의 범주와 실증주의의 기준으로는 정의할 수 없는, 삶의
비가시적인 필연성과 일시적인 사건의 우연성, 즉흥성, 이질성이 복잡하게
얽혀 돌아가는 현실을 감각이 읽고, 인식이 느낀다는 변증법적 의미를 내포
한다.[14]

앞서 우리는 벤야민이 초현실주의에 대해 숙고하면서 "도취"를 합리적인
개인의 극복과 동적이고 감정적인 개체를 극복하는 "집단적인 행동"으로 이
해했음을 보았다. 도취는 도구적 이성의 유리수적(rational) 질서 공간 안으로
'열광'과 '혼돈'이라는 무리수적(irrational) 원리를 끌고 들어온다. 혹은 아폴
론적 예술의 규범 안으로 디오니소스적 예술 에너지를 끌어들인다. 물론 이
열광과 혼돈은 정치적으로 각성된 집단적 신체의 혁명의 에너지로 전환되어
야 한다. 이러한 전환의 과정은 초현실주의자들이 행했던 것과 같은 "무정부
주의적 도취"를, 유물론적이며 인간학적 영감으로 탈주술화(범속한 각성)하는
과정이다. 사실 근대 테크놀로지는 이러한 탈주술화를 촉진시키고, 당대의

인간 집단이 상상도 못했던 지각 작용을 훈련시켜 인류의 새로운 출발을 예비하는 결정적 가능성이었다. 하지만 문제는 그 기술에 집단이 압도돼버렸다는 점이다.

> "새로운 예술의 형식 문제는 단도직입적으로 말해 다음과 같이 표현할 수 있다. 즉 우리는 짐작조차 못하고 있는데 기계학, 기계 제작 등, 튀어나와 우리를 압도하고 있는 형식들의 세계는 언제 어떻게 자신의 자연을 원사적인 것으로 만들 것인가?"(V/2, 1030)

서구 19세기는 테크놀로지의 발전으로 가능해진 여러 기술 형식과 기계 장치, 이것들에 의해 변경된 물리적·제도적 환경이 사람들의 일상을 '압도'하기 시작한 시공간이다. 그러나 테크놀로지와 기계 형식 자체에 이런 위압적인 힘과 부정적인 의미의 강제성이 있었던 것은 아니다. 오히려 벤야민은 그것들에는 "자연 형식"들로서의 성격이 내재해 있지만, 사회의 의식이 그것을 자연화할 수 있는 상태에 도달하지 못했다고 지적한다. 기술은 "순수 자연과학적인 사실이기만 한 것이 아니라 동시에 역사적인 사실"이어서 근대 학문에서처럼 "자연과학과 정신과학 사이에 경계를 설정하는 실증주의적, 비변증법적인 분리는 재고"되어야 한다.(II/2, 474) 19세기 유미주의처럼 새로운 기술 형식을 예술 영역에서 배타하거나 낡은 관념에 묶어 진부하게 만드는 현상 또한 문제가 있다. 벤야민은 기술 형식이 자연 형식들로서 집단에게 '밝혀지는' 사회의 상태를 요구한다. 요컨대 이는 기술 형식과 사회적 의식이 변증법적으로 매개돼 일상적 차원이 새롭게 조직되고, 그 속에서 인간과 자연이 어떤 지배와 착취로부터도 해방되는 사회의 상태이다. 변증법적인 상호관계는 예술과 기술에도 적용되며, 지배와 착취 없는 사회 상태를 현재화하는 일은 기술을 수용한 예술이 담당할 문제이다. 달리 말해 예술가가 예술의 생산을 당대의 생산력(기술력)에 삼투시켜 기술 형식을 자연화하는 문제이다. 벤야민에 따르면, 공동체 집단은 역사적 사실로서의 기술과 변증법적인 관계에 있는 예술을 수용하면서 자신들의 근원적인 꿈을 각성하고 현재화할 수 있을 것이기 때문이다.

앞서 제2부에서 벤야민의 『파사젠베르크』를 고찰하는 가운데, 그가 집단의 "소망이미지"를 양가적으로 숙고했음을 설명했다. 한편으로 소망이미지는 새로운 테크놀로지를 사회적 생산질서의 불완전함 때문에 착오 상태에서 수용한 과거 세대의 집단적인 욕망 흔적이다. 그러나 다른 한편으로는 그러한 사회적 생산질서의 불완전함과 현재적인 억압을 극복하려는 집단이 기억해 내는 '지배와 착취 없는 사회'의 원사적인 이미지이다. 벤야민은 이러한 소망이미지가, 가까운 과거가 빚어낸 현재의 위기들을 벗어나고자 하는 집단의 적극적인 노력을 추동하는 '매개체' 역할을 할 수 있다고 봤다. 집단의 이러한 노력은, 새로운 테크놀로지를 통해 가능해진 새로운 생산 방식에 적응하고, 예술을 통해 그 지각의 방식을 연습하는 것, 그리고 과거 세대가 '꿈꾸었던 이미지'를 다음 세대가 의식적으로 기억해내는 통합적 과정 속의 실천에 다름 아니다.[15]

소망이미지, 달리 말해 '지배 없는 사회'에 대한 집단의 "꿈이미지" 속에서 세대와 세대는 연결된다. 이 연결은 앞선 시대와 다음 시대가 이미지를 공유하는 것과 같다. 벤야민이 "모든 시대는 앞으로 다가올 시대를 꿈꾼다"라는 미슐레의 경구를 『파사젠베르크』의 모토 중 하나로 삼았던 이유가 여기 있다.(V/2, 1130) 세대와 세대는 '과거에 가졌던 소망'과 '새로 거는 기대'라는 형태로 관계 맺는다. 벤야민은 집단 무의식의 꿈과 소망이미지 또한 새로운 것과 상호 침투하면서, 현재를 변혁할 정치적인 실천을 이끌어낼 것이라 보았다. 인간학적 유물론으로 말하면, 전면적이고 통합적인 현재성의 세계가 이미지 공간에서 정치적인 행위를 촉진하리라 기대했던 것이다.

그렇다면 구체적으로 집단은 어떻게 '지배와 착취 없는 사회'를 향한 소망 또는 꿈이미지를 공유하며, 또 어떻게 이 소망과 꿈의 이미지는 세대에서 세대로 연결되는가? 예술의 이미지가 집단의 상상력에 매개되는 과정에서 가능해진다.[16] 보다 정확히 말하면 그 과정은 사람들이 예술을 수용하면서 집단적 소망 또는 꿈이미지를 기억하고, 공유하고, 현재화하는 활동들이다.

그런데 벤야민에게 이미지와 상상력은 그 자체로 진리이거나 변혁인 것이 아니라 지각할 수 있는 형태로 구체화되어야 한다. 또 그 구체화된 것을 지각(읽기)함으로써 진리를 현실화하는 집단적·정치적인 행동으로 이어져야 한다. 이 때문에 꿈과 소망의 이미지, 유토피아적 상상력이 새로운 테크놀로지를 수용한 예술을 통해 형상화되고, 집단적 신체가 그렇게 형성된 예술의 이미지 공간과 상호 침투해야 하는 것이다. 이것이 벤야민이 「초현실주의」에서 말하는 '신체 공간'이자 '이미지 공간'의 핵심 성격이다. 그리고 그의 후기 유물론적 예술이론이 명제화한, 집단이 사회적 기능의 예술을 수용함으로써 현실 변혁을 이뤄낼 수 있다는 주장 속에 전제된 '집단적 신체, 이미지, 테크놀로지, 예술의 연관관계'이다.

테크놀로지 생산력으로 가능해진 예술의 신체 공간 또는 이미지 공간에서 인류는 우주적 시공간을 꿈이미지로 경험한다. 벤야민이 〈천문관 쪽으로〉에서 표현한 대로 옮기면, 그 경험은 "속도에 힘입어 시간의 내부를 향한 예측할 수 없는 여행"이다. 이런 표현은 얼핏 낭만적인 공상으로 들릴 것이다. 하지만 그 말뜻은 '테크놀로지를 기반으로 한 예술을 통해 인류가 자신을 둘러싼 우주적 범위의 세계와 미메시스적으로 상호작용하는 지각 능력을 갖춰나간다'는 의미로 해석해야 한다. 이를테면 영화관의 관객 집단이 자신들 앞에 펼쳐지는 꿈의 이미지를 즐기면서, 지리적인 공간과 기계적인 시간에 제한받지 않는 지각경험을 조성해가는 것이다.

문제는 역설적이게도 이러한 기술의 시대에 자본주의와 파시즘이 새로운 가상, 새로운 신화를 만들어냈고, 인간의 폭력적인 종속 상태를 '상례화' 시킨 역사적 현실이다.[17] 아래에서 보듯이, 벤야민은 그런 현실에 맞서는 "새로운 신체"를 촉구하고 있다.

> "지난 전쟁의[1차 세계대전] 모든 것이 초토화되던 밤에 인류의 사지 근
> 간에 충격을 준 감정은 간질병자의 행복감과 유사해 보였다. 그리고 그
> 뒤에 이어진 저항들은 새로운 신체를 자신의 통제 하에 두고자 한 인류의
> 첫 시도였다. (…) 프롤레타리아의 원칙이 그 신체의 골수까지 스며들지
> 않는 한, 그 어떤 평화주의자적 이성의 숙고도 그러한 신체를 구하지 못
> 할 것이다. 살아 있는 실체는 오직 산출의 도취 속에서만 저 파괴의 마비
> 상태(der Taumel der Vernichtung)를 극복한다."(IV/1, 148)

벤야민은 미학에 대한 단편적인 노트 중 한 곳에 "미메시스 능력을 시험하는 최초의 물질은 인간적인 육체"라고 썼다.(VI, 127) 이 말은 상당히 파괴적이고 비인간적으로 들린다. 하지만 이는 근대에 자행됐던, 과학과 기술의 맹목적인 발전을 위해 인간을 "집중적으로 투입"했던 전쟁이나 생체 실험과는 완전히 다른 지평에서의 파괴이고 비인간성이다. 이 주장이 의미하는 바는, 합리적이고 실용적인 것을 최고선(善)으로 우선시하는 근대적인 계몽의 훈육 과정에서 소위 '인간적인' 이라는 미명 아래서 체계적으로 억압된 신체성을 회복하자는 것이다. 또한 역사 이전부터 인간이 자연과 조응할 수 있었던 미메시스 능력의 점진적인 퇴화, 전쟁에서 보듯 기술의 반란으로 유린된 인간성, 그러한 사회정치적 상황에서 도착적인 소외에 빠진 개인 주체를 극복하고 집단적인 신경감응의 신체를 새롭게 조직하자는 것이다. 따라서 벤야민이 말한 "100퍼센트 이미지 공간"은 근대 집단에게 억압되고 퇴화한 신체성과 미메시스 능력이 고도화된 형태로 발현-수용-공유되는 장인 것이고, 동

시에 고립된 개인으로서의 인간이 해방된 인류로 거듭나는 능력을 연습하고 구성하는 예술의 장이라는 이해가 가능해진다.

벤야민의 이론 속에서 그 예술의 장은 대표적으로 영화인데, 물론 그의 영화예술에 대한 논의는 어디까지나 매체 특수성에 근거해 제시한 가능성이자 잠재력이다. 또 그가 영화를 수용하는 관객 집단에 걸었던 기대는 자신이 인간학적 유물론에서 제시한 혁명의 집단적 신체에 기반을 둔 것이다. 이는 분명 벤야민 영화이론의 한계로 지적될 수 있다. 하지만 다른 한편으로 벤야민의 이론은 당대는 물론 지금 우리 시대에까지도 제대로 인식되지 못했거나 실현되지 못한 영화 매체의 사회적인 기능과 변혁적인 잠재력, 그리고 집단이 영화를 수용함으로써 형성하게 될 새로운 경험 가능성을 선행적으로 탐구한 인간학적 유물론으로 평가되어야 마땅하다. 초현실주의 예술운동에 대한 비판적인 고찰에서 알 수 있었듯이, 벤야민의 인간학적 유물론은, 인류가 근대사회 역사적 시공간의 부정적인 양상을 극복하고 새로운 경험을 시작할 방법을, 과거의 혁명적 에너지가 불발 상태로 잠복해 있는 예술의 현재화에서 찾기 때문이다.

새로운 매체는 역사 속에 편입된 채 의미가 망각됐거나 변질된 것들, 또는 세속에 상존하면서 진부해져버린 사물들에 덧씌워진 그릇된 판단들을 파괴한다. 이 파괴는 그러한 사물들을 근원적인 상태로 돌려보내는 일이다. 예를 들어 벤야민이 외젠 앗제의 사진과 초현실주의자들의 작품에서 사진이 사물에 덧씌워지고 분칠된 의미들, "질식할 것 같은 분위기"를 씻어버리면서 "주변 세계와 인간 사이에 어떤 건강에 좋은 낯설게 하기를 준비"했다고 말한 것은 바로 그러한 의미에서이다. 그런데 자본주의 상품의 물신적 성격 때문에 유발되는 '소외'와는 달리 전통의 분위기를 파괴하는 예술 행위가 '건강에 좋은 이유'는 무엇인가? 그렇게 해서 상품물신에 의해 소외된 지각을 극복하고, 새로운 공동체적 지각과 경험이 형성될 조건이 마련되기 때문이다.

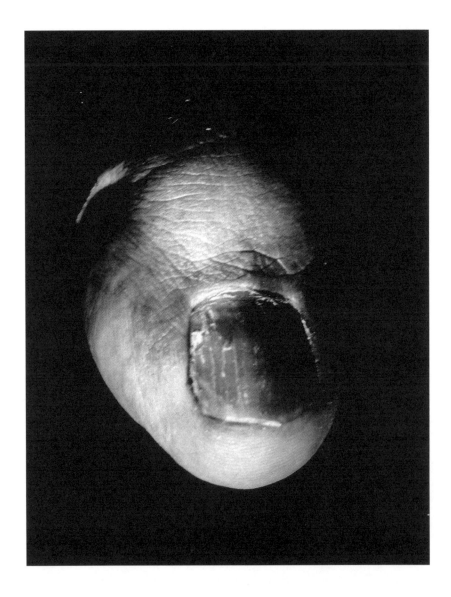

61 부아파르, 〈(조르주 바타유의) 엄지발가락〉, 「도큐먼트」(1929. 6호)

62 이리에 로타, 〈브아레테 도살장〉, 1929.

벤야민은 이 조건을 다시 "정치적으로 훈련된 시각에 하나의 장, 즉 세부적인 것들의 조명을 위하여 친밀한 모든 것들이 없어지는 장을 내어주는 낯설게 하기"로 설명했다.(II/1, 377-379)

여기서 말하는 "장(Feld)"은 우리가 이제까지 고찰했던 이미지 공간, 신체 공간의 다른 말이다. 그렇다면 여기서 말하는 "낯설게 하기"는 지각의 어떤 상태일까? 그것은 산업 테크놀로지 매체들을 통해 형성된 지각으로서, 전통적인 의미의 경험이 더 이상 가능하지도 않고 유효하지도 않은 상태이다. 이를 벤야민은 "경험의 빈곤"이라는 말로 표현했다. 그는 산업사회 테크놀로지와 집단적 신체의 행동/실천적 행위가 연동함으로써 조직화되는 자연을 예비하기 위해서는, 파괴적인 행동과 "경험의 빈곤" 상태가 필수적이라고 보았다.(II/1, 213-219) 파괴적인 행위는 부패하고 관념화된 공간을 일거에 청소함으로써 신선한 공기와 삶의 활력, 젊음과 자유로움이 숨 쉬는 공간을 만들어내는 "해방적인 파괴"이다. 경험의 빈곤은 "문화라는 표상 속에 있는 병적인 것"(V/1, 610)을 없애 '지각의 백지 상태'에서 새로운 경험을 쌓기 위한 전제조건이다. 이 극히 빈한한 경험의 이면에는 "숨 막히는 이념들의 풍요"가 있다.(II/1, 214) 경험의 빈곤은 진부하고 습관적인 판단을 중지하고, 가장 원천적인 강도로, 또는 새롭고 긍정적인 의미에서 지각의 야만 상태로 세계를 낯설게 경험하는 것이다.

근대사회 인간을 압도한 새로운 테크놀로지의 급격한 출현과 그에 따른 사회 전 영역의 변화는 인간 경험을 새로운 백지 상태로 돌려놓았다. 그 백지 상태에서 인간은 새로운 경험을 다시 시작한다고 한 벤야민은, 정확히 말해 테크놀로지에 힘입어 완전히 새롭게 조직되는 제2자연 상태의 인간 지각과 사회 조건을 고려한 것으로 보인다. 벤야민은 「보들레르론」에서 근대사회 경험의 위축을 초래하는 산업자본주의 환경과 각종 매체의 효과를 비판하는 동시에, 그러한 조건에 적응할 수 있는 고도로 의식적인 경험의 새 차원을 예술비평 속에서 서술했다. 요컨대 위축되고 몰락한 경험을 극복하는 일은 원사적 경험을 기억해내고, 그것을 현재의 생산력과 문화 형식에 결부시켜 새로이 형성하는 일이다. 벤야민은 자신의 글들에서 인용하고, 비평한 근대의 예술가들이 그러한 지평에서 출발했다고 인정한다.

예컨대 에이젠슈타인, 클레, 로스는 근대 인문주의적 전통을 해체하고, 처음부터 다시 시작하면서 작은 것들에서부터 새로운 구성을 시도한 영화인·화가·건축가이다. 이들은 자신이 모범으로 삼아야 할 예술적 전형을 근대 인간 경험의 원천적인 상태에 두었다. 또 이들은 자기 예술의 구성 원리에 모더니티 테크놀로지와 물질세계의 구성 원리를 적극적으로 참조했다. 에이젠슈타인은 산업 테크놀로지라는 제2기술의 반복성과 수정 가능성을 이용하여 인간 신체가 경험하지 못했던 분절적 시공간의 세계를 영상이미지로 구현했다. 클레는 자신의 회화 속에서 텍스트와 이미지, 읽기와 보기의 엄격한 분리의 원칙을 해체했다.[18] 로스는 유겐트슈틸의 장식을 건축에서 일소하고, 건축 재료의 특성을 건축물의 구조로 실현시킨 건축, 공간이 비유기적인 방식으로 삼투되어 새로운 주거 공동체가 탄생할 수 있는 건축을 지향했다. 그렇게 해서 이들의 예술은 근대 물질적 조건에 합당한 사회적 의식이 형성되는데 특별한 성과를 달성한 것이다.

전적으로 새로운 지각 상태에서 '보는' 자연은 낯설면서도 근원적인 친숙함을 지니고 있다. 이 비전이 근원적으로 친숙한 것은 인류의 우주적 시각이 회복되었기 때문이고, 그러면서도 낯선 이유는 근대라는 특정 역사적 조건의 지각과 경험이 다른 어느 시기와도 구별되기 때문이다. 세계대전 같은 폭력과 파괴의 혼돈 상태로부터 우주 자연에 대한 인류의 원사적 경험이 상기되고, 지구상의 인류가 새로운 테크놀로지 자연에 조응하는 능력이 연습되어야 한다. 벤야민은 종(種)으로서의 인간이 발전의 최후에 이른 지 오래됐고 "종으로서의 인류는 발전의 시작에 서 있다"고 했다.(IV/1, 147-148) 이 말은

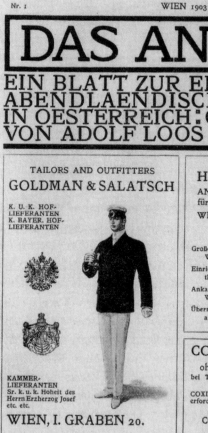

63 아돌프 로스, 〈*Das Andere* 표지 디자인〉, 1903.

64 요제프 호프만, 비엔나 분리파 전시를 위한 아르누보 양식 연구, 1899.

인간이 생물학적으로 멸종한다는 의미가 아니라, 근대 도구적 이성이 정의한 개별화되고 자연으로부터 분리된 인간이 한계를 맞았다는 것이다. 그리고 역사적으로 변혁된 인간 집단, 즉 새로운 테크놀로지를 그 형식에 합당하게 수용하여 형성한 사회에서 자연과 조화로운 관계를 맺는 인류의 탄생을 촉구하는 것이다. 이러한 인류가 맺는 자연은 지구적 차원이 아니라 우주적 차원이다. "지구 그 자체가 하나의 세계사적 개체"(VI, 93)이다. 또 벤야민에게서 자연은 우리가 지질학과 생물학, 인류학으로 규정해온 자연(Natur)과 더불어 산업 테크놀로지로 조직되는 근대라는 새로운 자연(Physis)으로 정의된다. 이 자연이야말로 진정한 유토피아적 상상력이 기술의 힘을 빌려 집단에 의해 구현되고, 인류가 우주와 조화로운 관계를 맺는 해방의 세계이다.

공동체가 집단적인 경험을 하고, 그 경험을 기초로 역사를 구성해나가는 기반과 경로는 다양하다. 그러나 특히 예술은 한 공동체 내에서 그러한 집단적인 경험 형성과 역사 구성에 기여할 수 있는 기능의 공간이자 매체이다. 예술 속에서는 집단의 무의식적 상상력과 지각의 내용이 유무형의 기술적 형식들을 통해 발현되며, 그것이 다시 집단적으로 공유됨으로써 역사의 새로운 변혁을 이끌 집단의 실천을 촉진한다. 벤야민의 인간학적 유물론이 갖는 의의를 예술의 관점에서 요약하자면 이와 같을 것이다. 이 이론에서 예술은 자율성을 상실하고 현실사회의 하나의 기능으로 축소되는 것이 아니라, 공동체가 새로운 방식의 경험을 시작하고 역사를 만들어나가는 데 필수적인 형식이자 촉매의 장으로서 더욱 확장된 정체성을 갖게 된다. 그리고 우리가 논의한 맥락에서 볼 때, 벤야민의 유물론적 예술이론과 예술비평은 '예술을 위한 예술', 즉 유미주의 예술에 대한 단순한 비판이나 공격이 아니다. 벤야민은 예술에 현실사회의 인간과 자연에 만연한 억압과 착취를 극복할 역사적·사회적 기능을 부여함으로써, 예술의 존재 의의와 기능을 새롭게 제시했기 때문이다.

9장 "새로운 공동체" : 현재의 엠블럼

1. 벤야민 이론의 미학적 성과와 한계

'예술'이 무엇인지에 대해 답변하는 것이 미학의 과제라 했을 때, 벤야민의 미학적 답변은 테크놀로지 · 예술 · 역사를 연관관계로 인식하고 통합적인 이해의 콘텍스트로 제시했다는 점에 그 특수성이 있다. 이 연관관계는 독일 관념론 미학과는 다른, 일종의 벤야민 미학의 중심 문제 틀이었다. 그는 이 문제 틀을 통해 18세기 이래 200년이 넘게 지속됐고, 특정 맥락에서는 현재까지도 유지되고 있는 '순수예술' 또는 '예술을 위한 예술'이 아닌 사회 역사적으로 구체적인 기능을 갖는 예술을 제시했다. 하지만 이제까지 우리의 논의 속에서 강조됐듯이, 벤야민의 미학이 단순한 이유로 사회적이고 역사적인 차원에서 제 역할을 하는 예술을 요구한 것은 아니다. 그것은 '세상에 희망은 많지만, 나를 위한 희망은 없다'고 생각하는 이들까지 행복해지는 세계를 위해, 역사와 사회의 공적 책무와 집단의 깨어 있는 의식을 촉구하며, 예술의 존재 가치를 그런 현실 속에서 정립하는 방향에서 이루어졌다. 벤야민의 사유와 이론이 미학으로서 특별한 의미를 지닌다면, 바로 그러한 바탕에서 지적 작업이 행해졌다는 데 있다. 그 성과를 세부적으로 따져보면 다음과 같이 요약된다.

벤야민 미학의 성과는 첫째, 통합적 학문으로서의 미학, 또는 '지각에 관한 이론'으로서의 미학적 모델을 근대사회 조건에 대응하여 제시했다는 점이다. 그는 학문의 통합, 그것을 위한 방법론으로서 예술작품 분석을 매우 중요한 학문적 원리로 삼았다. 그리고 이러한 원리를 다시 예술 영역에 적용하여, 자신이 속한 사회 역사적 조건에서, 당대 기술적 생산조건 아래 예술의 발전 경향에 대한 명제를 제시했다. 그것은 한편으로 아카데미 안에서 논리의 학 (學)과 문화사의 한 형식으로 고착된 '미학'에 대한 비판이며, 역사의 모든 구체적인 것들에 대한 지각이론으로서의 미학을 제시한 것이다. 벤야민의 사유와 예술이론을 우리가 '미학'으로 범주화하더라도, 그것의 정확한 의미는 사회적·역사적 공동체의 지각에 관한 학문임을 강조할 이유가 여기에 있다.

한때 벤야민의 이론을 포스트모더니즘 또는 후기구조주의 이론의 맥락에서 해석하려는 시도들이 있었다. 그러나 벤야민은 관념론 미학을 비판했던 것과 마찬가지로 포스트모더니티의 탈역사적 담론들도 비판했을 것이다. '주체의 죽음', '형이상학과 예술의 종말', '기호의 텅 빔' 같은 포스트 모더니티 담론의 탈역사적이거나 몰역사적 의식, 진리의 존재성에 대한 회의적인 태도, 전통들을 단순히 브리콜라주하거나 패러디·패스티쉬하는 방법론을 그의 이론에서는 찾아볼 수 없기 때문이다. 오히려 우리는 벤야민의 사유에서 특히 유물론적 미학을 수용함으로써, 전 지구적 자본주의 경제체제와 포스트모더니티의 다원론으로 급격히 위축된 '역사와 현실 변혁을 위한 인간 실천 및 예술의 가능성에 대한 신뢰'를 회복할 수 있다. 나아가 더 크게는 역사 전망의 관점을 새로이 할 수 있다.

둘째, 벤야민 미학의 성과는 예술에 구체적인 역사적·사회적 기능을 부여한 점이다. 무엇이 예술이고 어떠한 것들이 예술작품일 수 있는가, 그리고 예술은 해당 사회제도에서 어떻게 형성되고 기능하는가 하는 일련의 문제는 정의내리는 주체와 그 주체가 처한 시대 및 사회적 조건에 영향받는다. 또한 그렇게 정립된 예술 정체성과 기능에 대한 개념은 당대에 생산되는 예술작품과 그 수용뿐만 아니라, 나아가 그 사회의 의식 형성에까지 영향을 미친다. 벤야민이 예술을 '종합적인 표현'으로 정의한 것은, 그만큼 예술을 한 시대·사회·인간 현존을 종합하여 표현하면서 '사회적 의식' 형성에 기여하는 '고유한 세계'로 인정하기 때문이다. 이러한 관점은 예술을 관념 또는 현실과의 종속관계 속에서 파생되는 '반영'이나 '모방'으로 여기지 않는다. 벤야민의 미학을 올바로 수용할 경우, 우리는 예술을 통합적 의식의 매체로서 재인식할 것이다. 구체적으로 말하면, 예술을 특정한 사회적 의식이 거기서 산출되고, 동시에 다른 영역에서 산출된 의식이 예술적 의식과 상호작용하는 문화정치적 장으로서 새롭게 접근할 길을 발견할 수 있다.[19]

셋째, 그의 미학은 예술을 통한 새로운 미적 경험의 양상을 제시했다. 벤야민은 모더니티를 통합적으로 표현하고 있는 예술작품을 그에 합당하게 통합적 인식으로 서술하고 비평함으로써, 근대사회와 조응하는 인류의 경험 상태에 대한 하나의 답을 제시했다. 단편적으로 보면 벤야민은 모더니티에 대해 급진적인 비판과 파괴적인 주장을 한 것으로 이해된다. 그러나 그의 미학을 인간학적 유물론의 지평으로 종합해보면, 벤야민의 이론은 근대의 역사적 조건에 조응하는 미적 경험의 새롭고 실제적인 형태를 제시한 것이며, 미학의 영역을 넘어 사회 여러 영역이 상호작용할 수 있는 화해의 가능성을 예술을 중심으로 제공한 이론이다. 이 점이 모더니티의 변경된 경험의 조건을 토대로 인류의 새로운 출발을 예기하는 그의 미학이 지닌 커다란 긍정성이다.

넷째, 벤야민의 미학은 근대의 새로운 생산력인 산업 테크놀로지와 예술의 상호관계를 정의함으로써 예술, 미디어, 그리고 문화 형식들이 더욱 복잡다기해지는 현대사회에서 그것들이 맺는 관계와 각각의 기능에 하나의 '이론적인 지침'을 제공했다. 「기술복제」 논문을 포함한 그의 이론적인 고찰들이 "철학 속에서 배제된 지각이론으로서의 미학에 대한 고찰을 보여주었고, 특히 그가 매체 개념에 노력을 기울였다"고 평가받는 것, 또한 그러한 시도가 "담론에 커다란 영향을 끼쳤다"고 인정되는 것은 이 때문이다.[20]

벤야민의 사유에서 '테크놀로지'는 예술 영역을 포함하여 사회 전 영역에 침투함으로써 새로운 자연을 구성하고, 인간의 꿈을 실현하는 하나의 '방법'으로 그 역할이 규정된다. 따라서 여기서 매우 중요한 문제는 이러한 테크놀로지가 의식적인 문화의 차원에서, 사회집단에 '인식적인 동시에 역사적 지각과 경험의 양식'으로 형상화되어야 한다는 점이다. 테크놀로지는 예술 속에서 이러한 양식으로 주조될 수 있다. 이는 테크놀로지가 예술로 침투하고, 예술이 새로운 기술을 수용할 때 가능하다. 이렇게 출현한 테크놀로지 기반의 예술은 인류가 새롭게 조직되는 자연에 적응하도록 하고, 나아가 새로운 자연과 인간이 상호 유희하는 경험을 연습시키는, "사회적 기능"을 제1기능으로 하는 매체가 된다. 벤야민이 영화에 기대를 걸었던 것은 이러한 이유에서였다.

영화 속에서 사회는 회화나 문학 속에서와는 매우 다르게 투사된다. 이 때문에 아도르노는 회화나 문학의 "미적으로 자율적인 테크닉들"과는 달리 "재현적인 영화의 사진적 테크닉"은 "순수한 미적 가치가 아니다"라고 단정했다. 또 영화의 "사회의 지표"로서의 측면을 "예술의 역사적인 진행 과정에 있어서 필름의 지진아적 측면"이라며 부정적으로 인식했다.[21] 그러나 벤야민은 영화의 바로 그 측면, 즉 순수한 미적 가치가 아니라 사회를 지표(index)로서 재현하는 측면에 영화의 혁명적인 기능이 있다고 봤다. 영화는 물화된 세계를 모방한다. 하지만 그것은 단순히 현실을 이미지로 복사한다는 뜻이 아니라, 역사의 특정 국면들을 이미지로 집약해 구성하는 방식을 통해 재현한다는 뜻이다. 그러니 영화를 본다는 것은 우리가 역사 과정 속에 박혀 있는 위기의 순간을 읽어내는 일이 된다. 또한 우리가 이미지의 장과 상호 유희하는 와중에 물질세계 전반에 대해 각성하고, 현실을 변혁할 가능성을 재현된 이미지로부터 꺼집어내는 일, 궁극적으로는 인간과 자연에 보다 합당한 사회적 상태를 선취하는 행위가 될 수 있는 것이다. 물론 이는 앞서도 강조했듯이, 벤야민이 영화의 혁명적인 가능성으로 기대했던 바이며, 역사의 현재 시점까지도 완성되지 못한 영화의 사회적 기능이다.

우리가 지금까지 논한 벤야민의 사유가 우리 시대에 현재화되는 지점도 바로 여기서 시작해야 할 것으로 보인다. 그것은 말하자면 과거에 실현되지 못한 벤야민의 '기대'를 현재화함으로써 지금 여기 우리 삶의 사회 문화·학문·예술의 역사적 난맥상을 복구하는 일이다. 그러나 이는 우리가 과거의 벤야민 이론과 사유를 즉물적으로 둘러보면서 '그것이 어떠했는가'를 추체험하거나 무비판적인 수용에 그쳐서는 이루어지지 않을 것이다. 그와는 전혀 다른 차원에서, 그 이론과 사유의 한계를 올바로 직시하고, 다른 이들의 사유와 이론을 벤야민의 사유와 이론에 다면적으로 횡단시킴으로써 역사와 현재, 예술과 테크놀로지, 이론과 실천의 관계에 대한 인식을 넓히는 데 있을 것이다.

벤야민의 철학과 미학의 성과인 동시에 역설적으로 그것의 한계로 지적될 수 있는 점은 테크놀로지에 대한 벤야민의 입장, 특히 그의 영화에 관련한 명제들이 실재를 '낭만화'하거나 테크놀로지와 매체 자체의 잠재력을 지나치게 '낙관하는 기대'로 읽힐 수 있다는 점이다.[22] 그는 파시즘에 맞설 예술이론의 명제를 제출하면서, 테크놀로지 기반의 영화를 당시 '정치적 심미화'에 기여하거나 그럴 가능성이 농후했던 유미주의 예술의 대항 예술로 제시했다. 그것이 성과로 평가될 수 있는 이유는, 벤야민의 이론이 당대에는 물론 지금 우리 시대에까지도 제대로 인식되지 못했거나 실현되지 못한 영화 매체의 특수한 잠재력을 현재화하는 담론의 맹아라는 데 있다. 그러나 벤야민은 과거 영화 탄생 초기의 기술적 가능성에 논의의 초점을 맞춤으로써 다음과 같은 한계를 노정했다.

첫째, 그의 영화이론에는 근대 서구사회에서 영화가 현실 정치와 대중문화 속에서 실제로 작동했던 현상과 결과에 대한 실증적이고 비판적인 검토가 부족하다. 물론 이는 벤야민이 영화 매체의 특수성과, 그에 의한 인간 지각과 경험에 대한 고찰에 더 집중했기 때문이다. 그럼에도 그 고찰이 사실로부터의 정당성과 논리적인 설득력을 얻기 위해서라도, 그는 당대의 영화 상황을 서술하는 데 일정한 노력을 기울일 필요가 있었다. 이 점은 둘째, 벤야민 스스로가 강조했던 '현실 사회의 표면에 대한 관찰을 근간으로 한 미학의 서술' 을 그 자신 완전하게 실천하지 못했다는 비판으로 이어질 수 있다.[23] 그리고 오늘날 당면한 문제의 인식과 해결 방안으로 벤야민의 이론을 적용하기에는 한계가 있는 것으로 지적될 수 있다. 즉 그의 이론은 테크놀로지가 고도로 전자화된 군수산업과 자본주의의 첨단 만능열쇠로 쓰이고, 예술이 대중문화 산업과 거의 완벽히 동일한 궤도를 달리며, 매스미디어/멀티미디어가 현실의 '시뮬라크르화' 를 부추기는 21세기 역사적 현재의 부정적인 양상을 해결하기 위한 미학적 인식으로는 부족한 점이 있는 것이다. 따라서 우리는 벤야민의 시각과는 다른 관점에서 테크놀로지·예술·미디어의 관계를 고찰한 연구에 주의를 기울일 필요가 있다. 여기서 그 한 연구로 비릴리오의 이론에 주목하자.

비릴리오는 1991년에 쓴 『전쟁과 영화』에서 "지각의 병참술" 이라는 주제로, '군산복합' 의 전쟁 테크놀로지와 사진·영화 테크놀로지의 은밀한 공조 관계를 역사적 자료를 탐사하면서 분석했다. 그 공조관계는 19세기 초중엽의 전쟁부터 20세기의 양차 세계대전, 그리고 이후 "광학적, 전자-광학적인 대결" 로까지 이어지는 유구한 역사를 지니고 있다. 비릴리오 스스로 밝히고 있으며 그 내용에서도 알 수 있듯이, 그는 벤야민의 미학, 특히 그의 영화이론으로부터 영향을 받았다. 하지만 비릴리오는 벤야민이 기대를 표명했던 근대의 영화가, 실제로 자본주의 대중오락문화 산업으로서 사회 문화적으로 끼친 부정적인 영향, 그리고 영화기술이 전쟁기술과 병합되면서 집단의 지각을 병참술적으로 조직했던 측면을 파헤친다. 이는 벤야민이 비판적인 우려를 표명했으나 구체적으로 다루지 않았던 영화의 정치학적, 사회학적 이면이다. 요컨대 벤야민이 테크놀로지 기반의 예술을 통한 집단적인 신체의 조직과 신경 감응으로서의 혁명이라는 '지각의 변증법'을 명제로 제시했다면, 비릴리오는 역사적 사실 자료 속에서 집단이 "군사-산업적 프롤레타리아"가 되어 공장과 전쟁터로 소환되고, 규율과 폭력의 최면 상태에 빠졌던 과거 '지각의 병참술'을 역사 자료를 통해 논증한다.

비릴리오가 지적한 것처럼, 영화는 세계를 기술적으로 재현하는 '정보 능력'과, 동시에 그러한 정보를 왜곡·조작하는 '거짓 정보화'의 "이중적인 능력"을 가지고 있다. 벤야민이 "시각적 무의식의 세계"를 알게 해주었다고 평가한 영상의 테크놀로지 능력이 전자에 속한다면, 비릴리오가 "사실상 무기의 범주 속으로" 들어갔다고 보는 영화의 역능은 전자와 후자를 합한 "이중적인 능력"이다. 벤야민과 마찬가지로 비릴리오는 "선진 기술에 기초한 사회적 구원에 대해 자문"한다. 하지만 새로운 테크놀로지가 집단 자신이 스스로를 구원하는 데 "참신한 '제2자연'의 질료로서"[24] 출현할 것을 벤야민이 기대했다면, 역사적 고찰을 통해 비릴리오는 "선진 기술은 '사실임 직한 어떠한 것도 지니고 있지 않은' 비물질적 병참술의 범신론"이라 결론 내렸다.[25]

동시대 전 지구적 차원의 테러와 내전, 사적 권력과 공권력을 막론하고 점점 더 현실 속에서 확대되고 강력해지는 하이테크놀로지 기반의 감시 및 규율 체제를 생각할 때, 20세기 말 비릴리오가 내린 이러한 판단은 오늘의 기술에 대한 비범한 예견이었다고 해도 과언이 아니다. 그러나 그런 만큼 그의 논변은 우리에게 두렵게 울리지 않는가? 심지어 매체이론가 빌렘 플루서는 기술적 영상인 사진을 인간의 사고와 실천이 개입할 수 없는 "장치의 자동성"으로 규정하는데, 이러한 주장에 입각해 보면 우리는 기술이 부리는 병참술에 그저 휘둘리는 존재가 아닌가? 비릴리오나 플루서의 이론은 장치나 테크놀로지 매체를 인간이 더 이상 작동하거나 개입할 수 없는 구조 또는 체제와 동일시하면서,[26] 우리 안에 잠복된 퇴행 성향의 회의론을 부추긴다. 그럼에도 불구하고 벤야민의 테크놀로지를 통한 인간과 자연의 상호 유희 가능성을 타진하는 이론만큼이나 이러한 회의론적인 시각을 견지한 이론에 대한 이해도 필요하다. 왜냐하면 비릴리오가 분석하듯이, 전쟁산업의 혁신과 테크놀로지에 의한 "'시각 이미지'의 혁신"이 동반해서 반복적으로 이뤄져왔다는 것이 역사적 사실이기 때문이다.[27] 또한 플루서의 "사진의 우주와 모든 장치적인 우주는 인간과 사회를 로봇화시키고" 있다는 주장이나, "테크노 형상에 의해 프로그램화되는 신세대"는 기존 가치 체계와 단절돼 있다는 시각은,[28] 디지털 테크놀로지로 구현된 오늘의 사이버네틱 사회와 문화 상황에서는 과장이 아니기 때문이다.

현실 상황과 지식의 상황이 이러할 때, 우리에게 필요한 것은 플루서의 매체 결정론적 시각이나 비릴리오의 테크놀로지에 대한 공포, 그리고 벤야민이 과거 기술과 예술의 불발된 가능성에 현재 혁명의 기회를 걸었던 그 낙관성을 넘어서는 것이다. 그것은 미학이라는 학문에 인간이 속한 역사적 현재의 진정한 상태를 객관적으로 파악할 것을, 공동체적 연대의 기술과 인간과 자연이 상호 유희할 수 있는 사회의 상태를 구체적인 현실 조건 속에서 고찰할 것을 요구한다. 그 고찰은 "새로운 공동체"를 위한 예술 명제와 지각에 관한 이론으로서 제시될 수 있을 것이다.

2. 지각이론의 미학 현재화하기

"가시적인 주체들의 사회와 가시적인 주체들을 구속하는 보이지 않는 힘들의 사회 사이에 이미지는 그 자체가 하나의 목적이 아니라 미래 예견,

방어, 저주, 치유, 주도권의 한 '수단'이다."[29]

우리 안에는 "이미지를 창조하는 매체"(V/2, 1026)가 있다. 그것을 마음이라 불러도 좋고, 상상력이라 불러도 타당하며, 감각이라 부르는 것 또한 맞다. 하지만 우리 안의 이미지 창조 매체는 외부의 이미지 창조 매체를 통해 변화하고 새롭게 조직될 수 있다. 가령 19세기의 입체경이 근대 인간의 이미지 상상력을 삼차원적인 것으로 변화시켰다면, 21세기 오늘의 3D 디스플레이는 인간의 생래적 깊이 인지 능력을 기술적인 장치를 통해 완벽히 제어하면서 우리의 현실감을 가상현실의 삼차원과 융합시키고 있지 않은가.

20세기 근대는 테크놀로지의 발달과 함께 유클리드 기하학의 선형성에 입각해 사고를 조직화하고, 인간의 감각을 기계장치의 메커니즘과 운동성에 순응시키려는 시도가 만연했던 시대다. 영화는 그것에 효과적인 매체였다. 이러한 시도에서 카메라의 용도 중에는 단순히 이미지를 만들어내는 것이 아니라 세계를 조작하고 위조하는 것도 있었다. 그런데 이제는 영화의 카메라만이 아니라 텔레비전, 컴퓨터, 인터넷, 인공위성을 통한 내비게이션, 스마트폰 등 우리를 둘러싸고 있는 각종 멀티미디어 장치가 각각의 장치적인 특수성으로 인간의 지각 방식, 사물의 크기와 차원, 성격을 새롭게 조직하고 변형시킨다. 아도르노가 20세기 중엽 "대중을 조작하고자" 하는 것으로 영화를 포함한 문화산업을 꼽았다면,[30] 20세기 후반 사회학자 보드리야르는 "실재는 이제는 조작적일 뿐"이라고 말하면서 그 요인으로 예컨대 인공위성·입체 영상 등 오늘날의 모든 테크놀로지와 매체를 꼽았다.[31] 그러나 애초 테크놀로지와 기계장치는 인간에 의해 출현했으며, 그 기술력과 메커니즘의 원천적인 모델은 인간과 자연이었다. 20세기의 가장 유명한 미디어 이론가 맥루언이 파악했듯이, 이러한 과정은 미디어가 "인간 의식을 기술적으로 모사"하면서 "인식이라는 창조적인 과정도 인간 사회 전체에 집합적, 집단적으로 확장"시켜온 과정에 다름 아닌 것이다.[32] 이 확장의 방향은 문명의 가속화된 발전과 더불어, 역으로 인간이 테크놀로지와 기술적인 매체에 순응 혹은 적응해야 하고, 자연 또한 그에 맞게 변형되는 식으로 전개됐다. 요컨대 근대 이후의 인간과 자연 대(對) 테크놀로지 기반의 매체는 쌍방향으로 메커니즘과 감각, 그리고 사고체계를 모방하면서 세계를 변형시켜왔던 것이다. 그러한 매체적 역사의 진행 과정을 긍정적으로 보는 입장에서는 "확장"이라 말하고, 부정적으로 보는 입장에서는 "조작"이나 "위조"라 말하는 것이 다를 뿐이다.

모더니즘 시대에는 이성과 합리성에 기초한 특정한 하나의 지배적인 지각 모델이나 인식 모델, 지배적인 가치 판단과 그 기준이 주어졌었다. 그것들은 근대사회가 이전 시대의 미망과 비합리성을 떨쳐버리고 과학적인 체계에 따라 진보·발전하도록 작동하는 기제였다. 그러나 동시에 그 단일한 지각과 인식의 모델, 가치 기준은 근대사회 내에서 작동한 무형의 효과적인 규율과 훈육, 배제와 통제의 권력장치이기도 했다. 과학과 산업에 의해 발달한 테크놀로지와 매체는 그러한 무형의 통제장치를 형상화하는 데 쓰였다. 예컨대 푸코는 1970년대 중반 후기구조주의의 사유 지평 속에서 수행했던 여러 연구를 통해,[33] 서구가 근대사회로 이행해가는 과정에서 제도의 메커니즘을 이용해 인간 신체를 훈육한 역사를 분석했다. 그는 신체를 역사적인 인구 통계학이나 병리학 분야에서만 다룰 것이 아니라 "신체에 대한 일종의 정치경제학"으로 연구할 필요를 역설했다. 그에 따르면, "신체는 또한 직접적으로 정치 영역에 들어가 있어서 권력관계는 신체에 직접적인 영향력을 가하게 되었다. (…) 신체에 대한 이러한 정치적인 공격은 복합적이고 상호적인 여러 관계에 따라서 신체의 경제적인 활용과 연결"되었기 때문이다.[34] 요컨대 그의 '신체에 관한 정치경제학'이라는 용어가 가리키듯이, 푸코에게서 근대까지 인간의 신체는 군대, 학교, 빈민구제소, 병원, 감옥 같은 사회기관의 규율과 통제, 배제와 억압의 정치경제학을 통해 지배 권력이 각인되는 장소이며 권력의 생산을 위한 도구로 정의된다. 미술관, 극장, 음악당 같은 문화예술의 공간도 예외는 아니다.[35] 이 또한 사회 기관의 일종으로서 특정 문화 가치와 예술 이데올로기가 전수되는 체제이며, 거기서 인간의 감각기관은 특정한 방향으로 조율 또는 훈련된다. 푸코의 용어를 빌리면, 이러한 '신체 정치경제학'의 영역에서 테크놀로지와 매체는 사회적인 생산과 의사소통의 문제에만 관련하는 것이 아니다. 그 기술과 매체는 인간 지각과 경험의 방식을 특정한 방향으로 규정하고, 특정한 문화를 생산하며, 개인을 특정한 주체로 훈육시키는 데 관여해왔다.

벤야민이 정의한 "기술복제 시대"의 매체, 맥루언이 전기가 등장한 이후의 문명을 정의한 "전기 시대"의 매체, 그리고 오늘날 우리가 살고 있는 디지털 시대의 매체는 각각의 상이성으로 인간의 의사소통 방식, 예술의 형식과 내용, 인간 지각의 방식을 새롭게 조건화한다. 디지털 테크놀로지 시대에서 특징적인 것은 비디오, 상호작용의 스크린, 멀티미디어, 인터넷, 가상현실의 기술적인 매체들이 발산하는 정보와 이미지의 유입(또는 내파implosion)으로 인해 기존에 분리되었던 대립항들이 혼동되고, 이질적인 것들이 충돌하면서 인식과 감각의 '거리'가 사라지고 있다는 점이다. 이는 학문, 예술, 도덕, 정치 어디에서도 명확한 진리의 판독과 가치의 판단이 불가능해지고, 행동의 준거가 소실되는 상황과 맞물려 있다.

보드리야르는 이러한 동시대적 현상을 "거리의 사라짐, 즉 거리의 페이소스의 사라짐"이라는 말로 설명한다. 그에 따르면, 후기자본주의 시대는 정보에 기반을 둔 의미작용 방식의 시뮬레이션이 실재보다 더 실재적으로 소통되는 "하이퍼리얼(hyperréel)"의 시대다.[36] 의미작용 방식이 '리얼리즘'의 형상을 따르는 선형적인 재현 논리의 고전적 자본주의 시대는 이미 끝났다는 것이다. '하이퍼리얼'의 세계에서는 거리의 사라짐에 의해 "사건의 역사적 차원을 제거하고, 사건을 기억하지 못하게 하는 사건의 가상성(virtualité)이 산출"되기 때문에 우리에게 모든 것은 결정할 수 없는 것이 된다.[37] 모더니티의 선형적이고 재현적인 사고 유형과 가치 판단은 이렇게 동시대에 불가능하게 되었다. 이러한 현상을 포스트모더니티 담론은 '어떤 것이든 좋다(any-thing goes)'는 표어 아래 '다양성', '다원성', '혼성', '탈선형성' 등으로 긍정했지만, 실제로 전적인 사고의 자유와 감각의 개방이 실현되지는 못했다. 보드리야르가 "커뮤니케이션의 황홀경"이라는 표현으로 지시하듯이, 이는 일견 다양한 사고, 의사소통과 그 관계 및 방식의 열락 상태로 보이지만, 실제로는 어떤 절대적 가치판단도 불가능한 동시에 어떤 코드 바깥의 소통, 어떤 매개 변수들을 벗어난 소통도 불가능한 세계의 "사막화"이기 때문이다.[38] 보드리야르는 이렇게 미디어에 의한 세계의 부정적인 변모를 들어, '미디어에 의한 인간의 확장'이라는 맥루언의 명제를 '인간이 정보로, 미디어로 확장'되었다는 명제로 뒤집었다.

가령 한때 '정보고속도로'로 칭해졌던 인터넷은 여전히 비물질 상태의 자유로운 정보와 지식의 이동, 상호 소통이 가능한 '확장된 공간'으로 여겨진다. 하지만 이곳의 정보와 지식은 이미 알려진 것들의 재조합이며 사용자와 사용자, 그리고 사용자와 매체와의 소통은 확립된 코드와 기술적인 인터페이스 내에서만 이루어진다. 이 코드와 인터페이스에 합당하게 신체 · 텍스트 · 이미지는 재구성되거나 새롭게 디자인된다. 사람들은 보다 더 작동하기 쉬워지고 인간과 기계의 상호작용이 최적화된 인터페이스를 통해, 보이지 않는 코드로 망상(網狀) 조직화된 텍스트+이미지 스크린, 비트 이미지의 그물망 속으로 들어간다. 그리고 날로 사고와 감각이 그 메커니즘에 길들여진다. 이것은 푸코식으로 말하면, 조직이 더욱 섬세하며 내밀해진 새로운 체제 유형의 규율과 통제, 디지털 테크놀로지의 신체정치경제학이다.

회화 같은 전통적인 형식의 시각예술, 그리고 기술적으로 재생산되는 사진과 영화까지만 해도 지식이 합리성의 시점(vision)으로 가시화되는 '원근법적인 무대'가 있었으며, 대상에 대한 시선이 가능했다. 그러나 오늘날 디지털 테크놀로지가 구현하는 비디오 영상, 컴퓨터 화면, 가상현실예술(virtual reali-ty art)의 오감 만족적인 이미지에서는 단안(單眼)의 선형적 원근법의 무대가 폐기된다. 또한 이미 맥루언이 텔레비전에 대해 말했듯이, 몰입 현상, 즉 전통적 예술작품 수용에서 시각이 점유했던 특권이 해체되고 수용자와 이미지와의 촉각적인 상호 작용이 극대화된다. 전달 매체와 메시지를 구분할 수 있게 해주던 장치인 무대의 폐기와 함께 들어서는 새로운 원칙은 전달 매체와 메시지의 혼동이다. 시선의 위축과 동시에 촉진되는 원칙은 감상자와 예술작품의 감각적인 융합이다. 전자를 두고 예술의 '탈물질화', 후자를 두고 감상자와 예술작품 간의 '상호작용'이라고 말할 수도 있다. 『가상현실』의 저자 마이클 하임이 "예술은 상호작용성, 몰입, 정보의 강도(intensity)와 타협하고 있다. 감각의 즐거운 유희로서의 미학은 〔관찰자와 예술작품 간의〕 전통적인 분리를 유지할 수 없다"[39]고 단언한 것은 이러한 입장에서다. 하지만 이는 미적 환상의 종말일 수도 있다. 근대 충격체험이 일상화된 사람들의 지각 구조에 상응하는 예술적인 수용은 "시각, 즉 관조"가 아니라 "촉각적인 수용의 주도하에, 즉 습관"을 통해 이루어진다고 한 벤야민의 단언을 참조하면(Ⅶ/1, 381), 오늘날 우리가 스크린 또는 모니터에 몰입하는 촉각적 상호작용은 미적인 것이 아니라 습관적인 것이기 때문이다. 또 감상자의 몰입은 곧 인식과 감각적인 거리의 소멸을 뜻하며, 그러한 경험에서는 현실적인 것과 가상적인 것, 실재와 미적 환상 간의 구분 자체가 불가능해져 스크린을 초월한 세계는 없는 것이 당연시되어버리기 때문이다.

여기서 우리는 한편으로 벤야민이 이미 근대사회 "표면들"에서 이러한 양상의 단초들을 발견했다는 점과, 다른 한편으로 그는 이러한 논점들을 선취했음에도 불구하고 영화이론에서 일정 부분 한계를 노정했다는 점을 지적하고 넘어가야겠다. 그는 근대사회 '광고'가 사람들로 하여금 "적당한 거리

두기"를 불가능하게 하고, "객관성과는 드디어 작별을 고하게" 하며, 상업적
으로 인간과 사물을 밀착시키는 기제라는 점을 비판적으로 인식했다.(IV/1,
131-132) 그러나 영화에 대해서 벤야민은 '촉각적 수용'과 '집단의 신경감
응', 요컨대 거리두기의 소멸이 '관조의 시각'을 대체하면서 집단을 혁명의
실천으로 이끌 것이라 기대했다. 하지만 현재 우리가 경험하고 있듯이 촉각
적 수용과 이미지로의 오감 몰입은 점점 더 기계적인 프로그래밍과 사이버네
틱 환경에 종속된 집단 신체를 파생시키고 있다.

　이러한 현재의 체제와 문화 환경 속에서 예술, 그리고 테크놀로지와 매체
에 접근하는 우리의 지적 탐구가 예술사나 예술이론, 사회학, 과학담론, 미디
어 이론, 문화사 또는 문화 이론 중 어디 하나에 국한한다면, 올바른 분석과
해답을 도출하는 일은 그만큼 어려워질 것이다. 학문 영역들을 통합적으로
고찰하면서 인간의 사회적이고 역사적인 신체에 대한 '지각이론으로서의 미
학'이 제안되어야 할 이유가 바로 여기에 있다. 이러한 미학 속에서 동시대에
대한 객관적 인식이 가능하며, 그로부터 현재의 정치적 · 사회적 · 문화 예술
적 난제와 인간 신체를 구속하고 있는 부정적 지각 조건을 해결할 답이 모색
될 수 있기 때문이다. 현재 "매체미학"이라는 이름으로 행해지는 연구들이 이
러한 미학적인 시도라 할 수 있다. 하지만 앞으로 살펴보겠지만, '매체미학'
은 과학기술, 매체, 지각 방식을 중심으로 개념을 정의하고 미디어 담론을 형
성함으로써, 기술 결정론적인 시각을 자체 내에 노정하거나 사회역사적 문맥
과 철학적 인식에 대해서는 이론적인 한계점을 지닌 것으로 보인다.

　매체미학은 1980년대 중반부터 독일을 중심으로, 전통 관념론 철학에서
벗어나 현실의 기술적 매체를 통해 형성되는 지각 형식과 표현 형식을 이론
적인 체계로 규정할 목적에서 출현했다. 매체이론가 베르너 파울슈티히에 따
르면, "매체미학은 본질적으로 매체와 예술의 연관관계를 주제화한다." 그럼
에도 불구하고 "여태까지 매체미학은 영화 미학, 텔레비전 미학, 비디오 미

학, 컴퓨터 미학 등으로 개별 매체의 이론과 동일시되고 개별 작품들에서 일반화되어" 왔다.[40]

이러한 과정에서 벤야민의 이론은 '매체미학'이라는 이름 아래 새롭게 연구되기 시작했다. 그는 생전에 자신의 미학을 매체미학의 문제로 배타적으로 규정짓거나 매체와 미학을 상관 개념으로 밝히고 논구한 책을 서술하지 않았다. 그럼에도 불구하고 매체미학에서 벤야민의 이론을 적극적으로 수용한 근거는, 그가 미학을 '지각이론'으로 정의했기 때문이다.[41] 그리고 매체미학의 이론가들이 거의 빠짐없이 인용하는 「기술복제」에서 벤야민이, 예술의 생산과 수용을 사회적 인간 지각의 문제에 결부시키고, 그것이 역사의 상이한 시대마다 변화하는 테크놀로지, 매체와 상호 영향관계에 있다는 논리를 명제화했기 때문이다. 그러나 벤야민의 철학과 미학을 곧 오늘날 맥루언, 플루서, 보드리야르, 비릴리오, 노르베르트 볼츠 등 여러 이론가들에 의해 매우 다양한 방향에서 각기 분파적으로 전개되는 매체미학과 동일시할 수는 없다. 벤야민이 주장한 문맥에서 '지각이론으로서의 미학'이 곧 현재 매체미학이 표방하는 '지각이론으로서의 미학'과 같은 것은 아니기 때문이다. 여기서 지금도 활발하게 진행되고 있는 매체미학의 여러 논의 방향과 주요 이론가들의 이론적인 쟁점을 모두 검토할 수는 없다.[42] 우리는 다만 벤야민의 철학, 미학과 매체미학 간의 이론적인 차이를 밝히고, 벤야민의 사유와 이론을 현재화한다면 어떠한 방향이 가능할 것인지를 제안하는 데 초점을 두기로 하자.

벤야민의 철학과 미학을 곧 매체미학으로 동일시할 수 없는 이유는 우선, 사유의 대상과 범위가 다르다는 데 있다. 벤야민의 사유는 현재와 과거의 특정 순간을 공시적으로 다루며, 그러한 역사 인식의 시간대에서 예술, 테크놀로지, 매체, 인간 지각의 문제를 역사적 · 사회정치적 · 경제적 · 문화적 조건의 연관관계로 파악한다. 반면 매체미학은 대체로 '미디어' 자체의 역사적 변화에 집중하는 경향이 있으며, 사회학적 분석과 역사 서술적 인식을 고려하더라도 사회를 매체 중심으로 파악하거나 역사를 "매체의 문화사"로 정의한다.[43] 매체 중심으로 봐도, 벤야민은 활자시대의 인쇄술, 사진과 영화라는 기술복제 매체의 특수성을 사회 속의 인간 지각과 경험의 방식, 예술 생산과 수용의 문제와 교차시켜 다루었다. 지식과 이미지의 대량생산 및 재생산, 집단의 생산과 수용, 충격체험의 일상화와 집단적인 지각의 가능성 등이 그 내용이다. 반면 매체미학은 구텐베르크 인쇄술을 기점으로 잡아 사진·영화의 영상이미지 기술, 라디오·텔레비전·비디오 등의 대중미디어, 컴퓨터 및 인공위성으로까지 확장된 디지털 체제, 그리고 오늘날 시뮬레이션 경험을 가능케하는 가상현실 매체까지를 '발전사'로 보면서, 개별 매체의 특수성, 그 형식언어의 질적인 차이에 맞춰 연구를 진행해왔다. 이러한 매체미학의 연구에서는 예술작품의 미적인 특성들이 테크닉과 테크놀로지에 정향해 정의되며, 감상자의 수용 측면에서도 이러한 점들이 부각된다.

　이러한 차이보다도 더 근본적인 차이는 벤야민의 '지각이론으로서의 미학'이 "인간학적 유물론"의 지평에 있는 것과는 달리, 매체미학은 '매체에 대한 지각 형식'을 연구의 근본 토대로 둔다는 점이다. 그렇기 때문에 예를 들어 플루서는 문화 분석에서 '노동'이라는 카테고리 대신 '정보' 카테고리가 적용되어야 한다고 주장하고, 마르크스주의처럼 테크놀로지 매체를 '산업 연관관계'에서 볼 것이 아니라 '매체의 자동성'을 비평해야 한다고 말하는 것이다.[44] 또한 문예학자로서 미디어 연구를 수행하는 랄프 슈넬의 이론에서처럼, 매체미학의 중심 요점이 모든 시청각 매체 형식들과 그에 토대를 둔 고유의 지각 방법에 있다며, 새로운 관점을 도입하기보다는 기존 문예학을 확장시켜 공학적인 체계와 방법들을 연구할 필요를 주장하는 것이다. 이러한 매체미학의 주요 목적은 한편으로는 개별 매체의 기술적·공학적 특성, 고유한 형식 언어를 정의하고, 매체를 통해 산출된 예술작품의 미적인 형식과 질적 기준을 제시하며, 수용자의 입장에서 경험하게 되는 지각반응의 양상을 개념화하는 것이다. 또 다른 한편으로는 좀더 철학적인 입장에서, 새로운 과학과 테크놀로지에 의해 구조적인 차원과 내용상의 차원 모두에서 변화한 인간사회의 현재적 양상을 조명하고, 인간과 기술, 인간과 세계의 관계에 대한 비전을 제시하는 것이다. 이 같은 매체미학의 연구 목적과 연구 방향들은 우리가 테크놀로지 문명을 거슬러 고대 사회로 돌아갈 수 없고, 더욱이 매체 환경이 급속하게 팽창하고 있는 현실에서는 매우 필요한 것이라 할 수 있다. 하지만 이 미학에서는 언제나 기술이 우선시된다. 슈넬이 말한 것처럼 "기술이 미디어 미학의 전제조건을, 미디어 미학의 핵심을 이루고 있다."[45] 하지만 그렇다 할지라도 인간의 감각 또는 지각, 그리고 예술작품의 미적 현상들이 기술로 환원될 수는 없다. 또 기술과 매체가 미학 담론의 만능열쇠가 될 수는 없다. 슈넬 자신 또한 이러한 문제점을 지적하고 있음에도 불구하고, 마치 '미디어 〔기술〕에 의해' 새로운 문예학의 세계, 나아가 새로운 실재성의 세계가 열릴 것처럼 미래를 전망하는 논의를 펼친다. 이렇게 매체미학이 이론적 탐구의 중심을 테크놀로지와 매체에 둘 경우 역사와 현실 사회의 능동성, 또 진리의 문제와 인간 실천의 문제에 대한 논의 지평은 축소될 가능성이 지대하다. 이럴 때 미학은 다양한 미디어 담론 형태들을 취합하고 그 안에서 다시 분산되는 담론 장에 지나지 않게 된다.

이와는 달리 벤야민의 철학과 미학은 테크놀로지, 예술, 역사에 대해 통합적으로 연구한 과정의 산물이다. 그것은 그의 초기 신학적 형이상학적 사유의 언어이론, 경험이론, 역사철학, 예술이론과, 모더니티 연구를 비롯한 후기 유물론적 사유의 이론들이 공속하며 성좌관계에 있었기 때문에 가능했다. 그의 후기 "인간학적 유물론"은 이러한 성좌관계의 사유를 종합하고 있다고 봐도 좋을 것이다. 벤야민이 당대 미학에 '지각이론으로서의 미학'을 요청한 목적은, 예술이 무엇보다도 억압받는 집단의 실천을 촉진시켜 파국의 역사적 현재를 극복할 수 있게 제 역할을 하도록 일깨우는 데 있었다. 그러한 미학은 구체적으로, 새로운 매체의 현실과 변화된 인간 지각 및 경험에 주목하는 미학, '매체-예술'이 지닌 혁명적인 잠재력을 이론적으로 재생시키고 현재화하는 미학이다.

이상과 같은 점에서 볼 때, 벤야민의 철학과 미학은 오늘날의 매체미학을 포괄하면서 넘어서는 사유 지평에 있다고 보는 것이 타당하다. 물론 이러한 차이를 강조하는 것은 어느 한쪽이 다른 쪽보다 우월하다거나 어느 한쪽의 이론적인 한계를 지적하기 위해서가 아니다. 다만 우리의 의도는 벤야민의 '지각이론으로서의 미학'을 어떤 지점에서 생산적으로 현재화할 수 있을지를 생각해보는 데 있다. 벤야민의 사유와 이론에 접근하기 위해 꽤 지난한 길을 걸어온 이 책은 그 지점 또는 방법론을 세 가지로 제안하면서 끝맺음하고자 한다.

첫째, 동시대 미학은 예술을 진리 인식과 지각 경험의 장으로 보고, 한 시대의 종합적인 경향이 표현된 예술작품을 '증후학적(symptomatological)' 관점에서 인식하여 세계의 객관적인 상태를 읽고 서술할 수 있다. 이는 벤야민의 철학과 미학에서 통합적 학문의 성격, 이념 서술, 지각의 읽기를 생산적으로 수용하는 일이다. 조금 전 개괄적으로 살펴보았듯이, 동시대는 모더니티의 근대와는 역사적으로 불연속하는 사회 체제와 매체 환경 속에서 인식의 경향과 지각 방식이 여러 지점에서 혼재하는 삶을 노정하고 있다. 자본주의는 전 지구적 차원으로 확대되어 사상 유례가 없을 정도의 자본 중심 문명을 구축했다. 또 첨단의 기술 생산력에 힘입어 매우 급격한 속도로 쏟아져 나오는 새로운 매체들은 디지털 프로그래밍으로 인간이 통제할 수 없는 '복합적 자기 충족의 세계'를 구축해나가고 있다. 그리고 기존의 매체들이 해체-융합-재구성의 과정을 거치며 돌변하는 상황에서 예술 영역 또한 여러 다양한 경로의 도전에 맞서 그 정체성을 변모시키느라 여념이 없다. 이렇게 현 시점은 사회, 문화, 예술의 상황이 매우 빠르고 보다 내밀한 수준에서 복잡하게 얽혀 전개되는 때이다. 따라서 미학의 과제로 중요하게 요청되는 것은 예술 작품을 사실상 현실의 극단들에 속하는 주변부적 양상에 이르는 지점에까지 결부시켜 통합적으로 읽어내는 일이다.

둘째, 소위 '표면을 중심으로 한 미학' 을 구성하고, 그 개념과 방법론을 정교하게 개발할 수 있다. 여기서 '표면의 미학' 은 '일상세계에서의 미학'[46] 과 통한다. 그러나 이러한 미학은 단순히 일상생활에서 일어나는 다종다기한 사건들 혹은 예술작품에 반영된 현실세계를 심미적으로 기술(記述)하는 소박한 미학을 의미하는 것이 아니다. 또 포스트모더니즘 예술이론의 일부가 그랬듯이, 대중문화와 키치 형식에 대한 무비판적인 긍정과 미시적인 것들에 대한 과도한 의미 부여의 담론 양산과는 거리가 멀다. 그것은 호르크하이머가 벤야민의 『파사젠베르크』 작업을 두고 말한 것과 같은 맥락에 있다. 즉 이때 '표면의 미학' 은 현실의 작지만 구체적인 증후들로부터 한 '시대를' 파악하는 방법론의 미학이며, 예술을 역사철학과 인간학적 유물론에 입각해 인간, 자연, 기술, 사회와의 다자적 관계 속에서 '복합적인 정체와 기능' 으로 이해하는 미학이 될 것이다. 또 "오늘날 진리에 이르는 길은 세속을 경유한다"[47] 고 주장한 크라카우어의 뜻처럼, 관념이 아니라 세속의 구체성 혹은 현실의 이미지에서 진리를 구하는 미학이다.

셋째, 예술이론 · 매체이론 · 인간학적 유물론을 '상호 텍스트성' 으로 고려하는 새로운 미학 담론의 연구가 가능하다. 물론 포스트모더니즘 담론의 엄청난 지적 생산력에 힘입어 이와 유사한 예술 논의가 이미 '시각문화연구' , '이미지학' , '비교미학' 등의 이름으로 폭넓게 개진됐다. 대표적으로 1970년대 이후 '신미술사학(New Art History)' 을 기점으로 철학, 역사, 언어학, 문학비평 등 인문학과 인류학, 심리분석학 등의 사회과학 이론을 미술이론과 접목시킨 연구들을 들 수 있다.[48] 이러한 연구들에서는 스펙터클, 시뮬라크럼, 재현, 응시(gaze), 페티시즘, 관음증(voyeurism), 이미지, 타자에 대한 철학적인 논쟁이 전통 미술사 연구 주제를 압도하고, 마르크스주의, 페미니즘, 기호학, 성 정체성 연구로 미적 담론이 확장됐다.[49] 그런데 다양한 이론 영역의 개념과 문제 틀을 예술에 적용하여 작품을 해석하고 분석하는 이러한 시도에 벤야민의 인간학적 유물론이 접목된다면, 당면한 현실의 제반 문제에 대안을 제시할 수 있는 보다 실천적인 성격의 예술이론과 미학이 나올 수 있을 것이다. 이 경우 특히 '예술의 기술론'을, 예술 고유의 형식과 내용의 미적 전개라는 원칙에 한정시키는 것이 아니라, 테크놀로지와 예술이 특수한 관계 속에서 전개되는 사회적인 과정, 그리고 인간 인식과 실천이 역사의 현재 상황 속에서 드러나는 실제적인 과정을 통합적으로 서술하는 일이 요구된다. 예를들어 푸코가 근대적 의학제도와 형벌제도를 들어 '신체에 관한 정치·경제적 기술론'을 수행했다면, 우리는 예술작품의 생산과 수용, 테크놀로지와 담론의 생산 및 재생산 체제가 노정하는 역사적인 변화를 중심으로 '예술의 기술론'을 논할 수 있다. 또 벤야민이 산업 테크놀로지의 새로운 자연에서 집단적 신체가 예술을 매체로 '새로운 경험의 문화'를 시작할 가능성을 긍정적으로 검토했다면, 현재의 우리는 디지털 테크놀로지의 또 다른 새 자연 조건에서 그러한 가능성을 탐색할 수 있다. 이때의 탐색은 이를테면 예술의 다양한 정체성을 역사적·사회적 기능에 입각해 정의하고 미적 경험에 대한 새로운 가치 기준과 사유 내용을 제시하는 미학 및 예술비평의 길을 통과할 것이다. 또 성(sexuality)과 젠더(gender)라는 신체 관계 및 배치의 정치경제학을 분석하고, 새로운 신체와 새로운 삶이 구축될 방식을 제안하는[50] 문화이론, 사이버 스페이스의 포스트휴먼에 대해 역사철학적이고 인간학적으로 전망하는 매체 이론의 경로를 교차해 나아갈 수 있을 것이다. 물론 여기의 어떤 길이라도 그 지적 노정의 목적은 "현실의 변화에 기여하는 것"이며, 그 길의 궁극적인 목적지는 "새로운 공동체"다.

마치며

서구에서 1968년 5월의 학생운동이 촉발제가 되어 본격적으로 벤야민의 철학과 미학에 대한 학문적인 수용이 이루어지기 시작한 이래, 현재 벤야민 이론에 대한 연구는 수용사로 보면 '제2의 르네상스'를 맞이했다고 해도 과언이 아니다. 그런 표현이 가능할 정도로 최근 20~30년간 벤야민 이론에 대한 연구가 다방면에서 세밀한 '주제'를 앞세워 놀랄 만한 분량으로 이뤄져온 것이다. 동시에 현재는 벤야민의 사유와 이론을 다른 철학자나 미학자, 이론가의 지적 생산물과 교차시켜 연구함으로써 논쟁적인 담론을 생산하는 시도 또한 매우 활발하다.

이러한 시점에서 이 책은 벤야민의 철학과 미학의 전체 이론 체계와 방법론을 우선적으로 밝히고자 했다. 근대사회의 예술과 테크놀로지의 정체성 및 기능, 그리고 양자의 관계를 이론화한 벤야민의 유물론적 예술이론에 대한 분석은 그러한 전체적인 이해의 바탕 위에서 타당하게 이뤄질 수 있기 때문이다. 특히 그의 후기 유물론적 예술이론은 테크놀로지와 매체의 문제를 직접적이고 단순하게 예술 영역에 끌어들인 것이 아니라, 역사철학적 관점에서 모더니티의 정치 · 경제 · 사회 의식 · 문화 예술의 구조를 통합적으로 고찰한 이론이라는 이해가 선행될 때 올바르게 받아들여질 수 있다.

애초 이 책의 모태는 나의 박사학위논문이었다. 벤야민의 철학과 미학을 공부하고 논문을 쓰며 보낸 박사과정 5년 동안 나는 벤야민을 통해 역사 · 사회 · 문화 예술의 현재 시간을 '보는' 법을 배웠다. 그리고 벤야민이 근대에 가졌던 것과 유사한 문제의식을 우리가 속해 있는 현재에 비춰 얻을 수 있었다. 이를테면 그것은 그가 자신의 시대에 대해 성찰했듯이, 우리의 현재가 파국의 상태 혹은 역사적 비상 상태가 아니냐는 질문이다. 디지털 테크놀로지가 고도로 발전하고, 그에 따라 우리 현존의 전 영역이 보다 합리적, 경제적으로 운용되면서 물질문명의 풍요를 누리는 것처럼 보이는 이 시대가 어떻게 파국이거나 비상 상태라는 말인가? 외적으로 우리는 근대 산업 테크놀로지와 독점자본주의 체제에 견줘 다방면에서 눈부실 정도로 비약적인 발전을 이뤄냈고, 사회적인 노동과 부의 평등, 학문과 문화 예술에서 보다 폭넓은 자유와 다양성을 확보한 것처럼 보인다. 그러나 좀더 각성된 의식으로 현재를 볼 경우 이러한 현실 표면의 양상은 무척 다르게 읽힌다.

이 책의 마지막 장에서 논한 것처럼 후기자본주의와 첨단 테크놀로지의 동시대는 넘쳐나는 물질문명과 기술매체 속에서 한창 '커뮤니케이션의 황홀경'을 누리고 있다. 하지만 그것은 '실재의 사막화'를 은폐하는 '가상'일지 모른다. 디지털 테크놀로지는 인간의 물리적이고 물질적인 삶을 이전의 인류가 상상도 할 수 없었던 안락함과 자유의 수준으로 끌어올렸지만, 바로 그만큼이나 우리 자신의 능동성과 의지력, 열정과 인내의 강도를 떨어뜨렸다. 지나치게 빨리 교체되는 기술문명 때문에 우리는 언제나 쫓기듯 새로운 정보와 경험 형식을 습득해야 하고 또한 그것을 곧바로 다른 어떤 정보와 경험으로 대체해야 한다는 항시적인 강박에 시달린다. 세계의 빈곤은 더 심화되고 있으며, 매순간 전쟁과 테러가 전 지구의 불특정 다수에게 일어나며 그 때문에 우리 내면을 항시적으로 장악하고 있는 것은 공포와 불안, 위기감이다. 예술은 자본주의 문화상품의 콘텐츠 조달자 내지는 미적 아우라를 덧씌운 고급상품임을 당당하게 선언하는 시대의 총아다. 이러한 시대적 상황은, 미시적인 사실의 차원에서는 벤야민이 비판적으로 판단한 근대와는 다른 것이지만, 결국 우리가 살아내고 있는 시대가 어떤 나쁜 꿈에 빠졌음을, 어떤 최면술에 걸려 있음을 반증하고 있지 않은가?

이러한 현실 문제를 해결할 답은 간단치 않으며, 곧 완결될 수 있는 성질의 것도 아니다. 결국 역사적 시대와 지금 여기의 현실을 지구력 있게, 비판적으로 인식하면서 현재적 의미의 사유와 실천을 지속해나가는 일이야말로 미학의 과제일 것이다. 이렇게 우리가 형성해가야 할 앞으로의 미학을 도출하는 데, 벤야민의 사유는 하나의 비범한 모델이다. 그것은 이를테면 진리를 무한히 신뢰하고 추구하는 지성, 당면한 현실에 대해 역사철학적 각성과 구체적인 지각경험에 입각해 논리를 전개하는 실천력, 가장 세속적이고 미약한 것들로부터 세계와 인류의 거대서사에 대한 사유를 시작하는 인간학적 인식, 예술에서 한 시대의 이념/핵을 긍정적이고 풍부하게 읽어내는 감각적 지각을 두루 갖춘 미학이다. 이러한 미학은, 보다 인간적인 '미래'란, 우리 인간 스스로가 실천적인 행위로 지금 여기서 '현재화'하는 일이라고 정의할 것이다.

벤야민은 베를린에서 보낸 자신의 유년 시절을 성인이 된 시각으로 들여다보는 『베를린 연대기』의 한 대목에 이렇게 썼다. "아마 어떤 일에서 무력함을 경험해보지 못한 사람은 결코 그 일의 대가가 되지 못할 것이다. 이 말에 수긍한다면 이 무력함이 처음 또는 노력을 기울이기 이전이 아니라 그 노력의 와중에 생긴다는 점 또한 알 것이다."(VI, 466) 말하자면 무력함이란 아무것도 안 하는 데서 느껴지는 지각이 아니라는 것이다. 그와는 달리, 무엇인가를 온힘을 다해 추구할 때, 그렇지만 그 일이 뜻대로, 충분히, 그 자체로 달성되지 않는 과정에서 우리가 느끼는 경험이라는 것이다. 벤야민의 이러한 통찰은 어떤 일을 시작하기 전에 미리부터 '하지 않을' 변명거리를 찾는 우리의 비겁함, 세계로부터 안전한 거리로 물러나 자아를 유리 화병처럼 지키고 싶어하는 우리의 소박함을 일깨운다. 벤야민이 말하는 무력함은 그 비겁함, 소박함과는 완전히 다르다. 오히려 여기서 무력함은 큰 꿈에 도전하고 있기 때문에 그 꿈과 현실 간의 격차에서 일시적으로 겪는 것이고, 벌써 비상(飛翔)을 시작했기 때문에 도달할 곳과의 머나먼 거리를 보며 느끼는 것이다. 우리는 자신이 처한 현실, 자신을 둘러싸고 있는 어마어마하게 큰 세계가 유토피아가 아닐 뿐만 아니라, 사실은 어디서부터 문제를 풀어나가야 할지 난감한 곳임을 잘 알고 있다. 그래서 때로 우리 각자는 문제를 외면하기도 하고, 곤궁한 현재에 주저앉기도 하며, 질끈 눈을 감고 나보다 더 강한 제도나 체제에—그러나 그것이야말로 문제의 원천인 곳에—의탁한다. 그러면서 나 혼자는 무력하기 때문이라고 한다. 하지만 어쩌면 우리는 벤야민의 말처럼, 좀더 철저하게 무력함을 느껴야겠다. 어려운 난제를 푸는 도정의 와중에, 미로 같이 끝이 안 보이는 험로 위에서. 다시 시작하며.

[주석]

서문

1   몸메 브로더젠, 이순예 옮김, 『발터 벤야민-주어캄프 세계인물총서01』, 인물과사상사, 2007, pp. 216-217. 본문에 인용한 추도사는 1940년 벤야민의 죽음에 바쳐진 한스 마이어의 글이다. 또한 Klaus Garber, *Walter Benjamin als Briefschreiber und Kritiker*, Wilhelm Fink Verlag: München, 2005, p. 14 참고.

2   대표적으로 Heinz Dieter-Kittsteiner, "Die Geschichtsphilosophischen Thesen", in: alternative 10 (1967)이 있다.

3   Susan Buck-Morss, *The Dialectics of Seeing: Walter Benjamin and the Arcades Project*, (이하 DS 로 표기) MIT Press: Massachusetts, 1989. Winfried Menninghaus, *Walter Benjamins Theorie der Sprachmagie*, Suhrkamp Verlag: Frankfurt. a. M, 1995. 또한 *Passagen. Walter Benjamins Urgeschichte des neunzehnten Jahrhunderts*, Hrsg. v. Norbert Bolz & Bernd Witte, Wilhelm Fink Verlag: München, 1984. Heinrich Kaulen, *Rettunng und Destruktion. Untersuchung zur Hermeneutik Walter Benjamins*, Niemeyer Max Verlag: Tübingen, 1987. Bernd Kiefer, *Rettende Kritik der Moderne. Studien zum Gesamtwerk Walter Benjamins*, Lang: Frankfurt. a. M, 1994. Hermann Schweppenhäuser, *Ein Physiognom der Dinge. Aspekte des Benjaminschen Denkens*, Klampen: Lüneberg, 1992. Sigrid Weigel, *Entstellte Ähnlichkeit. Walter Benjamins theoretische Schreibweise*, Fischer: Frankfurt. a. M, 1997 등을 참고할 것. 현재 "아케이드 프로젝트"로 통용되는 『파사젠베르크』연구를 벤야민은 "Passagenarbeit" 또는 "Passagen"으로 칭했다.

4   예컨대 자크 데리다, 진태원 옮김, 『법의 힘』, 문학과지성사, 2004, pp. 63-136. 데이비드 하비, 김병화 옮김, 『모더니티의 수도, 파리』, 생각의나무, 2005. 그램 질로크, 노명우 옮김, 『발터 벤야민과 메트로폴리스』, 효형출판, 2005를 들 수 있다.

5   2011년 3월 현재 국립중앙도서관과 국회도서관에 따르면, 벤야민 이론을 연구 주제 및 대상으로 한 국내 박사학위논문은 강수미, 『테크놀로지시대의 예술: 발터 벤야민 사유에서 유물론적 미학 연구』(홍익대학교 미학과, 2008)가 유일하며, 석사학위논문은 37편에 그치고 있다.

6   Norbert Bolz, "Walter Benjamins Ästhetik", in: *Walter Benjamin, 1892-1940, zum 100. Geburtstag*, Hrsg. v. Uwe Steiner, Peter Lang Verlag: Bern, 1992, pp. 11-32. Sigrid Weigel, "Techne und Aisthesis photo-und kinematographischer Bilder - Die Geburt von Benjamins Theorie optischer Medien aus dem Detail", *Internationale Walter Benjamin Gesellschaft*. www.iwbg.uni-duesseldorf.de/Aufsaetze. Pierre Missac, *Walter Benjamins Passage*, übers. v. Ulrike Bischoff, Suhrkamp Verlag: Frankfurt a. M. 1991. Esther Leslie, *Walter Benjamin: overpowering conformism*, Pluto Press: London, 2000 등을 참고할 것.

제1부

1　일반적인 의미에서 그리스 비극을 기원으로 하는 비극(Tragödie)과 17세기 독일 바로크 시대 비극을 구분하는 벤야민의 의도를 고려해, 'Trauerspiel'을 '비애극'으로 번역했다. 영어 번역어는 'German Mourning Play'이다.

2　명시적으로 본문에 거론한 세 편의 서론을 꼽지만, 『파사젠베르크』를 위한 두 개의 엑스포제 (1935 독어본/1939 불어본)와 보들레르의 『파리 풍경*Tableaux parisiens*』의 독일어 번역서에 붙인 서문인 「번역자의 과제」 또한 그 내용과 중요도에서 '방법론적 서론'으로 포함할 수 있다.

3　Erwin Panofsky, "Idea" in: *Ein Beitrag zur Begriffsgeschichte der älteren Kunsttheorie*, Berlin, 1982, p. 37을 Hans Heinz Holz, "Idee", in: *Benjamins Begriffe Bd. 2*, Hrsg. v. Michael Opitz und Erdmut Wizisla, Frankfurt a. M.: Suhrkamp Verlag, 2000, p. 446에서 재인용.

4　Rolf Tiedemann, *Studien zur Philosophie Walter Benjamin*, Suhrkamp Verlag: Frankfurt a. M. 1973, p. 38.

5　Winfried Menninghaus, *Walter Benjamins Theorie der Sprachmagie*, pp. 80-82 참조.

6　벤야민의 "특정한 서술이론"은 철학 논고, 인용, 논평, 비평, 몽타주, 단편의 서술 방식으로 후기 저작에까지 유효하게 지속되었다. Dietrich Thierkopf, "Nähe und Ferne-Kommentare zu Benjamins Denkverfahren", in: *Text+Kritik*, Hrsg. v. Heinz Ludwig Arnold, 1979(31/32), p. 3.

7　테오도르 아도르노, 홍승용 옮김, 『프리즘-문화비평과 사회』, 문학동네, 2004, p. 279 참조.

8　"Paris, Die Hauptstadt des XIX. Jahrhunderts" V/1, 43-77. 엑스포제는 1935년 독어판, 1939년 불어판, 이렇게 두 개가 존재한다. 벤야민은 후자에서 A, 'II. 푸리에', C, 'II와 III. 루이-필립', D, 'II와 III. 보들레르'에 관한 내용을 수정했다. 서론과 결론을 새롭게 썼고, 두 번째 엑스포제에서는 사실자료보다는 자본주의 문화에 대한 비판에 집중한 것으로 보인다. 불어판 엑스포제는 벤야민의 프로젝트를 지원할 후원자를 물색하던 호르크하이머의 요청에 따른 것이다.

9　이 긴장의 순간은 벤야민에 따르면 "전 인류 역사를 엄청나게 포괄하고 있는 현재시간(Jetztzeit)"이다. 과거는 이 현재 순간에 인식 가능해진다. I/2, p. 703. 이러한 시간 개념을 "카이로스적 시간관 (Chairology)"으로 해석할 수 있다. Kia Lindroos, *Now-time/Image-space: Temporalization of Politics in Walter Benjamin's Philosophy of History and Art*, SoPHi: Finland, 1998, p. 12를 참고.

10　아도르노, 『프리즘』, pp. 283-284.

11　Winfried Menninghaus, p. 190, 192.

12 칼 하인츠 보러, 최문규 옮김, 『절대적 현존』, 문학동네, 1998, p. 25; 이사야 벌린, 강유원, 나현영 역, 『낭만주의의 뿌리』, 이세이북스, 2005, pp. 68-84를 참고할 것.

13 게르숍 숄렘, 최성만 옮김, 『한 우정의 역사-발터 벤야민을 추억하며』, 한길사, 2002, p. 122.

14 벌린, 『낭만주의의 뿌리』, pp. 70-72와 74, 83을 참고할 것.

15 언어가 외부의 인식이 아니라 스스로를 전달하는 고유한 내용을 갖는다는 관점은 벤야민이 에른스트 레비를 통해 훔볼트의 "내적 언어 형식" 이론을 수용한 결과로 보인다. Menninghaus, p. 11-12 참조.

16 Anja Hallacker, *Es spricht der Mensch: Walter Benjamins Suche nach der lingua adamica*, Wilhelm Fink Verlag: München, 2004, p. 44 참조.

17 Richard Wolin, *Walter Benjamin: An Aesthetic of Redemption*, University of California Press: California, 1994, p. 40.

18 Beatrice Hanssen, "Language and mimesis in Walter Benjamin's work", David Ferris(ed.), *Walter Benjamin*, Cambridge University Press: UK, 2004, pp. 54-72를 참고할 것.

19 할라커는 벤야민의 초기 언어 연구는 그의 생애 마지막 해에 다시 강조해서 반복되었다고 주장한다. Hallacker, pp. 49-50 참조.

20 Susan Buck-Morss, *The Origin of Negative Dialectics: Theodor W. Adorno, Walter Benjamin and the Frankfurt Institute*, The Harvester Press: England, 1977, p. 6.

21 벤야민이 숄렘에게 보낸 1924. 12. 24 편지, Walter Benjamin, *Briefe*, Hrsg. v. Gershom Scholem und Theodor W. Adorno, Suhrkamp Verlag: Frankfurt a. M., 1991, p. 368.

22 대표적으로 벤야민 생전에는 숄렘, 아도르노, 브레히트가 이러한 종합에 반대했으며, 사후에는 하버마스가 이러한 벤야민의 시도를 비판했다. 연구자 에스파그네와 베르너는 벤야민이 『파사젠베르크』를 종합하는 데 실패했고, 이를 보들레르 연구로 대신하려 했다고 주장한다. Michael Espagne & Michael Werner, "Vom Passagen-Projekt zum 'Baudelaire': Neue Handschriften zum Spätwerk Walter Benjamin", *Deutsche Vierteljahresschrift für Literaturwissenschaft und Geistesgeschichte*, 1984, pp. 593-657 참조. 또한 DS, pp. 206-208.

23 John McCole, "Technik", in: *Walter Benjamin and the antinomies of tradition*, Cornell University Press: Itacha, 1993, p. 180 이하. Esther Leslie, "Dream Whirled: Technik and Mirroring", p. 89 이하를 참고할 것.

24 국내에서 이미 일반적으로 "기술복제 시대의 예술작품"으로 번역·통용되고 있기에 이 번역어를 수용하는 것이 타당하나, 벤야민 논문 제목을 직역하면, '예술작품이 기술적으로 재생산 가능한 시대의 예술작품'이다. 2002년 출간된 벤야민 저작의 영어 선집은 "The Work of Art in the Age of Its

Technological Reproducibility"로 번역한다. *Walter Benjamin: Selected Writings, vol 3*. Belknap Press, 2002, pp.101-133. 여기서 주목할 점은 아렌트가 편집한 번역서(*Illuminations*, Schocken Books, 1969)는 독일어 "technisch"를 "technical"로 번역한 반면, 최근 번역은 "technological"로 옮기고 있다는 점이다.

25 테오도르 아도르노 & 막스 호르크하이머, 김유동 옮김, 『계몽의 변증법』, 문학과지성사, 2001, pp. 183-251 참조.

26 John McCole, "Technik", p. 180.

27 인용은 II/2, 689. 한편 벤야민은 자신이 자기세대 대부분의 작가들보다 더 나은 독일어를 쓴다면, 그 이유는 20년 동안 편지 이외에는 "나(Ich)"라는 단어를 결코 쓰지 않는다는 자기 규칙을 지켰기 때문이라고 했다. IV/2, 964 참조. 이 점에서 벤야민은 바르트의 「저자의 죽음」을 선취한다. 롤랑 바르트, 김희영 옮김, 『텍스트의 즐거움』, 동문선, 1997, pp. 27-35를 참고할 것. 양자의 글쓰기 이론을 비교하는 것은 중요한 연구 주제이다.

28 VI, 109와 Detlev Schöttker, "Benjamins Bilderwelten: Objekte, Theorien, Wirkungen", *in: Schrift Bilder Denken-Walter Benjamin und die Künste*, Hrsg. v. Detlev Schöttker, Suhrkamp Verlag: Frankfurt a. M, 2004, p. 13을 참조.

29 벤야민이 여러 단어와 조합하여 새로운 의미를 만들어내는 단어 'Bild'는 일반적인 의미의 이미지 전체를 포괄한다. 즉 예술작품의 이미지, 광고, 영화와 사진 같은 '영상(映像) 이미지' 또한 포함한다. 우리는 이런 맥락에서 'Bild'를 대체로 '이미지'로 옮긴다. 벤야민 저작의 영역본은 'Bild'를 'image'로 옮기고 있다.

30 미리엄 한센, 「벤야민, 시네마 그리고 경험: 테크놀로지라는 땅에 핀 푸른 꽃」, 김소영 편역, 『헐리우드/프랑크푸르트』, 시각과 언어, 1994, pp. 172-234 중 p. 193.

31 'Bilddenken'은 지그리트 바이겔의 용어다. 또한 Detlev Schöttker의 편집서 *Schrift Bilder Denken-Walter Benjamin und die Künste*가 예시하듯이 벤야민 사유의 특이성을 '이미지적 사유'로 정의하려는 시도가 활발하다. Sigrid Weigel, *Body- and Image-Space: Re-reading Walter Benjamin*, Routledge: London, 1996을 참고할 것.

32 브로더젠, 2007, p. 132.

33 John McCole, *Walter Benjamin and the antinomies of tradition*, p. ix.

34 Michael Kahl, "Der Begriff der Allegorie in Benjamins Trauerspielbuch und im Werk Paul de Mans", in: *Allegorie und Melancholie*, Hrsg. v. Willem van Reijen, Suhrkamp Verlag: Frankfurt a. M., 1992, p. 293을 참조.

35 벤야민은 「기술복제」에서 고대 그리스 예술작품이 완전성과 영원한 가치를 추구한 것은 기술적 복제가 가능하지 않았기 때문이며, 반면 근대의 산업기술 사회에서 영화는 재생산 기술을 통해 파편

들로부터의 조립 가능성을 시험한다고 말한다. 여기서 재생산 기술에 의한 파편들의 조립 가능성을 알레고리적 특성으로 간주해보면, 근대 또한 "시간의 결정적 범주" 아래 상징이 아니라 알레고리적 표현이 가능한 시대인 것이다. VII/1, 361-362 참조.

36 판타스마고리아(phantasmagoria)라는 용어는 1802년 영국에서 만들어졌는데, 마술 환등기가 만드는 시각적 환영을 전시하는 것을 말한다. 현재까지 이론적으로 이 용어는 기술적 조작을 통해 감각을 속이는 현실의 외관을 설명할 때 폭넓게 사용된다.

37 아도르노, 『프리즘』, p. 276 참조.

38 V/1, 69-70. 벅-모스는 보들레르가 1852년 '예술을 위한 예술'의 입장을 채택했다고 단언한다. DS, p. 195. 그러나 우리는 이에 대해 다른 의견을 참조할 수 있다. 이에 대해서는 한스 로베르트 야우스, 김경식 옮김, 『미적 현대와 그 이후』, 문학동네, 1999, pp. 112-113 참조.

39 라인하르트 코젤렉, 한철 옮김, 『지나간 미래』, 문학동네, 1998, pp. 63-65. 그리고 pp. 293-294 참조.

40 헤르더의 역사철학에 대해서는 요한 고트프리트 헤르더, 강성호 옮김, 『인류 역사철학에 대한 이념』, 책세상, 2002를, 그의 사상 전반에 대해서는 이사야 벌린, 이종흡 · 강성호 옮김, 『비코와 헤르더』, 민음사, 1997을 참고할 것.

41 유진 런, 김병익 옮김, 『마르크시즘과 모더니즘-루카치와 브레히트, 벤야민과 아도르노』, 문학과 지성사, 1986, p. 48과 Renato Poggioli, *Theory of the Avant-Garde*, trans. Gerald Fitzgerald, Cambridge, Mass: Belknap Press of Harvard University Press, 1968, p. 81과 83 참조.

제2부

1 David Frisby, *Fragments of Modernity: Theories of Modernity in the Work of Simmel, Kracauer and Benjamin*, MIT Press: Cambridge, 1986, p. 223 참고할 것.

2 Heinz Brüggemann, "Passagen", in: *Benjamins Begriffe Bd. 2*, pp. 573-618 중 p. 574.

3 David Frisby, p. 226.

4 위르겐 하버마스, 「모더니티-미완성의 기획」, 할 포스터(편). 윤호병 외 옮김, 『반미학』, 현대미학사, 1993, pp. 28-44 중 28-29 참조.

5 독일어권에서 '역사(Historie)'는 그리스어 'historia'를 어원으로 한 외래어로서, 코젤렉에 따르면, "보고(報告), 일어난 사건에 대한 이야기를 뜻했으며, 특히 사학을 의미"했다. 이 단어는 18세기를 지나면서 현저하게 '역사(Geschichte)'라는 단어로 대체되는데, 이때 역사는 "사건 내지 행위의 결과를 뜻했고, 보고보다는 일어난 일 자체를 지칭했다."

6 이상의 역사이론에 대해서는 코젤렉, pp. 46-55와 pp. 292-293을 인용, 참조했다.

354

7   Detlev Schöttker, "Benjamins Bilderwelten", in: *Schrift Bilder Denken*, p. 11.

8   푸리에의 "조화"에 대해서는 욜렌 딜라스-로세리외, pp. 142-152 참조. 벤야민의 "상호 유희 (Zusammenspiel)" 개념은 VII/1, pp. 359-360 참고할 것.

9   벤야민과 프랑크푸르트 학파, 특히 호르크하이머의 유토피아 이론과 전망의 차이에 대해서는 Ilan Gur-Ze'ev, "Walter Benjamin and Max Horkheimer : From utopia to redemption", in: http://www.ominiverdi.com/walterbenjamin/cf/pdf/Ilan_GurZeev.pdf 참고할 것.

10   Charles Baudelaire, "The Painter of Modern Life", *Baudelaire selected writings on art & artists*, trans. P.E.Charvet, Cambridge University Press, 1988, p. 403.

11   Michael Jennings, "Introduction", in: *Walter Benjamin, The Writer of Modern Life: essays on Charles Baudelaire*, M. Jennings ed., The Belknap Press of Harvard University Press: Cambridge, 2006, pp. 1-26을 참조. 인용은 p. 2.

12   Heinz Brüggemann, "Passagen", *Benjamins Begriffe Bd. 2*, Hrsg. v. Michael Opitz und Erdmut Wizisla, Suhrkamp Verlag: Frankfurt a. M. 2000. p. 573 참조.

13   Charles Baudelaire, "The Painter of Modern Life", p. 392.

14   Ernst Cassirer, *The Individual and the Cosmos in Renaissance Philosophy*, trans. Mario Domandi, University of Pennsylvania Press: Philadelphia, 1972, p. 148. 카메라 옵스큐라적 주체와 관찰에 대해서는 조나단 크래리, pp. 67-74를 참조.

15   C. Baudelaire, "The Painter of Modern Life", pp. 399-400.

16   벤야민은 「유년시절」에서 양말을 모티브로 안과 밖, 형식과 내용, 껍질과 껍질을 감싸고 있는 것, "선물(Mitgebrachte)"과 상품의 호주머니가 하나임을 논한다. IV/1, 284 참조.

17   Th. W. Adorno, "Rede über Lyrik und Gesellschaft". in: *Noten zur Literatur*, Suhrkamp Verlag: Frankfurt a. M. 1981, p. 57 참조.

18   샤를 보들레르, 박은수 옮김, 『보들레르 시선집』, 민음사, 1995, pp. 183-184.

19   게오르크 루카치, 박정호 · 조만영 옮김, 『역사와 계급의식』, 거름, 1986, pp. 154-161을 참조.

20   Karl Marx, "Kauf und Verkauf der Arbeitskraft" in: *Das Kapital · Kritik der politischen Ökonomie Bd.1*, Dietz Verlag; Berlin, 1988, pp. 181-184 참조.

21   루카치, 『역사와 계급의식』, p. 162 참조.

22   K. Marx, *Das Kapital Bd. 1*, pp. 85-87을 참조.

23 Sigmund Engländer, Geschichte der französischen Arbeiter-Associationen (Hamburg, 1864), vol.4, p. 52를 V/1, 65에서 벤야민이 인용.

24 1875년 리프크네히트가 이끌던 사회민주주의당과 라살레가 이끌던 당이 사회주의 노동자당으로 통합되면서 튀링겐 주의 고타에서 전당대회를 열었다. 여기서 발표된 고타 강령(Gotha Programm)은 노동을 위와 같이 정의했다. I/2, 699 참조.

25 K. Marx, *Das Kapital Bd. 1*, p. 99.

26 데이비드 하비, 『모더니티의 수도 파리』, p. 94-176; 378.

27 Siegfried Kracauer, *The Mass Ornament*, trans & ed., Thomas Levin, Harvard University Press: Massachusetts, 1995, pp. 75-79 참조.

28 K. Marx, *Das Kapital Bd. 1*, p. 86.

29 1935년 8월 16일 벤야민이 그레텔 아도르노에게 보낸 편지. 벤야민은 8월 2일자 아도르노의 비판적 서한에 대해 직접적으로 반론하지는 않았다. 다만 자신에게 변증법적 이미지는 "…각성이 들어서는 단계를 포함하는 순간들로 보인다"는 말로 자기 이론을 설명했다. V/2, 1140.

제3부

1 게오르크 루카치, 반성완 옮김, 『소설의 이론』, 심설당, 1998, p. 25.

2 벌린, 『낭만주의의 뿌리』, pp. 48-75.

3 장-이브 고피, 황수영 옮김, 『기술철학: 테크노월드 속의 도구적 인간』, 한길사, 2003, pp. 30-36.

4 Jürgen Habermas, "Bewuβtmachende oder rettende Kritik - die Aktualität Walter Benjamins", in: *Zur Aktualität Walter Benjamins*, Hrsg. v. Siegfried Unseld, Suhrkamp Verlag: Frankfurt a. M. 1972, p. 173-223. 특히 201을 참조.

5 Thomas Weber, "Erfahrung", in: *Benjamins Begriffe Bd. 1*, Hrsg. v. Michael Opitz und Erdmut Wizisla, Suhrkamp Verlag: Frankfurt a. M. 2000, p. 230 참조.

6 Thomas. Weber, "Erfahrung", p. 230 참조.

7 "자아관계로서의 세계관계와 반대로 세계관계로서의 자아관계가 절합될 수 있을 정도로 자아와 세계의 관계가 절합된 그 안에서, 경험은 인간 실천(Praxis)의 한 차원이다. 개인들이 사회 역사적 자아상(Selbstbild)을 이 절합을 통해 얻는다는 점에서, 이러한 절합은 언제나 불안정하고, 매번 새롭게 획득되어져야 한다. […] 왜냐하면 벤야민에 따르면, 경험의 철학적 구조를 위해서는 결국 기억의 구조가 결정적이며, 그 반면에 그 기억의 구조를 위해서는 노동의 경험이 결정적이기 때문이다." Thomas. Weber, "Erfahrung", p. 236.

8 I /2, 612. 벤야민이 프로이트의 정신분석학을 참조한 배경을 프랑크푸르트 사회조사연구소와의 관계 속에서 이해할 수 있다. 마틴 제이, 황재우 옮김, 『변증법적 상상력: 프랑크푸르트학파의 역사와 이론』, 돌베개, 1981, p. 141과 171 참고할 것.

9 C. Baudelaire, "Salon de 1846", in: *Baudelaire selected writings on art & artists*, p. 119-120 참조.

10 폴 비릴리오, 이재원 옮김, 『속도와 정치』, 그린비, 2004, pp. 49-53. 비릴리오는 벤야민과 상당히 유사한 관점으로 대도시와 거리의 군중을 본다. "속도의 발생장치"는 평소에는 공장의 기계 톱니바퀴와 같은 역할에 복속되어 있던 대중이, 혁명 상황에서 스스로 속도를 창출하는 주체가 됨을 이른다.

11 수잔 벅-모스, 「대중문화의 꿈 세계-발터 벤야민의 현대성 이론과 보기의 변증법」, 정성철 외 옮김, 『모더니티와 시각의 헤게모니』, 시각과언어, 2004, p. 514 참조.

12 Thomas. Weber, "Erfahrung", p. 237.

13 후이센은 다음 글에서 모더니즘과 문화산업의 상호의존성을 분석한다. 안드레아스 후이센, "모더니티의 미적 경험: 벤야민, 아도르노 그리고 현대영화이론", 김소영 편역, 『헐리우드/프랑크푸르트』, 시각과언어, 1994, pp. 14-62, 특히 pp. 22-25 참조.

14 세르게이 에이젠슈타인, 정일몽 옮김, 『영화의 형식과 몽타쥬』, 영화진흥공사, 1990, pp. 12-13.

15 "아방가르드" 용어의 역사와 역사적 개념의 부침에 대해서는 Poggioli, pp. 5-15를 참조.

16 에이젠슈타인, 『영화의 형식과 몽타쥬』, p. 15.

17 벤야민은 전통의 연속성을 이렇게 정의한다. "전통의 연속성은 가상이라 말할 수도 있다. 그러나 이 경우 이러한 영속성을 가진 가상의 영속성만이 전통 속의 연속성을 실현시킨다." V/1, 609를 참조.

18 강수미, 「공동체를 위한 예술과 공공미술」, 『현대미술학 논문집』, 현대미술학회, 2008, pp. 7-52.

19 수잔 벅-모스, 「대중문화의 꿈 세계」, 『모더니티와 시각의 헤게모니』, p. 532 참조.

20 Dawn Ades and Simon Baker, *Undercover Surrealism: Georges Bataille and DOCUMENTS*, The MIT press, Massachusetts, 2006, pp. 78-81 참조. 피카소의 〈세 무용수〉는 1925년 「초현실주의 혁명 La Révolution surréaliste」에 처음 소개됐고, 1930년 3월에는 「도큐먼트」에서 "피카소에 대한 경의"라는 특집 기사로 실렸다.

21 VII/1, 377; 375를 참조. 물론 여기서 벤야민은 미키마우스 영화의 폭격 장면을 예로 들며 영화가 사람들로 하여금 "잔인성과 폭력 행위"를 용인하도록 이끈다는 점 또한 지적했다.

22 보들레르는 「1859년 살롱」에서 본문과 같이 썼다. 벤야민은 보들레르의 이 문장을 전거를 밝히지 않은 가운데 "현실이 대중에 맞추고 대중이 현실에 맞추는 현상"으로 바꿔 썼다. C. Baudelaire,

Baudelaire selected writings on art & artists, p. 297과 VII/1, p. 355 참조.

23 레이몬드 윌리암스, "시네마와 사회주의", 김소영 편역, 『헐리우드/프랑크푸르트』, 시각과언어, 1994, pp. 238-258 중 p. 238 참조.

24 'Zerstreuung'은 '정신분산', '산만함', '기분 전환', '오락' 등으로 번역할 수 있는데, 처음 크라카우어가 1920년대 베를린 영화관과 노동자의 지각을 논하면서 제출한 개념이다. S. Kracauer, "The Cult of Distraction", in: *The Mass Ornament*, pp. 323-328과 독일어본 "Kult der Zerstreuung-Über die Berliner Lichtspielhäuser", in: *Das Ornament der Masse*, Suhrkamp Verlag: Frankfurt a. M. 1977, pp. 311-317을 참조.

25 S. Buck-Morss, "Aesthetics and Anaesthetics", p. 389 참조.

26 S. Kracauer, "Photography", in: *The Mass Ornament*, p. 61.

27 리펜슈탈의 1934년 영화 〈의지의 승리〉가 그 대표적 예이다. 히틀러와 리펜슈탈이 영화를 제작한 의도 등에 대해서는 폴 비릴리오, 권혜원 옮김, 『전쟁과 영화: 지각의 병참학』, 한나래, 2004, pp. 179-181 참조. 군중과 신체의 조직, 스펙터클에 대해서는 S. Kracauer, "The Mass Ornament", pp. 83-85 참고할 것.

28 한센은 이렇게 벤야민이 "영화가 놓쳐버린 기회들과 실현되지 못한 약속들"을 씀으로써, 「기술복제」는 "유토피아적 성격"이 강화될 수밖에 없었다고 본다. 이에 대해서, 그리고 초기 아방가르드와 좌파 영화에 대해서 한센, 「벤야민, 시네마 그리고 경험」, 『헐리우드/프랑크푸르트』, pp. 175-177을 참조.

29 S. Kracauer, "The Cult of Distraction", in: *The Mass Ornament*, p. 323.(독어본, p. 311.)

30 매체철학자 카르스텐 비테는 1895부터 1970년까지 영화 매체에 대한 이론 형성 단계를 "영화 사회학의 역사 경제적 계통 분류"에 따라 4 단계로 나눈다. 3번째 단계(1930-1946)는 "독점(Monopol)의 시대"인데, 이 시기는 벤야민과 파노프스키의 경우처럼 산업화된 영화예술에 대한 "고립된 비판만이" 가능했던 때다. 이와 관련해서는 카르스텐 비테 엮음, 박홍식 · 이준서 옮김, 『매체로서의 영화』, 이론과실천, pp. 13-16을 참고할 것.

31 브로더젠은 「기술복제」가 영화의 영향력에 대한 당시 사람들의 관심을 촉발시킨 견인차 역할을 했다고 평가한다. 브로더젠, pp. 190-191.

32 아놀드 하우저, 「영화라는 기호」, 『매체로서의 영화』, pp. 129-138 중 132-133 참조.

33 프로이트, 「정신분석에서의 무의식에 관한 노트」, 『프로이트 전집 11』, pp. 29-31 참조. 인용은 p. 29.

34 프로이트, 「쾌락 원칙을 넘어서」, pp. 279-283을 참조. 인용은 p. 282.

358

35 루돌프 하름스, 「집회소로서의 영화관」, 『매체로서의 영화』, pp. 219-224. 인용은 p. 219-220.

36 S. Kracauer, "Kult der Zerstreuung", in: *Das Ornament der Masse*, p. 314.

37 하우저, 「영화라는 기호」, 『매체로서의 영화』, p. 135.

38 Gertrud Koch, *Siegfried Kracauer: An Introduction*, trans. Jeremy Gaines, Princeton University Press: New Jersey, 2000, p. 29.

39 벤야민은 「기술복제」를 위한 노트에서 "정신분산이론(Theorie der Zerstreuung)"을 스케치 하면서, "정신분산과 파괴가 동일한 과정의 주관적인 측면과 객관적인 측면"이라 했다. VII/2, 678을 참조.

40 하우저, 「영화라는 기호」, 『매체로서의 영화』, p. 132.

41 1935년 9월 18일 호르크하이머가 벤야민에게 보낸 편지, V/2, 1143.

42 S. Kracauer, "The Mass Ornament", in: *The Mass Ornament*, p. 75.(독일어본 p. 50.)

43 벤야민은 아도르노의 비판에 대해 다음과 같이 양보한다. "당신이 적절히 지적한 마술과 실증주의 사이의 무차별성은 해소되어야 할 것입니다. 나의 문헌학적 해석은 헤겔 류의 변증법적 유물론자에 의해 지양되어야 하겠지요. 문헌학은 독자를 마술적으로 텍스트에 붙잡아놓기 위한 '눈앞에 떠올리기'이지만 이러한 마법을 푸는 것은 철학의 요소일 것입니다."

44 뿌도프낀, 「몽타주에 관하여」, 『매체로서의 영화』, pp. 114-126. 인용은 p. 117.

45 V/2, 1118-1119과 V/2, 1115. 『파사젠베르크』 작업에 한해 볼 때, 벤야민 사유의 이러한 융화과정은 1929년 아도르노와 호르크하이머 등과 프랑크푸르트 및 쾨니히슈타인에서 나눈 "역사적 대화"를 기점으로 한다. 이에 대해서는 V/2, p. 1117과 Tiedemann, "Einleitung", V/1, 24, 그리고 Susan Buck-Morss, *The Origin of Negative Dialectics*, pp. 139-141 참고할 것.

46 벤야민은 "창조성, 감정이입, 초시간성, 재창조, 추체험, 환영, 예술 향유"가 아카데미 권내에서만 통용되는 "정신적 가치"라고 비판한다. III, 285-287 참조.

47 Poggioli, p. 228을 참조.

48 Birgit Recki, *Aura und Autonomie - Zur Subjektivität der Kunst bei Walter Benjamin und Theodor W. Adorno*, Königshausen & Neumann: Würzburg, 1988, p. 181 참조.

49 벤야민의 '정치의 예술화'에 맞서는 '예술의 정치화' 주장은 서구 68혁명 이후 마르크스주의자들이 그의 이론을 적극적으로 수용하게 된 중요한 계기였다. 이 개념을 중심으로 한 마르크스주의적 벤야민 수용에 대해서는 심혜련, 「발터 벤야민의 예술 이론에 대한 맑스주의 미학의 해석에 관하여-'예술의 정치화'를 중심으로」, 『진보평론』, 2001(제 9호), pp. 347-365를 참고할 것.

50 S. Buck-Morss, "Aesthetics and Anaesthetics", pp. 376-377 참조.

51 벤야민이 '집단의 무의식 속에 보존된 원사적 요소[계급 없는 사회에 대한 경험]가 새로운 것과 상호 침투하는 가운데 유도피아를 산출한다' (V/1, p. 47)고 주장한 바는 본문과 같이 해석될 수 있다.

52 벤야민의 '정치적인 것'에 대한 개념에 대해서는 Uwe Steiner, "The True Politician: Walter Benjamin's concept of the political", *New German Critique*, (Spring-Summer 2001, Nr. 83), pp. 43-88 을 참조.

53 Bolz, p. 140; Detlev Schöttker, "Nachwort: Benjamins Medien?sthetik", in: *Walter Benjamin, Walter Benjamin Medienästhetische Schriften*, Suhrkamp Verlag, Frankfurt a. M. 2002, pp. 411-439 참 조.

제4부

1 벤야민은 'Leib' 와 'Körper' 를 구분한다. 전자는 '인류'의 신체와 연관관계에 있는 것으로, 생물학적 의미의 '인간의 육체(Körper)' 와는 다르다. VI, 80-81 참조. 여기서 '신체'는, 한 인간이 생물학적으로 타고나는 육체 보다 상위 개념으로, 영혼의 저장소로서의 인간 육체, 그리고 벤야민의 인간학적 유물론에서는 '공동체적 감각을 활성화하는 범속한 각성의 후천적 신체'이다. 독일어에서는 'Leib' 와 'Seele(영혼)' 가, 'Körper' 와 'Geist(정신)' 가 쌍을 이룬다. 다른 한편, 영어 번역본은 'Leib' 를 'body' 로, 'Körper' 를 'corporeal substance' 로 옮기고 있다. *Walter Benjamin: Selected Writings, vol 1*, eds. Michael W. Jennings, Howard Eiland, Gary Smith, Belknap Harvard Press: Cambridge, 1996, pp. 393-401 참고.

2 Esther Leslie, "Dream Whirled: *Technik* and Mirroring", p. 91.

3 S. Buck-Morss, *The Origin of Negative Dialectics*, p. 32-33을 참조.

4 벤야민은 브르통이 첫 번째 〈초현실주의 선언〉을 발표한 이듬해인 1925년부터 초현실주의 연구에 착수했고, 그의 미완성 모더니티 연구서인『파사젠베르크』의 최초 원고「파리의 아케이드」또한 아라공의『파리의 농부』에 자극받은 것이다. II/3, 1018를 참고할 것.

5 Dawn Ades and Simon Baker, *Undercover Surrealism*, pp. 6-16 참조.

6 프리드리히 니체, 김대경 옮김,『비극의 탄생』, 청하, 2002, p. 29를 참조.

7 이에 대한 탁월한 철학적 고찰로 조르조 아감벤, 박진우 옮김,『호모 사케르-주권 권력과 벌거벗은 생명』, 새물결, 2008이 있다.

8 Ernst Bloch, "Revueform der Philosophie" (1928), *Gesamtausgabe Bd. 4*, Suhrkamp Verlag: Frankfurt a. M. 1962, pp. 368-371. 벅-모스에 따르면, 블로흐는 벤야민의 "초현실주의적 철학하기"에 주체성이 결여되어 있다고 비판했다. DS, p. 114 참조.

9 아도르노,『프리즘』, pp. 282-283.

10 III, 225를 참조. 벤야민은 크라카우어가 「사무원들」에서 요구하는 "지성의 정치화"를 수용하여 자신에 대입한다. 한편 이 서평은 크라카우어의 *Die Angestellten*에 "Politisierung der Intelligenz"라는 제목으로 수록돼 있다. S. Kracauer, *Die Angestellten*, Suhrkamp Verlag: Frankfurt a. M, 1971, pp. 116-123.

11 앙리 베르그송, 박종원 옮김, 『물질과 기억』, 아카넷, 2005, pp. 144-145.

12 베르그송, 『물질과 기억』, pp. 138-143 참조.

13 Heinz Brüggemann, "Passagen", p. 574.

14 우리는 이러한 분석을 하면서 푸코가 보르헤스의 중국백과사전을 인용하여, 서구 인식론의 체계를 근본적인 지점에서부터 회의했음을 떠올리게 된다. 푸코의 근대 인식론의 단절과 벤야민의 인간학적 유물론에 대한 상호 고찰은 매우 중요한 연구주제가 될 것이다. 미셸 푸코, 이광래 옮김, 『말과 사물』, 민음사, 1997, pp. 11-22를 참조할 것.

15 과거의 꿈을 이미지로 기억하고 그것을 현재화하기. 여기서 우리는 벤야민의 신학을 내재한 유물론적 역사철학에서 핵심이 되는 논점을 이해할 수 있다. "기억하기 속에서 우리는 역사를 원칙적으로 비신학적으로 이해하는 것을 금하는 경험을 하게 되고, 또 직접적으로 신학적 개념을 통해 써서도 안 되는 경험을 하게 된다."(I /3, 1235)

16 벤야민은 이미지를 상상력을 위한 매개 지점으로 상정했다. VI, 109와 Detlev Schöttker, "Benjamins Bilderwelten", in: *Schrift Bilder Denken*, p. 13을 참고할 것.

17 1933년 2월 28일 히틀러는 "인민과 국가의 보호에 관한 법령"으로 "예외 상태"를 선포하고, 바이마르공화국의 헌법을 중지시켰다. 이 법령은 제3제국 내내 유지되며 "예외 상태"를 '상례'로 만들었다. 아감벤은 벤야민과 칼 슈미트(C. Schmitt)가 1923-40년까지 "예외 상태"에 관한 논쟁으로 대립한 내용을 후자의 『정치신학』과 벤야민의 『폭력비판을 위하여』를 바탕으로 검토하면서, 이를 지적하고 있다. Giorigio Agamben, "The State of Emergency", http://www.generation-online.org/p/fpagambenschmitt.htm 참조.

18 미셸 푸코, 김현 옮김, 『이것은 파이프가 아니다』, 민음사, 1995, pp. 51-56을 참조.

19 강수미, 「공동체를 위한 예술과 공공미술」, 『현대미술학 논문집』, 현대미술학회, 2008, pp. 7-52.

20 Detlev Schöttker, "Nachwort: Benjamins Medienästhetik", pp. 412-413 참조.

21 테오도르 아도르노, 「영화의 자명성」, 김소영 편역, 『헐리우드/프랑크푸르트』, p. 99를 참고할 것.

22 집단의 정신분산적 영화 수용을 주장한 벤야민 이론에 대한 비판은 페터 뷔르거, 이기식 옮김, 『관념론 미학 비판』, 아카넷, 2005, pp. 13-14와 pp. 138-140 참고할 것. 또한 유진 런, 『마르크시즘과 모더니즘』, pp. 176-179 참고.

23 아도르노와 호르크하이머의 문화산업 연구와 대조해, "매체적 기술 자체에 관심"을 둔 벤야민의 고찰은 "매체기 위치히고 있는 사회적 콘텍스트에 연관되지 않고 고립된" 것, "전도된 추상화"라는 의견이 있다. Angela Spahr, "Der Verfall der Aura. Walter Benjamin", in: *Medientheorien*, pp. 34-36을 참고할 것.

24 Esther Leslie, "Dream Whirled: Technik and Mirroring", pp. 90-91.

25 이상 비릴리오 인용 및 참조는 폴 비릴리오, 『전쟁과 영화: 지각의 병참학』, pp. 14-25; 131; 16-17; 36; 128-136; 127. 두 이론 간에 관찰의 대상은 유사하지만 전혀 다른 결론에 도달하는 대표적인 문제로 영화관의 집단 수용과 영화의 미적 경험을 들 수 있다. 벤야민은 영화관을 집단이 영상이미지와 조응하면서 혁명을 가속화할 비판적 인식과 실천의 연습장으로 보지만, 비릴리오는 전장에서 맹목적인 폭력에 빠지는 전사의 최면 상태와 영화의 최면 상태는 같으며, 이는 영화관이 "투쟁적인 만장 일치성을 만들어내는 훈련 캠프"이기 때문이라고 주장한다.

26 빌렘 플루서, 윤종석 옮김, 『사진의 철학을 위하여』, 커뮤니케이션북스, 1999, pp. 87-91.

27 비릴리오, 『전쟁과 영화』, pp. 21-22.

28 플루서, 『사진의 철학을 위하여』, p. 91과 빌렘 플루서, 김현진 옮김, 『그림의 혁명』, 커뮤니케이션북스, 2004, pp. 33-35 참조.

29 레지스 드브레, 정진국 옮김, 『이미지의 삶과 죽음』, 시각과언어, 1994, p. 35.

30 아도르노, 「영화의 자명성」 김소영 편역, 『헐리우드/프랑크푸르트』, p. 99 참조.

31 장 보드리야르, 하태환 옮김, 『시뮬라시옹』, 민음사, 1997 참조. 인용은 p. 16.

32 마셜 맥루언, 김성기·이한우 옮김, 『미디어의 이해: 인간의 확장』, 민음사, 2002, p. 30 이하를 참조.

33 대표적으로 미셸 푸코, 오생근 옮김, 『감시와 처벌: 감옥의 탄생』(1975), 나남, 2003과 미셸 푸코, 이규현 옮김, 『성의 역사 1 - 앎의 의지』(1976), 나남, 2004. 또한 미셸 푸코, 이규현 옮김, 『광기의 역사』(1961), 나남, 2003도 참고할 것. 한편 근대 개인 주체의 사회 경제적 생산과 문화적 재생산에 대한 분석은 벤야민과 푸코의 이론을 함께 연구할 수 있는 주제인데 이에 대해서는 아감벤의 『호모 사케르』를 추천한다.

34 미셸 푸코, 『감시와 처벌: 감옥의 탄생』, pp. 55-60 참조. 인용은 p. 55와 56. 한편 시각성과 근대 개인성의 출현에 관련해서는 크래리, 『관찰자의 기술』를 참고할 것.

35 Michel Foucault, "Of other spaces", *Diacritics*, 1986, Spring과 Tony Benett, *The Birth of the Museum History, Theory, Politics*, Routledge: London, 1995를 참고할 것.

36 보드리야르, 『시뮬라시옹』, pp. 12-19 참조.

37 장 보드리야르, 배영달 옮김, 『토탈스크린』, 동문선, 2002, p. 199를 참고할 것.

38 보드리야르, 『토탈스크린』, p. 202와 pp. 69-70을 참조. 또한 미학이 다원론적 입장을 취할 때 제기될 수 있는 미학적 질문에 대해서는 김진엽, 「다원론적 미학을 위하여」, 『현대미술학 논문집』, 현대미술학회, 2006(10호)을 참고할 것.

39 Michael Heim, *Virtual Realism*, Oxford University Press: New York, 1998, p. 52.

40 *Grundwissen Medien*, Hrsg. v. Werner Faulstich, Wilhelm Fink Verlag: Stuttgart, 2004, p. 90.

41 한스 M. 엔첸스베르거, 권중운 편역, 『뉴미디어의 영상미학』, 민음사, pp. 195-198 참조. 또한 랄프 슈넬, 강호진 등 옮김, 『미디어미학』, 이론과실천, 2005, p. 26 참조.

42 매체미학의 이론적 관점과 매체미학 초기 참고문헌에 대해서는 Faulstich, *Grundwissen Medien*, pp. 90-94를 참고할 것.

43 예컨대 베르너 파울슈티히, 황대현 옮김, 『근대 초기 매체의 역사』, 지식의풍경, 2007을 보라.

44 플루서, 『사진의 철학을 위하여』, pp. 28-29, pp. 93-94 참조.

45 슈넬, 『미디어미학』, p. 87.

46 Bazon Brock, "Ästhetik in der Alltagswelt und Emanzipation der Wünsche", in: *Um 1968. Konkrete Utopien in Kunst und Gesellschaft*, DuMont Reiseverlag: Ostfieldern, 1990 참조.

47 S. Kracauer, "The Bible in German", in: *The Mass Ornament*, p. 201.

48 '미술이론' 개념의 역사적 규정과 '신미술사학'의 이론 경향에 대해서는 김영나, 「미술이론의 역사와 신미술사학」, 『예술문화연구』, 서울대학교 인문대학 예술문화연구소, 1997, pp. 7-27 참고할 것.

49 미술사연구에서 미술사와 시각문화연구의 '관계'에 대해서는 강태희, 「미술사의 추억」, 『서양미술사학회 논문집』, 서양미술사학회, 2004(22집), pp. 9-33을 참고할 것.

50 안토니오 네그리 · 마이클 하트, 윤수종 역, 『제국』, 이학사, 2001, pp. 287-293 참고할 것.

[참고문헌]

I. 발터 벤야민의 저작

Benjamin, Walter, *Walter Benjamin Gesammelte Schriften. Bd. I -VII*, Unter Mitwirkung von Theodor W. Adorno & Gershom Scholem, Hrsg. von Rolf Tiedemann & Hermann Schweppenhäuser, Shurkamp Verlag: Frankfurt a. M. 1972-1989.

_____, *Gesammelte Briefe Band I -VI*. Hrsg. von Theodor W. Adorno Archiv. Hrsg. von Christoph Gödde & Henri Lonitz, Shurkamp Verlag: Frankfurt a. M. 1995-2000.

_____, *Briefe,* Hrsg. von G. Scholem & Th. W. Adorno, Shurkamp Verlag: Frankfurt a. M. 1991.

_____, Walter Benjamin *Medienästhetische Schriften*, Suhrkamp Verlag, Frankfurt a. M. 2002.

_____, *Walter Benjamin: Selected Writings, vol 1-4*, eds. Michael W. Jennings, Howard Eiland, Gary Smith, Belknap Harvard Press: Cambridge, 1996-2006.

_____, *The Arcades Project*, trans. Howard Eiland & Kevin Mclaughlin, Belknap Harvard Press: Cambridge, 2002.

II. 국내 단행본 번역된 벤야민 저작

김남시 옮김, 『발터 벤야민의 모스크바 일기』, 그린비, 2005.

박설호 편역, 『베를린의 유년시절』, 솔, 1992.

반성완 편역, 『발터 벤야민의 문예이론』, 민음사, 1983.

조형준 옮김, 『아케이드 프로젝트 I · II』, 새물결, 2005-2006.

차봉희 편역, 『현대사회와 예술』, 문학과 지성사, 1980.

김영옥 · 윤미애 최성만 편역, 『발터 벤야민 선집 1』, 길, 2007.

최성만 편역, 『발터 벤야민 선집 2』, 길, 2007.

윤미애 편역, 『발터 벤야민 선집 3』, 길, 2007.

III. 2차 문헌: 단행본 및 논문

Ades, Dawn & Baker, Simon, *Undercover Surrealism: Georges Bataille and DOCUMENTS*, The MIT press: Massachusetts, 2006.

Adorno, Theodor, *Über Walter Benjamin*, Hrsg. und mit Anmerkungen versehen von Rolf Tiedemann, Suhrkamp Verlag: Frankfurt a. M. 1970.

Adorno, Theodor, & Benjamin, Walter, *Adorno Benjamin Briefwechsel 1928-1940*, Hrsg. von Henri Lonitz, Suhrkamp Verlag: Frankfurt a. M. 1994.

_____, *Negative Dialektik*, 홍승용 옮김, 『부정변증법』, 한길사, 1999.

_____, "Introduction to Benjamin's *Schriften*," trans. R. Hullot-Kentor with Tom Levin and Eric Krakauer, in: *On Walter Benjamin: Critical Essays and Reflections*, ed. Gary Smith, MIT Press: Massachusetts, 1988.

_____, "Die Idee der Naturgeschichte", *Gesammelte Schriften Bd.* 1, Hrsg. von Rolf Tiedemann, Suhkamp Verlag: Frankfurt a. M. 1973.

_____, "Rückblickend auf den Surrealismus", in: *Noten zur Literatur*, Suhkamp Verlag: Frankfurt a. M.1981.

_____, *Prismen-Kulturkritik und Gesellschaft*, 홍승용 옮김, 『프리즘-문화비평과 사회』, 문학동네, 2004.

Adorno, Theodor, & Horkheimer, Max, *Dialektik der Aufklärung*, 김유동 옮김, 『계몽의 변증법』, 문학과 지성사, 2001.

Aragon, Louis, *Le paysan de Paris*, (1926), Gallimard: Paris, 1953.

Arendt, Hannah, "Introduction. Walter Benjamin: 1892-1940," in: *Walter Benjamin, Illumination*,(2nd edition) trans. Harry Zohn, Schocken Books: New York, 1973.

Baudelaire, Charles, *Baudelaire selected writings on art & artists*, trans. P.E.Charvet, Cambridge University Press, 1988.

_____, 박은수 옮김, 『보들레르 시선집』, 민음사, 1995.

_____, 윤영애 옮김, 『파리의 우울』, 민음사, 1999(1판 10쇄).

Baudrillard, Jean, 하태환 옮김, 『시뮬라시옹』, 민음사, 1997.

_____, 배영달 옮김, 『토탈스크린』, 동문선, 2002.

Bergson, Henri, *matiére et mémoire*, 박종원 옮김, 『물질과 기억』, 아카넷, 2005.

Berlin, Isaiah, *The Roots of Romanticism*, 강유원, 나현영 옮김, 『낭만주의의 뿌리』, 이제이북스, 2005.

_____, 이종흡·강성호 옮김, 『비코와 헤르더』, 민음사, 1997.

Bloch, Ernst, *Das Prinzip Hoffnung*, 박설호 옮김, 『희망의 원리』, 솔, 1993.

Bohrer, Karl, *Das Absolute Präsens - Die Semantik ästhetischer Zeit*, 최문규 옮김, 『절대적 현존』, 문학동네, 1998.

Bolz, Norbert & Witte, Bernd (Hrsg.), *Passagen. Walter Benjamins Urgeschichte des neunzehnten Jahrhunderts*, Wilhelm Fink Verlag: München, 1984.

Bolz, Norbert & Reijen, Willem van, *Walter Benjamin*, 김득룡 옮김, 『발터 벤야민: 예술, 종교, 역사철학』, 서광사, 2000.

Bolz, Norbert, "Walter Benjamins Ästhetik", in: *Walter Benjamin, 1892-1940, zum 100. Geburtstag*, Hrsg. von Uwe Steiner, Peter Lang Verlag: Bern, 1992.

Brock, Bazon, *Um 1968. Konkrete Utopien in Kunst und Gesellschaft*, DuMont Reiseverlag: Ostfieldern, 1990.

Brodersen, Momme, *Walter Benjamin*, 이순예 옮김, 『발터 벤야민-주어캄프 세계인물총서 01』, 인물과사상사, 2007.

Brüggemann, Heinz, "Passagen", in: *Benjamins Begriffe Bd. 2*, Hrsg. von Michael Opitz und Erdmut Wizisla, Suhrkamp Verlag: Frankfurt a. M. 2000.

Buck-Morss, Susan, *The Dialectics of Seeing: Walter Benjamin and the Arcades Project*, MIT Press: Massachusetts, 1999 (9th edition).

_____, *The Origin of Negative Dialectics: Theodor W. Adorno, Walter Benjamin and the Frankfurt Institute*, The Harvester Press: England, 1977.

_____, "Dream World of Mass Culture: Walter Benjamin's Theory of Modernity and the Dialectics of Seeing", in: *Modernity and the Hegemony of Vision*, 정성철 외 옮김, 『모더니티와 시각의 헤게모니』, 시각과언어, 2004.

_____, "Aesthetics and Anaesthetics: Walter Benjamin's Artwork Essay Reconsidered", in: *October: The Second Decade, 1986-1996*, Rosalind Krauss(ed.), MIT Press: Cambridge, 1998.

Bürger, Peter, *Theorie der Avantgarde*, 최성만 옮김, 『전위예술의 새로운 이해』, 심설당, 1986.

_____, *Zur Kritik der idealistischen Ästhetik*, 이기식 옮김, 『관념론 미학 비판』, 아카넷, 2005.

Cassirer, Ernst, *Philosophie der Symbolischen Formen Bd 3*, Wissenschaftliche Buchgesellschaft: Darmstadt, 1973-1975.

_____, *The Individual and the Cosmos in Renaissance Philosophy*, trans. Mario Domandi, University of Pennsylvania Press: Philadelphia, 1972.

Crary, Jonathan, *Techniques of the Observer*, 임동근, 오성훈 외 옮김, 『관찰자의 기술』, 문화과학사, 1999.

Derrida, Jacques, *Force de loi*, 진태원 옮김, 『법의 힘』, 문학과지성사, 2004.

Dilas-Rocherieux, Yolène, *L'utopie ou la mémoire*, 김휘석 옮김, 『미래의 기억 유토피아』, 서해문집, 2007.

Eagleton, Terry, *The Ideology of the Aesthetic*, 방대원 옮김, 『미학사상』, 한신문화사, 1995.

Edwards, Paul(ed.), *The Encyclopedia of Philosophy*, Macmillan Publishing Press: New York, 1967.

Eisenstein, Sergei, *Film Form, Film Sense*, 정일몽 옮김, 『영화의 형식과 몽타쥬』, 영화진흥공사, 1990.

Enzensberger, Hans Magnus, 권중운 편역, 『뉴미디어의 영상미학』, 민음사, 1994.

Faulstich, Werner(Hrsg.), *Grundwissen Medien*, Wilhelm Fink Verlag: Stuttgart, 2004.

_____, 황대현 옮김, 『근대 초기 매체의 역사』, 지식의풍경, 2007.

Ferris, David(ed.), *Walter Benjamin*, Cambridge University Press: UK, 2004.

Flaubert, Gustave, *Sentimental Education*, trans. R. Baldick, Harmondsworth: UK, 1982.

Flusser, Vilem, 윤종석 옮김, 『사진의 철학을 위하여』, 커뮤니케이션북스, 1999.

_____, 김현진 옮김, 『그림의 혁명』, 커뮤니케이션북스, 2004.

Foucault, Michel, *Ceci n'est pas une pipe*, 김현 옮김, 『이것은 파이프가 아니다』, 민음사, 1995.

_____, 이규현 옮김, 『광기의 역사』(1961), 나남, 2003.

_____, 이광래 옮김, 『말과 사물』, 민음사, 1997.

_____, 오생근 옮김, 『감시와 처벌: 감옥의 탄생』, 나남, 2003.

_____, 이규현 옮김, 『성의 역사 1 - 앎의 의지』, 나남, 2004.

Freund, Gisèle, *Photographie et Société*, 성완경 옮김, 『사진과 사회』, 눈빛, 1998.

Freud, Sigmund, 김인순 옮김, 『꿈의 해석』, 열린책들, 2004(재간 2쇄).

_____, 김명희 옮김, 『프로이트 전집 9: 늑대인간』, 열린책들, 1996.

_____, 윤희기, 박찬부 옮김, 『프로이트 전집 11: 정신분석학의 근본개념』, 열린책들, 2004(재간 2쇄).

_____, 정장진 옮김, 『프로이트 전집 14: 예술, 문학, 정신분석』, 열린책들, 2005.

_____, 이윤기 옮김, 『프로이트전집 16: 종교와 타부』, 열린책들, 1997.

Frisby, David, *Fragments of Modernity: Theories of Modernity in the Work of Simmel, Kracauer and Benjamin*, MIT Press: Cambridge, 1986.

Fuld, Werner, *Walter Benjamin: Zwischen den Stühlen*, 이기식 · 김영옥 옮김, 『발터 벤야민-그의 생애와 시대』, 문학과지성사, 1985.

Garber, Klaus, *Walter Benjamin als Briefschreiber und Kritiker*, Wilhelm Fink Verlag: M?nchen, 2005.

_____, "Barock und Moderne im Werk Benjamins", in: *Literaturmagazin*, Bd. 29(1992), pp. 28-46.

Gilloch, Graeme, *Walter Benjamin Myth & Metropolis*, 노명우 옮김, 『발터 벤야민과 메트로폴리스』, 효형출판, 2005.

_____, "The Heroic Pedestrian or the Pedestrian Hero? Walter Benjamin and the Flaneur", *Telos*, 1992(Spring, 91).

Habermas, Jürgen, *Der philosophische Diskurs*, 이진우 옮김, 『현대성의 철학적 담론』, 문예출판사, 1994.

_____, *Theorie des kommunikativen Handelns 1*, 장춘익 옮김, 『의사소통행위이론 1 - 행위합리성과 사회합리화』, 나남, 2006.

_____, "Bewuβtmachende oder rettende Kritik - die Aktualität Walter Benjamins", in: *Zur Aktualität Walter Benjamins*, Hrsg. von Siegfried Unseld, Suhrkamp Verlag: Frankfurt a. M. 1972.

_____, "Modernity - An Incomplete Project" in: Hal Foster (ed), *The Anti-Aesthetic: Essays on Postmodern Culture*. 윤호병 외 옮김, 『반미학』, 현대미학사, 1993.

Hallacker, Anja, *Es spricht der Mensch: Walter Benjamins Suche nach der lingua adamica*, Wilhelm Fink Verlag: München, 2004.

Hanssen, Beatrice, "Language and mimesis in Walter Benjamin's work", in: David Ferris(ed.), *Walter Benjamin*, Cambridge University Press: UK, 2004.

Harvey, David, *Paris, Capital of Modernity*, 김병화 옮김, 『모더니티의 수도, 파리』, 생각의 나무, 2005.

_____, *The Condition of Postmodernity*, 구동회, 박영민 옮김, 『포스트모더니티의 조건』, 한울, 1994.

Hegel, Georg Wilhelm Friedrich, *Wissenschaft der Logik, in: G.W.F Hegel Werke in zwanzig Bänden, Bd. 6*, Hrsg. von Eva Moldenhauer und Karl Markus Michel, Suhrkamp Verlag: Frankfurt a. M. 1986.

Heidegger, Martin, *Der Ursprung des Kunstwerkes*, 오병남 · 민형원 옮김, 『예술 작품의 근원』, 예전사, 1996.

Heim, Michael, *Virtual Realism*, Oxford University Press: New York, 1998.

Herder, Johann Gottfried von, 강성호 옮김, 『인류 역사철학에 대한 이념』, 책세상, 2002.

Hinz, Berthold, 안규철 옮김, 『신즉물주의 & 제3제국의 회화』, 열화당, 1988.

Hirschberger, Johannes, *Geschichte der Philosophie*, 강성위 옮김, 『힐쉬베르거 · 서양철학사』, 이문출판사, 2005.

Holz, Hans Heinz, "Idee", in: *Benjamins Begriffe Bd. 2*, Hrsg. von Michael Opitz und Erdmut Wizisla, Suhrkamp Verlag: Frankfurt a. M. 2000.

Jameson, Fredric, *Late Marxism*, 김유동 옮김, 『후기 마르크스주의』, 한길사, 2000.

Jauβ, Hans Robert, *Studien zum Epochenwandel der ästhetischen Moderne*, 김경식 옮김, 『미적 현대와 그 이후』, 문학동네, 1999.

Jay, Martin, *Dialectical Imagination*, 황재우 옮김, 『변증법적 상상력: 프랑크푸르트학파의 역사와 이론』, 돌베개, 1981.

Jennings, Michael, "Introduction", in: *Walter Benjamin, The Writer of Modern Life: essays on Charles Baudelaire*, M. Jennings(ed.), The Belknap Press of Harvard University Press: Cambridge, 2006.

Kahl, Michael, "Der Begriff der Allegorie in Benjamins Trauerspielbuch und im Werk Paul de Mans", in: *Allegorie und Melancholie*, Hrsg. von Willem van Reijen, Suhrkamp

Verlag: Frankfurt a. M., 1992.

Kant, Immanuel, *Kritik der reinen Vernunft*, B 370. 최재희 옮김, 『순수이성비판』, 박영사, 2004(개정중판).

_____, *Kritik der Urteilskraft*, 이석윤 옮김, 『판단력비판』, 2003(중판)

_____, *Kritik der praktischen Vernunft*, 백종현 옮김, 『실천이성비판』, 아카넷, 2002.

_____, "Idee zu einer allgemeinen Geschichte in weltbürgerlicher Absicht", *Kants gesammelte Schriften Bd. 8*, Hrsg. von der Kgl. Preußischen Akademie der Wissenschaft. 1969.

_____, *Anthropologie in pragmatischer Hinsicht*, 이남원 옮김, 『실용적 관점에서 본 인간학』, 울산대학교출판부, 1998.

Kaulen, Heinrich, *Rettunng und Destruktion. Untersuchung zur Hermeneutik Walter Benjamins*, Niemeyer Max Verlag: Tübingen, 1987.

Kiefer, Bernd, *Rettende Kritik der Moderne. Studien zum Gesamtwerk Walter Benjamins*, Lang: Frankfurt. a. M, 1994.

Kloock, Daniela & Spahr, Angela, *Medientheorien*, Wilhelm Fink Verlag: München, 2000.

Koch, Gertrud, *Siegfried Kracauer: An Introduction*, trans. Jeremy Gaines, Princeton University Press: New Jersey, 2000.

Kojève, Alexandre, *Hegel, eine Vergegenwärtigung seines Denkens*, 설헌영 옮김, 『역사와 현실 변증법-헤겔 철학의 현대적 접근』, 한벗, 1981.

Köhn, Eckhardt, "Sammler", in: *Benjamins Begriffe Bd. 2*, Hrsg. von Michael Opitz und Erdmut Wizisla, Suhrkamp Verlag: Frankfurt a. M. 2000.

Koselleck, Reinhart, *Vergangene Zukunft zur Semantik geschichtlichen Zeiten*, 한철 옮김, 『지나간 미래』, 문학동네, 1998.

Kracauer, Siegfried, *Die Angestellten- Aus dem neuesten Deutschland*, Suhrkamp Verlag: Frankfurt a. M. 1971.

_____, "On the Writings of Walter Benjamin," in: *The Mass Ornament*, trans. Thomas Levin, Harvard University Press: Massachusetts, 1995.

_____, "Kult der Zerstreuung-Über die Berliner Lichtspielhäuser", in: *Das Ornament der Masse*, Suhrkamp Verlag: Frankfurt a. M. 1977. "The Cult of Distraction", in: *The Mass Ornament*, 1995.

_____, "Photography", in: *The Mass Ornament*, 1995.

Kusin, A. A. 노태천 편역, 『마르크스의 기술론』, 문학과지성사, 1990.

Lausberg, Heinrich, *Handbuch der Literarischen Rhetorik*, Hueber: München, 1960.

Lefebvre, Henri, *Introduction a la modernite*, 이종민 옮김, 『모더니티 입문』, 동문선, 1999.

Leibniz, Gottfried, Monadologie, 이정우 옮김, 「모나드론」 in 『주름, 갈래, 울림』, 거름, 2001.

Leslie, Esther, *Walter Benjamin: overpowering conformism*, Pluto Press: London, 2000.

Lindroos, Kia, *Now-time/Imager-space: Temporalization of Politics in Walter Benjamin's Philosophy of History and Art*, SoPHi: Finland, 1998.

Lukács, Georg, *Geschichte und Klassenbewuβtsein,-Studien über marxistische Dialektik*, 박정호, 조만영 옮김, 『역사와 계급의식』, 거름, 1986.

Lunn, Eugene, *Marxism and Modernism: A Historical Study of Lukács, Brecht, Benjamin and Adorno*, 김병익 옮김, 『마르크시즘과 모더니즘-루카치와 브레히트, 벤야민과 아도르노』, 문학과지성사, 1986.

MacLuhan, Marshall, 김성기 · 이한우 옮김, 『미디어의 이해: 인간의 확장』, 민음사, 2002.

McCole, John, *Walter Benjamin and the antinomies of tradition*, Cornell University Press: Itacha, 1993.

Markner, Reinhard & Weber, Thomas(Hrsg.) *Literatur über Walter Benjamin: Kommentierte Bibliographie 1983~1992*, Argument Verlag: Hamburg, 1993.

Marx, Karl, *Das Kapital-Kritik der politischen Ökonomie Bd. 1*, Dietz Verlag: Berlin, 1988.

_____, *Ökonomisch-philosophische Manuskipt* (1844), 김태경 옮김, 『경제학 · 철학 수고』, 이론과실천, 1987.

Marx, Karl, & Engels, Friedrich, *Die Deutsche Ideologie*, 박재희 옮김, 『독일 이데올로기 I』, 청년사, 2004.

Menninghaus, Winfried, *Walter Benjamins Theorie der Sprachmagie*, Suhrkamp Verlag: Frankfurt. a. M. 1995.

Michael Kahl, "Der Begriff der Allegorie in Benjamins Trauerspielbuch und im Werk Paul de Mans", in: *Allegorie und Melancholie*, Hrsg. von Willem van Reijen, Suhrkamp Verlag: Frankfurt a. M. 1992.

Missac, Pierre, *Walter Benjamins Passage*, Übers. von Ulrike Bischoff, Suhrkamp Verlag:

Frankfurt a. M. 1991.

Mitchell, W.J.T. *Iconology: Image, Text, Ideology*, The University of Chicago Press: Chicago, 1986.

Negri, Antonio & Hardt, Michael, 윤수종 옮김, 『제국』, 이학사, 2001.

Niethammer, Lutz, *Ist die Geschichte zu Ende?*, 이동기 옮김, 『역사에서 도피한 거인들』, 박종철출판사, 2001.

Nietzsche, Friedrich, *Die Geburt der Tragödie*, 김대경 옮김, 『비극의 탄생』, 청하, 2002.

Owens, Craig, "The Allegirical Impulse: Toward a Theory of Postmodernism", in: *October, 1980*(Spring-Summer).

Platon, *Politeia*, 박종현 역주, 『국가 · 정체』, 서광사, 1997.

_____, *Sophist*, 김태경 옮김, 『소피스테스』, 한길사, 2000.

_____, *Phaidon*, 최명관 옮김, 『플라톤의 초기 대화편』, 훈복문화사, 2004.

Plumpe, *Gerhart*, 홍승용 옮김, 『현대의 미적 커뮤니케이션 1』, 경성대학교출판부, 2007.

Poggioli, Renato, *Theory of the Avant-Garde*, trans. Gerald Fitzgerald, Belknap Press of Harvard University Press: Cambridge, 1968.

Recki, Birgit, *Aura und Autonomie - Zur Subjektivität der Kunst bei Walter Benjamin und Theodor W. Adorno*, Königshausen & Neumann: Würzburg, 1988.

Riegl, Alois GertSchiff(ed.), *German Essays on Art History*, Continuum: New York, 1988.

Scholem, Gershom, *Walter Benjamin-die Geschichte einer Freundschaft*, 최성만 옮김, 『한 우정의 역사-발터 벤야민을 추억하며』, 한길사, 2002.

_____, "Walter Benjamin," in: *On Jews and Judaism in Crisis. Selected Essays*, ed. Werner J. Dannhauser, Schocken Books: New York, 1976.

Schöttker, Detlev(Hrsg.), *Schrift Bilder Denken-Walter Benjamin und die Künste*, Suhrkamp Verlag: Frankfurt a. M. 2004.

Schnell, Ralf, 강호진 등 옮김, 『미디어미학』, 이론과실천, 2005.

Schweppenhäuser, Hermann, *Ein Physiognom der Dinge. Aspekte des Benjaminschen Denkens*, Klampen: Lüneberg, 1992

Smith, Gary(ed.), *Benjamin: Philosophy, History, Aesthetics*, The University of Chicago Press: Chicago, 1989.

Steinhagen, Harald, "Zu Walter Benjamins Begriff der Allegorie" in: *Formen und*

Funktionen der Allegorie, Hrsg. von Walter Haug, Metzler: Stuttgart, 1979.

Tatarkiewicz, Wladyslaw, *A History of Six Ideas - An Essay in Aesthetics*, 손효주 옮김, 『미학의 기본 개념사』, 미진사, 1990.

Thierkopf, Dietrich, "Nähe und Ferne-Kommentare zu Benjamins Denkverfahren", in: *Text+Kritik*, Hrsg. von Heinz Ludwig Arnold, 1979(31/32).

Tiedemann, Rolf, *Studien zur Philosophie Walter Benjamins*, Suhrkamp Verlag: Frankfurt a. M. 1973.

Tillich, Paul, 송기득 옮김, 『그리스도교 사상사』, 대한기독교서회, 2005.

Unseld, Siegfried(Hrsg.), *Zur Aktualität Walter Benjamins: Aus Anlaß des 80. Geburtstags von Walter Benjamin*, Suhrkamp: Frankfurt a. M. 1972.

Virilio, Paul, *Vitesse et Politique*, 이재원 옮김, 『속도와 정치』, 그린비, 2004.

_____, 권혜원 옮김, 『전쟁과 영화: 지각의 병참학』, 한나래, 2004.

Waldberg, Patrick, *Surrealism*, Oxford University Press: New York and Toronto, 1978.

Weber, Thomas, "Erfahrung", in: *Benjamins Begriffe Bd. I*, Hrsg. von Michael Opitz und Erdmut Wizisla, Suhrkamp Verlag: Frankfurt a. M. 2000.

Weigel, Sigrid, *Body-and Image-Space: Re-reading Walter Benjamin*, Routledge: London, 1996.

_____, *Entstellte Ähnlichkeit. Walter Benjamins theoretische Schreibweise*, Fischer: Frankfurt. a. M, 1997.

Wiesenthal, Liselotte, *Zur Wissenschaftstheorie Walter Benjamins*, Athenaum: Frankfurt a. M. 1973.

_____, "Die Krise der Kunst im Prozeß ihrer Verwissenschaftlichung", in: *Text+Kritik*, 31/32호

Wilson, Elizabeth, *The Sphinx in the City*, Virago: London, 1991.

Witte, Bernd, *Walter Benjamin: Der Intellektuelle als Kritiker-Untersuchungen zu seinem Frühwerk*, J. B. Metzlerische Verlag: Stuttgart, 1976.

Witte, Karsten(Hrsg.), *Theorie des Kinos*, 박흥식 · 이준서 옮김, 『매체로서의 영화』, 이론과실천, 1996.

Wolin, Richard, *Walter Benjamin: An Aesthetic of Redemption*, University of California Press: California, 1994.

Zima, Peter, *Literarische Ästhetik*, 허창운 옮김,『문예미학』, 을유출판사, 1993.

강수미,「지속가능한 공동체를 위한 시각예술이미지의 조직 (Ⅰ)-아방가르드와 대중문화 예술의 교차점」,『미학·예술학 연구』, 한국미학예술학회, 2010(31집).

_____,「꿈과 각성의 시각적 무의식 공간-프로이트 정신분석학과 함께 벤야민 후기 예술론 읽기」,『미학』, 한국미학회, 2008(55집).

_____,「공동체를 위한 예술과 공공미술」,『현대미술학 논문집』, 현대미술학회, 2008(12호).

_____,「인간학적 유물론과 예술의 생산과 수용 - 발터 벤야민의 '초현실주의'를 중심으로」,『미학』, 한국미학회, 2007(52집).

_____,「테크놀로지 사회에서의 예술의 조건-발터 벤야민의 '기술(Technik)' 개념을 중심으로」,『미학·예술학 연구』, 한국미학예술학회, 2005(22집).

_____,「발터 벤야민의 모더니티에 대한 시각과 역사철학」,『미술평단』, 한국미술평론가협회, 2003(가을).

강태희,「미술사의 추억」,『서양미술사학회 논문집』, 서양미술사학회, 2004(22집).

고지현,『꿈과 깨어나기』, 유로, 2007.

_____,「발터 벤야민의 샤를르 푸리에 수용에서 드러나는 '꿈'의 범주 (2)」,『뷔히너와 현대문학』, 한국뷔히너학회, 2005(25호).

김기봉,「랑케의 'wie es eigentlich gewesen' 본래 의미와 독일 역사주의」, 호서사학, 2004(39집).

김길웅,「미적 현상과 시대의 매개체로서의 알레고리-벤야민의 알레고리 개념을 중심으로」, 현대비평과 이론, 1997(14호).

김소영 편역,『헐리우드/프랑크푸르트』, 시각과 언어, 1994.

김영나,「미술이론의 역사와 신미술사학」,『예술문화연구』, 서울대학교 인문대학 예술문화연구소, 1997.

김유동,「성좌 읽기: 발터 벤야민의『독일 비극의 원천』의 서술구조에 관하여」, 서울대학교 독일학연구소, 2004(12월).

김진엽,「예술이란 무엇인가? 현대 영미 미학의 답변」,『미학·예술학 연구』, 한국미학예술학회, 2002(16호).

_____,「다원론적 미학을 위하여」,『현대미술학 논문집』, 현대미술학회, 2006(10호).

백종현,「『실천이성비판』 연구」, in: Immanuel Kant, *Kritik der praktischen Vernunft*, 백종

현 옮김, 『실천이성비판』, 아카넷, 2002.

서규환, 「발터 벤야민과 위기 미학」, 『세계의 문학』, 민음사, 1992(여름).

소광희, 『시간의 철학적 성찰』, 문예출판사, 2001.

심광현, 「전자복제시대와 이미지의 문화정치: 벤야민 다시읽기」, 『문화/과학』, 문화과학사, 1996(여름, 9호).

_____, 「유비쿼터스-디지털 미디어 시대의 탈근대 문화정치: 맑스-벤야민-맥루한의 성좌적 배치와 새로운 주체성의 생산」, 『문화/과학』, 문화과학사, 2006(겨울, 48호).

심혜련, 「대중매체에 관한 발터벤야민의 미학적 고찰이 지니는 현대적 의의」, 『미학』, 한국미학회, 2001(30집).

_____, 「발터 벤야민의 예술 이론에 대한 맑스주의 미학의 해석에 관하여- '예술의 정치화'를 중심으로」, 『진보평론』, 현장에서 미래를, 2001(9호).

윤선구, 「단자론의 토대 위에 구축된 광범한 철학체계」, 철학과 현실, 2000(47호).

이창재, 「프로이트의 신경증 원인론: 외상, 환상, 사후작용」, 『라캉과 현대정신분석』, 한국라캉과 현대정신분석학회, 2004(6호).

조대호 역해, 『아리스토텔레스의 형이상학』, 문예출판사, 2004.

최성만, 「벤야민에서 중단의 미학과 정치학」, 『문예미학』, 문예미학회, 2001(8호).

_____, 「발터 벤야민의 역사철학적 구제비평」, 『문학, 그 '사이'의 존재』, 이학사, 2003.

_____, 「언어, 번역, 미메시스: 벤야민의 언어철학과 '유사성론' 고찰」, 『독일문예사상』, 문예미학회, 1996.

_____, 「엠블렘의 역사 속에서 본 제바스티안 브란트의 『바보배』」, 『뷔히너와 현대문학』, 한국뷔히너학회, 2006(26호).

_____, 「벤야민 횡단하기」, 『문화/과학』, 문화과학사, 2006(46호, 48호).

하선규, 「미감적 경험의 현상학적 재정의: 헤르만 슈미츠의 신체현상학과 미학이론에 대하여」, 『미학·예술학 연구』, 한국미학예술학회, 2006(23호).

_____, 「영화: 현대의 묵시록적 매체 - 크라카우어와 벤야민의 이론을 중심으로」, 『미학』, 한국미학회, 2004(37집).

_____, 「예술과 문화적 삶」, 『미학』, 한국미학회, 2007(49집).

IV. 벤야민 특집을 다룬 잡지 및 인터넷 웹 사이트

New German Critique, (Fall, 1986, Nr, 39)

Philosophical Forum, (Fall-Winter, 1983-1984, Nr. 15)

Text+Kritik, (1979, Nr. 31/32)

Agamben, Giorigio, "The State of Emergency".

Stable URL: http://www.generation-online.org/p/fpagambenschmitt.htm

Gur-Ze'ev, Ilan, "Walter Benjamin and Max Horkheimer : From utopia to redemption".

Stable URL: http://www.ominiverdi.com/walterbenjamin/cf/pdf/Ilan_GurZeev.pdf

Steiner, Uwe, "The True Politician: Walter Benjamin's concept of the political", *New German Critique*, (Spring-Summer 2001, Nr. 83)

Stable URL: http://www.jstor.org/view/0094033x/ap030081/03a00020/0

Weigel, Sigrid, "Techne und Aisthesis photo-und kinematographischer Bilder - Die Geburt von Benjamins Theorie optischer Medien aus dem Detail", *Internationale Walter Benjamin Gesellschaft.*

Stable URL: www.iwbg.uni-duesseldorf.de/Aufsaetze

[도판 목록]

감사

이 책의 근간이 된 내용을 박사학위논문으로 쓰던 2년의 시간, 그리고 그 논문이 대학의 권내를 넘어 일반 대중의 '읽기'와 접속하기를 바라며 개정 작업을 한 최근 1년간 세상사 언제든 그랬지만 무수히 많은 사건들이 일어났고 곧 스러졌습니다. 결코 지워질 것 같지 않은 강렬한 경험 또한 이내 우리의 기억에서 행방이 묘연해졌음을 문득 깨닫습니다. 그 사건과 경험은 때때로 눈부시게 좋고 아름다웠지만, 우리 인생의 많은 속성들이 그렇듯이, 대부분은 답답하고, 억울하고, 비극적이고, 두렵고, 아프고, 불쾌하고, 슬픈 일들이었습니다. 하지만 저는 이 책을 쓰고 다시 보고, 또 쓰고 다시 보고 하는 동안만큼은, 격랑이 치는 세계의 한가운데 어딘가 '바람이 불지 않는 곳'에서 따뜻이 보호받았음을 알고 있습니다. 그 시간은 아주 많은 분들의 지적 도움과 격려, 그리고 사랑으로 충만한 현재 시간들이었던 것이죠. '벤야민'이라는 지적 거인을 마주할 힘의 원천이 거기서 솟아났습니다.

하선규 선생님, 김진엽 선생님, 최성만 선생님, 민형원 선생님, 고위공 선생님께 고개 숙여, 마음을 다해 존경과 감사를 표합니다. 이분들과 더불어 저는 한정된 지면에서 모두 밝히기 어려울 정도로 정말 많은 선생님, 동료, 후배, 예술가, 학생들로부터 도움과 지지를 받았습니다. 일일이 거명하지 않지만 모든 분들께 진심으로 감사를 전합니다.

다른 한편, 박사과정 중 2004년부터 2006년까지 SBS 서암학술장학재단
으로부터 연구지원을 받았습니다. 재단 관계자들께 감사의 인사를 전합니다.
또 2009년부터 2011년까지 박사후(post-doc.) 연수를 지원해준 한국연구재
단과 서울대 미학과, 인문학연구원에도 심심한 사의를 표합니다. 구체적으로
는 서울대 미학과 교수님들, 동료 선생님들, 학생 여러분, 그리고 인문학연구
원의 직원 및 선생님들께 감사드립니다.

    마지막으로, 이 책을 아버지와 어머니께 바친다는 점을 말씀드리고 싶습
니다. 차마 몇 마디 말로 그분들의 사랑에 답할 수가 없습니다. 온힘을 다해
두 분께 존경과 감사, 그리고 커다란 사랑을 전합니다.

2011년 4월 7일 강수미 드림

지은이 강수미

미학자이자 미술비평가다. 동덕여자대학교 회화과 서양미술이론 교수로 재직 중이다. 발터 벤야민 미학, 현대미술 구조 분석, 시각예술 비평, 역사철학적 예술 이론이 주 연구 분야다. 대표 저서로 『비평의 이미지』, 『아이스테시스: 발터 벤야민과 사유하는 미학』(문광부 우수학술도서), 『한국미술의 원더풀 리얼리티』, 『서울생활의 발견』(기획 및 공저, 문광부 추천도서)과 『서울생활의 재발견』이 있다. 대표 논문으로는 「유동하는 예술: 비엔날레 문화와 현대미술의 미학적 특수성」, 「컨템포러리 아트의 융합 과/또는 상호학제성 비판」, 「헤테로토피아의 질서: 발터 벤야민과 아카이브 경향의 현대미술」, 「인공보철의 미: 현대미술에서 '테크노스트레스'와 '테크노쾌락'의 경향성」이 있다. 〈비평페스티벌〉을 총괄 기획하여 2015년 제1회 행사를 치렀고, 이에 대한 결과물을 『비평페스티벌 1: 비평의 육체를 찾아』로 출간했다. 전시 기획으로 2005년 한국문화예술위원회 올해의 예술상을 받았고, 2007년 제3회 석남젊은이론가상을 수상했다.

아이스테시스: 발터 벤야민과 사유하는 미학
ⓒ 강수미 2011

1판 1쇄 2011년 4월 29일
1판 3쇄 2016년 6월 29일

지은이 강수미
펴낸이 강성민
편집장 이은혜
마케팅 정민호 이연실 정현민 김도윤 양서연

펴낸곳 (주)글항아리 | 출판등록 2009년 1월 19일 제406-2009-000002호

주소 10881 경기도 파주시 회동길 210
전자우편 bookpot@hanmail.net
전화번호 031-955-8891(마케팅) 031-955-2670(편집부)
팩스 031-955-2557

ISBN 978-89-93905-60-1 93100

이 책의 판권은 지은이와 글항아리에 있습니다.
이 책 내용의 전부 또는 일부를 재사용하려면 반드시 양측의 서면 동의를 받아야 합니다.

글항아리는 (주)문학동네의 계열사입니다.

이 도서의 국립중앙도서관 출판시도서목록(CIP)은 e-CIP 홈페이지(http://www.nl.go.kr/ecip)에서 이용하실 수 있습니다.
(CIP제어번호: CIP2011001701)